本书系全国通用的高等学校社区心理学教材，由中国心理学会社区心理学专业委员会组织编写并推荐使用

本书编写人员

（按姓名汉语拼音字母排序）

毕重增（西南大学）

陈　红（西南大学）

邓　铸（南京师范大学）

杜　刚（西南大学）

何嘉梅（辽宁师范大学）

黄希庭（西南大学）

李彦章（成都医学院）

吕厚超（西南大学）

苏彦捷（北京大学）

汤永隆（西南大学）

王会丽（重庆大学）

王予灵（西南大学）

吴继霞（苏州大学）

许　燕（北京师范大学）

杨　波（中国政法大学）

杨莉萍（南京师范大学）

杨　帅（重庆邮电大学）

尹可丽（云南师范大学）

张　锋（河南大学）

张志杰（河北师范大学）

社区心理学导论

主　编　黄希庭
副主编　毕重增
苏彦捷
陈　红

人民教育出版社
·北京·

图书在版编目（CIP）数据

社区心理学导论 / 黄希庭主编．—北京：人民教育出版社，2021.6（2023.9 重印）
ISBN 978-7-107-35870-8

Ⅰ．①社…　Ⅱ．①黄…　Ⅲ．①社区服务—心理学—教材　Ⅳ．①C916-05

中国版本图书馆 CIP 数据核字（2021）第 101981 号

社区心理学导论
责任编辑　曾红梅
封面设计　李　媛

出版发行　人民教育出版社
（北京市海淀区中关村南大街 17 号院 1 号楼　邮编：100081）
网　　址　http://www.pep.com.cn
经　　销　全国新华书店
印　　刷　北京新华印刷有限公司
版　　次　2021 年 6 月第 1 版
印　　次　2023 年 9 月第 2 次印刷
开　　本　787 毫米 ×1 092 毫米　1/16
印　　张　31.5
字　　数　438 千字
印　　数　3 001~6 000 册
定　　价　50.00 元

序言

社区心理学是一门研究社区中人的心理与行为，探究个体、社区与社会交互作用的性质、结构、机制、功能和规律的学科。它探究现实社区中活生生的人的心理与行为。每个人的心理与行为都是一个完整的系统，每种心理成分都与其他心理成分密切联系在一起。在本书中，我们将用实事求是和系统分析的观点从欣欣向荣的中国社区出发阐释人的心理与行为。

今天我国社会治理体系建设已进入以社区为基础单元的新时代；探究今天社区中人的心理与行为，就不能不考察人们生活的昨天和明天。昨天我们祖国悠久的传统文化所蕴含的价值观念、思维方式和行为准则，已成为社区中人们的遗传基因；今天中国特色社会主义的伟大实践所创造出的中国速度、中国精神和中国气派，陶冶着社区中人们的性格和情操；明天我们将实现中华民族伟大复兴，这壮丽的画卷是激励社区中人们不断奋进的动力。过去、现在、将来，中华优秀文化传承不息，无时无刻不在影响着社区中人们的心理与行为。

在此背景下，我们倡导成立了中国心理学会社区心理学专业委员会，号召志同道合的学界同仁汇聚古今中外的智慧，立足中国社区的实际，开展有关的实践和研究，建设满足服务实践与研究需要的中国社区心理学。这其中，撰写教材是一项基础性工作。我们希望这部教材能够突破现有心理学研究的局限，为有志了解中国社区、服务中国社区的学子提供思考的理论框架、概念工具和实践策略。

对于教材的架构，我想到了几种方式：一是沿用西方的教材体系，而后在其中指出我国社区特异或不同的地方；二是立足实践，以当前社区实践中的主题为框架展开内容的组织与叙述；三是根据社区心理学在中国发展的学术理路和实践，将自上而下的理论思考和自下而上的实践对话形成复合互补框架。这三种方式各有利弊：第一种方式，有丰富的西方心理学研究和实践成果作为基础，素材易得，撰写容易，其不足是无法展示中国社区的真实面貌，最终还是以西方价值体系来衡量中国的社区建设；第二种方式，扎根实践，一切从实际出发，但难以确定教材的理论架构，教材建设容易失去重心，资料收集容易陷入碎片化；第三种方式，从建设中国社区心理学的实际需要出发，敢于面对兼顾理论创新和发展实践的需要，做开路先锋，试图建立中国特色社区心理学的话语体系，但这条路必定充满艰辛。我们认为，第三种方式值得尝试。

我用了几年的时间来思考教材架构与中国社区心理学的发展问题，权衡各种方案的利弊以及实践的可能性。在中国心理学会社区心理学专业委员会 2016 年学术年会召开期间，我召集了本书的作者就写作框架进行专题研讨，正式启动了教材的撰写工作。2018 年 5—11 月，我们分别到贵阳、遵义、重庆、绍兴等地对 17 位社区工作者进行了专门访谈，征求他们对社区心理学教材的构建思路和相关主题的意见，取得了一定的收获。2019 年初，我们在海南省博鳌召开了为期三天的教材初稿研讨会。研讨会期间，大家对各章撰写的思路、内容、困难及其解决办法进行了充分的讨论；我们提出的教材体系和内容得到了特邀专家的肯定评价：国际心理科学联盟原副主席张厚粲先生，中国心理学会前任理事长游旭群教授、现任理事长傅小兰研究员、候任理事长韩布新研究员，海南师范大学副校长李森教授等与会专家，或从中国心理学发展的角度，或从中国当前社会治理、社会建设的角度，或从中国文化的角度，对本教材建设提出了殷切的期望和切实的建议，给了我们以巨大的支持。

结合心理学同行的建议以及我个人对于中国社区心理学发展的判断，最终确定了这部《社区心理学导论》的理论框架。全书体系结构的安排如下：首先通过社区心理学观点与方法的阐述，明确学科的性质与取向；接下来以阐述社区氛围及中华传统文化和社会主义核心价值观中的仁爱、正义、文明、和谐、诚信等为引导，框定社区心理学理论建设的主体内容；而后专门论证社区中的干部、社区中的家庭、社区的民族心理和谐及网络虚拟社区等亚群体心理与行为，讨论社区心理咨询实践纲要、社区冲突及其治理、社区老年人的健康促进与失能预防、社区矫正与社区戒毒康复以及社区突发事件及其应对等主题，将社区心理学实践或行动落实到具体的领域；最后对社区心理学的发展给出了展望。教材每章的内容由案例引入，围绕主题展开系统的论述，各章还有推荐阅读书目以及鼓励思考和深入社区行动的专栏及课后思考题。这个框架体现了本教材的导引性质，兼顾了我国社区多元而深厚的人文传统、丰富的现实实践和学科可持续发展的需求，总体上能够回应架构创新与有关实践及研究相对困乏的矛盾，有助于学生形成对中国特色社区心理学的观点，有助于推进社区心理学教学与研究实践的思考，有助于中国社区心理学的发展及人才培养。

这本教材的完成是多方共同努力的成果。各章的撰写者分别是：第一章，黄希庭；第二章，毕重增；第三章，陈红；第四章，许燕；第五章，邓铸；第六章，何嘉梅；第七章，王予灵、张锋；第八章，吴继霞；第九章，杜刚、黄希庭；第十章，苏彦捷；第十一章，尹可丽；第十二章，吕厚超；第十三章，汤永隆；第十四章，杨莉萍；第十五章，李彦章、王会丽；第十六章，杨波；第十七章，张志杰；第十八章，杨帅、毕重增。

整本书的统稿工作由我和毕重增、苏彦捷、陈红共同完成。在书稿撰写、统稿和初稿研讨过程中，我们得到了海南省琼海市政务中心王洪强主任，华东师范大学刘永芳教授，岭南师范学院郑剑虹教授、李继波副教授、邱俊杰博士，海南大学傅安国副教授，西南大学岳童博士，以及彭乔、刘海琴、黄聪慧、刘馨元、吴娜、陈梦妍、潘莉、李树杰、李明阳、马越、竭婧、申沁灵、吴澜婷等的帮助，特别是得到了西南大学校长张卫国教授的大力支持和人民教育出版社曾红梅编审的许多帮助。在此一并表示深深的感谢！

统稿期间，我们经历了新冠肺炎疫情从暴发到常态化控制的过程，也再次真切体验到社区在我国社会稳定与发展中的基础性作用，坚定了我们建设好社区心理学这门学科的信心和决心。当前，社区心理学在我国尚处于初创阶段，这部教材必定还有很多的不足。“始生之物，其形必丑”，我借用这句话来形容这部教材，期待各位学界同仁、社区心理学专业课教师和修习本教材的学生，提出意见和建议，以资改进。对于中国社区心理学的发展，我认同庄子所说的“其作始也简，其将毕也必巨”（《庄子 · 人间世》），希望本书能抛砖引玉，在不久的将来有内容更丰富、体例更完善的教材出现，以不断满足社区心理学研究、实践及人才培养的需要。

我相信，为了祖国的繁荣昌盛、人民的幸福安康，会有更多的优秀社区心理学研究成果面世！

黄希庭　谨识

2021 年 4 月于重庆西南大学有容斋

目录

第一章　绪　论

2016年10月28日，民政部等16个部门联合印发《城乡社区服务体系建设规划（2016—2020年）》，指出："社区是社会治理和民生保障的重要载体"，"全国有7 957个街道，31 832个乡镇，10万个城市社区，农村社区建设覆盖面不断扩大"，"随着新型工业化、信息化、城镇化、农业现代化加速推进，我国城乡社区建设面临着一系列机遇和挑战"。

"十八洞村"是湖南省湘西土家族苗族自治州花垣县一个典型的苗家山寨，因寨里有十八个溶洞而得名。过去，由于保守封闭，村民们互不往来，搞产业也是单打独斗，全凭自身的本事吃饭，有能力的人家还好一点儿，没什么技能特长的人家家境可谓是穷得叮当响，全村人均纯收入仅1 600多元。2013年11月3日，习近平总书记在湖南考察，来到了十八洞村，首次提出了"精准扶贫"的重要思想：在发展方式上进行多样性改革，集中力量在"精""准"上下功夫，发挥人民群众的首创精神，动员全社会力量广泛参与。仅用了三年多时间，十八洞村人均纯收入就达到了8 313元。2017年2月，十八洞村宣布成功脱贫摘帽，成为全国精准扶贫典型。

对于十八洞村脱贫致富的经验智慧，我们可从社区心理学、经济学、政治学和生态环境学等不同的学科进行分析。什么是社区心理学？它的学科性质、基本学术观点和使命是什么？下面将探讨这些问题。

第一节　社区心理学的性质

社区心理学是一门朝气蓬勃的学科，它并不是已有的心理学理论或规律向社区的简单移植或应用。它代表一种新的研究取向，认为人—社区是一个整体的、复杂的、动态的系统，通过激发人—社区系统的正能量，促进该系统的交互作用，进而促进整个社会的发展。

一、什么是社区心理学

（一）社区心理学的缘起

多数心理学家认为，社区心理学诞生的标志性事件是1965年在美国马萨诸塞州的斯万普斯科特（Swampscott）举行的社区心理学会议。

社区心理学最初诞生于美国，以美国的现实社会为背景，深受其社会政治气候的影响。20世纪50—60年代，美国的一系列社会事件深刻影响了社区心理学的发展方向。20世纪50年代，美国政府和民众都倾向于用生态或环境术语（如社会组织机构、社会制度、经济状况、教育政策、学校规范等）来定义和解决诸如贫穷、心理疾病、物质滥用、犯罪、种族主义等社会问题，这为社区心理学的产生提供了最天然的助力。20世纪60年代，民权运动、女权运动、精神病患者的去机构化运动、环境运动等为社区心理学的产生与发展提供了丰厚的社会土壤。实用主义哲学、库恩（T. S. Kuhn）的范式革命和女权主义等哲学思想为社区心理学的早期发展提供了思想基础。心理学研究中的个体主义及其困境、勒温（K. Lewin）的团体动力学与行动研究、临床心理学等以及社区心理健康则从心理学内部直接促进了社区心理学的产生与发展。

我国社区心理学研究的兴起主要有两方面的原因。一方面，从外部环境来讲，强烈的社会需求是相关学科发展的重要契机。党的十八大以来，党和国家统筹推进经济建设、政治建设、文化建设、社会建设和生态文明建设“五位一体”总体布局，协调推进全面建成小康社会、全面深化改革、全面依法治国、全面从严治党“四个全面”战略布局，建设美丽中国，取得了改革开放和社会主义现代化建设的历史性成就。但是，我国社会正处于改革开放的深水区，各种社会矛盾与心理问题凸显，如地区、城乡、群体收入分配不平衡，脱贫攻坚任务艰巨，社会矛盾和问题交织叠加，国家治理体系和治理能力有待加强，心理疾病的发生率有增无减等，这些社会心理问题并未因经济和社会发展而及时消解。因此，这就需要发挥各相关学科在社会治理与社会发展中的重要作用，提供智慧和决策建议。而社区心理学正好是这样一门学科。它对提升个体、社区和社会的和谐发展与生活质量具有重要的作用。另一方面，就内生动力而言，传统心理学坚持自然科学的研究取向，遵循演绎实证主义研究路线，始终以实验室范式和从个体主义层面来解读心理现象，构建心理机制。控制无关变量，操纵自变量影响因变量的实验研究往往缺乏生态学效度，难以解释人的社会活动。例如，在心理学中许多研究表明，不能把群体平均数的结果类推到个体，不能将在一种社会文化背景下获得的结果类推到其他社会文化背景下的人们身上。许多研究表明，在我国社会文化和历史中，人们更多是社会角色的担当者，具有强烈的群体生存需要和伦理道德的自觉，其命运与社会群体息息相关。个人是群体的一分子，而不是孤立的；个人与环境是一个不可分割的整体。同时，传统心理学是学院式的心理学，不重视社会实践，这严重影响了心理学的发展。心理学要发展，必须走向大众，走向社区，更多地投入现实生活，才能为学科争取进一步生存与发展的空间和机会。社区心理学的诞生正是我国心理学家自我反思的结果，也是心理学发展的要求。

2013 年，西南大学黄希庭和陈红开始筹划和推进中国心理学会社区心理学专业委员会的建立。2014 年 9 月，以“心理学如何为社区发展服务”为主题的中国社区心理学研究与实践高级研讨会在西南大学召开。2014 年 10 月 10 日，中国心理学会常务理事会批准筹建社区心理学专业委员会。该委员会挂靠西南大学心理学部，主要任务设定为“组织国内学术活动、国际交流”“组织本学科和跨学科合作项目的攻关研究”“组织与促进社区心理学的教学与人才培养工作”“制定社区心理服务的规范”“促进研究成果的推广”“承担社区心理科研与服务人才的培训与管理”“组织和倡导社区心理健康服务”等。中国心理学会常务理事会批准筹建社区心理学专业委员会，这标志着中国社区心理学学术服务与研究组织的初步形成。

2014年12月，为了促进社区心理学的研究和交流，中国心理学会社区心理学专业委员会（筹）决定创办学术集刊《社区心理学研究》，并成立了以黄希庭为主编，陈红、韩世辉、马建青、毕重增（常务）为副主编的首届编委会，至今已出版了10卷。

2015年9月，中国心理学会社区心理学专业委员会（筹）首届学术年会在苏州大学召开，大会以“建设有中国特色的社区心理学”为宗旨，以“和谐社区的心理学研究与实践”为主题。同年10月，在中国心理学会第十一届第八次常务理事会上，与会的常务理事以全票通过中国心理学会社区心理学专业委员会（筹）的转正申请。中国心理学会社区心理学专业委员会挂靠西南大学心理学部，第一届主任是陈红，副主任包括马建青、王振宏、赵俊峰、刘电芝、夏凌翔，夏凌翔兼任秘书长（2016年底改由吕厚超担任）。这标志着我国制度化的社区心理学正式建立。

2016年10月21—23日，中国心理学会社区心理学专业委员会第二届学术年会在西南大学召开，大会主题为“社区建设中的心理学问题研究与实践”。2017年11月10—12日，中国心理学会社区心理专业委员会第三届学术年会在陕西师范大学召开，大会主题为“社区与幸福健康”。2018年10月19—21日，中国心理学会社区心理学专业委员会第四届学术年会在南京师范大学召开，大会主题为“新时代与社区心理学发展”。2019年9月20—22日，中国心理学会社区心理学专业委员会第五届学术年会在河北师范大学召开，大会主题为“社区心理学与基层社会治理”。2021年3月26—28日，中国心理学会社区心理学专业委员会第六届学术年会在云南师范大学召开，大会主题为“后疫情时代的社区心理学”。社区心理学正在我国蓬勃兴起，重庆、江苏、北京、上海、天津、湖南等地建立了研究机构，并开展了大量关于社区心理学的研究和实践工作。

目前，我国心理学工作者已经编译了一些社区心理学教材，如王广新等（2010）翻译的《社区心理学——联结个体和社区》，刘视湘（2013）编写的《社区心理学》，以黄希庭为顾问、以陈红为主任联合二十余位心理学家

（2017）翻译的“社区心理学译丛”，杨莉萍（2018）翻译的《社区心理学原理：观点与应用（第三版）》等，但至今仍缺少体现我国特色的原创的社区心理学教材。希望我们编写的这部《社区心理学导论》可以填补这个空白。

（二）社区心理学的概念

1. 社区的概念

“社区”作为学术概念，可以追溯到近代德国社会学家斐迪南·滕尼斯（Ferdinand Tonnies）在1887年出版的《社区与社会》（*Gemeinschaft and Gesellschaft*）一书。滕尼斯提出用“社区”和“社会”这两个概念来表征近代社会的整体变迁趋势。“社区”主要存在于传统的乡村社会，是建立在自然情感一致基础上的、联系紧密的、排他性的社会联系或共同生活方式，这种社会联系或共同生活方式形成了关系紧密、守望相助、富有人情味的“生活共同体”。“社会”则是工业化时代出现的以个人意志、理性契约和法律条文为基础而形成的缺乏感情交流和关怀照顾的“社会共同体”。“前者是礼俗社会，后者是法理社会”（费孝通，2008）。然而，滕尼斯的“社区”概念并未突出社区的地域性特征，更多强调的是人与人之间所形成的共同文化意识和对社区强烈的归属感与认同感，所以“gemeinschaft”译为“共同体”更贴近滕尼斯的本意。

随着城市化、工业化进程，各种社会问题日益凸显，滕尼斯的“社区”概念引起了西方社会学家的兴趣。第一次世界大战以后，美国社会学家查尔斯·卢米斯（Charles P. Loomis）把滕尼斯提出的“gemeinschaft”翻译成英文“community”，很快成为美国社会学界的一个重要概念。

“社区”一词在中国是舶来品，20世纪30年代，燕京大学社会学系的学生费孝通等人将英文的“community”转译为中文的“社区”，此后，“社区”便成为中国社会学中的通用概念，现在已几乎是尽人皆知。费孝通（1999a）认为：“‘社区’这个词，是从英文翻译过来的，它的含义中的一个重要部分，就是这个‘com’，‘commune’和‘community’有共同的词根，就是‘共同的’‘一起的’‘共享的’的意思，就是一群人有共同的感受，有共同关心的事情，也常常有共同的命运。”他（费孝通，1999b）还认为：“社会泛指人和人在经营共同生存时所发生的关系，而社区则是人们在一定地域里经营集体生活的共同体。这个共同体是在一定的时间和空间内，由一定的人口进行集体生活时组成一定组织的具体人群，例如村落、乡镇、城市、民族、国家等都是不同层次的人们共同体，也就是所谓的社区。”

在2000年11月3日出台的《民政部关于在全国推进城市社区建设的意见》中，社区是指聚居在一定地域范围内的人们所组成的社会生活共同体。目前，城市社区的范围，一般是指经过社区体制改革后做了规模调整的居民委员会（简称居委会）辖区，这里所说的社区实际上是一个类行政的区划概念，但社区本身并不一定是一个行政区划，它包括但并不限于具有清晰地域边界的居民小区实体。

随着社会变迁和社会科学的发展，社区的内涵不断得到丰富，迄今已有140多种定义。这些定义从不同的角度对社区进行了界定，如从社会群体、社会过程的角度，从社会系统、社会功能的角度，从地理区划（自然和人文的）的角度，从归属感、认同感和社区参与的角度，等等。

从各种不同定义中，我们可以发现社区这一概念通常包括以下四个要素。

（1）地域，包括自然地理环境和人文地理环境。自然地理环境是指社区的方位、地貌特征、自然环境、空间范围等，人文地理环境是指社区的人文景观、建筑设施等。一般而言，社区的地域不能太大，大致限定在居民日常生活能够发生互动的范围内。

（2）人口，这是社会活动和变迁的主体，主要包括人口的数量、质量、结构、分布与流动状况等。在理论上，社区应达到一定的人口与区域规模。如果人口与区域规模过大，成员之间缺乏必要的联系和认同感，那么社区的意义也就失去了；如果人口与区域规模过小，经济和社会功能不全，那么一个完整的社区也就无法形成。

（3）组织，主要指社区内部各种社会组织、社会群体或亚群体之间的构成方式及相互关系，包括正式社会组织和非正式社会组织。

（4）文化心理，包括风俗习惯、历史传统、民间规约、交际语言、生活方式、社区氛围、社区感等。其实，社区作为社会的载体，是社会政治、经济和文化生活的缩影，是构成社会的基层单位。

除了从地域的角度来理解社区，也可从功能的角度来理解社区，即功能社区。这是跨空间地域和非空间性的人群共同体；他们未必居住在同一地域，但拥有共同的特质、背景、利益和需要，例如劳工社区、妇女社区、网络社区、移民（族裔）社区等。随着信息化技术的进步，在互联网上呈现的无地域、无种族、无宗教、无身份、无贫富界限的新的互动模式突破了传统上以地域划分社区，出现了虚拟社区（virtual community），如朋友圈、微信群、微博、知乎等。功能社区更加符合滕尼斯所说的社区，更加强调作为“共同体”的社会心理基础，而不是关注其地域属性。

2. 社区心理学的定义

对于社区心理学的定义，各国大多数社区心理学家同意多尔顿（J. Dalton）、伊莱亚斯（M. Elias）和万德斯曼（A. Wandersman）的观点：社区心理学关注的是个体与社区、社会的关系，通过相互合作研究和采取共同行动，社区心理学家致力于理解和提高个体、社区和社会的生活质量。美国心理学会第27分会“社区研究与行动学会”（Society for Community Research and Action，SCRA）的官网将社区心理学定义为：社区心理学关注的焦点不仅仅局限于个体，而是整合社会、文化、经济、政治、环境和国际力量，促进在个体与系统水平上的积极改变、健康与赋权。

我们从中国的社区实际出发，将社区心理学概括如下：社区心理学（community psychology）研究社区中人的心理与行为，探究个体、社区和社会交互作用的性质、结构、机制、功能、规律，旨在促进个体、社区和社会的健康和谐发展，提升个体、社区和社会的生活质量。

二、社区心理学的主要研究领域

社区心理学的研究领域可从不同的角度进行分析，从我国社区心理学刚起步的角度来看，主要研究领域有下列四个方面。

（一）社区心理学概论

社区心理学概论主要探讨社区心理学的缘起、发展、概念、观点、任务、方法论及未来发展方向等问题。本书第一、二章聚焦社区心理学概论，主要阐述社区心理学的基本问题，这些内容可为社区心理学的各种主题研究奠定基调并提供借鉴与参考。本书第十八章讨论中国社区心理学发展的机遇和主要任务等。

（二）社区氛围与价值观

社区氛围（community climate）是指社区居民与社区整体环境交互作用所产生的一种主观感受和体验，它由风气和情调所构成。社区氛围以感染和共情的形式影响着社区居民的身心健康，会促进社区和社会的发展，它与社区价值观有密切的联系。价值观（values）是人们判断是非善恶的信念系统，决定着我们对理想的追求，并为人们过去的行为提供解释。不仅个人具有价值观，社区和社会同样具有价值观。社区的价值观是社区居民共同形成的一种价值信念，具有共享性，也是社区居民共同践行的行为准则。我国社区的价值观传承着中华民族的优秀文化，它影响着中国人的过去、现在和将来，是构建中国特色社区心理学理论体系的根基。本书第三章讨论社区氛围，第四章至第八章考察“仁、义、礼、智、信”在我国社区的传承和发展情况，探讨仁爱观、正义观、文明观、和谐观、诚信观的性质和心理机制，以彰显中国社区心理学的文化特色，为建设自由、平等、公正、法治的社区服务。

（三）社区亚群体心理

社区中的群体心理指社区居民作为一个群体所具有的心理特征。社区亚群体是指较社会群体低一级的群体，包括初级与次级亚群体、正式与非正式亚群体等。本书第九章至第十二章讨论了社区中的干部、社区中的家庭、社区的民族和谐心理以及网络虚拟社区等。了解社区亚群体心理，对于理解整个社区和社会都有帮助。一个亚群体的心声达到一定程度，国家、社会、组织等都会十分重视。例如，随着城乡一体化进程的加快，越来越多的农民涌入城市，“80后”“90后”群体逐渐成为农民工主体，他们长期远离农村，接受城市的生产、生活方式，渴望能够融入城市，扎根城市。在城市社区治理中，要通过有关制度创新和改革，加大对农民工的关心和服务，激发他们的社区认同感，提高他们的城市归属感，提高市民对他们的接受程度，真正实现农民工的城市融入。

社区心理学并不忽视个体，而是更全面地考察和理解个体。社区心理学把个体作为人—社区系统中积极有目的的人加以研究。本书各章都力求从这一新视角来讨论个体的心理与行为。

（四）社区中的应用心理

社区心理学作为一门应用性很强的学科，与人们的日常生活紧密相关。本书第十三章至第十七章讨论社区中的应用心理问题，涉及社区心理咨询实践纲要、社区冲突及其治理、社区老年人的健康促进与失能预防、社区矫正与社区戒毒康复、社区突发事件及其应对。我国社区心理学家十分重视社区中的心理学应用，2017年西南大学成立了“中国社区心理学服务与研究中心”，就是把社区心理学的服务功能摆在突出的位置开展研究。

社区心理学是一门理论与实践并重的学科。与传统的社会学、社会心理学相比，社区心理学同样重视理论创新，但更重视运用心理学知识解决社区的现实问题，更强调理论研究与社会实践的紧密结合。截至2019年底，我国60岁及以上老年人口已达2.54亿，占总人口18.1%，这意味着大约每6个中国人当中，就有1位老年人。老年人的主要生活区域是各种各样的社区，如何“让所有老年人都能老有所养、老有所依、老有所乐、老有所安”是社区心理学家特别关注的一个重要实践领域。可以说，随着社区心理学家的关注点不断扩展，社区心理学实践应用将会有长足的发展。

[专栏1–1] 社区心理的复杂性

1. 社区环境的复杂性

“人生是一场戏”，舞台和布景给出了故事的背景。在现实生活中，人们的心理与行为也是发生在环境的背景下，不过这个背景不是不变的，而是变化的、信息相当丰富的环境。环境影响人，人也影响环境。社区心理学把人与环境视为一个整体，称为人—环境系统（person-environmental system）。有多种多样的环境，社区环境（community environment）是社区居民生存和发展的环境。社区环境十分复杂：既包含近的环境，也包含远的环境；既包含当下感知到的环境，也包含当下未感知到的环境；既包含自然环境，也包含社会文化环境。我们应当从多维度看待社区环境，尽量全面地建设社区环境，让其更加美丽舒适。

近年来，休闲农业和乡村旅游逐渐兴起，中国的乡村旅游蓬勃发展，各地特色的乡村旅游小镇如雨后春笋般不断涌现，大大丰富了中国旅游业的生态。乡村旅游业的蓬勃发展对社区居民的心理与行为产生了很多影响，体现在社区参与动机、价值观、跨期决策、时间管理、言语交流、学习、社会心态等等诸多方面。其实这也体现了社区心理的多样性。社区心理的多样性与社区环境的复杂性是相互交织在一起的。

2. 社区心理与行为的复杂性

社区心理与行为的复杂性体现在人是具有社会属性的，是与社会生活息息相关的一种“关系性存在”，人与人、人与亚群体、人与群体、人与社会文化规范，形成了一套丰富、多样和复杂的系统。这意味着社区中的个体时刻与环境交织在一起，相互作用，相互影响，产生了一系列复杂问题。复杂的问题又多居于不同学科的交叉点上，就需要学科间加强协作，从多种角度、用多种方法对社区心理与行为进行分析研究。

例如，在全国已经推行了十余年的社区矫正，作为中国司法改革的一项重要举措，得到快速发展。社区矫正需要对社区服刑人员和矫正人员进行日常监督管理，还需要考虑社区自身的优势和资源状况，结合矫正对象的特点，最终确定对该社区矫正对象最佳的矫正方案。也就是根据矫正对象的犯因性需求来制订矫正计划。犯因性需求是可变的因素，可能与家庭、社区环境、非正式亚群体、个体的心理和生理因素相联系。因此，矫正方案应该是心理—生理—社会的多元模式。矫正方案还应该考虑对象的性别、文化背景、受教育水平，以及后续的支持和安置等因素。

需要注意的是，上述四个主要研究领域不是孤立的，而是彼此相互联系的。例如，社区价值观和社区氛围会影响居民的价值观和社区感，也会影响亚群体的社区活动，从而影响和谐社区建设。同时，上述四个研究领域也受中国社会文化和历史的影响。

第二节　社区心理学的观点

什么是社区心理学的观点？从根本上看，它是观察社区心理学问题的方式或取向。任何社区心理学的问题都可以用下列两种观点去考察：一是实事求是的观点，二是系统分析的观点。

一、实事求是的观点

"实事求是"一词源自班固的《汉书 · 河间献王传》："修学好古，实事求是。从民得善书，必为好写与之，留其真。"颜师古注："务得事实，每求真是也。"1941 年，毛泽东在《改造我们的学习》一文中曾对实事求是做过全新的阐释，他说："'实事'就是客观存在着的一切事物，'是'就是客观事物的内部联系，即规律性，'求'就是我们去研究。"也正是靠着实事求是的作风，不盲目照搬外国模式，大胆尝试、奋力进取，中国人民才探索出了一条符合我国国情的中国特色社会主义道路。我们的社区心理学建设也需坚持实事求是的观点（perspective of seeking truth from facts），即从中国社区实际出发，来探究中国社区居民的心理与行为，而不盲目套用国外心理学的概念、理论和方法，努力构建造福于民众的社区心理学。这是因为无论过去、现在和将来，中国的社区建设在历史渊源、社会文化、经济基础、地理条件、发展模式等方面都不同于国外的社区。中国社区有自己的特点、自己的发展模式、自己需要解决的问题。根据我国社区的实际，我们才能探究到个体、社区和社会交互作用的性质、结构、机制、规律的真相；只有了解到这种规律性的东西，我们才能论及社区心理学的预测和控制功能。因此，社区心理学的研究和应用一定要从中国社区实际出发。

坚持实事求是的观点，就是要坚持以人为本，尊重人，尊重中国人的情感、价值观念、思维模式、行事风格，而不把中国人当作外国人来研究。坚持实事求是有助于研究人员提升自己的文化自信，可以冲破“全盘西化”论对我国心理学界的束缚，找准中国社区心理学急需研究的问题，开展以问题为导向的研究，加快社区心理学的建设过程。为此，从事社区心理学的研究者必须熟悉中华文化，深入了解我国社区实际，同时要批判性地吸收国外社区心理学研究和应用的合理因素，扎实推进社区心理学的建设进程。

坚持实事求是的观点，就是要从认识社区心理与行为的复杂性出发，进行多取向、多方法的探究。社区心理学是一门多领域交叉的学科。它与社会学、文化学、伦理学、民族学、法学、教育学、经济学、政治学、美学等人文社会科学有密切联系，又与脑科学、生物学、医学、遗传学、生态学等自然科学密切相关，还与社会实践应用密切联系。要认识这样复杂的心理现象和行为，除了采用传统心理学的量化（quantitative）研究外，还要采用质性（qualitative）研究，要两条腿走路。在社区心理学的研究中以科学研究为取向，采用量化的研究方法来理解和解释社区的某些心理现象，以揭示背后深刻的心理机制，是有必要的，却是不充分的，因为社区居民感受的特点、功能和机制事实上都会受到他们对人生意义的追求、自身潜能的发挥、审美情操、道德理想、人格修养等的制约。社区心理学研究者在重视自然学科“事实世界”研究的同时，更需要重视人文学科的“价值世界”研究。借助于人文学科和自然学科的手段，深入社区实际，了解社区的社会文化历史内涵，只有这样才能破解人类心理社会性的难题。例如，傅安国等（2020）将心理学知识与脱贫攻坚问题结合起来，“既扶贫又扶志”，“激发贫困人口内生动力”，通过质性研究构建出世代贫困家庭的整体内生动力资源枯竭模型，为提高精准扶贫工作绩效提供了理论借鉴。

坚持实事求是的观点，就是要弘扬仁爱之心，做好社区心理服务的各项工作。实践应用是社区心理学的重要任务。无论是团体咨询或是个体咨询，无论是压力疏导或是老年人的健康维护，都需要仁爱之心才能做好。社区心理工作者和社区心理咨询师要有仁爱之心，对有心理问题的人做最耐心细致的辅导工作，同时要能及时发现他们身上的优点，启发他们发挥主观能动性，发扬优点、克服弱点，成为幸福安康的人。

二、系统分析的观点

系统分析的观点是指在社区心理学的研究和应用之中，人的心理是社区中的一个开放的、动态的系统。系统分析的观点对社区心理学研究和应用的各个阶段（问题提出、研究设计、资料分析、结论获得）都具有指导意义。

（一）整体性分析

系统分析观点的首要原则是整体性分析，即把研究对象作为一个有机整体来看待。社区心理学把人—社区系统看成是一个整体。与传统心理学的研究不同，社区心理学即使从个体中抽取出某个或某些元素加以分析，也必须将它放到其所属的子系统和系统中加以考察，因为个体、人—社区和人—环境系统都是一个有组织的整体；某个或某些元素是作为一个整体发挥其功能的，整体的性质和功能不等于各个要素的性质和功能的简单相加，整体大于它的各个部分之和。

我们可以从不同的维度来对社区进行整体性分析，比如从发展模式、经济发展状况、人际关系特点、生态文明等维度来分析社区。这种分析有助于我们对我国社区有比较全面的了解，但不等于全面把握了社区，因为除了这些维度之外，还可以从其他维度进行分析，而且在这些维度上也还可以做进一步的细致分析，进行不同水平的深入研究。例如，我们想从整体上把握社区心理的现状和发展趋势，从仁、义、礼、智、信的角度去了解，其实这是从中华优秀传统价值观的传承角度来研究，我们还可以从新时代的文化或其他角度来分析研究。

（二）等级结构分析

系统分析观点的第二条原则是等级结构分析，即把研究对象视为一种有序的、有组织的结构。社区中的心理与行为表现形式丰富多彩，可以视为一个系统，即社区心理系统（community mental system）。我们可以从各种维度的不同水平来分析社区心理系统。例如，从社区包含的人群来看，可以分为社区群体心理（如社区氛围、社区活力等）、社区亚群体心理（如家庭氛围、组织心理等）、社区中的个人心理（如价值观、动机、情绪、认知等）。从富裕的程度来看，可以分为富裕户的心理、脱贫户的心理和贫困户的心理。从致贫的因素来看，可分为因病致贫人群的心理、因缺乏劳力致贫人群的心理、因缺乏技能致贫人群的心理、因缺乏志向致贫人群的心理。总之，我们可以从不同的维度和水平对社区里人的心理与行为进行等级结构分析。

（三）动态—静态分析

系统分析观点的第三条原则是动态—静态分析，即对于社区心理系统来说，静态是相对的，动态是绝对的。社区是发展变化的，停顿不发展是相对的，社区心理系统亦然。动态—静态分析让我们既可发现社区心理系统暂时停滞不前的因素，探索社区心理系统的发展阶段，也可宏观上把握特定时期、特殊阶段、特定人群的社区心理结构模式与变迁。例如，社区冲突的发展历程，在静态上可划分为潜伏、爆发、升级、僵持、解决五个阶段（见第十四章）；在动态上，这五个阶段相互关联，动态变化，呈螺旋式发展趋势。在每个阶段内又是静态与动态交织的。动态—静态分析体现了社区心理系统在时间和空间环境中的灵活性与相对性。

（四）环境适应性分析

系统分析观点的第四条原则是环境适应性分析，即对个体与其生活环境相协调，既顺应环境又改造环境，以获取生存和发展能力的分析。个体与其外部环境（自然和社会）之间经常存在着物质的、能量的和信息的交换，特别是信息的交换。在信息交换的过程中，人根据信息的反馈，改变、完善和发展自己的心理与行为并与周围环境相统一、相协调，形成了各具特色的多元文化社区。例如，我国西南少数民族地区的纳西族的东巴文化、傣族的贝叶文化、彝族的太阳历文化、哈尼族的梯田文化、白族的照壁文化等等，都是与周遭环境持续互动协调的结果。社区心理学尊重并欣赏多元文化的社区，并以实际行动积极支持世界的多元文化。

总之，系统分析观点的诸原则是相互联系的，我们在对社区心理现象进行系统分析时应当把这些原则联系起来加以考察（黄希庭，2006）。

[专栏1–2] 交互作用观

交互作用观（interaction perspective）是系统分析观点的深化，认为个体当前的心理与行为不是孤立于其生活环境，也不是单向地受生活环境决定，而是整合地反映了个体两个相互依存的交互作用，即个体内生理、心理和社会行为之间的不断交互作用，个体与社区及大环境因素之间的不断交互作用，从而使个体成为一个积极能动的人。

个体从胎儿发育的单细胞受精卵开始，就与母体的子宫之间存在交互作用。从单细胞发展为多细胞，作为一个有组织的功能整体，其发育背后隐藏着细胞之间的交互作用过程。每个细胞的形成、作用和死亡都是细胞与细胞间交互作用的结果，在这个过程中细胞从邻近细胞接收信息并将信息传递给邻近细胞。个体出生后，其生理、心理与行为不断交互作用，同时与外部世界产生多种交互作用。

儿童在与母亲的互动过程中成长，双方行为都会受对方的影响，即双向性（bidirectionality）。母亲影响子女成长，子女对母亲也有影响；教师影响学生的发展，学生对教师也有影响；社区氛围会影响个体的行为，个体行为也会影响社区氛围。

一项以1 200多名儿童为样本的长期追踪研究，通过考察个体从出生至成年早期心理特性的发展轨迹，发现了发展的等效性和多效性（Fergusson & Horwood，1998）。所谓等效性（equifinality），是指导致某一特定结果的发展途径不止一种。例如反社会行为，个体在发展过程中因多种因素导致的多种不同问题行为（如不守纪律等）都可能会引起反社会行为。归纳起来，是基因倾向、家庭教养方式、教育机会和同伴压力等因素的交互作用，导致了反社会行为的发生（如Frick et al.，2003）。

所谓多效性（multi finality），是指完全相同的早年经历不一定会造成相同的结果。例如，年幼时的精神创伤不一定会导致成年期的病态。有些幼年期精神创伤经历者成为正常的成年人，但有些在成年后出现了心理问题，其原因也是多种因素交互作用的结果。社区心理学关注个人与个人、社区、环境的交互作用的特点、机制，也关注社区群体之间及社区群体与大环境交互作用的特点、机制和规律。

个体在人—社区系统中是以一个积极的、有目的的成分起作用的。无论是个体内生理、心理、社会行为之间的交互作用过程，或是个体与其社区环境和大环境的交互作用过程，其心理系统如认知、情绪、动机、坚韧性、自我观、价值观都扮演着重要的角色。一项对瑞士一个社区中所有同龄的男孩和女孩从10岁开始追踪的研究发现，女孩月经初潮年龄与违规行为、学校适应、父母和教师的关心存在很强的相关；当追踪到26—27岁时，发现与正常成熟和晚熟的女孩相比，性早熟的女孩有了更多的孩子，受教育水平较低，研究者认为这是性早熟导致自我知觉、自我评价的改变，特别是亲密朋友的社会特点使她们超前地过上了家庭生活，包括那些被认为是违规的行为（Caspi et al.，1993）。因此，社区心理学家要从每个人的实际情况出发，关注其心理结构的变化，激发其心理正能量的发挥。

社区里的人际互动，除了父子、母子、夫妻、婆媳等个体之间的交互作用，还有个体对社群、社群对社群以及社区亚群之间的交互作用。从交互作用效价的角度看，有积极的交互作用，有消极的交互作用，以及既积极又消极的交互作用。在社区中由交互作用引发的矛盾与冲突普遍存在，社区工作者应积极参与社区内冲突的预防与化解。关于这个问题，本书的第十四章将专门讨论。

交互作用不仅出现在传统的人与人、人与环境的关系上，随着社会变迁、科学技术发展和互联网的快速普及，形式多样的新型交互作用也不断出现，如家庭和学校社区之间的交互作用、居住地社区与工作单位社区的交互作用、现实生活社区与网络虚拟社区的交互作用等等。社区心理学关注各种形式的交互作用，关注交互作用过程中各种人的因素，关注人的进取心和首创精神，因为人是交互作用过程中积极能动的主体。

第三节　社区心理学的任务

我国社区心理学的核心任务是从中国社区的实际出发，理解和解释社区居民在真实生活中所思、所感和所行，创新理论并为提高社区居民的生活质量服务。

一、社区心理学的理论创新

（一）中国社区心理学理论创新的紧迫性与理据

没有社区心理学的理论创新，便不可能有中国特色的社区心理学。学科建设的历史表明，理论思维对于学科建设至关重要。法国化学家、细菌学家，近代微生物学奠基人路易斯·巴斯德（Louis Pasteur）说“没有理论，实践不过是习惯产生的例行工作。唯有理论才能唤起发明灵感，使其得以发展”，“只有理论才能激发和发扬发明创造精神”（转引自贝弗里奇，1979）。恩格斯说“一个民族要想站在科学的最高峰，就一刻也不能没有理论思维”（中共中央马克思恩格斯列宁斯大林著作编译局，1995）。

我国社区心理学理论创新尤为迫切。因为国家十分需要社区心理学为实现第二个百年奋斗目标和中华民族伟大复兴的中国梦服务，而我国的社区心理学建设才刚刚起步，水平较高的研究成果总量很少；2000 年以后虽有些发展，但研究集中在老年人和青少年的心理健康和心理干预问题，专门对社区的研究仍然很少见。我国社区心理学研究者急需深入社区实际开展理论探索。

（二）中国社区心理学理论创新的途径

理论从哪儿来？理论源于实践而又指导实践。理论创新是高深之学问。结合当下实际，我们可从以下方面进行理论探索。

到社区中去，了解社区居民是如何传承中华优秀传统文化的。“传统是社会的一种生存机制和创造机制。借助于它，历史才得以延续，社会的精神成就和物质成就才得以保存和发展。”（张岱年，方克立，2004）新时代的中国社区心理学工作者必须到社区中去，了解居民是怎样传承中华优秀文化的，在我国改革开放、实现第二个百年奋斗目标的伟大征程中，中华文化又有哪些变化和发展。这样，中国社区心理学建设才会有中华文化的特色。

到社区中去，从社区居民实现中国梦的伟大实践中吸取养分。在伟大的改革、伟大的实践过程中，社区居民创造了不少新理念和新实践，这是社区心理学理论创新的源泉。深入居民的生活实际，提炼出指涉社区心理学的研究主题，是我国社区心理学工作者的责任。例如，对社区居民中流行的“获得感”“正能量”“和谐社区”“文化自信”“心理扶贫”“进取心”“命运共同体”“网络命运共同体”，以及“节俭”“诚信”等概念进行质的研究，找出表征这些概念的指标，然后再用量的方法去度量社区居民，这些概念就可以成为我们社区心理学的标准化概念。只要我们持之以恒地开展这方面研究，中国特色社区心理学理论体系就一定能够建设起来。

到社区中去，检验国外社区心理学的研究，吸收其合理成分。中国的社区心理学工作者必须持开放包容的态度，对于科学的研究成果和先进的理论，无论是美国的或是其他国家的，都应到社区中去实事求是地进行检验并加以吸收，使其合理因素融入我们的理论体系。我们不能采取“拿来主义”，或只做翻译、模仿的工作，因为中国的社会发展不同于西方社会，中国社区文化不同于西方社区文化。我们建设中国社区心理学必须有自己的立足点，这个立足点只能是中国的社会文化和中国社区现实的根基。

增强学术自信。“社会大变革的时代，一定是哲学社会科学大发展的时代。……这是一个需要理论而且一定能够产生理论的时代”（2016 年习近平在哲学社会科学工作座谈会上的讲话），我们应该满怀学术自信构建出自己的理论体系。理论创新是一条荆棘丛生、充满艰辛之路；挑战与机遇并存，这也是中国社区心理学走向成功的必经之路。

二、社区心理学的主要实践应用

与传统心理学科相比，社区心理学的一个显著特征是它的实践性。社区心理学的实践应用十分广阔，主要包含以下三个方面。

（一）探寻和谐社区建设的心路历程

这方面主要有以下三方面的工作要做。

第一，社区心理服务。社区心理服务是一个内涵丰富的术语，通常是指用心理学的知识对社区中的团体或个人提供发展性服务、预防性服务或治疗性服务。社区心理学可以为改革开放过程中引发的社会心理问题，如由贫富差距拉大所造成的“仇富心理”，城市开发建设过程中政府、开发商、拆迁户之间的利益冲突问题（杨莉萍，珀金斯，2012），提供新的解决途径。虽然政府也出台了一些措施与政策解决这些冲突问题，但政府不可能也没有能力去解决人们的心理问题。在解决这些问题时，社区心理学可以充分发挥社区作为人们生活共同体的作用，一方面满足社区居民各种不同类型的社会需要，另一方面尽可能在小的范围内解决冲突，避免矛盾的扩大、上升或激化，做耐心细致的工作。这对于促进社会的和谐和稳定具有积极意义。

第二，社区积极心态的培育。社区心态就是社区的心理状态，如社区氛围、舆论、风气等，都是很复杂的社会心理现象。有充实喜悦、积极上进的社区心态，也有空虚寂寞、失意颓丧的社区心态；有平静开心的社区心态，也有不满沮丧、烦恼愁苦的社区心态。中国特色社区心理学致力于研究社区群体和亚群体的心态，也关注个体良好职业道德、家庭美德、社会公德和个人品德的形成，以及自觉践行爱国守法、明礼诚信、团结友善、自立自强、敬业奉献的道德修养，培育社区的积极心态。

第三，正确价值观的养成。价值观不仅是态度的决定因素，也是自我观念和行为的决定因素。从形成和发展的角度看，价值观是社会文化的产物，是人在社会化过程中逐渐形成的。基层社区干部应及时宣传正确的价值观，社区中的成年人要树立好的榜样，引导儿童和青少年养成正确的价值观。怎样使社会主义核心价值观内化为社区居民的核心价值观也是急需研究的课题。

（二）促进社区居民的幸福进取精神

近几十年来，世界范围内对经济增长和社会发展的反思之声兴起，人类在社会发展终极目标上正在达成共识。虽然衡量社会发展的指标各异，但绝大多数国家都有一个共同的理念，即把国民幸福作为社会发展进步的重要标准，把社会发展看作是促进社会福利的主要途径，进而追求社会整体的幸福（王俊秀，2019）。习近平（2014）把中国梦的基本内涵界定为“国家富强、民族振兴、人民幸福”，并指出“中国共产党人的初心和使命，就是为中国人民谋幸福，为中华民族谋复兴”（习近平，2017a）。可见，无论是中国梦的宏伟目标，还是中国共产党人的初心和使命，均包含着对人民幸福和社会整体幸福的追求。当前，人民的美好生活需要日益广泛，不仅对物质文化生活提出了更高的要求，而且在民主、法治、公平、正义、安全、环境等方面的要求日益增长，这种满足人民美好生活需要和追求社会整体幸福的发展目标是社区心理学乃至整个心理学科的奋斗目标，是心理学服务社会大众的重要途径。

社区心理学旨在充分发挥每个人的主动性、能动性和积极性，共同参与社区建设，共同参与社区治理，共同享有治理成果，不断满足人民对美好生活的向往。例如，在居民的社区参与问题上，社区心理学可以研究参与启动因素（如价值观、工具性动机、社会影响等）、参与维持因素（如社区氛围、社会支持等），以促进社区参与行为的发生（如参加社区活动、社区会议、社区组织等）。这可以增强社区居民的幸福感、认同感、社会责任感，最终将社区建设成和谐有序、绿色文明、创新包容、共建共享的幸福家园。

（三）预防和矫正社区中的问题行为

预防和矫正不仅能够消减社区里的问题行为，同时也是社区建设的一种能力（社区预防和矫正能力），会给社区居民带来获得感、幸福感和安全感，并促进个体、社区和社会的健康和谐发展。“君子以思患而豫防之”（《周易·既济》），君子总是想着可能发生的祸害，预先做出防范；“凡事豫则立，不豫则废”（《中庸》），无论做什么事，事先有准备，就能取得成功，不然就会失败。我国社区心理学传承中华优秀文化，强调预防社区中问题行为的重要性。所谓问题行为（problem behavior），是指可能导致心理问题的行为，通常包括那些使人觉得不可理解的行为，以及那些反社会的、破坏性的、分裂性的或明显适应不良的行为。预警、防范、化解社会风险的能力是社会治理能力的重要方面。在社区心理学领域，预防的前景十分宽广。例如，社区心理咨询可以预防青少年的问题行为，化解外来务工人员的心理问题。社区内的矛盾和冲突可以预防，老年人的失能行为也可以预防。如果我们预先设防，即使有犯罪动机的人也可能抑制其犯罪行为。社区内的突发事件，无法预知其何时发生；但如果我们预先设防，就可以减少对社区的损害。

矫正（corrective）或矫正措施是社区心理学的另一应用领域，其目的是运用辅导、咨询、心理治疗、临床心理学和犯罪心理学等方面的理论和方法，对需要接受矫正的对象，分析其心理特点和心路历程，并对其偏差行为加以矫正。例如，对成瘾行为的矫正（参见第十六章），或对学习困难儿童进行诊断并给予特别的补习教学等。

目前，我国社会的主要矛盾已经转化为人民日益增长的美好生活需要和不平衡不充分的发展之间的矛盾。社区心理学建设要有宏观的国家和社会视野，围绕当今社区建设与发展的实际需求，与国家核心价值观、建设与发展规划和政府职能部门的相关政策对接，使社区心理学发展为推动国家建设、确保社会安宁、增进民众福祉的一个助力平台。社区心理学工作者要深入了解社区实际，获得基层社区干部的理解与协助，得到民众的支持与接纳，了解社区的现实条件，从民众的实际心理需要和现状出发，开展切实有效的理论研究和应用实践服务，使我们的社区更加美丽、幸福、和谐。

概要

社区心理学起源于强烈的社会需求和内生动力，它研究社区中人的心理与行为，探究个体、社区和社会交互作用的性质、结构、机制、功能、规律。主要研究领域包括社区心理学概论、社区氛围与价值观、社区亚群体心理和社区中的应用心理等。社区心理学的观点主要是指实事求是的观点和系统分析的观点。社区心理学的任务既有理论建设，又有实践应用，后者包含探寻和谐社区建设的心路历程、促进社区居民的幸福进取精神、预防和矫正社区中的问题行为，其目的是促进个体、社区和社会的和谐、健康发展，提升个体、社区和社会的生活质量。

扩展阅读书目

习近平.（2018）. *论坚持推动构建人类命运共同体*. 北京：中央文献出版社.

Bond, M. A., Serrano-Garcia, I., & Keys, C. B. (2017). *APA handbook of community psychology*. Washington, DC: American Psychological Association.

思考题

1. 以你的亲身经历谈谈社区心理学的研究对象，并举例说明社区心理学的研究领域。
2. 如果你要开展社区心理学研究，请谈谈你准备怎样贯彻社区心理学的观点。
3. 你认为当前社区心理学急需开展哪些研究？为什么说这些研究是当前急需的？

第二章　社区心理学的研究方法

为了切实增强广大社区工作者的工作本领，民政部于2018年底推出了100个优秀社区工作法。社区工作法来自基层探索实践，是具有鲜明特色的新时代群工作方法。这100个优秀社区工作法较好体现了群众性、民生性、系统性、创新性、操作性、示范性的社区工作法特点，为全国10.7万个城市社区进一步创新社区工作理念和方法提供了典型示范。

面对多样的研究主题，社区研究者需要选用适当的方法。上述案例中的优秀社区工作法的实践智慧和经验模式如何总结以增强广大社区工作者的工作本领？下面将介绍社区心理学研究的基本方法，为开展社区心理学研究和行动打下方法基础。

第一节　社区心理学的研究程序

不管是基础研究还是应用研究，社区心理学的研究大致可分为几个有区别的环节，这些环节前后相继，形成社区心理学研究的一般程序。

一、确定研究问题

（一）研究问题的来源

社区心理学研究的问题主要来自理论和实践。来自理论的问题，如“中国的社区和西方的社区在本质上是否不同”，这是建构中国社区心理学必须回答的基本前设问题。这一问题有心理学中国化（Chinalization）和本土心理学（indigenous psychology）两种理论渊源，都强调中国人或中国文化心理的特殊性。又比如，“社区生态论实施的心理基础是什么”，诸如此类的问题可以通过阅读教科书、专业期刊而提出。实践则是社区心理学研究问题的另一重要来源。社区的构成、类型和运作方式多种多样，自然条件、发展水平、人文环境差异巨大，产生了大量需要探究的理论和实践问题，如“如何营造积极向上的社区氛围”“社区矫正如何贯彻发展的原则”“如何协调常规工作和志愿者行为”等。实践中产生的问题，有的需要在理论上给予回答，有的则涉及具体的行动策略和方法引入或优化。总的来看，社区心理学是一个强调行动的学科，也是注重理论和实践结合的学科，“到社区中去”是发现研究问题的最基本途径。

不管具体研究的问题是什么，社区心理学研究者都应注意社区是个复杂的系统，社区的每个层次、领域都涉及复杂成分，且会产生相互作用。以社区心理服务为例，在人际水平涉及家庭、朋友和社交网络，在机构水平涉及心理研究和心理服务相关的组织，在社区水平则涉及群体、社区组织之间的关系，而这些要素和关系都要受国家政策、法律和社会规范的约束。

（二）文献综述

不管研究问题来自理论还是实践，在问题提出之后，都要进行系统的文献综述（literature review）。文献综述是指研究者对与研究主题相关的文献进行系统阅读、选择、比较、分类、分析和综合，形成对研究问题现状的整合性叙述。进行文献综述有助于研究者系统整理已有的理论，避免研究前人已经研究得比较透彻的问题，明确研究的意义、重点和方向。

研究的问题并不决定研究的方式方法，但质性研究在文献综述阶段会与量化研究有一定的差异。某些质性研究在文献使用上需要考虑时机和内容。如果在研究起始阶段大量阅读同主题的研究报告，其概念框架和方法就可能会先入为主地影响研究者，限制研究的思路。但如果不阅读有关文献，研究者则不能了解研究主题的新进展，也就难以确定研究的必要性、创新性。初学者尤其要关注和处理好质性研究在文献综述阶段的这个矛盾，根据自己的风格找到适合阅读文献的时机、主题、数量和程度。区分形式文献和实质文献有助于协调其中的方法与内容矛盾。形式文献中所介绍的研究与将要进行的研究主题不同，但文献中采用的研究模式具有启发性，阅读此类文献有助于了解研究的可用取向，扩展研究的思路和方法；实质文献中所介绍的研究与计划进行的研究关心同样的现象、主题，概略阅读此类文献的特定内容既可了解研究主题的进展，又可避免文献对研究思路的可能束缚或干扰。通过一定的实践研究锻炼，研究者会形成对文献干扰的免疫。

在进行文献综述时，研究者应考察社区心理学领域主要的教科书、专业期刊、手册或百科全书，充分利用各种专业数据库。

文献综述的写作有三点基本要求：表述明了、脉络清晰、有述有评。表述明了是对所叙述的理论、概念和方法，既表述充分又不冗余，既概括又不错漏。脉络清晰则是要求将研究问题的来龙去脉交代清楚，充分展示研究问题的理论或实践背景，说明当前研究假设是如何提出的，以及本研究的解决方案是什么。有述有评则是指通过富有逻辑和证据的方式说明当前研究问题的知识和方法背景，以及已有研究的局限和当前研究的必要性，避免罗列文献。

二、进行研究设计

（一）假设及其提出

研究的假设（hypothesis）是研究所提出的问题答案得到实证之前的表述，亦称假说。研究假设是以概念（concept）表述的命题（proposition），它给出了尚待检验的变量（variable）之间的关系，是研究问题的暂时答案。研究假设必须具有可检验性，这由操作性定义（operational definition）来实现。一个好的研究假设应具有良好的可验证性（testable），即研究假设须清楚地表明研究变量之间的关系，且能够为研究证据所证实或证伪。例如，“收入水平提高可以增强社区内聚力”这个命题中有收入水平和社区内聚力两个概念，这两个概念可以分别操作化为“家庭年收入”和“邻里环境质量”，而后以收入水平对社区内聚力进行回归分析，以确定命题的真伪。当然，在这个例子当中，影响社区内聚力的因素很多，并可能与收入水平产生交互作用，如研究对象的职业、受教育水平和社区的类型等，这就需要在检验研究假设时控制无关变量。

需要注意的是，假设表述研究变量之间的关系，故而传统量化研究认为纯粹单变量描述性研究没有假设。不过，描述性研究也会对研究对象做出假设性描述，以作为研究资料收集和分析的指引，这种假设性描述也可称为假设，但显然与量化研究的假设不同。

（二）研究对象与取样

与其他心理学分支主要将个体（individual）作为研究对象不同，社区心理学的研究对象具有不同的层次，且这些层次之间不能相互替代。在探讨社区类型层面的问题时，虽然也会将个体作为数据收集的来源，但只有社区类型才是恰当的研究对象，换言之，某些社区主题的探究包含个人而不能完全还原到个人。按照黄希庭（2016）的界定，社区心理学的研究对象是社区中的个体、群体和子群体的心理与行为。社区心理学的质性研究、量化研究取样单位有个人、群体、社区等不同层面。取样（sampling）是按照一定程序从研究问题潜在研究对象总体中抽取出一部分个体作为具体研究对象的过程，取样方法有完全随机取样、系统取样、分层取样、理论取样、偶遇取样和滚雪球取样等。

研究者通常根据研究的性质和研究对象的性质确定合适的取样方法。探求一般规律的研究领域和取向通常强调随机取样，以便于研究结果的推广，但社区心理学的很多研究主题具有特定性，如研究者设定了“提升光明社区居民环保习惯的行动研究”课题，研究对象就不可能进行随机取样。需要注意的是，社区心理学研究具有很强的行动特征，需要在既定范围内进行，这会限制建立在随机基础上的各种取样方法。理论取样、偶遇取样等方法在社区心理学的研究中采用得更多一些，尤其是以质性方法为主导的研究。

（三）数据与资料的采集程序

理论上，研究假设和取样方法决定了数据与资料采集的方式方法，但研究设计必须明确数据与资料的采集程序，如访谈问题的先后顺序，现场干预的流程，数据与资料采集如何开始和结束，等等。数据与资料的采集程序保证研究设计规范地执行，但设定的程序也需保持一定弹性，以应对突发状况和可能发生的干扰。

三、研究设计的实施

实施研究设计主要是收集实证资料的过程。在研究方案执行过程中，研究对象、研究者和研究环境都可能影响研究的有效性。执行研究设计并不是照方抓药，须体现灵活而规范的原则。复杂的、具有不确定因素或环节的研究设计，在正式实施之前均有必要做预研究。在预研究（pilot study）中，研究者通过对少数研究对象表现的分析，明确执行研究时可能遇到的问题，优化实施流程，排除无关因素的干扰，确保收集到的数据资料有效。

研究方案实施也会因研究类型、研究方法不同而有差异。但不管是采用什么方式方法进行研究，研究者都要遵循几条基本原则。（1）与研究对象建立融洽的关系。社区心理学研究的具体对象是人，只有通过对研究做出合理的说明，取得研究对象的信任，才能建立起合作关系。（2）遵循伦理规范。社区心理学研究的目的是增进社区福祉，违反伦理的研究是无效的。除了要尊重所研究社区的风俗习惯、当地的法律法规，还要遵循学界普遍认可的《赫尔辛基宣言》、中国心理学会发布的伦理规范等。（3）客观、系统和规范。研究者要严格按照研究设计方案，按照研究方法的规范进行操作，不能顾此失彼，也不能"灵活"过度，在互动中保持应有的客观而中立的态度，保证研究的有效性。

四、分析研究资料

（一）量化资料的分析

量化资料通常依次进行描述统计和推论统计，两类方法也是心理统计学教科书的基本内容。在数据统计分析之前，要进行必要的数据检视，符合正态分布的数据才可以进行参数类统计分析，如果是离散数据，则宜进行非参数检验，而使用量表收集的数据，还应该进行必要的信度和效度检验。换言之，要确保具备特定统计分析的前提条件。描述统计通常涉及集中量数的平均数、众数、中数，离散量的标准差、方差、全距，表达关系的相关系数，以及数据的区间分布等；推论统计通常涉及 t 检验、F 检验、卡方检验、回归分析等等。另外，统计指标的呈现要符合最新规范。例如，显著性水平要给出具体的数值，在无法给出具体数值的时候才使用区间。统计显著性信息并不是判断变量关系的充分条件，还需要给出统计效应的具体值，以判断其性质。

在进行统计分析时，应遵循必要、完备和充分的原则。必要的原则是指所有统计分析应该是围绕研究问题和研究假设展开的，并不是研究收集的数据都要用各种适用该数据类型的方法进行分析。完备的原则是指不能遗漏重要的统计信息，数据呈现应该遵循学科的一般要求。例如，探讨因果关系的研究，也应该呈现描述性统计信息、研究对象基本的人口学资料，这些信息对于理解整个研究主题很有帮助且不可或缺。充分的原则是指挖掘数据蕴含的意义，给予研究假设最充分的支持。例如，以问卷法收集的数据，可以用经典的统计方法进行常规的变量关系分析，也可以采用结构方程模型进行潜变量分析，后者更符合心理学关于行为反映心理的基本假设。需要注意的是，统计并不是越复杂越好，而是要有效回应所研究的问题。

（二）质性资料的分析

质性资料分析的目的通常是建构和检验理论，服务于质性研究探求特异性、意义性的目的。质性资料的分析没有统一的模式，往往视具体的研究方法而定。虽然质性分析方法彼此差异巨大，但各种质性资料的分析过程也有共通性。在进行正式的数据分析之前，都要进行资料的整理工作，如将音频资料转化为文本，检查资料的完整性，为方便管理对资料进行归类、编列序号，等等。

在分析过程中也有一些共通的工作，如编码、做备忘录和尝试写作等。编码（coding）在扎根理论、诠释现象学分析、叙事分析等方法中都会用到，是归纳类方法的核心构成和基本环节。做备忘录则是记录分析过程中研究者的感悟、思考和灵光乍现等，对最终完成分析具有重要意义。对于数据资料比较多的研究而言，做备忘录更是不可缺少的。写作本是研究报告阶段的工作，在分析阶段进行的尝试写作，其功能是提升、综合、完善分析思路，其服务的对象仍然是资料分析。

近年来，质性资料分析软件得到了广泛运用。分析软件给数据资料的管理带来了便利，展示资料的方式更形象、生动，其量化分析功能也会启发编码之间的关系。需要注意的是，此类软件不能代替分析者所要做的工作，分析者才是质性研究的“工具”，软件只是分析者思路的延伸。若依赖软件进行“自动化”“智能化”资料分析，轻则降低研究的品质，重则背离质性研究的初衷，事实上是将其当作量化研究来对待。

五、撰写研究报告

（一）研究报告的特点

研究报告（research report）是研究的总结，也是向读者介绍研究的问题、过程、发现及意义的过程。在呈现这些内容的时候，研究报告要遵循科学研究论文写作的基本规范，那就是客观、准确和简洁。客观在社区心理学研究报告中尤其重要。心理现象具有主观性，社区心理学研究又往往发生在社区互动的环境中，难以保持客观，但客观中立的态度是研究具有科学性的重要保证，在研究报告中也应如此。准确是所有科学研究报告撰写的基本要求。研究问题界定、术语使用、数据资料呈现等等，都要准确，凡引用观点、概念、证据，也应有准确出处，同时数据分析结果应遵循统一规范，确保其准确无误地呈现。简洁是指行文简明扼要，遵循规范的书面语表达规范，说明问题即可，不要做无意义的重复。细读出版手册，如《美国心理学会出版手册》、中国心理学会的《心理学论文写作规范》（第二版），可以获得有关论文写作的系统规范。

研究报告的撰写往往不是一气呵成的，也不是全部研究分析结束之后才开始的，有的质性研究的分析过程和写作过程是合二为一的。在分析阶段就构思研究报告的内容，有助于提升分析内容与研究问题及研究报告之间的契合度。不了解研究报告写作的人，一定要充分阅读研究报告写作规范。了解研究报告写作的人，则要在充分保障客观、准确和简洁的同时，尽可能以富有逻辑的方式结合丰富的内容，增强研究报告的可读性，充分体现研究的理论性、创造性、规范性和实用性。

（二）研究报告的内容

研究报告的内容通常包括：题目、摘要、关键词、引言、方法、结果、讨论、结论、参考文献、附录。这些内容完整地呈现了研究从开始到结束所有环节所做的工作。

研究报告的题目宜简明扼要地说明研究的问题，通常表述研究的主题、问题、关键关系等。摘要部分须较完整地概述研究的问题、方法、结果和意义。关键词是研究所涉及的核心概念，通常为 3～5 个。

引言部分要阐明研究的问题及其提出的理论和实践背景，说明研究的意义，解释关键的理论和概念。方法部分尽可能周详地展示研究所采用的方法，供读者判断研究的质量或重复当前研究。结果部分通常围绕研究所提出问题，以文字和图表相结合的方式，符合逻辑地呈现研究的发现。讨论部分概括表述研究的发现，说明研究假设是否得到验证、研究结果与已有理论和实践的关系、研究发现的意义和局限等。结论部分则是清楚地陈述研究的确定性发现。

社区心理学是实证取向的，任何研究报告都需要按照特定的规范，就所引用的理论、概念、方法、证据等，按特定规则罗列出参考文献。附录部分是呈现那些不宜在正文中出现的研究素材、研究结果等。越来越多的研究报告选择在线公开研究方案、研究的原始数据、附加的分析等，这是一种新型的附录形式。

（三）研究报告的形式

《美国心理学会出版手册》对研究报告的形式做出了细致具体的说明。总的来看，社区心理学的研究报告可以分为学术型和工作型，两者分别源于不同目标的研究，前者重在理论问题的探讨，后者着重实践问题的解决。两类报告都遵循学科化报告的基本规范，但各有侧重。例如：在引言部分，学术型报告围绕研究问题的学术脉络展开，研究的实践应用在描述中处于次要地位，而应用型报告则着重梳理应用的理论基础、行动的策略模式和实践诉求；在讨论部分，学术型报告侧重论证研究问题相关的理论，展开理论与理论、理论与证据之间的对话，而实践型报告则侧重讨论研究如何推进社区心理相关的实务工作。另外，发布会、交流会等也是日益得到重视的成果呈现方式。

第二节　以获取资料为导向的方法

适用于社区心理学研究的方法复杂多样，本节介绍在收集数据资料阶段最为常用的观察法、访谈法和问卷法。

一、观察法

观察法（observation）是科学研究获取资料的最基本方法，是观察者本人利用感官或工具获取研究现象的质性或量化数据资料的方法。科学的观察是有目的、有计划的行为，通常不给予研究对象任何干预，所得到的资料既可以做质性分析，也可以做量化统计。

（一）观察的类别

观察可分为非参与观察和参与观察。非参与观察是指研究者作为社区的外来人，在自然情境中对发生在社区的心理与行为进行被动观察；参与观察是指研究者成为社区中的一分子，在参与社区活动的过程中以“自己人”的身份进行主动观察。当然，外来研究者要顺利成为所研究社区的一分子，需要充分的、合乎逻辑的理由，才能取得信任，这其中最便捷的方式是获得“看门人”的许可，也就是得到在社区里有声望和地位的人的认可和介绍。

在观察过程中，研究者可以采用设计好的方案进行结构化（structured）

观察，也可以自由地、探索性地对研究对象进行无结构（unstructured）观察。结构化观察的对象、内容，记录的方式方法等都需要界定好，研究者严格依此执行观察活动，其结果通常进行量化统计分析。无结构观察通常只需要观察的大致框架，无特定的观察对象和观察指标，通常用于探索社区中的新现象、寻找解决问题的新方法，所获取的资料一般进行质性分析。

（二）观察法的实施

在研究中无论是采用何种观察方式，都需要制订切实可行的方案，明确观察过程的相关事宜，作为具体观察实施的框架。

（1）明确观察目的。目的是观察方案制订的首要问题，是观察的行动指南。

（2）明确观察对象和单位。对象即总体，是所要研究对象的全体；单位即研究对象的个体。研究中具体的观察对象，通常是来自总体中有限数量的个体。

（3）确定观察项目，即确定所要登记的内容。

（4）拟订观察表。将观察项目按一定顺序排列成表格形式。结构化观察需要明确的观察项目清单，无结构观察无统一的格式化观察表。

（5）确定观察的方式和方法。确定是采用直接观察还是间接观察，非参与观察还是参与观察。

（6）确定观察的地点和时间。确定登记资料的地点、标准时间和期限。

（7）观察的组织计划。为确保观察顺利实施，对人员、器材等做出具体的工作安排。

在观察过程中，研究者必须排除干扰，克服可能的观察偏差。一种常见的偏差是证实偏差（confirmation bias）。人们总是希望自己的预期被证实，这种希望心态（wishful thinking）会导致人们在观察过程中更关注与自己假设或愿望相符的现象与证据，而有意无意地忽略那些矛盾或相反的证据（Shermer，1997）。另一种常见的偏差是观察者偏差（bias from observer），即由于观察者的出现，社区中人们的心理与行为暂时性地改变了，却被观察者当成了本真的样子加以记录和分析，由此导致偏离。

［专栏 2-1］医患关系的参与观察

王丛博士在南开大学攻读学位的时候，在汪新建教授指导下进行了“人际医患信任的建立与分化：基于儿童血液病病案的参与观察研究”。该研究基于当前复杂的医患关系，从儿童血液病病案的个案分析入手，探讨人际层面医患信任的建立与分化。研究者联合医疗合作机构 A 市 XY 医院血液病儿科的研究力量，使用参与观察、深度访谈与个案分析法，调查在当下社会背景、医疗体制和医学文化下，中国医患关系的现状与医患信任缺失的表现。结合人际信任的演变模型理论、中国式医患关系的特征与儿童血液病病房特有的就医情境与执业环境，将信任的流变特征、医方视角、患方视角共同纳入医患关系视域中，力图呈现在“初始信任的建立—成功信任的形成—信任的中断”这一动态演变历程中，医患双方各自的心理感受与行为反应，并对构建和谐的医患关系提出心理学层面的对策建议。

在参与观察中，研究者选择以研究人员的身份，直接观察医患互动情况。2016 年 3 月至 2018 年 1 月，研究发起人与另外五位研究者赴 A 市 XY 医院血液病儿科住院部进行参与观察，具体调查内容包括：参加儿科交班晨会；跟随血液病儿科的科室主任及其团队的医生查房；跟随科室主任到专家门诊参与观察；在医生办公室观察医护人员每天的常规工作；等等。王丛博士强调，该研究只是聚焦于 A 市 XY 医院血液病儿科住院部，调查结果仅对 A 市 XY 医院血液病儿科住院部的医患信任情况有解释意义，在借鉴研究发现时需谨慎。

（本专栏资料由吕小康提供）

二、访谈法

访谈法（interview）是社区心理学研究最基本的方法之一，是通过研究者与研究对象的交谈获取研究资料的方法。访谈法的适用性广，实施灵活，通常用于探讨社区中的复杂、新异问题，获取的资料通常进行质性分析。

（一）访谈的类别

按照访谈时人员的组成，访谈可以分为个别访谈和集体访谈。个别访谈

（individual interview）的对象只有一个人，是单独的一对一的访谈。集体访谈（group interview）则有多个访谈对象。适合集体访谈的问题都可以进行个别访谈，但个别访谈通常不可集体进行。这意味着个别访谈具有很好的私密性，可用于典型个案、生活史、口述史等主题。焦点群体（focus group）访谈是集体访谈的一种形式，是指一组人就某设定的访谈主题进行开放式访谈，尤其适用于社区公共议题，如探讨社区物业管理模式、小区文化建设、社区安全互助等主题。

按照访谈内容的组织形式，访谈可分为结构式访谈和无结构访谈。结构式访谈（structured interview）是指按照预先设定好的问题进行的问答式访谈，所问问题及其顺序都是预先设定好的，通常适用于内涵清晰的研究问题、需要特殊配合的研究对象（如儿童和语言表达水平低者）。结构式访谈本质上是一种有声问卷，所获取的数据资料主要进行量化统计分析。无结构访谈（unstructured interview）是指按照粗线条式的访谈提纲而进行的访谈。焦点群体访谈可以看成半结构访谈，访谈中有较为集中的问题和讨论方向。无结构访谈是最具灵活性的自由访谈，可以发挥访谈对象的主动性和参与性，一般在探讨非常规问题时采用。

（二）访谈法的实施

实施访谈尤其是无结构访谈需要研究者精心准备和掌控过程。访谈法在准备环节与观察法类似，需要一个可行的访谈方案，在实施环节，访谈者的沟通和交流技能、过程掌控能力决定了访谈的成败。

在实施访谈前，访谈者要做充分的准备，包括:（1）对所研究主题进行文献回顾，明确访谈的大方向，提出有针对性的可作为访谈引导的问题。（2）收集访谈对象的有关信息。这些信息对于提出问题、验证访谈对象回答的内容以及分析访谈资料都具有参照意义，也有助于减少沟通障碍。（3）约定访谈的时间和地点。个别访谈还要注意访谈环境的私密性和舒适度，集体访谈要协调好时间、场所和器材等。（4）进行试验性访谈或模拟访谈。由于访谈中要灵活运用访谈的技巧，如发问、倾听、记录和引导，所以正式访谈之前进行试验性访谈或模拟访谈十分必要。

访谈提纲设计是成功访谈的关键，也是访谈准备的核心内容。初学者可以阅读一定量的访谈工作报告、访谈者的反思报告。

在访谈过程中，访谈者应时刻保持一种客观公正的态度，创设良好的访谈情境，时刻留意访谈对象言语和非言语的表达，适时做出调整和改变，引导访谈顺利进行。由于无结构访谈涉及非常规的、未经充分探索的研究主题，访谈者对访谈对象叙说的内容保持无偏见的态度十分重要。当然，访谈者还要避免提出诱导性问题，以免引诱访谈对象做出符合访谈者个人主观期望的回答。

三、问卷法

问卷法是社区心理学研究中使用最广泛的方法。用问卷收集资料，可单独使用，也可配合其他方法使用。

（一）问卷与量表

问卷（questionnaire）和量表（scale）有时候是同义的，有时候又有所区别。两个概念用作相同意思时，均指由一系列项目或题目组成的测量特定心理概念的结构化、标准化测量工具，而区别性使用时，量表指具有较高信度和效度的测量工具，问卷指结构化、标准化要求宽泛的测量工具，甚至是非结构化的开放式问卷。开放式问卷的问题（题干）之后并没有供研究对象选择的选项，而是给出了回答问题的空间，其使用类似于访谈法。在此意义上，量表可看作是问卷的一个特例。

组成问卷的项目也称题目，其质量决定了问卷的品质。题目质量分析可以从逻辑和内容的角度进行，更普遍的做法是使用问卷收集数据后进行量化分析，确定其对测量特定目标的有效性。这通常是一个循环往复的多步骤过程，需要投入较多的时间和精力。社区心理学具有很强的本土性，在没有现成测量问卷的情况下，为了达到特定研究目的，研究者就需要设计开放式问卷、标准化问卷。需要注意的是，在借鉴其他文化社区（如欧美社区）中发展起的测量工具时，要注意其适用性，有必要使用时要修订以契合我国社区的实际情况。例如，我国传统文化对自尊、幸福、成就等的理解和界定不同于欧美国家，选用有关工具做研究时要慎重。

（二）问卷的设计与实施

一般研究中，使用问卷作为收集数据的工具，通常只涉及问卷选择问题。而在特定的社区心理学研究中，往往需要研究者自行设计问卷，这需要遵循特定的流程和规范。

首先，确定问卷测量的目标。这包括采用什么样的方式、对什么对象的什么特征进行数据采集。探索性研究通常采用开放式问卷，而量化研究涉及假设检验，通常采用封闭式问卷。例如：如果研究目的是了解社区工作人员对于心理辅导技术的掌握情况，可设计开放式问卷；如果要考察社区工作人员心理辅导技术使用度与社区工作表现的关系，则可选用封闭式问卷。研究对象取决于研究目的，决定研究题目的内容和形式。例如，对社区流动儿童进行心理健康辅导，就限定了研究对象是流动儿童，但流动儿童并不具有同一水平的阅读能力，而是存在中学生与小学生、高年级与低年级之间的差别，研究对象差异化的阅读能力会限制问卷的表达和形式。只有界定清楚测量目标的具体内涵和边界，才能回应研究的目的和指导问卷内容的取舍。

其次，编制问卷题目。问卷题目来源多样。研究者可根据研究概念的界定进行合理推演，用适当语句表达概念的内涵、特征，也可根据现场观察、访谈记录、社区工作人员的总结及各种相关的研究报告等编制题目。研究者要尽可能收集丰富的题目素材，设计足够数量的问题，以充分反映所要测试的内容。题目编制完成后，就可组合起来形成待测试、使用的问卷。题目编制要注意避免特定的陷阱。例如，用了过多的题目来表述同一个内涵，这会提升问卷的内部一致性，但也会冲淡研究概念内涵潜在的多样性，将这样的问卷应用于研究时，往往会歪曲变量之间的关系。

再次，收集测试数据，对所编制问卷进行题目分析和信度、效度分析。

这就需要找到问卷适用的目标人群进行问卷试用，而后基于试用获得的数据，按照题目类型进行量化分析，重点考察题目的区分度。对于测量典型反应的题目，回答并不涉及对错而只反映个体差异，分析工作主要考察回答的多样性程度、各类反应在人群中的流行率。信度分析通常涉及复本信度、重测信度、内部一致性信度、评分者信度等，考察问卷具体内容组成、多次测试的时间间隔、评分者带来的评分稳定性问题，对应的统计主要是计算各种相关系数。效度分析则涉及内容效度、结构效度和实证效度，分别考察问卷内容设定的适当性、概念操作化的有效性和应用于实际工作的效用，统计分析主要用到相关系数、回归分析、群体差异分析、因素分析等。

最后，对问卷的品质进行综合评定。如果已经达到设计目标，就可投入使用，如果尚存在问题，就要修改完善，斟酌每个可能产生问题的环节，或重新审视问卷的目标、题目的设计，或改进测试样本、分析策略，或另选衡量问卷有效性的标准，直到达到特定研究对问卷品质的要求。

当然，除了科学性要求，问卷设计还要考虑实施问题。通常这要考虑研究对象的基本特征，如年龄、受教育水平、阅读能力等等。研究低龄儿童就不适合采用问卷法，而应采用观察法和访谈法。受教育水平决定了问卷所使用的语言文字，研究对象受教育水平越低，问卷使用的字句就要越直白。问卷回答经验也是影响问卷研究有效性的重要因素，经验多寡会影响回答问卷的配合度，也会限制问卷的长度。

第三节　以发展理论为导向的方法

社区心理学的理论是由概念、判断和推理所组成的用以描述和解释社区心理与行为的性质、机制、功能及规律性的表述。在社区心理学研究中，以发展理论为导向的方法主要有以下几种。

一、开放式主题访谈法

（一）什么是开放式主题访谈法

开放式主题访谈法（open thematic interview）是由杜刚和黄希庭等设计的适用于现阶段中国社区心理学研究的一种方法（杜刚等，2021）。具体而言，它是以访谈者与访谈对象的关系为结构，以访谈主题为核心，来了解社区心理普遍联系特点的方法。这种方法的显著特征是开放性，访谈者提出的主题必须是开放的，访谈者没有预期的条件假设，访谈对象亦需要敞开心扉。开放过程使得可以从不同的角度去理解社区心理系统。

（二）开放式主题访谈法的实施

开放式主题访谈法的实施包含两个阶段，第一阶段是包括六个“螺旋式上升”的阶段开放式访谈（如图 2–1 所示），第二阶段是文本的资料主题分析。

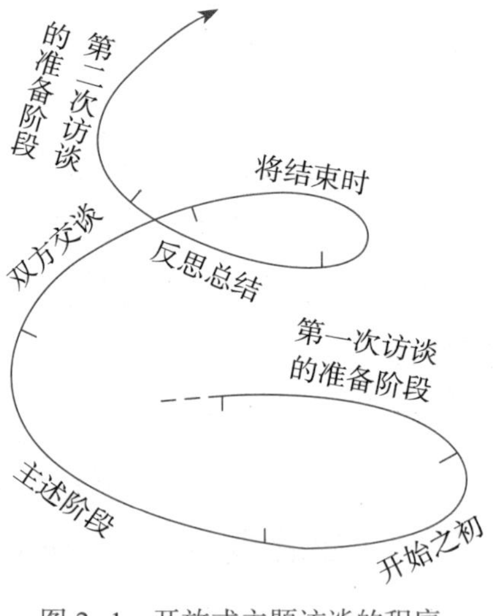

图 2–1　开放式主题访谈的程序

1. 第一阶段

（1）准备阶段。开放式主题访谈不限定具体的访谈提纲，但一定要准备一个粗线条的访谈提纲。研究者通过查阅主题相关文献，熟悉已有研究，根据社区实际确定访谈主题规划。例如，在准备有关社区氛围、仁爱心、正义感等方面的主题时，应当了解中华文化与西方文化的主要差异及其表现。然后，通过目的性抽样、方便抽样和滚雪球式抽样选取合适的访谈对象，安排访谈行程。

（2）开始之初。访谈开始之初，访谈者要向访谈对象简要地介绍自己，就语言使用、交谈规则、自愿原则、保密原则和访谈记录方式等问题与访谈对象进行磋商，以符合访谈研究的伦理规则。访谈可从日常生活中最细微、最普通的方面入手，比如询问访谈对象的日常生活状况："您住在这个社区多少年了，您觉得这个社区怎么样？"这样可以营造一种宽松的气氛，建立和谐的、融洽的关系。

（3）主述阶段。引出话题后，紧接着就是倾听访谈对象陈述，同时顺势提示访谈主题，访谈对象在不知不觉中围绕访谈主题进行陈述。这是一个完全开放的阶段，访谈者应全神贯注地倾听访谈对象表达与主题相关的内容，支持访谈对象尽量陈述，不要随意打断。访谈过程中遇到不善言辞或不愿表达的访谈对象，访谈者要鼓励他们并给予肯定，如："您刚才讲的特别有启发意义，您还有补充的吗？"遇到那些滔滔不绝的访谈对象，要耐心倾听，但超过一定时限要适时打断；遇到那些说得特别抽象的访谈对象，要让他们尽量多举实例或者打比喻。

（4）双方交谈。当访谈对象围绕访谈主题陈述结束后，访谈者应当用一些希望得到回答的问题或次级主题把访谈引向深入。访谈者与访谈对象围绕访谈的互动、交谈也是完全开放的。访谈者切忌把交谈变成提纲式一问一答的过程，还要灵活妥善地处理偏离主题的情况，确保访谈持续下去。

（5）将结束时。访谈者要在适当的时机结束访谈，尽量以一种轻松、自然的方式结束。访谈结束时，访谈者要向访谈对象表达诚挚的感谢，给予一定的物质报酬，对于访谈对象在访谈中谈到的实际需求给予力所能及的支持。

（6）反思总结。访谈结束之后，访谈者应就访谈涉及主题的情况如何和访谈技巧是否有创意两个方面进行认真的反思总结，从而为下一次访谈奠定基础，提高访谈质量。

2. 第二阶段

第二阶段进行开放式主题访谈的文本分析。研究者要熟悉中国社区心理学研究的方法论原则，具备高度的理论修养、理论自觉和理论自信。研究者可从多种不同的角度对文本进行系统分析，以解读文本资料的普遍联系，比如研究主题的形成、发展、结构、功能、影响因素等，这也是研究者理论积淀的延伸。

研究者要尝试在不同的角度下对主题进行层级分析。首先，在原始文本资料中探索寻找反映研究主题的初级主题。初级主题概括研究主题的客观事实或客观状态，通常范围比较广，内容比较多。然后，对初级主题进行梳理归纳、整合聚集、分类处理等，提炼次级主题。次级主题是对初级主题的高一层级的概括。最后，通过对次级主题进行类属比较、关系联结、分析总结等，提炼更高一层级的主题，即核心主题，它高度概括统筹原始文本资料。在这个过程中，研究者可能会舍弃或合并一些主题内容。经过对资料反复推敲考虑，最终构建出一定的理论模型。对原始文本资料的分析需遵循两个原则：一是切合中国社区实际，反映中国社区现实情况，体现中国社区建设和发展的时代性；二是与研究者的理论积淀契合，彰显研究者的理论尺度。

开放式主题访谈使研究者对社区心理学的一些新概念有了新认识，更加坚定了社区心理学的实践应用价值，有利于培养新时代中国社区心理学人才，增强了创建中国特色社区心理学的信心。

［专栏 2-2］扎根理论

扎根理论（ground theory）是一种方法，而不是常规意义上的理论。扎根理论有经典扎根理论、程序化扎根理论和建构主义扎根理论三个版本，在社区中具有广泛的实用性。如果研究者和社区实践工作者遇到了新问题而没有现成的理论可以充分理解人们的心理与行为，这时，运用扎根理论进行研究就是合适的。扎根理论一定要发展出理论来说明研究现象何以发生，其过程是什么，影响因素又是什么，也就是阐释研究现象的运作机制。但形成理论并不意味着扎根理论的结束，还要对该理论进行质量测试。社区心理学研究者要回答所提出的理论是否契合资料，能否揭示社区中的心理与行为，能否建立与已有理论的关系等问题。如果所提出的理论是合理的，就一定能为实践工作所验证，能够对社区心理与行为做出稳健合理的解释，也能够为实践工作者接受。当然，任何理论的解释力都是有限的，一个理论是有适用边界和条件的，当现有理论不能诠释新经验时，就需要修订或替代。

扎根理论有一些核心特征（吴肃然，李名荟，2020）。（1）反对社会科学研究中的“演绎—验证”逻辑，主张以逐级归纳的方法从经验材料中创造出理论，而不是从既有的知识体系中演绎出理论命题。避免在研究中出现预置的研究框架和研究问题，这是确保“扎根”有效性的重要原则。（2）扎根理论所处理的主要是以访谈记录为代表的文字材料，它为质性分析提供了一套相对严格的准则、步骤和程序。（3）对文字材料进行编码，逐级提炼出理论概念与过程机制。编码是扎根理论分析的核心要素。（4）运用迭代式的研究策略，在数据收集与数据分析中遵循一种相互嵌入、循环往复的滚动过程。尽管在其他研究范式中也会出现这种操作，但这些操作大都是不得已而为之的。可是在扎根理论中，这种迭代是必备的方法论特性。（5）使用理论抽样而非统计抽样来选择研究对象。要研究什么样的案例是由理论引导的，需要研究者在研究过程中不断地做出判断。这不仅不是反科学的做法，反而体现了科学家的研究技能。（6）将“持续比较法”作为最重要的分析手法。研究者不仅可以对研究中的事件与范畴进行同类和交叉比较，还可以从该研究的外部如文献和日常经验中选择比较对象。这种做法有助于充分发现研究对象的特质以实现概念化，有助于发现理论范畴的变化尺度，从而找到理论的适用范围和适用条件。

三个版本的扎根理论分别代表着不同的社会科学方法论思潮（见表2-1），不同的方法论决定了研究方法的不同形象（吴肃然，李名荟，2020）。对经典扎根理论来说，研究方法只提供一套指导性的步骤，研究者自身的研究能力非常重要；程序化扎根理论则提供了一套严格的程序和概念框架，它大大缓解了研究者自身的创造压力；建构主义扎根理论同样提供了一套指导原则，但它远比经典扎根理论松散，研究者可以极大程度地摆脱既有经验证据的束缚，而且它与前两个版本的扎根理论有着最本质的区别，即前两个版本的扎根理论致力于寻找“科学”解释，而建构主义扎根理论已经不再有这种追求了。

表 2-1　三个版本的扎根理论的比较

扎根理论的版本	社会科学哲学	是否质性研究方法	研究者形象	对研究传统的态度	理论形式
经典扎根理论	批判实在论	否	创造者	忘记	潜模式
程序化扎根理论	实证主义	是	观察者	遵循	因果关系
建构主义扎根理论	建构主义	是	参与者	参考	故事

（资料来源：吴肃然，李名荟，2020）

二、档案法

（一）档案研究

使用档案（archives）资料进行研究对于社区心理学非常重要。一方面，社区实践及相关工作过程中产生了大量的系统化记录，其中蕴含的丰富心理与行为信息需要提炼和总结；另一方面，有的社区心理与行为不适合进行短时间的切片式研究，而对于大量社区的同时观察又不现实，这种情况下档案法就是最优选择。广义来看，档案法并不是单一的方法，而是包含内容分析（content analysis）、大数据（big data）、元分析（meta-analysis）等方法，它们的共同点是对已经产生和记录的数据进行分析。档案分析的具体内容和过程灵活多样，如：探讨某地区婚恋价值观的变迁，可对征婚广告进行内容分析；总结特定社区干预方法的普适性或者适用条件，可采用元分析的方法；类似网络社区舆情分析这样的主题，则主要依赖于大数据挖掘的方法。

虽然运用档案法处理的大多数是质性数据资料，但社区心理学档案研究并不等于质性研究，也可能是量化研究，还可能是质与量并重的研究。从研究目标达成而言，档案研究是采用质性研究还是量化研究并不是重点，重点是要突出研究的合理性和逻辑性，亦即科学性。此外，使用档案法进行研究不应当仅仅是加深对研究问题本身的理解，更应看重与社区心理学理论的对话。理论虽然是灰色的，却有助于烛照尚未探究的领域。

（二）档案研究的实施

档案法虽然包含多种多样的具体形式，但主流是遵循量化研究策略，有一些共通的步骤，如数据与文献检索、文献内容评判，归类编码、信度检验，特征与综合分析等，这些步骤包含一系列的具体技术。

数据与文献检索的具体内容和范围取决于研究的问题。与扎根理论以现象切入研究不同，档案研究是带着明确的问题来回顾文献资料；与文献综述着重梳理已有的研究不同，档案研究不但要基于文献给出假设，还要给出系统性证据来检验假设、发展理论。掌握资料是档案研究至关重要的一步，资料适切才能有效地开展研究，这就需要系统搜索给定研究问题的资料空间，如图书馆、档案馆、信息机构的档案库、期刊数据库、统计年鉴、公报、网站存档、方志、论文集等等。当然，不管是内部资料还是公开资料，所有数据资料的收集都要在法律法规允许的范围内进行。研究者在收集文献数据时，需要确定资料的类型（数字的还是传统媒介的，文字的还是多媒体的，定性的还是数量化的，等等）、采集的内容（研究是发现新概念、新关系，并不是资料搬家）和标准。

根据理论的丰富度，内容分析策略也不同。在没有理论指导或有充分理论依据这两种极端情况时，均可采用关键词频次分析，从而发现研究主题的内涵及其重要性。当与研究现象有关的理论和文献非常有限时，分析的重点是对已有资料进行归纳、提升，发展概念或建构模型。当理论需要在文档资料中进行验证或扩展的时候，研究者可以采用演绎出假设而后检验的方式。不管采用哪一种策略，研究者都需要依据自己制定的标准，对于所获取的数据资料进行通读和评判，剔除被错误纳入的资料，选定待进一步分析的内容。

例如，我国有很多模范社区，这些社区吸引了众多参观者，人们在参观之余会进行评价、总结，写出游记，分析这些游记的内容可以找到社区吸引力的内涵所在。如果进行定量化内容分析，可以将收集到的游记文本进行高频词分析，通过高频词展示构成社区吸引力的重要内容。如果进行验证性内容分析，需先设定社区吸引力模型，然后分出指标体系（如一级指标为整体吸引力、认知吸引力和情感吸引力，二级的情感吸引力又包括满意感、幸福感和获得感等等）和评分标准，由此量化每个文本，而后遵照理论假设进行统计分析。如果要发展社区吸引力的新模型，则需要进行归纳式内容分析，具体策略可参照扎根理论。

大数据方法是随着海量、超大规模数据出现而兴起的、正在发展中的量化研究方法。大数据方法所研究的现象，往往是现有理论无法细致刻画的，单个数据中蕴含的信息非常稀薄，无规律可循，只有叠加到一定数量之后才能显示特定的模式。研究者利用大数据方法探讨社区心理与行为，首先要用专门的技术获取数据，再通过各种算法建立模型，而后将模型用于新的数据以考察其有效性和稳健性，从而确定模型。使用大数据方法，需要掌握获取数据的特定方法，包括各种算法和模型，以及地理信息处理的方法等。在实际操作时，可以采取多学科知识背景的研究者合作的方式。

元分析研究通常具有非常确定的内容，是对特定研究主题积累的量化文献进行汇总，主要是一种量化研究。例如，校园反欺凌项目干预效果与影响因素分析（赵陵波等，2018）通过对 43 个研究的汇总分析发现：针对欺凌者的干预项目具有中等效果，针对欺凌受害者的干预项目使得受害者的受欺凌行为减少，心理健康状况得到改善；针对所有学生的干预项目对欺凌行为、受欺凌行为效果可能存在出版偏差，干预周期小于一学期的效果量大于干预周期大于一学期的效果量；直接针对欺凌者或者欺凌受害者的干预效果量中等，但需要进一步的证据。进行元分析研究，所探讨的问题需要一定的文献积累并且研究发现具有不确定性或争议，数据整合分析可以借助有关免费软件或商业化统计软件完成。

第四节　以改进实践为导向的方法

改进社区心理实务是社区心理研究的当然目标。本节介绍的行动研究和影像发声法既是社区心理的研究方法，也是社区心理的工作方法。

一、行动研究

（一）什么是行动研究

提升社区的行动力是社区心理学的基本使命。行动研究（action research）是从社区实际需要中寻找课题，在社区工作过程中由社区工作者与研究者共同参与，通过全程干预，使研究成果为社区工作者所理解、掌握和应用，从而达到解决社区实际问题、改变社区的研究方法。行动研究强调在社区工作的现场，通过认识、行动和反思推进实践。行动研究在改进特定社区工作的同时，研究成果也能为其他社区所借鉴。

根据研究者的身份角色，可以将行动研究区分为合作型行动研究、支持型行动研究和独立型行动研究三种基本类别。合作型行动研究是指理论工作者与社区工作者共同协商，确定研究问题、研究方案和行动策略，并进行评价和总结；支持型行动研究是指理论工作者作为咨询者帮助社区工作人员开展研究，理论工作者所扮演的是咨询者角色；独立型行动研究则是指社区工作者自主进行研究，以研究的态度、方法来推进实践工作，研究过程中无专职的社区理论工作者参与。

（二）行动研究的操作

行动研究包括计划、行动、观察和反省四个基本环节（黄希庭，2010）。具体的操作可参照以下的流程。

首先，从社区中确定研究的问题。社区中总是存在这样那样的问题，如家庭暴力、环境污染、邻里冲突、高危疾病传播、贫穷、社区矫正等等。这些问题可以通过观察、问卷调查、访谈等方式方法发现。研究者在识别社区问题时，不仅要确认一个现象，还要明确其作为一个问题发生的原因、频率，该问题的持续时间、严重程度，社区民众对该问题的认知，等等。只有系统思考社区问题，才能形成有针对性的行动方案。社区里的人、设施、服务模式都会有利弊短长，通过分析，我们可以发现社区的潜在需要，改变工作作风，从而增强社区内聚力。确定社区中的问题，要分析其为什么会发生，其长效解决机制是什么，而不仅限于消除矛盾。

提出问题是一个合理化的过程。研究者应问自己：我或社区组织能否有效地解决某一问题？这一问题是不是应该关注的问题？例如，社区中超重和肥胖儿童的比例一直在稳步上升，2017 年重庆市 6—18 岁中小学生超重和肥胖的比例分别为 9.8% 和 5.2%，男生流行率高于女生。儿童肥胖往往导致成人肥胖，超重和肥胖与慢性病有关。这是一个需要解决的现实问题，社区有这样做的使命和能力。

问题提出后要追寻其性质，是缺乏积极行为的条件，还是消极行为过多。例如，社区里有太多的儿童超重或肥胖，这个问题在低收入家庭尤为严重。问题提出后要去识别谁的行为是改变的关键，如何改变环境因素。例如，儿童应该吃得更健康，积极锻炼，父母需要改变家庭或孩子的饮食习惯，学校需要调整餐食结构和锻炼计划，社区需要增加健康食品供给和扩大儿童玩耍的空间。再比如，帮助青少年摆脱网络沉迷，可能仅仅限于改变特定个人的行为模式，也可能涉及社会服务职能部门对有关心理健康服务条例、青少年保护法的执行，需要社区协调各方，合作消除导致沉迷的环境因素。

其次，分析问题的根源和影响因素。在问题发生原因和可能后果不清晰时，研究者切不可急于求成。一个问题的出现，总是有原因的，虽然真正的原因可能不那么明显。出现问题可能是一个社会系统的功能失效，或源于似乎与问题无关的特定行为。为了找到根本原因，研究者须使用一种或多种分析方法，进行批判性思考，多问“为什么”。例如，儿童超重或肥胖，这个问题在低收入家庭尤为严重。（为什么？）因为许多低收入家庭的儿童饮食不健康，运动不足。（为什么？）因为他们的父母在很多情况下不知道合理运动，而且，即使他们知道了，他们也不会让孩子在外面玩。（为什么？）如此问下去，就会形成对问题原因的合理理解。

研究者应当找出阻止问题发生变化的制约因素（社会结构、文化传统、缺乏知识、缺乏条件等等）和推动问题发生变化的驱动力（公众舆论、政策变化、教育改革等）。例如，限制儿童体重合理变化的因素包括：（1）垃圾食品的好处——孩子们喜欢，因为味道很好且容易买到；（2）孩子们没有太多的锻炼时间。推动变革的有利因素可能是：（1）父母关心孩子的健康；（2）孩子们渴望参加户外活动；（3）媒体报道儿童肥胖问题。研究者在梳理解决问题的限制因素和有利因素时，要区分个人因素和环境因素。无论问题涉及个人还是社区，每个人的信念、技能、文化水平、背景、经验等等都会对这个问题或者它的解决方案有影响。

此外，研究者还要寻找社区中同源的其他问题之间的关系。在分析原因时如果已经找到了同源的其他问题，则有助于问题打包解决，也有利于从相关的社区实践中吸取经验。分析相关问题也可以帮助研究者锁定解决问题的目标人群和相关人员。例如，某个特定问题解决的关键在于执行某种政策，达到目的的最佳途径就是说服有关部门的官员。在儿童肥胖问题中，社区行动直接的目标人群可能包括家长、孩子们、中小学教师、超市采购负责人等等，而相关人员包括学校的责任督学、行政人员，社区医院、诊所的工作人员，快餐连锁店负责人等。

最后，制订社区行动方案。以上分析完成后，研究者就可以制订计划，说明问题的真正原因，确定重点目标和重点人群。在制订社区行动方案时，可进行强弱机危综合分析（即SWOT分析，SWOT是strengths、weaknesses、opportunities和threats首字母组合，指对实力与弱点以及挑战与机遇的分析），即通过分析已掌握的资料以优化行动方案，探索解决问题的可能性，识别最佳路径，确定从哪里开始，调整或聚焦已经开始的行动。当然，在制订计划时，还需要评估框架，明确评估研究效果的依据和模式。这样，在实施行动之后，才能进行针对性的总结反省，完成从计划、行动到观察和反省的循环。

二、影像发声法

（一）什么是影像发声法

影像发声法（photovoice）是以影像为核心手段的社区行动研究方法，是由王和伯里斯（Wang & Burris，1994）对云南乡村妇女进行赋能研究而创立的方法。研究中，研究者要求研究对象拍摄一些从自身视角来看能代表所在社区的照片，而后在小组活动中一起讨论照片，形成突出的故事叙述，以动员和帮助决策者更好地理解社区，制订解决现实问题的有效方案。影像发声法有三个基本目标（Wang & Burris，1997）：（1）让“失声”人群记录、反思他们的自身体验；（2）通过大规模或小组讨论影像的方式来促进有关重要议题的对话、反思，理解经济社会和心理环境；（3）影响政策制定者以改善生活条件和生活质量。

影像方式可以赋予社区中的弱势群体、边缘群体等对社区排斥、社区环境、饮食健康等主题非常规的表达和影响能力，以改变人们的态度、引起关注、保留特定的社区传统等。随着智能手机的普及、自媒体的使用，影像发声法及其变式日益成为捕捉社区各层面问题的广泛适用方法。

（二）影像发声法的操作

每个成功的影像发声研究都是研究团队精心计划并执行的结果。实施影像发声法，首先要明确社区真正的问题和需要，接下来是招募参与者，然后才是拍摄影像，用影像表达想法和感受。

在招募参与者时，可针对所要探讨的问题或所要改变的现状，采用理论取样法在社区中招募问题所涉及的利益相关方，以凸显社区内部的洞察、沟通，增强影像表现的冲击力和影响力。

在接下来的过程中，大致所要做的工作是培训、拍摄影像、讨论影像和展示影像。首先，参与者要聚在一起相互认识，建立信任关系，这也是理解社区所需要的。然后，研究者介绍研究日程、行动计划，对参与者进行影像拍摄训练。需要注意的是，如果研究问题涉及改变社区，研究者需要事先规划而不是遇到事情后才开始思考。不管研究是否涉及社区改变，都要让参与者清楚研究的内容和目的。在进行影像拍摄训练时，研究者重点在于训练参与者如何利用影像表达他们的关切和感受。在拍摄影像过程中，研究者还可以组织讨论，研讨如何丰富数据、如何给参与者及其社区赋权。

例如，研究者（Nykiforuk et al.，2011）在建设社区环境的研究中使用了影像发声法，具体包括五个步骤：

（1）初步访谈。研究者采用半结构访谈，了解参与者对于社区体育活动和健康饮食的看法。在访谈会上，研究者提供数码相机，安排为期 2 周的拍摄任务，明确以活动与饮食为主题，鼓励参与者以最有意义的方式表达与主题有关的促进或阻碍因素。访谈会还回答了参与者的一般性疑问。

（2）拍摄影像。每个参与者在居住社区拍摄了数量不等的照片。最终每人拍摄 9～182 张，平均 40～50 张。

（3）进一步访谈。研究者仍然采用半结构访谈，请参与者选出最有意义的照片，讨论为什么认为其重要，讨论参与影像发声过程的经历如何影响他们对社区的看法。这个环节花费的时间较长。

（4）汇总关键影像。每个参与者选出最佳的 5 张照片，写出这些照片简介。在展览之前，拍摄者要反馈照片简介是否反映了其想要表达的内涵。

（5）展示影像。研究项目相关人员讨论影像展示的最佳形式，并在接下来的三个月里广泛展示照片：不仅在参与者所在的社区展示照片，还在其他的社区、公共聚集地（图书馆、社区活动中心等）、社区网站等展示照片。

如果社区影像展览涉及政策，研究项目相关人员就应邀请政策执行者、制定者及相关人员参与，以达到用影像改变其认知的目的。

影像发声法的最后一步是召开情况总结会。研究者和参与者一起讨论，是为了改变社区有所行动，还是再一次进行影像活动。对于研究者而言，可以采用内容分析、扎根理论等方法，挖掘研究所获取资料的主题、意义等。

影像发声法加强了可视性的元素，降低了阅读难度和枯燥性，便于展示和理解拍摄者内心最真实的感受，增强了参与者想法的可分享性。影像发声法的另一特色，是把个人和小组巧妙地结合到了一起。通过公众号等自媒体方式，影像可以得到更多人的关注，投票可以增加互动。当然，在采用影像发声法时，研究者需要加强研究设计，以免该方法流于表面，变成纯粹的影像拍摄活动，无法产生实际效用。

概要

社区心理研究的过程是非线性的，这意味着研究问题提出、研究设计、研究实施、研究资料分析和研究报告撰写的划分是相对的，当研究聚焦于某一环节时，研究者应思考对其他环节的影响或限制。进行社区心理研究需要根据问题的实际需求选定特定研究方法，复杂的社区心理问题往往需要结合多种方法，进行混合研究。观察法、访谈法和问卷法是最基础的资料收集方法，这些方法实施的关键是设计科学合理的方案。在分析资料时，社区心理研究会用到传统心理学擅长的统计分析，而提炼研究资料并发展理论则可能需要开放式主题访谈法、扎根理论和档案法。与社区心理学的行动特征一致，行动研究及其变式会赋予社区工作者、社区、社区里的群体和个人、社区发展相关人员、组织和环境以行为引导和影响，或通过研究或在研究中促进社区的发展。

扩展阅读书目

陈向明.（2000）. *质的研究方法与社会科学研究*. 北京：教育科学出版社.

哈里 · T. 赖斯，查尔斯 · M. 贾德.（2011）. *社会与人格心理学研究方法手册*（张建新 译）. 北京：中国人民大学出版社.

约翰 · W. 克雷斯威尔.（2007）. *研究设计与写作指导：定性、定量与混合研究的路径*（崔延强 译）. 重庆：重庆大学出版社.

思考题

1. 举例说明社区心理学的研究程序。
2. 针对居住地或学校附近的社区物业管理人员，准备一份高质量的观察提纲或访谈提纲。
3. 自拟一个研究问题，阐述如何运用扎根理论或行动研究的方法。

第三章　社区氛围

南京市秦淮区龙王庙社区建立了“党政主导推动、‘三社’互动发展、社工志愿者联动推进”的社会工作运行机制，着力推进“乐民、育民、惠民、安民、助民”五大幸福工程，积极探索“一委一居一站一办”和扁平化、网格化、精细化管理服务模式。2005年社区启动“邻里节”活动，围绕“邻里学”“邻里乐”“邻里帮”“邻里颂”四个方面，让居民将自己的小家融入社区大家。如今，龙王庙社区提供健康知识讲座服务、安全巡逻护院服务、法律知识普及服务、就业培训服务等，通过类型多样的服务活动激发社区活力，不断提升居民的认同感、归属感、安全感和满意度。远亲不如近邻，龙王庙社区里的每个人都感同身受。社区接连获得“全国敬老模范社区”“江苏省和谐示范社区”“江苏省科普文明社区”等称号。

我国提出了新时代“形成与邻为善、以邻为伴、守望相助的良好社区氛围”建设要求。所有社区都应像龙王庙社区那样，让居民们体验到浓浓的邻里互助、亲切祥和的社区氛围。那么，什么是社区氛围？它有哪些特点和功能？如何研究和建设社区氛围？让我们一起来讨论这些问题。

第一节　社区氛围的性质

社区氛围指什么，我们能感受到吗？下面让我们来讨论社区氛围的界定、特点、功能及其与社区感的异同。

一、社区氛围的界定

试想某一社区房屋建筑鳞次栉比，道路四通八达，卫生干净整洁，景观山水亦是相得益彰，环境如此优美的社区却没有居民生活，显然这样的社区也无人能够评价其氛围如何。而人口完全流失的空心城区和尚未有人入住的商品房小区，也不存在社区氛围。因此，有人，才有社区氛围；没有人，哪有氛围呢？对于“氛围”一词，英文有 atmosphere 和 climate 两种释义，其中 atmosphere 侧重于特定场所或环境中个体的感受或情绪（陈苗苗，2015），climate 则是指一般的态度或感觉，可以视为人们感受到的一种倾向、风气或者情调。氛围是个体对特定环境或事物的主观感受，它反映了主体与客体的双向作用。相比较而言，climate 既有对环境物理属性的描述，也有着个体对环境的心理加工。因此，可以将社区氛围翻译为“community climate”。

关于社区氛围，不同的学者有不同的界定，可以分为三类：（1）从组织的整体属性角度，强调社区氛围是居民所感知到的社区环境的持久特性（Forehand & Von Haller，1964；Schneider & Bartlett，1968）；（2）从个体感知角度，强调社区氛围是居民对社区环境的主观感受（James & James，1989；James & Jones，1974；Jones & James，1979）；（3）从综合取向角度，认为社区氛围既强调社区环境的特征因素，也注重居民的感知因素，它是居民所体验到的并对其行为产生影响的、相对持久而稳定的环境特征（Schneider，1990）。

我们通过对相关研究的分析及深度访谈，提出社区氛围是指社区的风气和情调。这种风气和情调是社区居民与社区环境交互作用的结果。（1）风气（ethos），指社区居民中大多数人的行为倾向，这种行为倾向有强弱美丑之分。例如，美的行为如在社区公交站让妇幼老弱病残者优先上车、对自己家的生活垃圾进行分类等，丑的行为如哄抢商品、大声吵架等。（2）情调（tone），指接触社区中的人、事、物或情景而产生的感情色调，它会使人们产生或快乐或悲伤的感情色彩。例如，快乐不仅带有色彩，而且是温厚浓郁的“暖”色，它在心理上给人以舒适和幸福（孟昭兰，2005）。

二、社区氛围的特点

社区氛围作为一种无形的精神风貌，既表现在社区整体环境上，也体现在居民的心理与行为模式上。它既会影响居民的日常生活，也受到居民日常生活的影响。社区氛围具有波动性、多样性、两极性和情境性等特点。

（一）社区氛围的波动性

社区氛围不是凝固不变的，它会受环境的变化、人员的流动及活动的改变等而发生改变。人们感受到的社区氛围也是有变化波动的。即使是同一环境不同季节，人们感知到的情调也会有所不同。请看宋代范仲淹在《岳阳楼记》中对不同季节登岳阳楼的心态描述：

若夫淫雨霏霏，连月不开，阴风怒号，浊浪排空；日星隐曜，山岳潜形；商旅不行，樯倾楫摧；薄暮冥冥，虎啸猿啼。登斯楼也，则有去国怀乡，忧谗畏讥，满目萧然，感极而悲者矣。

至若春和景明，波澜不惊，上下天光，一碧万顷；沙鸥翔集，锦鳞游泳；岸芷汀兰，郁郁青青。而或长烟一空，皓月千里，浮光跃金，静影沉璧，渔歌互答，此乐何极！登斯楼也，则有心旷神怡，宠辱偕忘，把酒临风，其喜洋洋者矣。

两段文字描写了两个季节对个人感受的影响。第一段描写个人在秋天景物的影响下，产生“满目萧然，感极而悲者矣”的悲伤情调；第二段描写个人如果置身明媚的春天，就会产生“心旷神怡”“喜洋洋者”的喜悦情调。

可以推想，即使身处同一个社区，人们的行为倾向和感情色调也会因各种原因而发生变化。通常情况下，社区环境变化、人员流动及活动的改变都是不大的，所以社区氛围也都是一些波动性的变化。

（二）社区氛围的多样性

从社区类型看，社区氛围呈现出多样性。在我国有城市社区和农村社区，相应地就有城市社区氛围和农村社区氛围。同时，城市社区类型多样，有人将城市社区划分为传统式街坊社区、单一式单位社区、混合式综合社区、演替式边缘社区、新型房地产开发型社区、自生式社区和移民区社区（徐勇，陈伟东，2002），与之相对应的将会有七种城市社区氛围。这种划分只是说明社区氛围的多样性，至于是否能呈现出七种社区氛围的特点则尚需进一步研究。

从社区风气看，社区氛围也表现出多样性。从居民幸福感体验的角度（刘杰等，2012），社区环境分为社区政治环境、社区经济环境、社区文化环境、社区生态环境、社区人际环境。在这些社区环境中，人们的各种行为倾向所形成的风气也有很多差异，如清明—昏暗、节俭—奢华、礼貌—粗鲁无礼、和谐—不确定性、友善—敌意等，社区风气的多种差异也能说明社区氛围的多样性。

从居民感情色调看，社区氛围也是多样性的。情调的表现有快乐、满意、难过、悲伤、忧愁、烦闷等，其中中华文化所倡导的仁爱、正义、文明、和谐、诚信等内容所引起的感情色调最具特色且最值得研究。

（三）社区氛围的两极性

人们在一定的社区氛围中常常会出现两种相互对立的情调，这称为社区氛围的两极性，例如可以表现为肯定的和否定的、紧张的和轻松的、积极的和消极的、激动的和平静的、兴奋的和烦闷的、满意的和不满意等等。社区氛围的两极性是由社区氛围中的情调性质所决定的。两极的情调不仅相互依存、相互对立，而且在一定条件下可以相互转化，一极可以转化为另一极。

社区氛围可以是积极的和消极的两极，积极的社区氛围会让个体感到社区是文明和谐、其乐融融、有美感的地方，消极的社区氛围会让个体感到社区是杂乱无序、争执不休甚至是不安全的地方。社区氛围也可以是放松的和紧绷的两极。例如，未被严重商业化的古镇村落，以老年人居多，居民日常生活的重心是安享晚年，无工作压力，生活节奏缓慢，社区整体氛围比较放松。与之相反，当社区以高三学生居多时，居民日常生活的中心是高考，面临着考试成绩的压力，几乎所有人都围着高考运转，生活节奏快，社区氛围就比较紧绷。

（四）社区氛围的情境性

社区氛围包含社区居民的行为倾向和感情色调，并深受情境的影响。例如，居住在平房里的社区居民与居住在高楼里的社区居民文明出行的行为方式是不一样的；他们的感情色调也可能不同，因为他们的行为倾向及情调的产生总是离不开社区的一定情境，是受社区一定情境促成而表现出来的。住在平房里的社区居民文明出行时见面礼让，住在高楼里的社区居民则可能是文明驾车。在欢乐的新春佳节中与繁忙的平常日子里，由于社区情境的差异，人们的感情色调也是不同的。

三、社区氛围的功能

（一）社区氛围的感染功能

感染（infection）就是动之以情，社区氛围具有感动他人，使他人产生同样的或与之类似的感受的功能。积极的、正面的社区氛围有助于居民积极进取心的形成，消极的、负面的社区氛围会使社区居民产生悲观失望的心态。一个人生活在安定协调、生机勃勃、乐观向上的社区里，他可能会产生一种朝气蓬勃、快乐开心、积极进取的良好心态；相反，如果一个人生活在冲突不断、死气沉沉、悲观失望的社区里，他可能会产生萎靡不振、自惭形秽、消极懈怠的糟糕心态。要营造积极乐观的社区氛围，它具有打动人心的作用，有助于社会主义核心价值观的形成。

社区氛围中有许多感情因素能打动人心，能在潜移默化中教育居民，是理智教育的必要补充。例如：社区中“最美家庭”“好公婆”“好儿媳”等典型事例，经过人性化的宣传、社区氛围的感染，居民会乐于倾听和学习；丰富多彩的文艺演出等社区活动，能使人产生情感上的共鸣，鼓励不愿走出家门的居民积极参与社区活动；干净整洁、井然有序的社区环境能让居民感到焕然一新，使他们能规范自己的行为。社区氛围的感染具有渗透作用，是鲜活的、生动有趣的，能让居民欣然接纳而不是抗拒或抵触。

（二）社区氛围的共情功能

共情（empathy），也称移情或同理心，指设身处地从他人感受出发去体会他人的感情、需要、痛苦等的心理过程，也就是平时说的将心比心。共情对社区建设有重要的意义。凡是具有共情能力的人，都善于体察他人的意愿，乐于理解和帮助他人，因而容易得到大家的欢迎和信任。这样一来，社区的工作就容易推进，社区的人际关系和谐融洽。如果缺乏共情能力，人们之间就失去了信任，就会互相猜忌，矛盾冲突不断，甚至常常发生打架斗殴事件。共情不仅是社区人际和谐的基础，而且是社区生态环境建设的心理基础。例如，当人们把社区生态环境当作同自己一样的人来看待时，社区生态环境的保护和建设就会更好。

四、社区氛围和社区感的异同

社区感（sense of community），也称社区意识，是社区心理学的一个重要概念，具有较完善的理论模型和丰富的研究成果，是西方社区心理学研究的基础。厘清社区氛围和社区感概念之间的关系，有利于更清晰地理解社区氛围的本质内涵。

社区感最早由萨拉森（Sarason，1974）提出，麦克米伦和沙维斯（McMillan & Chavis，1986）对其进行了再定义和推进，将其界定为"成员的归属感，成员与其所在团体以及成员彼此之间的情感，成员通过彼此承诺而使成员需要得以满足的共同信念"，并认为社区感包含四个因素，即成员资格（membership）、影响力（influence）、需求的整合与满足（integration and fulfillment of needs）以及共同的情感联结（shared emotional connection）。成员资格是指社区赋予成员的权利和义务及成员对社区的归属感和认同感；影响力是指成员能够影响社区的发展，反过来，社区的发展也会影响成员；需求的整合与满足是指人们从成员资格中获得的利益；共同的情感联结是指基于共同的关系、相似的经历等建立的社会联系。

社区氛围和社区感存在一定的区别。首先，社区感的概念起源于西方个人主义文化背景，强调居民个体层面的感受，个体的认知成分占主要内容。社区氛围的概念则从中华文化背景出发，是指弥散在整个社区被居民感受和体验的风气和情调，有很强烈的感情体验成分。同时，社区氛围是以“天人合一”的理念来建设的，而社区感不具有这层含义。其次，从内涵上看，社区感的概念比较概括抽象，内含大量次级概念，人们可以对这些次级概念开展具体的研究。心理社区感理论是社区认同、社区责任感和社区归属感等研究的理论基础（杨超等，2018）。其中，社区认同（community identity）是指社区成员对社区共有价值的认可、赞同和珍视（辛自强，凌喜欢，2015），包括情感认同和功能认同两个方面：前者是指居民与社区的情感联结以及居民在情感层面上对社区的接纳和认可，体现为居民是否在意他人对自己社区的看法，居民对于社区是否具有特殊情感，社区是否成为居民生命的一部分，社区是否能给居民带来家一样的感觉；后者是指居民对社区功能的满意和认可程度，体现为居民对社区的便利程度、管理水平、环境条件以及社区能否满足家庭需求等方面的认同程度。社区责任感（sense of community responsibility）是指个体对自我的约束，意识到自我对社区他人及关系的责任，愿意为了他人的福祉和集体利益投入情感，付诸言行并承担后果的态度（杨超等，2019）。社区归属感（community attachment）是指社区居民把自己归入某一地域人群集合体的心理状态，这种心理既有对自己社区身份的确认，也带有个体的感情色彩，主要包括对社区的投入、喜爱和依恋等情感。而社区氛围主要强调社区居民与社区环境交互作用后在社区内形成的风气和情调，社区氛围所属内涵尚未区分出次级概念，这也是今后需要探究的。最后，从影响因素上看，社区氛围是某社区居民和其他社区居民都可以直观感知和体验的，受居住时间长短的影响可能较小。换句话说，在社区生活两三年的人和在社区短暂停留半天的人都可以表达自己感知到的社区氛围。而社区感更多的是某社区居民的感受，其他社区居民很难说对该社区有归属感和责任感，且受居住时长的影响较大，即居住时间越长的居民越能体验到社区感。

社区感和社区氛围又存在一定的联系。两者都是社区居民与社区环境交互作用后产生的主观感知和情绪体验。社区氛围会影响居民的社区感。具体而言，居民在感知和体验到良好的社区氛围时，会增强对社区的认同感和归属感，进而会影响自己的社区感。居民在体验到恶劣的社区氛围时，会降低对社区的认同感和归属感，同时会削弱自己的社区感。

第二节　社区氛围的研究

对社区氛围的探讨，既要做基础理论探索，也要做应用研究，从心理测量学角度开发社区氛围测量工具。当前社区氛围的研究，任务十分繁重。

一、两种类型社区氛围的研究

（一）地域型社区氛围的研究

泰勒–麦基等（Tyler-MacKey et al., 2016）分析了参与“扭转贫困”（Turning the Tide on Poverty）项目的农村经济困难社区，把社区氛围界定为社区成员对社区的知觉，并指出人们如何看待所居住的社区（即社区氛围）会影响“扭转贫困”项目在社区中的启动、实施和持续。该研究对我国农村贫困地区扶贫工作有一定启示，即人们积极看待所居住社区、对社区的发展充满信心将有助于扶贫工作的开展，推动社区快速发展。

佟瑞鹏和翟存利（2018）从安全学的角度出发，基于安全氛围的定义，将关注的问题落在社区层面，认为社区安全氛围综合反映了社区多元主体对社区安全问题的重视程度、理解水平和处理能力，包括安全意识、安全交流、安全教育、风险准备和管理重视五个维度。其中，安全意识反映社区居民对安全的重视程度及对社区安全管理内容的理解水平，安全交流是指居民之间安全信息沟通与反馈的能力，安全教育表明社区管理者对传播安全知识的重视与推广力度，风险准备是指社区应对事故的应急处置能力，管理重视体现社区管理者对安全工作的重视程度。基于此，社区安全氛围越高的社区往往在环境内有更少的风险因素、更少的不安全行为、更高的事故预防和应急处理能力。而社会安全氛围越低的社区越有可能发生危险事故，越不能保障居民的安全生活。研究者进一步通过问卷调查收集到观测样本 Z 社区的基本情况，该社区位于北京市西城区，其所属街道辖区面积为 3.1 平方千米，辖区有主要大街 12 条、胡同 76 个，辖区总人口 11.5 万，其中常住稳定人口多，外地户籍人口比例较低。结果发现居民参与意愿对社区归属感和社区安全氛围有显著的正向预测作用，且居民参与能力能显著正向预测社区归属感、安全交流、安全教育、风险准备、管理重视。社区归属感在居民参与和社区安全氛围中起部分中介作用，即居民参与既可以直接影响社区安全氛围，也可以通过社区归属感间接影响社区安全氛围。

（二）关系型社区氛围的研究

对关系型社区氛围的研究相对较多，下面分两个问题加以陈述。

1. 对性少数群体社区氛围的研究

奥斯瓦尔德等（Oswald et al.，2010）把性少数群体社区的社区氛围界定为在特定场所中对性少数群体的支持程度，包括敌对、容忍和支持三个水平。研究者（Ogolsky et al.，2019）在此基础上进一步通过纵向研究考察了社区氛围对美国婚姻平等转型期个体幸福感的影响。结果发现，与社区氛围不友好的地区相比，好的社区氛围伴随着更低的污名化、更低的压力水平和更高的家庭支持水平，个体的生活满意度也较高。

2. 对虚拟社区氛围的研究

董淑霞和聂琦露（2019）根据环境心理学的刺激—机体—反应模型，将旅游虚拟社区氛围界定为社区成员能够直观感受到并对其行为产生稳定、持续影响的社区特征，包括自由氛围、共享氛围、支持氛围、奖励氛围、创新氛围。研究结果发现，感知旅游虚拟社区氛围不仅直接影响口碑推荐行为，也可以通过社区认同间接影响口碑推荐行为，但自我建构在其中的调节作用不显著。

［专栏 3-1］社区氛围对性少数群体心理健康的影响

随着社会经济的发展，性少数群体依然被边缘化和污名化，他们面临着被欺负和被排斥的风险，并伴随着抑郁、焦虑等心理健康问题，特别对于性少数青少年而言尤其如此。研究者（Paceley et al.，2017）对 296 名性少数青少年（14—18 岁）进行了调查，让他们报告了过去一年里因性取向而遭受欺负的频次。研究变量包括受欺负类型（物理受欺负、非物理受欺负）、社区氛围（敌对、容忍、支持）、社区规模（大中城市、小城市、小城镇）以及抑郁、焦虑和压力水平。其中物理受欺负包括推、打、性侵犯等，非物理受欺负则包括听到反对性少数群体的言论、被取笑、被威胁、被要求离开等，采用 3 点记分，“0”表示“没有”，“1”表示“一次到几次”，“2”则表示“经常”。研究发现，物理受欺负和非物理受欺负的频次在敌对的社区氛围和小城镇中的检出率更高，且受欺负类型和社区规模与心理健康水平显著相关，其中，非物理受欺负与抑郁、焦虑和压力水平的相关程度更高。

性少数群体一直是社会边缘群体，当前国内对性少数群体心理健康的研究相对较少，如何通过改变社区氛围以及社区干预减少对性少数群体的伤害，可能是未来研究与社区工作需要关注的一个重要问题。

二、社区氛围的质性研究和量化研究

（一）社区氛围的质性研究

西南大学陈红团队（彭乔等，2020）专门对社区氛围心理结构进行了探索，在重庆等省份的 29 个社区招募 42 名居民，以社区氛围为主题进行深度访谈，然后对文本资料进行层级分析，最终提出社区氛围是社区居民与社区环境交互作用后在社区内形成的风气和情调，共包括社区宜居氛围、社区安全氛围、社区人际氛围、社区管理氛围和社区文明氛围五个方面。

[专栏 3-2] 城市社区氛围访谈资料分析的过程及典型示例

研究者（彭乔等，2020）将访谈录音转录为文本资料后，使用 Nvivo11 软件进行层级分析，包括初级主题、次级主题和核心主题。其中初级主题（93 个）代表居民对社区氛围具体内容的概括，次级主题（26 个）是对社区氛围主要涉及范围的归纳，核心主题是对社区氛围维度的高度总结。研究者最终归纳出社区宜居氛围、社区安全氛围、社区人际氛围、社区管理氛围和社区文明氛围五个方面的基本情况。

具体而言，社区宜居氛围是指居民对社区客观环境的感受和体验，包括社区整体环境、社区方便度、社区基础设施、社区绿化、公共卫生、安静程度和拥挤程度 7 个次级主题。例如，“小区绿化是很完善的，给人的感觉很好，有湖、亭子、绿植”（居民李，河南安阳），“小区的公共卫生只能说一般，不像别的小区那么干净，住在这个小区感觉也挤”（居民潘，重庆北碚）。社区安全氛围是指居民在社区生活中对安全程度的感受和体验，包括社区的安全保障、居民安全感、安全隐患和安全事件 4 个次级主题。例如，“要让居民有安全意识，时时刻刻提醒居民注意安全”（居民黎，重庆九龙坡），“不安全的地方是因为人口比较多，比较杂，晚上感觉有些不安全，但是小区里面监控也比较多，安全还是有保障的”（居民克，江苏苏州）。社区人际氛围是指居民在社区人际交往过程中的感受和体验，包括社区居民交往、人际关系状态、居民共同活动、居民熟悉度和家的归属感 5 个次级主题。例如，“在我们老房子这边，邻居都像亲人一样，几十年下来，有一种留恋的感觉”（居民陈，江苏苏州），“现在的楼房，门一关，互相之间联系也不是很紧密，人情味淡漠了一点儿，没有邻里之间那种亲厚的感觉”（居民莫，浙江湖州）。社区管理氛围是指社区居民对社区管理和社区服务工作的感受和体验，包括社区服务工作、社区管理、社区活动、居民参与社区的活动和社区工作人员的工作态度 5 个次级主题。例如，“我们社区氛围还是比较好的，有‘儿童之家’，社区有什么活动，都让居民参加，比如，春节有表演，端午节社区无偿地买糯米、粽叶，包粽子，居民喜欢参加社区活动”（居民冯，四川成都），“我觉得他们（社区干部）干工作尽心尽力，态度很好，面对形形色色的人，都不厌其烦”（居民来，河南安阳）。社区文明氛围是社区居民在社区生活中感受和体验到的社区文明程度，包括社区文明行为、居民素质、社区志愿活动、社区人文底蕴和社区生活幸福感5个次级主题。例如，“住楼层高的，垃圾袋朝窗口一扔，下面人遭殃，如果有硬东西还会受伤。通过宣传，大家讲文明，不再向窗外扔垃圾，现在这个现象基本上没有了”（居民切，江苏南京）。

研究进一步指出，这五个维度之间具有层次性、独立性和整体性。具体来说，层次性表现在不同维度在社区氛围的结构系统中地位不同。社区宜居氛围和社区安全氛围是社区氛围的基础成分，是社区氛围存在的前提条件；社区人际氛围是社区氛围的核心成分，是社区生活的必要条件；社区管理氛围和社区文明氛围是社区氛围的高级成分，具有保障性和促进性作用。社区宜居氛围、社区安全氛围、社区人际氛围、社区管理氛围、社区文明氛围的顺序是社区客观因素到社区人文因素的递进。独立性体现在居民对社区氛围五个维度的感受和体验是独立的，且居民对社区氛围五个维度的评价结果可以不一致。但社区氛围的独立性并不意味着各维度之间的孤立性，即五个维度之间的相互影响表明了社区氛围的整体性。例如，当居民的社区宜居氛围和社区安全氛围得到保障时，他们更可能表现出积极的社区人际氛围和社区文明氛围。社区氛围的整体性是建设和谐社区氛围的出发点，实现社区氛围维度之间的良性循环和彼此促进将有助于构建和谐社区，提升居民生活的幸福感。

（二）社区氛围的量化研究

有关社区氛围的量化研究已取得一定的进展。例如，阿尔坎塔拉等（Alcantara et al.，2017）招募了910名小学生，以探究学校氛围中的同伴暴力和幸福感的关系。结果发现，同伴欺负和攻击与幸福感和生活满意度呈显著的负相关。又如，郑剑虹和林荣裕（2018）编制了社区上进心问卷。在编制过程中，研究者进行了三次调查，即开放式调查、预测问卷调查和正式问卷调查，共抽取了来自广东、四川和山东等省社区的1 248名居民，然后通过项目分析、探索性因素分析和验证性因素分析提出，社区上进心包括社区服务、社区关系和社区氛围三个维度。最后，研究者提出社区上进心是指社区为了追求共同的社区目标，在社区服务、社区关系和社区氛围等方面形成一种积极向上的心理状态。

[专栏 3-3] 社区上进心问卷

下面是一些语句，每个语句的旁边有五个选项，请您根据自己对社区生活的真实感受在相应的位置上打“√”。每题仅选一项，请勿多选、漏选、错选。

题项	非常符合	比较符合	不能确定	比较不符合	非常不符合
1. 我与低素质的居民居住在同一社区。					
2. 我能接受到社区科普的各种知识。					
3. 我所在的社区经常举办活动。					
4. 我所在的社区娱乐场所丰富。					
5. 我们能感受到社区对我们的关怀。					
6. 社区有相应的医疗服务。					
7. 我居住的社区邻里和睦。					
8. 我们社区的居民之间会经常沟通交流。					
9. 我生活在一个民主的社区里。					
10. 社区的管理制度完善。					
11. 社区居委会关心我们社区的弱势群体。					
12. 在社区里生活，让我感到没有安全感。					
13. 我所在的社区常常会发生各种矛盾。					
14. 我们能享受到社区提供的服务。					
15. 我认为我生活的社区公共设施齐全。					
16. 我所在的社区会听取居民的意见。					
17. 我生活在一个互相信任的社区里。					
18. 在我生活的社区中，邻里间会互帮互助。					

此问卷分为三个维度：社区服务 11 题，第 2、3、4、5、6、9、10、11、14、15、16 题；社区关系 4 题，第 7、8、17、18 题；社区氛围 3 题，第 1、12、13 题。第 1、12、13 题为反向记分题，其他均为正向记分题。

（资料来源：郑剑虹，林荣裕，2018）

三、社区氛围的影响因素

社区氛围和居民日常生活息息相关，社区环境、社区管理、居民素质是影响社区氛围的主要因素。

第一，社区环境影响居民感知的社区宜居氛围。社区环境作为社区居民生活的基础，主要是指社区的物理环境，包括气候、绿化水平、公共卫生、噪声程度等。社区的物理环境是直接客观的，例如社区的绿化面积的大小、基础设施是否完善、社区周边生活是否便利，这些都是居民可以直接感受和体验的宜居氛围。社区宜居氛围的好坏会直接影响到居民的主观感受。已有研究表明，物理环境的特征会影响个体的心理感受，进而影响个体的行为和选择（叶浩生，2011）。具体而言，周围环境中的光照、颜色、气味、声音、温度等都和个体的心理与行为有密切关系。环境要素通过身体的体验和活动方式形成认知，而认知往往具有主观性。每个居民都有能动性，社区环境是居民生活的客体对象，社区氛围从居民与环境交互作用的结果中产生。虽然社区环境会直接影响居民对社区氛围的感受，但社区氛围与人的主观性密切相关，所以不能仅仅根据社区的绿化面积大就推测该社区具有良好的社区氛围，只能说社区环境是影响社区氛围的前提条件。

第二，社区管理是影响社区氛围的另一重要因素。社区管理包括社区内人的管理和社区环境的管理两个方面，因而社区管理影响社区氛围是通过直接路径和间接路径起作用的。前者是指社区居民和社区管理的直接交互，主要包括社区居民对社区管理和服务的感知与体验。后者的影响机制主要有两种：（1）社区管理对社区环境的维护和保障的及时性。换句话说，社区公共环境是否整洁、社区安全环境是否得到保障等都会影响居民对社区管理工作的评价。当社区环境整洁有序、居民的安全感得到满足时，居民会积极评价社区工作人员的管理工作，进而体验到良好的社区氛围。（2）社区管理对社区邻里关系的重视程度。社区管理者不仅需要为社区居民提供基础服务，还需要重视社区邻里关系的建设，开展促进居民之间交流沟通的活动，帮助居民之间打破隔阂，进而增加邻里之间、居民与社区管理者之间的紧密联系，从而形成良好的社区氛围。

第三，居民素质是影响社区氛围的核心因素。居民素质对社区氛围的影响主要表现在两个方面。首先，对社区基础设施的态度。例如，素质高的居民会爱护社区的基础设施，还可能主动承担维护基础设施的志愿者服务活动，这些都有利于保持社区环境的整洁干净。与之相反，素质低的居民可能会故意破坏社区的基础设施，造成社区环境的脏、乱、差，不利于良好社区氛围的形成。其次，邻里关系的建设。例如，文明礼貌的居民在交往时会体验到更多积极愉悦的情绪，且居民之间能够和谐相处，从而形成一个良性循环。而素质低的居民会与其他居民或社区管理者有更多的矛盾冲突，不利于形成和谐融洽的社区氛围。

第三节　社区氛围的建设

积极正面的社区氛围能够提升居民的生活质量，促进社区建设，而消极负面的社区氛围则会降低居民的生活质量，不利于社区建设。我们可以通过习惯养成、风向引导、立法保障和教育管理的常态化等途径构建良好的社区氛围。

一、社区氛围的意义

社区氛围不仅会影响社区居民自身的生活质量，而且有助于促进社区建设。

（一）提升居民生活质量

社区居民的生活质量（quality of life）可以界定为人们管理自己日常生活压力和水平，包括人们管理收入、睡眠、饮食、锻炼、教育、环境、学习、工作、社会服务等方面。生活质量的指标体系分为两大类：（1）客观条件指标，如经济收入、居住条件、消费水平等。（2）主观感受指标，如生活满意度、幸福感等。社区作为个体日常生活的综合体，会直接影响其生活质量。积极正面的社区氛围既可以通过感染功能使居民保持积极愉悦的情绪，进而促使他们主动参与社区活动，又可以使居民形成友善的人际关系，从而提升居民的生活质量。与之相反，消极负面的社区氛围往往意味着更多的人际冲突、更差的社区环境、更低的社区公共服务效率，必然会降低人们的生活质量。例如，潘孝富和秦启文（2007）研究发现，组织氛围对教师心理疾病中的敌意、强迫、人际敏感、焦虑有显著的预测作用。

（二）促进社区建设

我国社会主义建设的根本任务，是进一步解放生产力，发展生产力，逐步实现社会主义现代化。到 21 世纪中叶，我国将建成富强民主文明和谐美丽的社会主义现代化强国。社区在社会建设中具有重要的作用，社区建设的目标是把社区建设成为管理有序、服务完善、文明祥和的社会生活共同体。基层社区有序的管理、完善的服务及文明的社区氛围，有助于居民主动参与社区活动、养成文明礼貌习惯，进而将有助于社会主义现代化事业的发展。因为国家的社会建设任务是高度概括化的，只有落实到基层社区，才能以具体化的、可执行的活动形式体现出来。

二、社区氛围建设的主要途径

社区氛围建设的主要途径有哪些？下面从四个方面加以阐述。

（一）习惯养成

社区氛围的建设要从幼童的习惯养成抓起，它是社区居民素质的起步阶段。习惯（habit）是通过重复而自动化了的、固定下来且无须努力就轻而易举实现的行为模式。简言之，习惯就是习得的行为模式。许多生活习惯都是在幼童期开始养成的，如幼儿的饮食、睡眠和大小便的习惯（例如，右手用筷子吃饭而不用手去抓饭吃的习惯，一定时间、地点的睡眠习惯，不随地大小便的习惯等）都是在成人管教下养成的。

强化（reinforcement）有助于习惯的养成，这种只对特殊刺激的一种反应给予奖励的做法称为强化或正强化。习惯养成的牢固程度称为习惯强度。习惯强度依存于下列四个因素:（1）连续给予强化的次数。连续给予强化的次数越多，养成的习惯就越牢固；反之则越不牢固。（2）每次给予的强化物。每次给予的强化物较多时，形成的习惯也较强。（3）从刺激呈现到反应表现的时间。时间越短，习惯强度越大。（4）从反应表现到强化物呈现的时间。时间越短，表明习惯强度增加得越快。

个人的习惯养成，除了生活习惯的养成之外，还有社交习惯、心智习惯的养成。例如，在少年儿童时期养成不说粗话脏话，用“您好、谢谢、对不起、再见、请”等文明礼貌词语，说话和气、文雅、谦逊，待人宽厚的社交习惯，并养成爱提问题、独立思考的心智习惯。表扬、奖励等正强化可以使社区居民养成我们社会所需要的行为习惯，如仁爱、正义、文明、和谐、诚信的行为习惯；批评、惩罚等可以减少居民不良的行为习惯，如乱扔垃圾、乱停车等。当然，批评、惩罚也要讲究方式方法。

（二）风尚引导

风尚也称时尚（fashion）是指人们一时崇尚的样式，如饮食、休闲、学习、工作、说话、娱乐、行为习惯、人格品质等都可能成为人们一时崇尚的样式。如果这类社会心理的表现样式过于标新立异，过于奢侈，就可能像时髦（fad）一样昙花一现；如果合理利用人们的从众（conformity）心理对风尚加以引导，就有可能使风尚成为建设积极社区氛围的一条途径。在道德风尚的引领中，如果社区工作者能采取群众喜闻乐见的方式进行工作，就能改变他们的心理与行为，进而为社区氛围的建设提供长久的动力。例如：成都市金堂县朝阳社区通过“孝善美院落”“孝善美好家庭”“老有所为和老有所乐先进个人”评选等一系列活动传承孝善新风尚，引领居民形成了奋发向上、崇德向善、尊老敬老的氛围；重庆市南岸区渝能社区组织青少年开展“关爱老人，情暖冬日”主题活动，在志愿服务活动中形成了尊老爱幼的良好风尚，让年轻一代主动“爱老、敬老、助老”。

（三）立法保障

立法（legislation）是指国家权力机关按照一定程序制定或修改法律，以协调社会关系，解决社会矛盾。“没有规矩，不成方圆”，“心中有法，行为有度”，法律的制定是维护社会秩序的根本途径，法律法规、规章制度一旦生效，每个公民都必须以敬畏之心去严格遵守。敬畏之心是法律得到自觉遵守的原动力，也是使法律成为信仰的必要条件。敬畏（awe）是指个体知觉到某些浩大的、有力量的、超越个体当前认知框架的刺激时引起的情绪反应（董蕊等，2013；孙颖等，2020；Keltner & Haidt，2003），能够抑制个体的烦躁感，增加个体在亲社会行为上的投入（Rudd et al.，2012），促进个体的亲环境行为意向（孙颖等，2020），促使个体更积极地看待自己的生活（Rudd et al.，2012），增加个体对周围环境的关注度，减少个体对自我的关注度（Shiota et al.，2007），增强个体的自我控制水平（李鑫等，2020），减少个体的道德冒险行为（李明等，2018）。因此，通过立法培养居民的敬畏之心，让居民了解到哪些可以做，哪些不能做，有助于良好社区氛围的构建。

例如，近年来，高空抛物事件频发，被称为“悬在城市上的痛”，严重威胁到人民的人身及财产安全，破坏了公共环境卫生。作为社会生活的百科全书，《中华人民共和国民法典》明确规定“禁止从建筑物中抛掷物品”。这种针对性回应，为居民的安居乐业提供了有力的法治保障。

总之，与社区居民的相关立法虽取得了一定的进展，但在社区治理法治化的过程中，仍存在社区治理专项立法的缺乏、自治规约效力的乏力、政府社区治理权力的扩张和居民依法自治的不足，且统率性和纲领性主干立法缺乏，还需要进一步完善法律制度规范，达到国家法与民间法、软法与硬法的内在一致性（吴晓林，2020），以促进社区的健康发展。

（四）教育管理常态化

教育管理常态化（educational management normalization）是指管理者通过组织协调教育队伍，充分发挥人力、财力和物力等信息的作用，利用教育内部各种有利条件，高效率地实现教育管理目标的活动过程。而常态化是指日常工作的标准。

教育管理常态化对社区治理具有重要的实践意义，特别是共情教育的常态化。共情—利他假说（empathy-altruism hypothesis）提出，当个体目睹他人的不幸经历时，个体在共情的作用下会产生怜悯、同情等情绪反应，进而增加个体的帮助行为（Batson，1987）。大量实证研究也表明，共情可以增加个体的利他行为（巫江丽等，2020）、亲社会行为（王文超，伍新春，2020；Roberts et al.，2014）和慈善捐助行为（丁凤琴，纳雯，2015）。此外，共情也会影响个体的人际交往（陈玥等，2011），共情能力较高的个体在人际交往中更能体验到他人的情感并会站在他人的角度思考问题，会体验到较低的焦虑和紧张，得到更多的他人支持，且在交往中有更融洽的人际关系。因此，共情教育的常态化有助于促进良好社区氛围的形成。

社区可以通过公告栏、电子显示屏、微信公众号等呈现“我替他人着想，他人才会替我着想”“只有将心比心，才会被人理解”“别人眼中的自己，才是真正的自己”“真诚坦白的人，才是值得信任的人”“真情流露的人，才能得到真情回报”等标语来培养居民的共情能力。还可以通过公开评选“最美家庭”“好公婆”“好儿媳”等活动来树立榜样，起到引导的作用。总而言之，对共情教育管理的常态化有助于培育居民良好的道德风尚，传递爱心，弘扬邻里互助、相互关怀的传统美德，进而增强社区凝聚力和居民的社区责任感，打造邻里融洽、安定祥和、幸福温馨、文明和谐的社区氛围。

概要

社区氛围是指社区的风气和情调，具有波动性、多样性、两极性、情境性等特点，发挥着感染和共情功能。社区氛围和社区感既有联系，又有区别。社区氛围的研究既可以从研究领域的不同区分为地域型社区氛围研究和关系型社区氛围研究，又可以从研究方法的不同区分为质性研究和量化研究。社区环境、社区管理、居民素质和居民需求可以影响社区氛围。社区氛围以“天人合一”为理念，它能够提升居民的生活质量和促进我国社区建设。而习惯养成、风尚引导、立法保障和教育管理常态化是社区氛围建设的主要途径。

扩展阅读书目

胡竹菁，胡笑羽.（2014）. *社会心理学*. 北京：中国人民大学出版社.

苏彦捷.（2016）. *环境心理学*. 北京：高等教育出版社.

默里·莱文，道格拉斯·D. 珀金斯，戴维·V. 珀金斯.（2018）. *社区心理学原理：观点与应用*（第三版）（杨丽萍 译）. 上海：上海教育出版社.

思考题

1. 以你所在的社区为例，说明社区氛围的特点和功能。
2. 结合实例说明社区氛围的影响因素有哪些。
3. 如何建设积极正面的社区氛围？谈谈你的看法。

第四章　社区的仁爱观

2013 年 12 月 19 日，中国志愿服务联合会倡议在全国开展“邻里守望”志愿服务活动。邻里守望从关爱做起，志愿服务立足社区，重点关爱空巢老人、留守儿童、农民工和残障人士，用邻里守望编织社区的爱心网，用志愿服务使每一个遇到困难、渴望帮助的人得到及时的关爱。通过邻里守望的“奉献、友爱、互助、进步”的志愿精神，打破不相往来的邻里怪圈。志愿者是社区的居民，政府角色由最初的组织者转变为倡导者，褪去了社区服务的行政色彩，增强了社区志愿服务的责任感与可信度，使得社区志愿服务从居民中来，到邻里中去。持续至今的“邻里守望”志愿服务活动在不断地扩展与专业化，一些社区建立了邻里食堂，有了邻里矛盾调解员、邻里帮扶小组、安全守望队，很多社区引入了心理援助、法律援助、医疗援助等专业性较强的上门志愿服务。这种由志愿者组织进行的志愿服务活动，从服务形式到服务内容更加多元化、人性化，体现了中国传统文化中“远亲不如近邻”的仁爱观。

“邻里守望”志愿服务活动的价值核心是仁爱。仁爱观是社区文化中的重要部分，是建设优质社区文化的核心要素，是凝聚人心的价值体现，是拉近人际距离、润滑人际关系的关键纽带。下面将阐述仁爱观的性质、社区仁爱观的研究及仁爱社区的建设。

第一节　仁爱观的性质

仁爱观由何而来，有何意义，在中西方文化的解读上是否有差别？下面介绍仁爱观的缘起与发展、含义，中西方仁爱观的差异，仁爱观的社会价值等。

一、仁爱观的缘起与发展

（一）仁之起源

仁之起源和发展有漫长的历史。仁的概念在孔子以前就被提及，例如，在郭店楚简的一万三千多个字中，“仁”字就达七十见。殷墟出土的甲骨文中也发现使用“仁”字的痕迹。查阅古文献，《诗经》《尚书》等都较早地使用“仁”字，《国语·周语下》也有“仁，文之爱也……爱人能仁，利制能义”之说，亦有古文记载知、仁、勇三者，为“天下之达德也，所以行之者，一也”（《中庸》）。

古人对“仁”字的解读相当丰富，东汉许慎在《说文解字》中说“仁，亲也，从人从二”，《中庸》曰“仁者人也”，《孟子·尽心下》亦曰“仁也者，人也”。仁代表了人与人之间相处之道，例如，亲爱、慈爱，爱护他人，为人的本性、本真，尊亲敬长、爱及民众，人与人之间的相亲、相敬、相爱之道……。

（二）孔子的仁爱论

孔子对仁爱进行了翔实的阐述。“仁”字在《论语》中也被提及百余次，他从不同的角度多次回答有关仁的问题。随着孔子开始系统地强调仁爱思想，仁爱观在儒家思想中迅速发展并传播开来。

1. 仁之核心是爱人

仁与爱是分不开的，“所谓仁者，爱人也”（《淮南子·泰族训》），“爱人”是仁的基本含义。《论语》中有云：“樊迟问仁。子曰：‘爱人。’”（《论语·颜渊》）。从与孔子言论相关的著作中，可以看出孔子判断一个人是在做“君子”还是在做“小人”的标准：仁、义、礼、智。仁是儒家思想的核心，是君子首先必须具备的心理品质，是形成道德规范的统领性标准（郭永玉，2016；杨波，2005）。

2. 仁爱具有积极主动的广博性

“宪问耻。子曰：‘邦有道，谷；邦无道，谷，耻也。’‘克、伐、怨、欲不行焉，可以为仁矣？’子曰：‘可以为难矣，仁则吾不知也。’”（《论语·宪问》）。孔子认为，仁是一种积极、主动的情感。如果一个人仅能克制好胜、自夸、怨言和贪欲等言行和情感，虽可贵，但不能被断定为仁。

“泛爱众，而亲仁”（《论语·学而》），以博大宽厚的胸怀对待他人、爱护民众，是仁的重要表现方式。孔子给予博施济众极高的评价。“子贡曰：‘如有博施于民而能济众，何如？可谓仁乎？’子曰：‘何事于仁？必也圣乎！’”（《论语·雍也》）孔子告诉子贡，能广施恩惠、拯救民众，那就是圣人。

3. 仁爱之道

孔子提出“为人之方”在于“能近取譬”，为人若能够做到推己及人，“己欲立而立人，己欲达而达人”（《论语·雍也》），即可为仁矣。一个人若能心中装着他人，关爱他人，设身处地为别人着想，也就是在行仁了。仁以同情之心为本，儒家思想强调宽以待人，对他人以厚爱。

（三）儒家仁爱思想的发展

孔子的仁爱论成为儒家的重要思想并被后世发扬光大，在后继者们的众多的阐述中都体现出了“仁”和“爱”的观念，既要“爱人”，又要“爱万物”。儒家仁爱思想还强调为人之诚。《中庸》说“诚者，天之道也”，而荀子明确将“诚”作为君子应具备的一种品德（郭永玉，2016），《荀子·不苟》中便有“天地为大矣，不诚则不能化万物；圣人为知矣，不诚则不能化万民”之说。除此之外，儒家仁爱思想还主张待人“宽”和“容”。劝诫人要有一定的度量，须以宽容态度对待万物，不斤斤计较得失，退己谦和。

二、仁爱观的含义

仁爱是中国善文化的核心，“人之初，性本善”（《三字经》），“恻隐之心，仁也”（《孟子·告子上》），中国文化的主流一直强调人性本善的传统，向善成为中国人的优秀人格特征。仁爱体现了对己、对人的心理品质，它是维系良好互动关系的核心要素。如果说仁爱是个体善行的心理基础，那么由其衍生而来的仁爱观则是世界不同文化对美好人性的追求，是一种普世价值。

（一）什么是仁爱观

“仁爱”一词由“仁”与“爱”二字组合，各自都具有丰富的内涵。“仁”字表达了善义、正义、和蔼；“爱”字表示对人或事有很深的感情，是一种积极的思想与情感表达，以及行为上的无私付出。仁爱之人为人宽厚慈爱，助人为乐，奉献无私，通情达理，公平正义。

在我们的社会中，奋不顾身救助落水儿童的大学生，灾难发生后提供无私帮助的志愿者，辛苦奔波为贫困山区学生筹款的校长，抚育孤儿长大成人的老人，他们舍己为人，热心公益，是社会赞扬的道德榜样。这些善行背后的根源是他们具有仁爱心。

仁爱观（view of benevolence）是亲善友爱、公正无私、奉献互助的价值原则的集合，指引着人的善行义举。

（二）中国仁爱观的特点及其与西方的差异

1. 起源上存在差序格局

《论语》中“仁”有亲疏远近、等级差别之分。仁爱要从孝敬父母、敬爱兄长开始，方才能爱他人。《论语·泰伯》中也有言“君子笃于亲，则民兴于仁”，只有上层的君王诸侯以深厚的感情对待自己的亲属，民众之中才能有求仁之心。

“亲亲而仁民，仁民而爱物”（《孟子·尽心上》），仁爱表现出亲亲、仁民、爱物三个层次。这三个层次表现出了仁爱的感情从浓到淡的纵向过程，亦表现出了爱的迫切程度由先到后、由急至缓的过程，“仁者无不爱也，急亲贤之为务”（《孟子·尽心上》），从而构建起一个由己及人、由内而外的等差的仁爱观（王婷，2008）。仁是普通人可以做到的，但是博施济众则是圣人所为。

儒家的仁爱以血缘亲疏为基础，存在差序格局，与西方基督教的“博爱”有所不同，后者强调了基于平等原则之爱，是无差之爱。而儒家学说中的仁爱是一种由亲情之爱到“泛爱众”之爱，有价值的优先性之分。人首先爱自己的亲人，再将这种情感发展，扩大到对周围人的情感，就会有仁的品德。

“老吾老，以及人之老；幼吾幼，以及人之幼”（《孟子 · 梁惠王上》），将最核心的仁爱推及他人，使人人都能感受到对他们的仁爱，进一步扩展到爱自然界的万物，这在本质上也是对生命的一种关怀（王婷，2008）。

2. 践行上崇尚仁爱厚道

中国人的仁强调仁爱厚道，“厚者，恕也，仁也”（《曾国藩日记》），“惟天下至诚为能化”（《中庸》），“必有忍，其乃有济；有容，德乃大”（《尚书 · 君陈》）。古人强调仁需要为人善良宽容，待人诚恳，心胸宽广。例如，“己所不欲，勿施于人”（《论语 · 颜渊》），“己欲立而立人，己欲达而达人”（《论语 · 雍也》）。唐代韩愈曾说：“古之君子，其责己也重而周，其待人也轻以约”（《昌黎先生文集 · 原毁》），“欲修其身者，先正其心；欲正其心者，先诚其意”（《原道》），若要纯正思想，首先要使自己的意念真诚。

那么，古人认为怎样才能算是仁呢？“非礼勿视，非礼勿听，非礼勿言，非礼勿动”（《论语 · 颜渊》），孔子以礼来规定仁，“克己复礼为仁”（《论语 · 颜渊》），人们要自觉遵守礼而行。“仁者以其所爱及其所不爱”（《孟子 · 尽心下》），不仅对自己喜爱的人施以恩惠，亦推广到不喜爱之人的身上。仁是仁爱他人的德行，董仲舒明确主张，“仁之法在爱人，不在爱我”《春秋繁露 · 仁义法》，仁爱厚道是为人之道最重要的一部分。

西方文化强调社会竞争下的社会互动，人与人之间充斥着进化原则与强者为胜的生存原则，使人们更加理智化，先生存再贡献的思想广为流行，个人主义价值观成为人们的主导行为指南。

3. 理念上强调平等博爱

中国文化中的平等博爱观念绵延不绝。博爱的思想表达了爱所有的人兼及爱所有的物，“故凡同类者，举相似也，何独至于人而疑之？圣人与我同类者”（《孟子 · 告子上》。人与人之间是无差别的，同时人与万物为一家。董仲舒言“仁之法在爱人……质于爱民，以下至于鸟兽昆虫莫不爱……仁者，爱人之名也……故王者爱及四夷……”（《春秋繁露 · 仁义法》），仁者不仅要爱自己，更要爱周围的人，爱其他民族的人，还要爱昆虫鸟兽。程颐说：“仁者以天地万物为一体，莫非己也。”（《二程遗书》卷二）明代王阳明说：“大人者，以天地万物为一体者也，其视天下犹一家，中国犹一人焉。”（《大学问》）

与中国文化基于民众的平等博爱理念不同，在西方文化中，博爱强调每个人的自由权利和平等权利。

4. 群际上遵循和谐合作

与西方主体文化推崇强者生存原则不同，中国主张“和为贵”的合作理念。仁爱慈善，平等博爱，实际上就是追求家庭和谐合作、社区和谐合作、天下和谐合作，以共商、共建、共享的精神来建设和谐家庭、和谐社区、和谐天下。“礼之用，和为贵。先王之道，斯为美……”（《论语·学而》）在群际关系中，儒家关注但不局限于自我，还把自我与他人、社会结合起来，顾及他人，主张建立一个和谐的社会。一个和谐的社会即是仁爱的社会，强调人与自然的和谐、人与人的和谐，以及人与自己内心的和谐。

仁爱思想传承的是一种社会生活秩序的道德价值观，是民族之精华。从本质上而言，构建一个和谐的社会，必须以仁爱为基石。首先，在人与自然的关系上，“子钓而不纲，弋不射宿”（《论语·述而》），人与自然互为一体，人与自然应和谐相处。其次，在人与人的关系上，“爱人者，人恒爱之；敬人者，人恒敬之”（《孟子·离娄下》），“己所不欲，勿施于人；在邦无怨，在家无怨”（《论语·颜渊》），对待他人宽容和善、将心比心，仁爱促进了人与人的和谐合作。最后，在人与社会的关系上，仁爱观带来了人与社区、民族、国家之间的和谐关系，孔子提出为政以德，孟子主张仁政富民，“仁”为立邦之本。

5. 人性上体现善恶本质

仁爱观反映了人性的本质。人类从本质上是善还是恶，是仁慈还是残忍，是有情还是无情，是积极还是消极？其中，人性善恶是核心问题。中西方关于人性及其善恶的观点集中起来主要有四种不同的主张：性善论、性恶论、性无善恶论、性有善有恶论（见表 4–1）。

表 4-1　中西方文化的人性观比较

人性观	中国文化的代表人物	西方文化的代表人物
性善论	孟子　孔子	罗杰斯
性恶论	韩非子　荀子	弗洛伊德
性无善恶论	告子	华生
性有善有恶论	董仲舒　扬雄　王充　韩愈　世硕	凯利　罗洛·梅

在西方心理学中，弗洛伊德（S. Freud）坚持人性恶的主张。他专注于解释人类的丑陋与异常行为，将两次世界大战的爆发都指向于人性恶的根源，认为异常心理是现实与道德失控下人本能的表现。罗杰斯（C. R. Rogers）、马斯洛（A. H. Maslow）坚持性善论观点，认为人有一种自发的积极进取的力量，推动人们不断迈向理想目标，达到自我实现的境界，所以他们更多关注的是正常人和健康群体。华生（J. B. Watson）主张性无善恶论，强调环境决定论。他并不认为人性会发挥重要作用，认为环境可以改变人、塑造人。凯利（G. Kelly）认为人性有善有恶，一个人的善恶与他的人格建构有关。善如果是一个人的核心建构，就会统领他的认知、情感和行为；如果人格建构被恶所控制，就会使人性散发邪恶，无恶不作。罗洛·梅（Rollo May）强调人性与环境的交互作用，好的环境可以激发人性善的成分，差的环境会启动人性中恶的东西。

在中国文化中，关于人性善恶问题，自战国以来，众说纷纭。

孟子认为，人性本善。“恻隐之心，仁之端也。羞恶之心，义之端也。辞让之心，礼之端也。是非之心，智之端也。人之有是四端也，犹其有四体也。”（《孟子·公孙丑上》）孟子强调人性是与生俱来的，人生来就有四种善心，与这四种善心相对应的就是仁、义、礼、智四德。

荀子认为，人性本恶，即善并不是人的本性，而是后天教化而成的。“人之性恶，其善者伪也。”（《荀子·性恶》）荀子认为，人生来有好利、有疾恶、有耳目之欲等需求，而那些类如辞让、礼义、文理等行为都是教化而成的，是

“伪性”，人若顺从自己的本性，必将破坏社会规范和秩序而导致暴乱。

告子以杞柳之性来比喻人性，他认为人性有两个特点：一是与生俱来的人性是无善恶的；二是人性受到外界的影响之后，才会表现出善与恶的区别。告子主张人性没有善恶之分，人性表现出善恶是因为受到了外界环境的干扰，仁义道德等属性是后天外力作用的结果。

董仲舒等人则主张性有善有恶论，其人性说受到王充等人的推崇，“人性有善有恶。举人之善性，养而致之则善长；恶性，养而致之则恶长”（《论衡·本性》）。这种观点认为，人性中存在善和恶两种潜在因素，性善或性恶关键在于后天的教养。他们强调后天的教育和环境对人性的影响很重要，人性既有善也有恶，善的人一直为善，而恶的人可以通过劝勉方式让其为善。

总之，中西方的不同人性观点说明了人有善恶之分，仁爱观是人性善良之表现特征。

三、当代中国的仁爱观及其社会价值

仁爱观奠定了中国传统文化的心理基础，是中国人性论的核心表达，影响了一代又一代人。

（一）仁爱观是中国人优秀人格的体现

中华民族是勤劳善良的民族，几千年的文化传承中，善良人格的精髓刻入了中国人的集体记忆当中，影响和决定着中国人的基本人格结构。很多榜样人物（如雷锋）将做好事作为生命中一贯的行为准则，这些榜样人物的共同特征是具有善良人格，他们让人们看到了善良就在我们身边。

中国人的人格结构中包含善良。杨国枢等发现中国人的人格结构包含“善良诚朴—阴险浮夸”的维度（Yang & Bond，1990）。善良是王登峰和崔红（2005）提出的中国人的七因素人格结构的一个子维度，反映“好人”的总体特点，表现为对人真诚、宽容，关心他人，以及诚信、正直和重视感情生活等内在品质。

善良人格（virtuous personality）是一种美好的人格，表达了人格中积极的价值取向。具有仁爱之心的人都具有善良人格品质，仁爱观是善良人格形成的土壤。

（二）仁爱观是当代社会核心价值观的体现

党的十八大正式提出了社会主义核心价值观，其中将“友善”作为公民个人层面的价值准则，体现了对公民的人格要求。党的十九大提出“加强社会心理服务体系的建设，培育自尊自信、理性平和、积极向上的社会心态”。2019 年 1 月，习近平总书记在中央政法工作会议上提出“塑造自尊自信、理性平和、亲善有爱的社会心态”，其中强调了“亲善有爱”，更加突出体现了仁爱观的积极价值导向。

仁爱是一种价值观，反映了个体帮助和关爱他人的动机（Schwartz，1992），这种价值观产生亲社会行为（如助人行为、捐款、志愿活动等），促进社会和谐。仁爱价值观能促使人们升华道德情感，做出善行，增加公正行为，这对于社区乃至整个社会的和谐发展具有非常重要的作用。

（三）仁爱观是维系良好互动关系的核心

今天的世界，人们会通过不同方式发生联系，形成各种社会网络。每个人都是社会网络中的一个结点。缺少仁爱观的人会破坏世界的和谐。“毫不利己，专门利人”“严于律己，宽以待人”“心底无私，奉献给予”等常被用于形容人的仁爱品质。仁爱之心可以润滑人际关系，温暖人心，滋养积极文化氛围。

仁爱观体现了对己、对人的心理品质，它是维系良好互动关系的核心要素，它体现在个体与个体的关系、群体与群体的关系、个体与群体的关系的质量上，决定了和谐社区、和谐世界的建立与维护。例如：各民族之间的团结是国家祥和的基础，阶层间的不平等是社会稳定的破坏因素；一个热爱社区工作的社会工作者会全心全意为居民服务，一个反社会的人会做出报复社会的暴力行为。

（四）仁爱观是启动正义与奉献行为的动因

仁爱观决定了一个人的善行。善良行为（virtuous deeds）体现为个体对他人、对社会做出的好行为，如仁慈的、道德的、利他的、助人的、合作的、公正的行为等。个体做出上述好行为的过程，被称为善行表达（exhibition of virtuous deeds）。每个人都可以做出善行表达，一个具有仁爱之心的人，其善行表达不是被迫的，而是自动化的。具有仁爱之心的人在关心他人幸福的过程中形成一种不需外力强迫而自愿行善的美德。

［专栏 4–1］直觉行善与控制行善

兰达等（Rand et al.，2012）在《自然》（*Nature*）杂志上发表了一篇名为《自发的给予与计算的贪婪》的论文，系统地阐述了在亲社会合作这样的善良行为上，人们直觉的反应往往是更加亲社会的、利他的，而深思熟虑的反应却显得相对自私和贪婪一些。他们在网上平台进行了十几个研究，以单次公共物品游戏为实验任务，高度利他的决策是把钱全部捐到公共账户中，而自私自利的决策是把钱全部留给自己，也就是捐的钱越多，则越亲社会、越利他。结果发现：（1）在无任何实验任务操控的情况下，那些决策短于 10 秒的快速决策者，比那些长于 10 秒的慢速决策者，捐助了更多的钱到公共账户中；（2）在缩短决策时间的情况下，人们捐助了更多的钱；（3）与控制思维相比，在启动直觉思维之后，人们的捐助更多。这一系列研究证明人们在亲社会合作行为上表现出直觉善行。

扎基和米切尔（Zaki & Mitchell，2013）提出的亲社会直觉模型可以解释上述实验结果。亲社会直觉模型有三个典型标志。

（1）自动化的行为标记。直觉行为具有自动化的特点，主要表现为速度快，不受分心刺激的干扰。亲社会决策是一种直觉式的决策（Rand et al.，2012），具体表现在：第一，有些人做出亲社会决策快于那些自私的个体；第二，抑制或削弱人的控制能力的实验操控（如时间压力、分心）可以增加个体的合作和亲社会行为；第三，启动直觉思维，会导致合作行为的增加。

（2）价值的神经标志。亲社会可能反映了大脑中负责奖赏寻求脑区的自动激活。奖赏寻求通常会激活中脑多巴胺边缘系统，这些脑区与主观的价值经验相关联。神经成像的研究（Baumgartner et al.，2011）发现，外侧前额叶参与到了慷慨决策中，这也表明亲社会可能是一种奖赏寻求的自发反应形式，即直觉行善。

（3）早期发展。儿童在对自己的行为进行较好的认知控制之前，也更多依据直觉（或本能）做出某些行为。出生 1 年内的儿童，就能够分辨出善恶，表现出对亲社会的偏好，偏爱亲社会的个体而非反社会的个体（Hamlin et al.，2007）；18 个月的儿童能够做出自发的亲社会行为，如自发地指出别人关于需要寻找物品的位置。从中可以看出，儿童的很多亲社会行为早于其控制行为的出现。这一点与我国明代思想家李贽的“童心说”的观点相似。他认为“夫童心者，绝假纯真，最初一念之本心也”（《童心说》），大意是童心是最真实善良的，毫无造作。其中的“最初一念”，事实上可以看成是直觉的源泉，就是一种直觉的反应。

在日常生活中，有些人相比另外一些人会更加注重公正、慷慨待人、助人为乐、与人为善，这些人也往往被他人评价为更加利他（Rushton et al.，1981）。高利他倾向者的行为往往具有跨情境的一致性，在相同环境下，比低利他倾向者会更倾向于做出利他行为。利他性是有仁爱之心的人具备的一种特性。社会是由个体构成的，只有每个人具有利他的精神，社会才能是利他的社会，仁爱观便是促使人们做出公正与奉献行为的指导思想。

第二节　社区仁爱观的研究

仁爱观是社区文化的重要部分，社区仁爱观有其独特的含义与价值。针对社区仁爱观的心理学研究主要集中在研究主题、测量方式、文化差异及心理结构等方面。此外，家庭、社区和社会都可能是形成社区仁爱观的影响因素。

一、社区仁爱观的界定

仁爱观具有普适性，它存在于不同的国度与区域中。社区仁爱观以社区为土壤，直接渗入家庭、邻里、社团、政府机构（街道办事处），甚至流动人群中。社区仁爱观与仁爱观有所不同，它存在于社区环境，其对应人群为社区居民，属于社区文化的一部分。

对社区仁爱观（view of community benevolence）的界定是：在社区环境中，被建构于社区文化中的核心价值观，并被植入居民的心理世界中，社区里处处体现出积极向上、亲和友爱、互助奉献的文化氛围。它体现在对己、对人、对事物、对社区的言行中。

二、社区仁爱观的研究主题

（一）与仁爱观相关的研究主题

对社区仁爱观的研究，可以从居民个体入手（如利他人格、道德人格等），亦可研究与之相关的价值观（如美德、仁慈）。此外，仁爱行为（或亲社会行为）是行为层面较为广泛、直接的研究主题（见表 4–2）。

表 4–2　与仁爱观相关的研究主题

相关主题	界定	关键特点	与仁爱的异同分析
美德	美德（virtue）是内化人类社会中的种种道德规范之后的体现，是自我控制的结果（Baumeister & Exline 1999）	伦理学概念，以公正为核心	仁爱反映出人性品质，是一种人格特质；二者都可以通过后天对道德规范的内化而形成
仁慈	亚当·斯密（Adam Smith）认为仁慈（benevolence）是在关心他人幸福的过程中形成的崇高德性，是一种不需外力强迫而自愿行善的美德；施瓦茨（Schwartz，1992）将仁慈看作一种价值观，反映了个体对保护和促进他人利益的看重程度，体现了个体帮助和关爱他人的动机	美德，价值观	二者都具有美德和价值观的属性；仁慈可以看成是仁爱的一种体现，仁慈包含在仁爱中
利他人格	拉什顿等（Rushton et al.，1981）揭示了利他人格（altruism personality）的存在，并指出利他者往往比其他人表现出更多的慷慨、乐于助人等利他行为	从行为中展现利他人格	利他人格可以看成是仁爱的一种行为表现

续表

相关主题	界定	关键特点	与仁爱的异同分析
道德人格	道德人格（moral personality）是道德与人格心理学的融合，可以从人格特质和社会认知取向进行阐述；道德人格是个体在道德事件中形成的长期可及的道德概念（Lapsley & Narvaez，2004）	具有人格特质和社会认知双重特点，是个体存储的知识结构	道德人格具有人格的特点，但更多是后天对道德规范习得并储存的知识结构，是后天形成的 仁爱是比道德人格更高阶、涵盖更广的人格结构
亲社会行为	亲社会行为（prosocial behavior）是人在社会互动中所表现出来的谦让、帮助、合作、共享乃至奉献等行为（Wispe，1972）	先天本性，行为取向	亲社会行为可分为利他行为和助人行为，亲社会行为属于仁爱的下属行为特征

（二）与仁爱相关的人格结构研究

社区仁爱观研究的主体是人，人格心理学研究是社区心理学的基础。我国学者重视对仁爱有关积极人格的研究，特别是深入探讨仁爱构成的要素有哪些。综观中西方人格结构研究，我们归纳出与仁爱相关的一些人格结构描述（见表 4–3）。

表 4–3　与仁爱相关的人格维度与描述

测评工具名称	人格维度	次级人格描述
中国人人格量表（王登峰，崔红，2005）	外向性，善良，情绪性，才干，人际关系，行事风格，处世态度	善良：诚信、利他、重感情
人格特质形容词词表（杨国枢，彭迈克，1984）	善良诚朴—阴险浮夸	—
中国古人人格维度（杨波，2005）	仁、智、勇、隐	仁：仁、义、好礼、忠、孝、温（良）、（善）良、恭（谨）、（节）俭、（谦）让、诚、（可）信、宽（容）、敦（厚）

续表

测评工具名称	人格维度	次级人格描述
善良人格词表（张和云等，2018）	诚信友善（价值观和为人处世方面） 利他奉献（行动方面） 宽容和善（人际关系方面） 重情重义（情感道义方面）	诚信友善：与人为善、诚信、尽责、真诚 利他奉献：肯牺牲、舍己为人、乐善好施 宽容和善：宽宏大量、善解人意、有包容力 重情重义：孝顺、感恩、知恩图报
美德形容词评定量表（沐守宽，2007）	诚善仁厚，勤谨务实，机智干练，自立自强，沉稳理性	诚善仁厚：忠诚、坦率、友善、和蔼
美德量表（Cawley et al.，2000）	同情、理性、机智、安详	—
美德量表（Peterson & Seligman，2004）	智慧、勇气、人性、正义、超越	人性：社交能力、善良、爱 正义：领导力、公平、团队合作
大五人格量表（Costa & McCrae，1992）	外向性，宜人性，责任心，神经质，开放性	宜人性：信任、诚实、利他、顺从、谦逊、温和
行为动词词表（王萍萍，2011）	控制、施爱、追求成功	施爱： 对他人的善意表达行为：捐献、互助、着想、珍惜、爱护、尊重、赞赏、斟酌 对他人仁爱信念的坚持：舍得、守候、忠于、适应
自我报告利他主义量表（Rushton et al.，1981）	利他行为	关怀、助人、考虑他人感受、自我牺牲的意愿
青少年亲社会行为问卷（寇彧等，2007）	公开的、匿名的、利他的、依从的、情绪性的、紧急的	公开的：个体在公众场合或有人看到的情况下做出亲社会行为的倾向 利他的：个体出于减轻他人痛苦的动机做出亲社会行为的倾向 依从的：个体在他人请求下做出亲社会行为的倾向 情绪性的：个体在自己情绪被唤起的情境中做出亲社会行为的倾向

［专栏 4–2］美德的三要素

美德是哲学、伦理学和心理学家关心的问题。美德是道德规范内化之后的体现（Baumeister & Exline，1999）。所谓美德，就是当个人利益和集体利益冲突时，个体会通过自我控制抑制自私自利的冲动，优先选择集体利益。美德依赖于三个因素。

1. 美德需要一个清晰的标准

当标准模糊时，个体就会迷失，不知正确与否。例如，在道德两难问题中，个体就容易产生冲突，没有明确的道德标准，容易出现迷失的现象。

2. 美德依赖于自我监控

美德与自我监控有关，一个人能够表现出美德，则是自我监控成功抑制了罪恶的、自私自利的冲动的结果。自我监控可以使个体遵循特定的标准，而不至于违背某些道德原则。

3. 美德依赖于自我执行能力

个体改变自我行为以符合道德标准的能力，能够体现出美德。例如，暴力冲动必须抑制，承诺必须兑现，诱惑必须抵制，等等。这些过程都需要个体具有自我执行能力，只有通过真正的执行，美德才能够体现出来。

三、社区仁爱观的影响因素

一个人的成长不仅取决于遗传、生理、人格等个体内因素，还与他生活在一个怎样的社会环境有关。中国古代哲学家世硕认为“人性有善有恶。举人之善性，养而致之则善长；恶性，养而致之则恶长”（参见王充《论衡·本性》）。布朗芬布伦纳（U. Bronfenbrenner）的生态系统模型说明了影响个体的各种层级因素。

（一）仁爱的家庭影响因素——近端环境

家庭是最能体现仁爱的环境，“没有爱就没有教育”，父母对子女有仁爱之心，夫妻间没有爱就不能营造出温暖的家。然而，很多悲剧发生在亲人之间。2018 年 12 月 2 日晚，湖南 12 岁男孩吴某因不满母亲管教严格，持刀将母亲杀害。为什么家庭中的亲人们会因爱生恨，缺少仁爱之心呢？无效的家庭环境和不良的教养方式是主要原因。

1. 家庭环境

在有效的家庭环境中，家长对孩子有准确的爱的表达。诺丁斯（Noddings，1984）提出了关怀教育理论，认为关怀与被关怀是人的基本需要，教育应当围绕关怀加以组织。家长效能最核心的要素是用爱心去理解孩子的成长。家庭教育的原则是对孩子的关爱是他所需要的，对孩子的要求是他所能做到的，对孩子的奖惩是他所能理解的。和谐的、关爱的家庭环境有利于孩子形成良好的心境和积极乐观的人生态度，从而有利于他的社会交往。

无爱的家庭与无效的家庭环境有关。莱恩汉（Linehan，1993）发现边缘性人格障碍患者的家庭有一些特征，“照料者会对儿童的偏好、想法和情绪的表达做出不协调的反应——要么是没有反应，要么是反应过于极端”。他将这一特征归纳为“家庭的无效性”（family invalidation）。家庭的无效性是指家长对儿童个人体验的表达做出不恰当的和极端的反应，儿童对自己的情绪体验的表达被家长忽视、否定或惩罚。判断家长的反应是否为不恰当的反应，主要看家长的反应是否契合了儿童的需要。长期生活在无效的家庭环境中，儿童的自我发展会受到影响，自我关注能力会受到损害，缺乏共情能力，显得易激惹、冷酷，缺少仁爱之心，行为混乱且不可预测。

2. 父母的人格特点与教养方式

我国的家长多数缺少有效的亲职教育，即如何做一个合格家长的教育，常常是一代人对另一代人进行经验式传递。在家庭中，父母实现了对孩子的生理遗传与社会遗传，父母的人格特点与教养方式对孩子人格的形成和发展有重要影响。宽松的家庭环境、情绪稳定且总是关心和鼓励孩子的父母有利于孩子健康发展，形成高自尊、独立、适应性良好的人格特点，有较高的自我效能感和较多的积极情绪。父母情绪不稳定，不良的教育方式如严厉惩罚、拒绝否定、过度干涉等，都会增加孩子的人格失调与反社会行为。

家长用自己的人格塑造了孩子的人格，家庭教育方式会影响孩子的未来：指责中长大的孩子，将来容易怨天尤人；敌意中长大的孩子，将来容易好斗逞强；恐惧中长大的孩子，将来容易缩手缩脚；怜悯中长大的孩子，将来容易自怨自艾；嘲讽中长大的孩子，将来容易消极退缩；嫉妒中长大的孩子，将来容易钩心斗角；羞辱中长大的孩子，将来容易心怀内疚。

（二）仁爱的社区影响因素——中观环境

中观环境包含地域环境、社区环境、组织文化等。孟母三迁的故事说明了家庭周边的中观环境对人的影响。一个社区往往会体现出群体社会经济地位。群体社会经济地位对人的作用有时会大于个体的社会经济地位。

1. 社区环境质量的优劣

社区环境质量的优劣会影响到居民的仁爱观，进而影响居民的幸福感。在条件较差社区生活的居民会感受到更大的心理压力。处境不好的群体可能生活在条件较差的社区。

糟糕的地域环境会对心理健康造成影响，会导致居民认知功能下降，情绪不稳定，心理健康水平低下等。

2. 地域间的经济不平等状况

社区内的经济不平等会增加儿童的问题行为，经济不平等与糟糕的健康状况、暴力及其他问题行为、抑郁、精神分裂症及低幸福感有着普遍的因果关系。经济不平等会造成人际不信任，也会影响社区对基础设施建设和社会福利体系的投入。

经济不平等促进了地位竞争，使个体产生相对剥夺感。相对剥夺感（relative deprivation）是指个体将自己的处境与参照群体中的人相比较并发现自己处于劣势时，会觉得自己受到了剥夺。一个社区的居民在与其他社区的居民相比较时，如果觉得自己不如别人，就会产生相对剥夺感，容易产生自卑、怨恨的情绪与暴力行为。相对剥夺感与社会越轨行为（如财产犯罪、药物滥用等）、消极群际态度、极端民族主义、政治暴力行为、群体攻击呈正相关。这些因素都会导致人们仁爱观的降低。

3. 社会屏蔽

社会屏蔽是指将资源和机会限制在资格群体成员范围内的过程。阶层及贫富差异会导致出现社会屏蔽，社会屏蔽会影响人的生活。例如，拥有更多知识和技能的婴儿，之后也更可能拥有更多物质和心理资源，更可能心理健康以及拥有积极健康的行为；反之亦然。社会屏蔽会使人感受到环境的不公平，缺少仁爱体验。

（三）仁爱的社会影响因素——远端环境

我们生存在一个快速发展和动荡的时代，有很多因素会影响到家庭环境、社区环境。老龄化、社会流动、社会分层、气候变化、空气污染等等，这些因素都会直接或间接地影响到社区居民的仁爱观。

1. 居住流动性

居住流动性是影响仁爱社区建立的一大社会因素。由于城镇化的快速发展，社会流动性特征日益凸显。居住流动性导致人与人之间形成动态变化的社会关系和社会网络，使人们时常面对从熟悉到陌生环境的转换，从而可能影响到人们的认知、情感、动机和行为。

例如，社会流动增强会降低人际信任感，降低幸福感，增加焦虑和孤独感（Oishi & Talhelm，2012）；会抑制亲环境行为，催生欺骗和腐败行为，并且会导致病态人格的负效应显著。居住环境不断变化，身边的人一直处于变化的状态，与群体内他人关系的维持时间就会变短，从而使群体认同更加具有条件性，个体间的信任度下降。有研究发现，在居住流动性高的社区或城市中，人们会更少地表现出亲社区行为或亲城市行为。

2. 责任扩散与道德推脱

责任扩散是影响社区仁爱氛围的主要因素。在一个冷漠的社会环境里，当事不关己时，人们就会视而不见听而不闻，甚至助人行为受到讹诈。这种社会不良风气如果蔓延，就会演变为社会信任危机。社区是个体的集合，若每个人都不愿行善、不敢行善，这个社区也就不会成为仁爱的社区。

从外在环境而言，一个人是否做出善行，多受情境制约。研究（Darley & Latané，1968）发现：当一个人在某个房间里听到呼救时，70% 的人会去提供帮助；而当和其他人同在一个房间时，只有 7% 的人会去提供帮助。该研究认为，他人在场容易导致责任扩散现象，所以个体较少做出助人行为。

但是，换个角度分析该研究结果可以发现，无论是独自一人在场还是不止一人在场，始终有这样的一些人，即使在他人没有提供帮助的时候，也能勇于上前提供帮助。这种人具有仁爱人格特质，仁爱人格特质的力量可以抵制强大的情境力量，使个体展现出高尚的行为。由此可以看出，情境可以影响人们的善行表达，而人们内在的仁爱人格特质的作用也不能忽视。

另一个影响社区仁爱观形成的个体因素是道德推脱。与责任扩散不同的是，道德推脱更加挑战人们的道德底线。班杜拉（Bandura，1990）首先提出了道德推脱（moral disengagement）的概念。道德推脱是一种认知倾向，指个体在做出不道德的行为时，会将其合理化，减少自己对行为后果承担的责任，因而也就不会产生应有的愧疚与痛苦。

第三节　仁爱社区的建设

社区是社会的细胞，建设仁爱的社会，首先要建设仁爱的社区。仁爱社区建设的重点在于环境建设以及仁爱文化建设，促进社区居民仁爱观的塑成。其中，不仅需要塑造家庭仁爱观，更需要塑造邻里仁爱观。仁爱社区的环境建设亦包含物理环境的建设和人文环境的建设，二者都不可缺少，以此形成互帮互助、积极向上的仁爱社区。

一、仁爱社区建设的理论构想

在社区建设中，良性文化需要建设，劣性文化需要控制。仁爱社区建设的基本原则是以善治恶、扬善惩恶。社区仁爱文化建设是一个从建构、认同到行动的过程。仁爱社区建设的评估要注重主客观指标。

（一）仁爱社区建设的原则

随着社区类型的分化，仁爱社区建设也要依据不同特征的社区确定相应的建设原则。

1. 原生型社区建设的弃恶扬善原则

在具有稳定结构的老社区，如学校大院、部队大院、职工大院等，居民具有相似的社会经济地位，具有稳定的关系。由于居民具有相似的文化价值观，这种老社区更容易形成互帮互助的仁爱文化，但也会形成旧恨新怨的稳固隔阂。这类社区的建设要依据惩恶扬善的原则，以优化社区文化为目标。

2. 新建型社区建设的扬善惩恶原则

新建的社区具有开展仁爱社区文化建设的优势，这对于建设优质社区尤为重要。要积极宏扬社区内的好人好事，及时惩罚不良言行，将恶行消灭在萌芽状态中。新建型社区建设要遵循扬善惩恶的原则，以建成仁爱社区为目标。

3. 流动型社区建设的扶正治恶原则

当今社会流动的加剧，使社区结构的稳定性降低。流动型社区有可能会成为社会问题的聚集地。对于这类社区应以建立规范、治理恶行为主，及时发现社区出现的失控因素并进行控制，降低不和谐行为发生的可能性。同时，可以建立社区自治组织，发挥社区居民的参与意识，共同维护稳定、平安的环境，提升社区维护的责任感。流动型社区建设要以扶正治恶为原则，以维护社区稳定为目标。

4. 异质型社区建设的互惠共赢原则

异质型社区常常是由社会经济地位不同、民族习俗不同、职业群体不同、出生地域不同的居民所构成的，这类社区由于各种差异会出现价值冲突。例如，2005 年，美国遭遇“卡特里娜”飓风重创。更为糟糕的是，当地政府应对失策，将原有居住在不同区域的白人与黑人安排在一个安置点，导致种族冲突加剧，灾民安置点的社会秩序被完全破坏。异质型社区建设要以互惠共赢为原则，以建立和谐平等社区为目标。

（二）仁爱社区建设的过程

仁爱社区建设的过程包括三个环节：仁爱文化建构、仁爱文化认同、仁爱文化行动。

1. 仁爱文化建构

仁爱文化建构要依据中国人对仁爱的理解，基于中国人的仁爱观研究（焦丽颖等，2019），从认知、情感、行为与人际四个层面来体现仁爱文化的内涵。仁爱文化设计者可以根据社区特征来建构出社区仁爱文化的特色。

2. 仁爱文化认同

文化是一个群体的价值认同。仁爱文化确定后，社区需要广为宣传，让居民理解仁爱文化价值的内涵与功能，自觉形成社区主人翁意识，遵守社区文化规则。

3. 仁爱文化行动

认同社区仁爱文化后，居民就会自觉践行它，社区内外处处有亲善友爱、公正无私、奉献互助的善行义举。同时，居民会自愿维护社区良好文化的传承，阻止任何破坏性行为。

（三）仁爱社区建设的评估指标

仁爱社区建设的主要内容体现在社区环境的建设上。社区环境包括社区的自然环境、社会环境和人文环境等。随着人们生活水平的提高，社区环境越来越受到居民的重视，环境建设在社区中发挥了非常重要的作用。社区环境直接影响居民的生理和心理状态。社区环境建设的评估指标包括客观指标和主观指标（见表 4–4）。

表 4–4　社区环境建设的评估指标

客观指标	主观指标
社区结构（community structure）：社区水平的群体社会经济地位、民族构成、居住流动性等 社区组织（community organization）：社区联结的紧密程度以及群体的效用水平 社区失调（community maladjustment）：一系列预示着社区失控的社会和物理条件	社区经验（community experience）：个体感受到的社区条件、价值文化、处境优劣、个体融入度等

无论是社区管理者还是居住者都会注重社区环境建设这一环节，良好的居住环境才能让人体会到安居乐业。社区管理者可以把上述评估指标作为社区建设工作的切入点，社区居民可以通过评估指标来考察居住环境的质量。一个仁爱社区的建设，一定要有稳定的社区结构、良好的社区组织、控制社区失调的条件以及良好的社区经验作为保障。

二、社区居民仁爱观的塑成

塑成社区居民仁爱观，可以从社区环境入手，创造人与自然相融合的空间，更重要的是在良好的社区人文环境中，发挥家庭、邻里在仁爱观塑成中各自的优势。

（一）家庭仁爱观

仁爱之心源于家庭，并由家庭向外扩展。张之洞家训：“仁厚遵家法，忠良报国恩。”他告诫自己的儿子“兄弟不可争家产，志须在报国，勤学立品；君子小人，要看得清楚，不可自居下流”。一个有仁爱观的家庭，常常会将仁爱传播至社会。“家和万事兴”，家庭建设是仁爱观注入每个家庭成员的主要环节。

（1）中国家庭文化遵循孝为先。孝父母，爱子孙，夫妻和，这是家庭仁爱观的具体表现，其中，“百善孝为先”的价值观已经深入人心。孝是中华民族的传统美德，历来受到人们的推崇。“孝顺”一词出自《国语·楚语上》，原指爱敬天下之人，顺天下人之心的美好品行，后多指尽心奉养父母，尊重父母的好意愿。孝敬父母是仁爱观的表达，它意味着每个人有责任有义务赡养父母和其他家庭长辈。孝是中华民族几千年来代代相传的传统美德，也是重要的、有价值的家庭纽带。

（2）家风建设传承仁爱观。家风建设是原生家庭价值观的体现与传承，良好家风是和谐社会的主要基础。家训也成为中国传统文化精髓的载体与传承，《颜氏家训》《朱子家训》等都是流传至今为人称道的文化宝库的重要组成元素。建设仁爱家风家训，对培育和弘扬社会主义核心价值观具有鲜明的时代意义和现实价值。

[专栏4-3]一个家庭仁爱观的典型

河北革命老区曲阳县刘占科一家就是仁爱之家的典型。这是一个人人羡慕的幸福之家。刘占科上有80多岁的老母，下有两个女儿，夫妇二人艰苦创业，勤俭持家，并怀着一颗扶危济困的仁爱之心，以公益慈善行动践行中华民族的传统美德。刘占科一家有着良好的“倡德行孝，勤俭持家”的家风。良好家风得益于父辈的教诲和影响。刘占科的父亲为人正直谦和，宽厚待人，有着一副热心肠。刘占科的岳父是一位参加过解放战争、抗美援朝战争的老革命功臣，对子女家教一贯严苛。在父辈树立的家风熏陶下，刘占科一家人承继家风。多年来，夫妇俩工作再繁忙，也不忘孝顺双方父母；培养孩子吃苦耐劳、乐于助人、积极向上的良好品质；一家人对邻居热心帮助，获得大家交口称赞。夫妇二人艰苦创业，怀揣仁爱之心回报社会。他们相继创办公司、医院和老年公寓等，解决了上千人的就业问题；积极参与捐助灾区、捐资助教、扶贫济困等慈善公益活动，积极开展免费体检、下乡义诊、减免特困患者医疗费等爱心行动，服务于全县父老乡亲。拿出100万元设立了“刘占科公益慈善个人基金”，用于大病救助、赈灾救助、教育资助，解决了许多特困家庭及贫困患者的燃眉之急。还资助100余名贫困大学生完成学业，资助120余名贫困学生读完高中。夫妇俩相濡以沫，风雨同舟，艰苦创业，用真诚、善良和孝心创造了家庭的美满、幸福，用仁爱之心回报社会，他们用实际行动诠释了仁爱、幸福家庭的深刻内涵。

（二）邻里仁爱观

邻里之间的仁爱观主要体现在“和为贵”上。提倡“和为贵”是中国文化的优秀传统，是以家庭的和谐带动邻里之间和睦相处，进而促进社会的和谐。在充满仁爱的世界里，人人与人为善，“和”成为人际关系的润滑剂，使人协调各种利益，综合不同意见，化解复杂矛盾，最终实现社会和谐。

唐山市通过政府推进的方式，在569个社区里开展了邻里守望“十个一”

志愿服务，通过邻里相伴、邻里相携、邻里相帮、邻里相扶、邻里相助五种形式，建立、完善“十个一”志愿服务机制，进一步规范社区志愿服务活动。

一站：建立学雷锋志愿服务站。

一队：成立邻里守望志愿服务队。

一卡：根据社区自身特色，设计、制作“邻里守望互助卡”。

一证：登录唐山市志愿服务人才库并注册，打印志愿者证件。

一表：建立空巢老人、留守儿童、残疾人等特殊人群统计表。

一协议：受助对象与社区志愿服务站、志愿服务队或志愿者签署帮扶协议。

一台账：建立邻里守望志愿服务工作台账。

一培训：对志愿者进行思想素质和技能培训。

一认定：开展志愿者星级认定工作。

一特色：打造社区特色化志愿服务。

随着邻里守望“十个一”志愿服务活动的开展，社区居民相互关心、相互照应、相互帮助的事例越来越多，呈现出“邻里互助、团结和睦”的生活氛围，1.2 万余名空巢老人感受到了儿女般的温暖，留守儿童感受到父母般的关爱，2 806 名残疾病困儿童得到志愿者“一对一”或“多对一”的生活帮扶，6 万名残疾人和 52 万名农民工受到社会各界的积极关注。

仁爱观是中华文化的核心价值要素，也是社区建设的根本。仁爱之心让世界充满温暖和希望。

概要

仁爱观是亲善友爱、公正无私、奉献互助的价值原则的集合，指引着人的善行义举。中国的仁爱观与西方的仁爱观有系统的差异。当代中国的仁爱观是中国人优秀人格、当代社会核心价值观的体现，它启动正义与奉献行为，是维系良好互动关系的核心。社区仁爱观是被建构于社区文化中的核心价值观，将友善、正义、互助植入居民的心理世界中，社区里处处体现出相互关怀、友爱互助的文化氛围。社区仁爱观的形成和发展受家庭、社区和社会环境因素的共同影响，体现在社区居民的人格、价值观、仁爱行为等方面。仁爱社区建设要贯穿以善治恶、扬善惩恶的基本原则，通过家庭中的“孝”文化、邻里间的“和”文化，完成仁爱社区文化从建构、认同到行动的过程。

扩展阅读书目

王婷.（2008）. *中华传统美德丛书·仁爱卷*. 南京：南京大学出版社.

克里希那穆提.（2006）. *爱的觉醒*（胡因梦 译）. 深圳：深圳报业集团出版社.

思考题

1. 结合你对社区的观察，阐述社区仁爱观的内涵与特性。
2. 培养社区仁爱观的意义是什么？
3. 举例说明影响社区仁爱观的影响因素有哪些。
4. 根据你的经验，弘扬社区仁爱观有哪些做法？
5. 设计一个弘扬社区仁爱观的活动方案。

第五章　社区的正义观

提到正义，人们往往会想到惩恶扬善，这正是社会主义司法目标。那就从两则司法案例说起。2000 年 12 月 18 日，孟广虎因车辆争道与王玉杰等人发生争吵，进而发展为双方互殴。暮色中，王玉杰小腿骨折、脾脏破裂，形成重伤。案发 15 个月，公安机关仍未能抓到孟广虎同案其他人，无法确定被害人重伤是何人所为。为解决问题，公诉方建议辩方同意采用辩诉交易方式审理该案。2002 年 4 月 11 日，牡丹江铁路运输法院采用辩诉交易方式审结此案：判处孟广虎有期徒刑 3 年缓期执行，赔偿受害人 4 万元。此乃国内试用辩诉交易方式审结的第一桩刑事案件，引发了“正义可否交易”的争论。另一则案件，引起的争论更多。2019 年 1 月 8 日，汉中市中级人民法院公开审理张扣扣故意杀人、毁坏财物一案并当庭判处张扣扣死刑，剥夺政治权利终身。张扣扣杀人案后果严重，被判处并执行死刑并不意外。但辩护律师基于其 22 年前母亲被棒击致死，系统分析张扣扣复仇心理的辩护词引发了人们对于正义的重新思考，甚至有人将此案件与《水浒传》中武松为兄报仇杀人的故事联系起来。

以上两个案件中有关正义的争论，反映了社区正义观的复杂性。毫无疑问，推进建设正义社区，不仅要促进公众正义观与国家法律的协调一致，而且要培育公民的公平意识和新时代条件下处理冲突的辩证理性。那么，什么是正义？公众正义观有哪些特点和表现？它与民俗民规、国家法律有什么关系？如何建设社区正义观？下面将阐述这些问题。

第一节　正义观概述

正义观（view of justice），就是关于正义本质、正义标准、正义价值的基本信念，以及伴随正义评价产生的正义感及如何实现正义的认识。正义观既是个体或群体的心理现象，又是社会历史文化现象。为深入理解中国文化视野中正义的内在本质，让我们从中文的字义谈起。

一、“公”“正”“义”字的字形演化与释义

讨论正义，必然谈及公正或公平。正义与公正、公平的含义相同吗？为做到清晰释义，先来看“公”“正”“义”字的字义。

（一）“公”字的字形与释义

图 5-1 中第一个字形是“公”的甲骨文写法，该字下半部字形恰是甲骨文的“厶”字，就像是一粒种子，有“幼小之物”之意。种子发芽，就像图中第四个字的下半部那样，幼苗长大了，会产生分支，表示“分开”，即为公。“公”字的甲骨文和金文意指把围起来的东西分开，所分开的各部分要做到一样，有平均、均衡之意，所以“公”字的本义为均分。均分就是一种公平观，有各方不得多占之意。

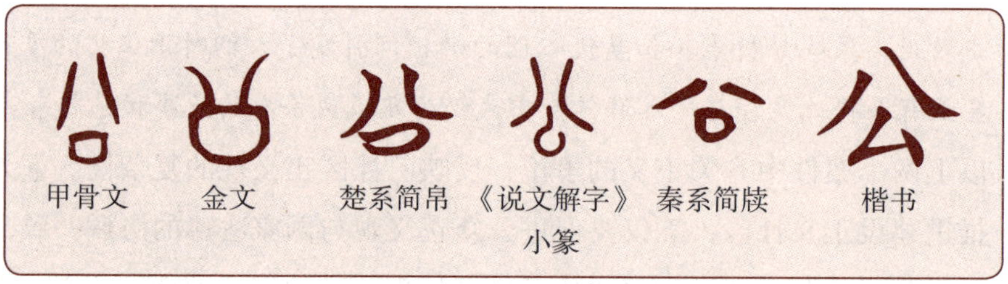

图 5-1　“公”字的字形演化

（二）“正”字的字形与释义

图 5-2 是“正”字的甲骨文写法，上面的符号表示方向、目标，下面是足（止），有“走”之意，是说向着一个方位或目标不偏不斜地走去。简单地说，“正”字的本义就是不偏斜，后续逐渐演变出来的字义有：合于法则的、合于

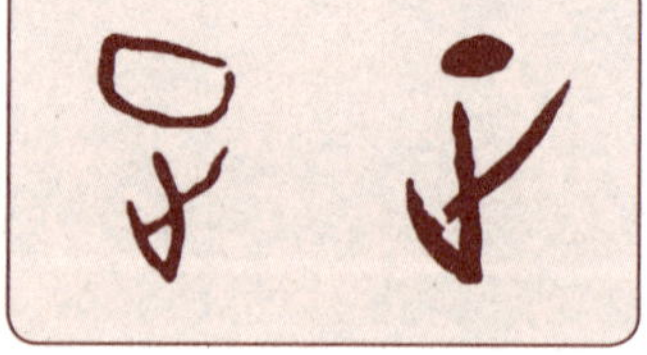

图 5-2　“正”字的甲骨文写法

道理的、恰好、好的、强的或主要的一方等等。把握这些基本字义，有助于理解“正”字与其他字组合而成的词的词义。

（三）“义”字的字形与释义

《说文解字》中“義”字，以“我”“羊”结合。“我”在甲骨文中是长柄和三齿的二戈相背（如图 5-3 所示），本义是武器。造字本义是手持大戈，呐喊示威。演变成现代写法的“我”字加“口”为“哦”，本义还是呐喊示威。

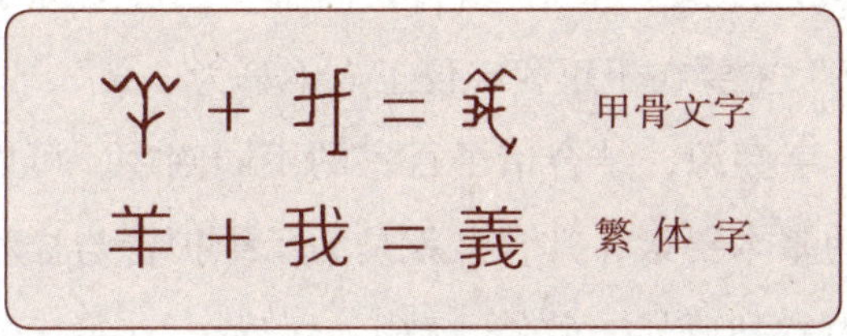

图 5-3　“义”字的会意溯源

“羊”字的甲骨文也由象形而来，本义指一种哺乳动物，反刍类，一般头上有一对角，品种很多。羊也为早期人类膳食，味美加之性格温顺善良，故后来“美”“善”都采用“羊”作部首。在古代，羊不仅用于供膳，也是祭祀用品，“祥”字的“示”部表示“祭桌”。所以“羊”字还有“牺牲”之意，即寓意为中华文明作牺牲。而祭祀本身带有浓厚的“敬畏”之意，以敬畏维护一种心理之“祥”。概而言之，“羊”字有以牺牲敬畏从善，维护祥和之意。

繁体的“義”字即从我从羊，组合而成，其义为操戈呐喊，维护善与祥和。义作为美德要素，是从春秋战国时代开始的。孔子、孟子等人在继承和发展商周时期尊贤、正义、公平、无私、禁民为非等思想的基础上，将其概括提升为君臣关系的规范和价值标准，以维护“仁”的目标。所以，儒家常用“仁义”一词（荆惠民，2006）。孟子继承了孔子的“贵仁”思想，但相比而言，更强调义乃“人之正路也”（《孟子·离娄上》）。

孟子将“仁”“义”并举，提出了以“仁义”为核心的“仁、义、礼、智”四德，以四德规范父子、君臣、夫妇、长幼、朋友的“人伦”道德关系，并指出“羞恶之心，人皆有之”（《孟子·告子上》），此乃“义也”。

墨子则把义作为最高的道德准则，赋予其“兼相爱，交相利”“爱无等差”等含义，并把它作为人际交往的基本要求，“万事莫贵于义”（《墨子·贵义》）。墨子对义的理解不同，强调了“兼爱”“无等差”，认为义是利人、利天下的。

荀子认为，“义之所在，不倾于权，不顾其利，举国而与之不为改视，重死持义而不桡，是士君子之勇也”（《荀子·荣辱》）。汉代的董仲舒对义的阐述与荀子相似，认为：“义”重于“利”，而且“仁”主要在于爱人，仅爱我不算为“仁”；“义”主要在于正我，仅正人不算为“义”。

从上述“义”字溯源，结合诸子百家的不同阐述，可以概括出“义”作为中华传统美德的基本要素，其含义就是为了维护善与祥和，每个人都要严格要求自己，尽力做到尊兄、敬长、敬上、敬贤、友善、公平、情谊，反对侵凌、兼并、残民的暴力或战争，必要时操戈而战，不畏侵凌、暴敛、权贵。可见，“义”乃反欺负以维护从善、均利、祥和，是中华文明传统价值观的基本内容，是评判人们思想、行为的道德准则之一，也是中华文明流传至今的文化精粹，对于社区心理建设具有重大现实意义。

二、公正和正义的区别与联系

“公”“正”“义”三字，常相伴出现，由三字本义可推演公正、正义的基本含义。“公”字有平均、均衡、无差之意；“正”字有无偏斜、积极之意；“义”字有以牺牲维护仁、善、祥和之意，即使操戈而战也在所不惜。因此，公正和正义的组合字源虽有很大重叠，但也有明显差别。

公正，也说公平，就是指无偏斜地做到均等、平等，无多寡、贵贱、轻重之别，以权益分配的均衡保证没有偏私。它更多是指对多人之间进行权益均衡保障和利益分配结果或状态的评价，也往往是群体内更多个体追求的理想目标。没有偏私，是相对的，而不是绝对的。凡是有评价就会依据一定的标准，所以公正是一种价值判断，内含一定的价值标准，常规情况下，这一标准便是当时具有一定约束力的法律法规或协约。公正在英语中为“justice”，英语中的“jus”本身就有法的意思，“justice”以“jus”为词根演变而来，也说明了这一点。任何一个社会都有自己的公正标准。所以，公正并不绝对意味着“同样的”“均等的”。

正义，是指公正的道理，包含知、情、行成分，即以公正的价值标准去维护公平，保护仁、善、祥和，当公平、仁、善、祥和受到破坏或威胁时，不惜“操戈而战”，甚至牺牲生命。正义是人类社会普遍认可的价值判断，衡量正义的客观标准是这种正义的观点、行为、思想是否促进社会进步，是否符合社会发展规律，是否满足社会中绝大多数人最大利益的需要。但是，正义也是一个相对概念，不同社会、不同阶级有不同的正义观。正义的最低要求是，分配社会利益和承担社会义务不是任意的，要遵循一定的规范和标准；正义的普遍性要求是按照一定的标准平等（或是量的均等，或是按人的贡献平等，或是按身份平等）分配社会利益和义务，分配社会利益和义务者要保持一定的中立。总而言之，正义是彰显符合事实、规律、道理或公认标准的行为，其核心理念是公平性和合理性。

三、正义观的内涵与结构

公平正义越来越成为人类社会普适的价值取向。但是，因为历史文化传统不同、所处自然和社会环境不同、接受的教育和承担的社会角色不同、面临的问题不同，人们的价值观和立场差异很大，拥有的正义观也会有很大差异。基于社区心理建设需要，以下将着重讨论西方文明的正义观、中华文明的正义观、马克思主义正义观及其新发展。

（一）西方文明的正义观

西方正义观主要属于伦理学、政治学范畴，源于柏拉图（Plato）的《理想国》。柏拉图认为“正义就是善”，分个人的和城邦的、相对的和绝对的正义。为了保证善的本体，个人内在灵魂要在智慧统领下协调一致，同时不干涉他人；城邦中各阶级之间也要友好相处，既无内讧也无战争；理念世界的正义是绝对的，现实世界的正义是相对的。现实中，个体和城邦都为幸福大业而努力，这就是正义。对于如何保障正义实现，柏拉图论述不多。亚里士多德（Aristotle）发展了这一点，提出了道德正义（moral justice）和法律正义（legal justice）的概念。道德正义在于个体德性，法律正义在于社会公共利益总则，涉及财产分配和人际交互，将正义置于社会关系中来定义，并为建立社会秩序发挥基础作用。这一法律正义思想在罗马帝国得到加强，法律成为正义与非正义、善与恶的界限。但是，这个时期的法律正义还是为奴隶主阶级服务的（宋希仁，1988）。

中世纪后，欧洲资本主义快速发展，契约经济逐渐成为社会主导。霍布斯（T. Hobbes）从现实出发，将正义与自由竞争、货币交换联系起来，描述了交换正义和分配正义，其正义观的基本规定就是“把每个人的东西给予每个人”，财产所有权的不可侵犯性成为正义原则。这一时期，实际上出现了制度正义的内容，而制度正义还属于法律正义的范畴。随后，德国哲学家康德（I. Kant）、黑格尔（G. W. F. Hegel）等强调正义要以国家、社会利益为重，这是唯一的社会法则。19 世纪，英国产业革命成功解放了生产力，资本主义经济加剧了社会分配不公，空想社会主义者试图以人道主义调和正当竞争与平等合作间的关系。

（二）中华文明的正义观

中华文明中的正义概念，本义是指不惜牺牲，不惜操戈而战以维护公平、祥和、仁善。这其中隐含着三种基本成分，即对社会公平和人性的认知、弃利为义的价值取向、勇于牺牲的精神意志，这三种成分整合构成的信念就是中华文明的正义观。在我国，对正义观的系统阐述始于春秋战国诸子大论争时期，其中儒、法、道的观点最具代表性。

儒家正义观强调“天理”。孔子说，“唯天为大”（《论语·泰伯》），“获罪于天，无所祷也”（《论语·八佾》），“天理”，即天道、天之理。“天理”来源于“人情”，即民情民心。因此，实在法是否合乎民情民心是评价国法好坏的标准。

法家代表人物商鞅较早提出“刑无等级”的司法原则，他认为要做到

“刑无等级”，必须统一刑法。“所谓壹刑者，刑无等级，自卿相、将军以至大夫、庶人，有不从王令、犯国禁、乱上制者，罪死不赦。”（《商君书・赏刑》）法律的正义主要是刑罚的正义，正义的肃杀气极重，这与西方社会的权利正义观形成鲜明对比。

老子的道论实际上就是他关于法哲学的正义观。老子认为法的本质就是“自然”，把“自然”归结为“道”。“道”超然于实在法之上、之外，同时又主导着实在法，是老子法哲学中的最高范畴。由此，属于实在法之外的“道”就对实在法的偏畸缺漏起着评断和纠正作用，规范人们的行为，法的正义随之实现。

在我国古代民间生活中，义无处不在。庶民百姓不仅用义相互联结在一起，而且用义对人进行道德评价，看其是否有义、仗义、讲义气。庶民百姓虽然深受古代儒家教化影响，但对义的理解有其自身特点。尤其是当面临恶劣生存环境、社会不公平时，他们更崇拜救他们于水火的民间首领。在大义面前，底层庶民百姓敢于舍生取义。不过，直接把正义付诸行动的侠义精神和以实现共同生活理想为目的的江湖道义，更贴近他们的日常生活。并且许多侠义英雄、江湖豪杰本身就出于民间，他们身上体现出来的精神更容易为民间认同和接受，从而形成民间社会的义观念。

侠是中国历史上富有鲜明个性特征的一个群体，史称游侠、侠士、侠客、剑侠等。侠大约出现在春秋之际，而活跃于列强争霸的战国时代。此后，历代都有侠士出现，西汉时尤为突出。他们侠肝义胆，屡有惊心动魄之举，或救主于生死之际，或救国于存亡之时，或报知遇之恩而赴汤蹈火。但侠始终难容于正统，法家代表人物韩非子把侠客视为“暴激之民”“当死之民”。老百姓却不以为然，他们把侠看作义的化身，侠义是一种被他们认可并受到尊重的精神品格。这种品格受到司马迁的赞扬和推崇，《史记》中《刺客列传》和《游侠列传》等篇目所反映的侠义精神可概括为以下六点：

（1）重然诺，守信用，言必行，行必果；

（2）救人危难，舍身亦在所不惜；

（3）施恩义于人而不自矜夸耀，不图回报；

（4）仗义疏财，赈穷济困；

（5）看重节操，爱惜名誉，敢于为义献身；

（6）保持独立人格，拒绝“朋党营私、尊强崇横、依附豪强欺凌孤弱”。

游侠并非十全十美之人，他们“士为知己者死”的信条是否合乎大义？很显然，侠士是特定历史条件下的产物。当今法治、民主社会，不需要侠士，也不可能产生侠士，但侠义传统中包含的正义品质已融入文化精神之中，成为中国民间社会对于社会公正、社会正义的朴素政治愿望。

古典名著演绎的英雄豪杰所表征的正义观，反映了中华文明中正义概念的不同层次、历史范畴、价值取向。文学的终极关怀在于人与社会，同时也要面对和回答正义、惩罚、权利、权力、人性、尊严、司法意义和价值、法律人的地位和作用等基本问题，并通过情节曲折、冲突集中的故事展现出来。《水浒传》中，鲁智深是梁山好汉的代表，他正义感强，怜悯金老汉父女帮其脱离险境，暗中保护林冲，逃亡江湖，最后被逼上梁山。虽然《水浒传》中英雄豪杰层出不穷，但并不都能代表正义。梁山好汉们的“义”更多的是一种朋党道德，是流亡江湖的兄弟结义，是一种狭隘的是非观混乱的结拜之“义”，属于乱世之中混乱的价值观，有许多不可取之处。《三国演义》中的“义”除包含江湖义气之外，更多地与“忠”相联结，“义”从私德上升到功德高度。这种义气一旦被绑架到历史战车上，被置于“敌我”“好坏”“是非”的价值语境中，反而美丑不分，善恶混淆，往往成为罪恶的帮凶。这些文学作品中所表达的“义”并不都是正义，也并非去着力挖掘或表达中华文明中正义观的真正内核。相比之下，戚继光、郑成功等民族英雄是为抵御外侮而战，为打击邪恶而战，为民族大义而牺牲，是更为纯粹的正义表征。

在我国古代文学作品中，也有许多制度正义理念，而且这种理念在寻常百姓中根深蒂固，如“王子犯法与庶民同罪”。但在封建统治下，这种理念往往难以实现。所以，普通百姓希望出现手握大权、刚正不阿的父母官，来惩恶扬善和伸张正义。西门豹就是一个典型例子，他执法严明，为官清廉，为百姓主持正义。包拯除暴安良，被誉为“包青天”世代传颂。这些耳熟能详的文学人物深刻地反映了我国古代普通百姓对于法律存在着强烈的正义呼唤行为和追求情感，恰恰是中国人传统正义观的精髓。

（三）马克思主义正义观及其新发展

马克思、恩格斯等吸取古典正义理论的积极要素，形成了科学的马克思主义正义观。马克思认为应该废除私有财产，使生产资料社会化，让每个人在进行集体决策过程中享有平等权。在马克思看来，私有财产是产生非正义的根源，而要走向正义就是要废除私有财产，使生产资料社会化。但正义既是永恒的、绝对的，又是具体的、相对的。就其实现过程而言，具有相对性。历史进程中，每一次生产关系的变革、社会形态的更替，都推动生产力向前发展，是正义的。与此同时，生产力发展、社会形态更替，最终必将发展到真正自由和平等的共产主义社会，消除私有制这一非正义根源。这一进程中，还要认识到个体与社会互为条件、互为依存的关系，人的自由和全面发展需要社会生产力的高度发展，并赋予公民平等的法律地位和利益分配的正义制度。

习近平新时代中国特色社会主义思想继承和发展了马克思主义正义观，强调公平正义的核心价值地位，坚持依宪执政、依宪治国，促进依法治国和经济发展。要在更高经济发展水平上维护社会公平正义，通过制度安排更好地保障每个公民的权益，缩小分配差距，让全体人民依法平等享有权利和履行义务。

法治正义是现实正义的重要保障和路径。人民权益依靠法律保障，法律权威依靠人民维护，有问题依靠法律来解决，这是法治社会的重要标志。要充分调动人民群众投身依法治国实践，成为社会主义法治的忠实崇尚者、自觉遵守者、坚定捍卫者。要努力让人民群众在每一个司法案件中都感受到公平正义，引导全体人民遵守法律、有问题依靠法律来解决，形成守法光荣的良好氛围（习近平，2014）。

综上所述，中西方正义观既存在差异，也有共同要素，而马克思主义正义观更强调社会化、公有化。这些正义观均涉及权益平等、分配合理、惩恶扬善、制度正义等，但在平等、善恶、义利、制度目标方面的理解存在文化差异，因此正义观的表现形态和实践路径就很不相同。从具体内容和实践路径来分析，正义观具体表现为公平观、善恶观、贫富观、义利观及程序正义观等。

第二节　社区正义观的性质与表现

正义的基本含义就是维护共有、均等、从善、祥和、符合公共规则。对于这些要素如何理解，如何实现，以及实现的意义，人们的认知、评价和体验各不相同，于是就构成了人们关于正义各自不同的信念体系即正义观，以及与之相应的正义感、正义行为等。以正义观、正义感、正义行为为评估维度来区分个体差异，则构成个体的正义或非正义特质。个体的正义特质与社会的正义文化相辅相成，相互影响，互为因果。下面，我们在社区概念体系中来讨论正义观的性质与表现。

一、社区正义观的性质

社区正义观（view of justice in the community），主要是指社区内大多数人认可并将其作为处理涉及正义问题的基本准则或信念，以及与之相应的正义感、正义行为，它构成社区关于正义问题的社会心理特质或心理氛围。正义和正义观，作为一种社会历史文化现象，有多方面的特性（张小媚，2006）。为提高对社区正义观的理解，这里先简约分析其作为社会心理的主要特性。

（一）传统性与朴素性

社区正义观带有浓厚民间特点，重视传统礼仪和民风民俗传承，这突出表现在人员流动性、变动性小的社区，如广大乡村社区。我国传统正义观强调“依义制律”，即依据理财、正辞、禁民为非的正义观来制定民法。法要合“义”通“宜”，就是要适宜、恰当、正当、应当、公平、合理，合乎道德习俗，合乎民情。譬如，中国传统观念中，人生来都只有一条命，人的自然生命有同等价值，这是天理。所以，原则上规定，人命关天、杀人者死、伤人者刑，这可以说是一种理念上的合理正义观。实际上，人生来虽有差异，但后天发展的差异更大，集中体现在人的“德”和“能”不同，在具体分配权利、义务和定罪量刑时，高者高、低者低，等者同等、不等者不等，等与不等辩证变动。如传统家庭关系中，相对于子女，父母享有同等权利；但作为子女的父母，夫妻间又是不等的，即夫为妻之天。同样，相对于父母，儿女同称，兄弟姊妹可以同样获得父母的关爱，但兄弟姊妹之间，又有尊长之别，长兄如父就是这个道理。这个事实本身就是中国人所说的天理或天道，就是仁（大爱）义（无私）公理。“仁者，义之本”，而仁原本就是善。因此，中国传统法律正义均是以仁善为基础的。从这个意义上说，谋杀、伤害、不守信用，非法监禁他人、奴役他人，恶意欺骗他人，以及致人于穷困等都是非正义的，因为这些行为都侵犯了他人的自然权利，所以人们称此类行为“天理不容”。

正义观作为社区核心文化要素，带有自发的、朴素的性质，包含大量朴素民间正义评价标准，有时与国家法律条款不一致，带有自然法性质。比如张扣扣为报杀母之仇而致三人死亡的恶性案件，无论是在案发当初，还是法院判处其死刑并执行前后，都引发了大量讨论，有相当比例的网友认为张扣扣不应被判处死刑，甚至有一些人将其与武松怒杀两人为兄报仇类同看待，似乎张扣扣一夜间成了武松式英雄。这是“杀人偿命”“君子报仇，十年不晚”等朴素正义观的典型反映。但是，张扣扣与武松所处时代不同，民主法治国家是不容个人剥夺他人性命的。法治国家以严格的程序正义决定是否剥夺某一个体的生命，正是体现了对生命的敬畏。自然法必须服从国家法，这也是正义之理。

（二）直觉性与功利性

在一些热点案件中，出现法官判决后的公众认同危机，其根源在于法官遵从的是逻辑正义标准，而公众采用的是直觉正义标准。法官对公正的追寻，是依靠专业训练培养出的逻辑能力在法律规定之内进行的，可以被理解为逻辑意义上的公正（白云飞，2013）。公众受到道德伦理规范影响极大，借此更多地以直觉方式判断公正的惩罚应当是怎样的。公众道德评价规范的形成本身就是一种社会潜移默化的结果，有时难以用法律逻辑来解释。知识结构、职业环境等因素，决定了法官与公众必然会以不同标准来评价审判公正。这需要沟通和宣传，正是普法教育要解决的问题。

作为非专业工作者，公众的正义标准带有强烈功利色彩。一旦涉及自身利益，无论媒体如何依法宣传，公众都很难在评判案件中做到客观中立。事实证明，公众对于那些关系自身利益的犯罪行为更为关心，也更容易表现出愤怒。备受争议的、公众反应强烈的案件，往往发生在公众日常生活中。如果犯罪分子敢于公然挑战公众道德底线，公众就会向司法机关施加压力要求从严惩处。而对于走私犯罪、军事犯罪等较少涉及公众利益的案件，公众就没有那么强烈的表现，甚至会表现出事不关己、高高挂起的漠然。前文所引，以辩诉交易方式解决伤人事件，带有一定的调解性质，却引出正义能否交易的重大议题，就是这个原因。

（三）盲从性与绝对性

中国人的正义观以仁义道德为基础，道德评价与正义判断无法分离，所以人和事一旦与道德性的负面评价联系起来，就会迅速激发起公众正义批判，而且这种批判往往是泛化的、绝对的。这就是我们经常看到的舆论正义产生的原因。另外，由于中国古代重文轻理，而当代中国基础教育依然轻视科学教育，更多的人缺乏实证科学思维习惯，容易轻信虚假夸张的谣言，进行道德绑架，再利用网络传播优势形成强大舆论“正义”，达到“制裁”目的。如某中学教师“高级教师专业技术职务任职资格”公示引发热议。有网民认为其曾有伤医行为，有违师德，不应评定为高级职称，也有人认为应给年轻教师改过自新的机会。事情起因是发生在两年前的一次医疗民事纠纷。该教师前往医院看急诊，过程中与医生发生争执，后升级为肢体冲突，医生被打伤。在官方善后过程中，该事件作为“民事纠纷”已处理完结，当事双方也迅速达成调解协议。然而，该事件经网络曝光后，当事人迅速被充满“正义感”的网友严厉“制裁”。因为一时冲动的过激行为，似乎再难摆脱“暴戾”“无德”的恶人形象，大有使其永世不得翻身之意。相反，当公众要极力赞扬某人某事时，也是绝对化的，会把一个人描述成完美无缺的英雄好汉，俨然就是正义的化身。这种正向的绝对化，依然会使当事人陷入正义压力，害怕一不小心暴露瑕疵，便会被群起攻之，跌入正义批判的深渊。

（四）权利性与义务性

社会总是要向着有序性方向发展的，而有序就需要正义来保护，这种保护体现在法规、民约及其执行保障上。而法规、民约在涉及具体人的时候，都必然会论及权利和义务。它制止人们对他人生命与利益的侵害，而且阻止他人进行这种侵害。根据张小媚（2006）的研究，人的利益范围可划分为：肉体和生命，家庭或延伸了的个人生命；财富，或行为手段的整体；荣誉，或理想的存在；自由，或按其自身目的塑造一个人的生命的可能性。法律和风俗习惯保卫着这些领域，于是产生了相应数量的权利，每一种权利都由一个禁令来保护，如勿干涉他人的自由等。违反这些权利，侵害他人利益，就是不义。任何权利又都暗示一种相对的义务，任何义务也须先假定一种权利。简单地说，当具体个体或群体在享有被法规、民约保护的权益时，他或他们也同时被要求有维护法规、民约的义务，尊重甚至保护他人权益的义务。因此，正义是“得应得的权利”和“尽应尽的义务”的平衡，完整的正义观于此两方面缺一不可。

基于上述特性，我们在对个人或群体的品性、行为以及特定事件进行正义评判时，都要辩证地联系其个人特质、社会文化、道德伦理要求、乡规民俗和国家法律等多个方面和多个层面，这样才更符合心理学的基本原理。

二、社区正义观的表现形式

在中国人的正义观中，有几个核心要素，即：公平，涉及权益保障与成果分配；从善，涉及生命尊重与保护；祥和，涉及秩序维护与美感追求；均等，涉及社会财富与资源共有；人伦，涉及两性与尊卑关系；义利，涉及义利冲突及其维护。而与这些要素相联系的个体差异就表现了个体与个体、群体与群体正义观的不同。社区正义观往往是通过各种权益不均的冲突及其解决过程表现出来的，主要表现形式有善恶观、贫富观、公平观等。

（一）善恶观

"惩恶扬善"是人们关于正义最基本的信念，所以善恶观（view of good and evil）是正义观的最基本结构，它包括个体关于人性善恶的基本认识，以及对自己、他人、事件进行评价时的善恶标准。对于成人来说，善恶观会成为其人格结构中的稳定特质，从善恶人格特质中可以探索中国人的善恶观。在以中国文化为背景的研究中，杨国枢等（Yang & Bond，1990）发现中国人的人格结构包含"善良诚朴—阴险浮夸"维度。张妙清等采用合理建构法、实践标准法及因子分析法构建了中国人的人格特质结构，包括宽容—刻薄、和谐性、责任感、老实—圆滑等维度，而这些人格维度代表了中国文化所传承下来的与人为善、重情重义、甘于奉献等特征（Cheung et al.，1996）。王登峰和崔红（2005）认为"善良"是一个稳定人格维度，高分者表现出对人真诚、友好、顾及他人等，低分者有对人虚假、欺骗、不择手段等特点。在此基础上，许燕团队更明确地提出"善良人格"概念（张和云等，2018），并探索了其内部结构。荣格（C. G. Jung）认为人格中的阴影（shadow），即潜意识和人性中黑暗的方面，是邪恶感和罪恶行为的根源。艾森克（H. J. Eysenck）则认为精神质人格维度包含如攻击、自我中心、缺乏共情和冲动等特质。精神质得分高的个体很容易卷入暴力事件、犯罪活动（Larsen & Buss，2013）。近 10 年的许多研究也证明暗黑人格（dark triad）和反社会行为或犯罪行为有关。研究者开发出测量人格黑暗面的量表，并探究这些恶人格与大五人格间的关系。近几年，暗黑人格研究揭示了一些恶的人格特质（秦峰，许芳，2013；Zuo et al.，2016）。如：虐待特质（sadistic personality），表现为喜欢通过他人的痛苦而体验到快乐（Buckels et al.，2013），与之类似的还有幸灾乐祸，被称为人性底部的邪恶快感（曹红蓓等，2012）；恶意，是人们刻意伤害他人的特征（Marcus et al.，2014）；非道德性（amoralism），是人们自私自利的内在特质（Boyle et al.，2014）。有研究发现，暗黑人格比道德更能预测人的傲慢、嫉妒、暴怒、懒惰、贪婪、色欲和暴食等七宗罪（Griskevicius et al.，2011；Paulhus & Williams，2002）。国内研究者对中国人的厚黑人格进行探索，发现厚黑人格结构包括性恶推断、手段扭曲、感情冷漠、利益执着（汤舒俊，郭永玉，2015）。

许燕团队较系统地研究了中国人的"善恶"人格结构（焦丽颖等，2019；张和云等，2018），提出：善人格结构包括尽责诚信、利他奉献、仁爱友善、包容大度四个成分，可视为善的评判标准；恶人格结构包括凶恶残忍、虚假伪善、污蔑陷害、背信弃义四个成分，可视为恶的评判标准。善人格水平高的个体，可能在面临模糊情境时会不假思索地伸出援手（张和云等，2016），而伤害、欺骗和背叛等行为经常出自恶人格水平高的个体（参见第四章）。这些研究不仅为探究中国人性善恶提供了新的依据，还与国外道德与美德心理学的研究内容相印证，为人性善恶观的普适性提供研究新思路。对善恶人格的分析有助于我们更为全面地理解人性善恶，并在此基础上对大众善恶问题进行探讨。同时，这些研究建立的善恶人格词表与测量工具，有助于测量个体在善恶问题上的倾向性，从而有针对性地实现引人向善的终极目标。

（二）贫富观

自人类社会有分配至今，贫富差距一直存在。社会财富的分配与占有不均，引发财富掠夺、犯罪及持续不断的斗争，也会影响人们的公平感、正义感。所以，贫富观（view of wealth and poverty）是正义观的重要组成部分，主要是关于贫富本质、贫富原因、致富途径与方法的认知，以及伴随的心理体验。对于贫富观不同的人来说，贫富差距引发的心理体验也存在很大差异。

中国传统文化中的贫富观内容十分丰富（黄义英，2006）。

1. 中国传统文化中的贫富观

在《论语》中，孔子的贫富观以义利统一思想为基础，倡导以义致富。孔子认为脱贫致富必须以仁义为前提，“富与贵，是人之所欲也，不以其道得之，不处也；贫与贱，是人之所恶也，不以其道得之，不去也”（《论语·里仁》）。对以不义手段获取的财富，孔子不屑一顾，“不义而富且贵，于我如浮云”（《论语·述而》）。总之，要以仁义原则行事，获取财富，才能富有所享，富而不为人所疑，不为人所恨。孔子还教化弟子要安贫乐道，不发不义之财。要达到这种境界，需要具备君子品格，克服小人心态，“君子固穷，小人穷斯滥矣”（《论语·卫灵公》），“君子喻于义，小人喻于利”（《论语·里仁》）。需指出，孔子的安贫乐道，绝不意味着安于贫困而不图改变，而是强调穷不失志的精神和人格操守，主要体现在对道义的维护和追求，以及实现道义的真正精神富足，“一箪食，一瓢饮，在陋巷，人不堪其忧，回也不改其乐”（《论语·雍也》）。现代人们的思想观念往往受物欲影响，以至于穷而失志。一些穷人因自我内心的羡慕、嫉妒而产生“仇富”等不正常的心理。

关于贫富归因，中国传统文化一般有三种认识：有归结为人性贪婪和统治者剥夺政策的，有归结为个人努力程度和方法的，有归结为神秘如命运的。当然这些区分不是绝对的，就某个特定的人来说，他可能对这些解释全都接受（黄义英，2006）。而在解决贫富差距的方法上，往往与归因相联系，也有三种基本主张。如果认为贫富差距是由命好命坏造成的，则无论富人还是穷人都可能安于现状，不思改变。如果认为贫富差距是由主观努力造成的，则富人不敢稍有懈怠，穷人也要思变。这两种形态都不会演绎出发达的思想观念，其办法一般表现为提倡个人的心理调节和自我激励。如果认为贫富差距是统治者剥削或制度不公造成的，就会有不同的处理贫富差距引起的心理失衡的办法：抑制人的欲望，使其无知无争；改良政治，减少赋税，并控制富人聚积财富；剥夺剥夺者，重新分配财富。

为了解决贫富差距引起的心理问题，中华传统文化非常重视心理调节。

调节的方法主要包括：（1）认同式心理调节，即让穷人认同命运或者“报应说”，虽然仍然有不满足，但在行为上不会走极端，在心理上也能够有某种程度的安宁。（2）补偿式心理调节。许多传统观念是属于对穷人贫穷的心理补偿。例如，孔子说“富与贵，是人之所欲也，不以其道得之，不处也；贫与贱，是人之所恶也，不以其道得之，不去也”（《论语·里仁》），这是从道义方面进行补偿；所谓“为仁不富，为富不仁”。这些补偿往往有效。（3）超越式心理调节。这是教人超越贫富差距的境况，追求财富之外的人生目标，在追求中得到精神享受的办法。儒、释、道三家的说教各不相同，但都贬低世俗名利，并鼓励追求精神层面的超越价值，从而起到调节贫富心理的作用。

2. 新中国成立以来贫富观的变化

新中国成立至今，人们的贫富观发生了深刻变化。从新中国成立至十一届三中全会召开前，人们对社会主义的认识存在局限性，认为社会主义便是有饭大家吃，有衣大家穿，有钱大家花。有人提出了“宁要社会主义的草，不要资本主义的苗”的错误观点。片面强调意志在社会发展中的作用，认为“人越穷，越革命”，也有为了生计而被迫搞“投机倒把”的，但往往会受到批判。因此在实际工作中，这种观点争议颇大。

从十一届三中全会到党的十六大，总的贫富观是：致富光荣。1978 年，邓小平指出：“在经济政策上，我认为要允许一部分地区、一部分企业、一部分农民，由于辛勤努力成绩大而收入先多一些，生活先好起来……使全国各族人民都能比较快地富裕起来。”（邓小平，1995）致富不是罪过。社会主义财富属于人民，社会主义的致富是全民共同致富。这一观念解放了人们的思想，大家各显其能，争做“万元户”，因此人民生活水平有了很大提高，综合国力大幅跃升，社会安定团结，民族凝聚力大大增强。但在经济快速发展过程中，人们收入差距拉大，引发一些消极社会后果，突出表现为：第一，社会心理失衡和理想信念失落，有人怀疑先富的合法性，“有一种强烈的被剥夺感”。第二，违法犯罪上升，社会治安恶化。社会调查表明，贫富悬殊已成为影响我国社会稳定和社会动荡的重要因素之一。第三，挫伤了人民群众的生产积极性，影响生产效率。不公平的贫富差距拉大现象，使劳动能力强而收入少的人宁愿享受较多闲暇也不愿多做工作。

党的十六大以来，富要更富，全民致富。党的十六大报告提出：“我们要在本世纪头二十年，集中力量，全面建设惠及十几亿人口的更高水平的小康社会，使经济更加发展、民主更加健全、科教更加进步、文化更加繁荣、社会更加和谐、人民生活更加殷实。”解决贫困人口问题成为解决社会公平的关键。2015 年 11 月 27—28 日，中共中央扶贫开发工作会议在北京召开，习近平总书记出席会议并发表重要讲话。他强调：消除贫困、改善民生、逐步实现共同富裕，是社会主义的本质要求；要坚决打赢脱贫攻坚战，确保到 2020 年所有贫困地区和贫困人口一道迈入全面小康社会。2021 年 2 月 25 日，习近平总书记在全国脱贫攻坚总结表彰大会上发表重要讲话，庄严宣告：我国脱贫攻坚战取得了全面胜利，完成了消除绝对贫困的艰巨任务。

3. 贫富观与公平感

当代中国人的贫富观逐渐回归到传统合理的贫富观，即以“仁”“义”为基础的致富观。在解决贫富差距过程中，要宣传“仁”“义”，扶贫也要扶智扶志，还要以制度规则保障程序正义；在解决资源不均衡问题的过程中，要依靠教育扶贫、科技扶贫，同时完善救济制度，增进全民公平感、获得感和幸福感。

在某种意义上说，扶贫攻坚也是一种再分配。而公众对这种再分配的偏好不一样，即居民对政府再分配活动的支持和倾向程度不一样，这叫作再分配偏好（preference for redistribution）。实施收入再分配政策需要考虑是否具有强烈的社会需求。事实上，绝大多数民众并不了解收入差距的相关指标，但并不妨碍他们对收入差距进行主观判断，因而再分配偏好体现了“民心所向”（潘春阳，何立新，2011）。近年来，我国经济从高速增长转变为高质量发展，更加公平的收入分配是应有之义，而政府也更加注重居民的获得感。

[专栏 5-1] 我国居民再分配偏好的城乡差异

中国综合社会调查（CGSS）2015 年数据显示，农村再分配偏好显著高于城镇。为剖析背后原因，李莹（2020）建立了社会地位、公平感与再分配偏好的主观感知指标，探究了社会地位、公平感对再分配偏好影响机制的城乡差异。研究发现：（1）从影响机制来看，城镇居民社会地位、公平感对再分配偏好均存在显著的负向影响，社会地位对公平感有正向影响，社会地位主要通过影响公平感进而影响再分配偏好。农村居民公平感对再分配偏好同样具有负向影响，社会地位的提高也显著增加公平感，但社会地位既不直接也不间接影响再分配偏好。（2）从影响的边际效应来看，无论城乡，社会地位对再分配偏好影响的边际效应均低于公平感；城乡对比来看，城镇当中社会地位、公平感对再分配偏好的影响要高于农村对应变量。（3）城乡居民再分配偏好生成机制以及边际效应的差异导致城镇居民再分配偏好弱于农村居民。一方面，社会地位对城镇居民有显著的负向影响，对农村居民影响不显著，而城镇居民社会地位高于农村居民，促使城镇居民再分配偏好弱于农村；另一方面，城乡居民公平感程度相当，而城镇居民公平感对再分配偏好的负向影响效应更大，进一步导致城镇居民再分配偏好弱于农村居民。农村居民更强烈的再分配偏好意味着农村居民对收入分配的不满意程度高于城镇居民，在收入分配政策调控方面要实实在在地提高城乡居民尤其是农村居民的获得感。这需要转变农村居民收入方式，实现农民收入稳定增长，缩小农村内部的收入差距；还要加快户籍制度改革，加快要素流动，以缩小城乡收入差距。只有增强居民的获得感，提高对自身社会地位的主观评价与公平感认知，才能有效降低再分配偏好。

（三）公平观

公平是正义应有之义，公平观（fairness view）是正义观的核心，其结构主要有三因素模型和四因素模型。三因素即分配公平、程序公平和互动公平（Cohen & Spector，2001），四因素则增加了信息公平（Colquitt，2001）。研究者（Cropanzano et al.，2001）总结了西方关于公平的研究并将研究范式概括为两类：一类是事件范式（event paradigm），研究个体对事件或情境的公平评判，主要采用实验法；另一类是实体范式（social entity paradigm），研究对个体、团队或组织的公平评价与结果变量的关系，以问卷法为主。目前，两种范式的研究通常是独立进行的，缺乏两种范式的整合。国内关于公平的研究主要采用实体范式。例如，刘亚等（2003）采用问卷调查的结果显示，组织公平感的四个维度对组织公民行为、组织承诺、薪酬满意度、领导满意度和离职意愿等都有显著预测作用。李超平和时勘（2003）的研究发现，组织公平对工作倦怠有较强的预测作用，其中分配公平对于工作倦怠的情绪衰竭维度影响较大。总体来看，组织的公平性评分越高，则员工工作倦怠、情绪衰竭倾向就越少或越弱。

第三节　社区正义观建设

社区正义观建设就是通过综合治理和社区文化建设，澄清公众善恶观、贫富观、公平观和义利观，提高个体正义自觉性和公平感，其中包括诸多方面的社会心理建设问题。这里重点讨论三个方面：培养公民主体意识、整治校园霸凌行为、研究和培养社区公民的正义感。

一、公民主体意识及其培养

中国社区主流文化的核心是人民至上，就是把人民的权利与福祉保障作为一切工作的出发点和核心。这需要公民主体意识的真正提升。“公民，应当是以国家主人的资格和身份加入中国社会主义共同体的，因此每一个个体公民都是社会主义民主政治的主体”，“公民的主体意识表现在两个方面：一是要意识到公民的主体地位，二是要意识到公民的主体性”（姜涌，2003）。公民主体意识的主要结构包括权利意识、参与意识、平等意识、法治意识。

（一）公民权利意识

这是公民主体意识的具体化，具体内容包括：一是认识和理解依法享有的权利及价值，二是掌握行使与捍卫权利的方式，三是行使权利时遵守法律规范的自觉性（姜涌，2003）。随着我国民主政治的逐步完善和经济快速发展，许多公民的权利意识也发生了很大变化，总体水平有明显提高。不少公民对自己享有的社会权利有了比较清晰的认识，但也有部分公民权利意识淡薄，不清楚自己有什么权利和如何维护自己的权利。目前，这方面还缺乏系统的调查研究，可考虑在不同类型社区或群体中开展权利认知、权利行为、权利期待等方面的研究。

（二）公民参与意识

公民参与意识是公民能动地实现其权利和主体性的政治参与行为在观念中的反映。内容包括：一是参与客体，即依法行使公民权利、履行公民责任的参与活动的对象；二是参与目标，即参与所要达到的目的；三是参与途径与方式，即依法参与的渠道和具体方法。公民参与意识是公民主体意识中至关重要的部分，公民参与意识越普遍、越自觉，参与的行为越广泛、越深入，社会主义民主政治就越发展，政治文明就越进步。

（三）公民平等意识

公民平等意识是反映社会主义民主政治的根本特征。基本内容包括：一是在民主政治共同体中，公民是国家主权的参加者和主人，主体地位是平等的；二是公民依法享有的权利是平等的，法律面前人人平等，法律对所有公民提供的保护和实施都是一视同仁的；三是公民参与政治的机会和条件是平等的，国家的各级公共职位和公共决策过程向所有符合法定条件的公民平等开放，机会一样，即公民不仅可以介入决策过程，向公共决策机构自由地表达自己的利益诉求，而且可以平等地获得公平竞争公职的机会。

（四）公民法治意识

法治是民主政治的本质要求和有机组成部分。每个公民的法治意识包括：一是自觉认同和尊重体现公正的法律；二是自觉守法，法律即使与公民个人意愿相悖，也必须遵守；三是自觉依法抵制他人的违法行为，以维护社会公正和法的尊严。只有公民形成自觉的法治意识，并普遍见之于行动，才能形成良好的法治氛围，保证社会主义民主政治有序运行，促进社会主义政治文明不断进步。

我国社会主义公民权利通过《中华人民共和国宪法》和民法来体现和保障。2021 年 1 月 1 日开始正式施行的《中华人民共和国民法典》全面系统地反映了对公民权利的界定和保护，是“社会生活的百科全书”。如果说《中华人民共和国宪法》重在限制公权力，那么《中华人民共和国民法典》就重在保护私权利，几乎所有的民事活动，大到合同签订、公司设立，小到缴纳物业费、离婚，都能在《中华人民共和国民法典》中找到依据。

为了提升公民主体意识，社区组织可以采用设立民法讲堂、民法宣传栏和开展民法知识竞赛等方式，让《中华人民共和国民法典》的学习和使用变为习惯和自觉行动，即凡是遇到事故致损、利益冲突，甚至伤害事件，都能首先想到查阅和基于《中华人民共和国民法典》中制定的条文处理，避免因各执一词的争执导致情绪失控而引发的非理性伤害。

二、专项整治校园霸凌行为

校园霸凌（school bullying）指青少年学生个体或群体受到力量较强一方蓄意或恶意、持续多次的身心攻击行为；其显著特征是恃强凌弱、蓄意伤害，多发生在中小学阶段。联合国教科文组织于 2017 年 1 月 17 日发布的校园霸凌现状报告显示，全球每年有 2.46 亿名儿童遭受校园霸凌。几乎可以说，所有在校的儿童青少年都处于校园霸凌的阴霾之中，现状十分严峻。相比于其他校园暴力问题，校园霸凌所引起的危害更深远且持续性更强，已引起我国教育界的高度关注。

［专栏 5-2］校园霸凌行为问卷的编制

为了了解国内校园霸凌行为的现状，赵福菓等人深入贵州省 6 所代表性学校，涵盖小学四年级至高三 9 个年级，共收集有效问卷 3 923 份（平均年龄 13.6 ± 1.7 岁），经探索性因子分析、验证性因子分析，编制出由 7 个一阶因子和 2 个二阶因子共 40 题的问卷。该问卷的结构见表 5-1。

表 5-1　校园霸凌行为问卷的结构

二阶因子	一阶因子	题项数	霸凌行为举例
现实霸凌	言语霸凌	8	嘲笑谩骂、诨名戏谑、流言蜚语、揭短痛斥、造谣污蔑
	恶整霸凌	8	踢打推殴、器械伤害、物品羞辱、恶搞整蛊、抓扯厮打
	性霸凌	3	下流动作、胁迫非礼、语言挑逗
	关系霸凌	6	社群排挤、仗势隔离、挑拨离间
虚拟霸凌	网络语言霸凌	5	恐吓威胁、匿名栽赃、盗名蛊惑、水军谩骂、造谣污蔑
	网络关系霸凌	4	社群排挤、散播隐私、挑拨离间
	网络性霸凌	6	散播隐私、推送淫秽、偷拍威胁

该问卷的信度：一阶因子的内部一致性系数为 0.76～0.91，二阶因子的内部一致性系数均大于 0.70。效度：一阶因子与总分的相关为 0.30～0.90，二阶因子与总分的相关为 0.57～0.98。信度和效度均达到了心理测量学的要求。该问卷可以帮助研究者了解校园霸凌的发生率、主要类型及相伴发生的情况。

（资料来源：赵福菓等，2021）

校园霸凌对霸凌者和被霸凌者都有伤害。受到霸凌的孩子在学习成绩和身心健康方面会有严重的负面影响。有的学生由于受到严重伤害，不得不休学和住院治疗，正常学习被迫中断。这些孩子可能自卑，逃避人群，性格孤僻、偏激，容易形成反社会人格。对施暴者而言，给他人带来伤害，往往需要承担治疗甚至赔偿费用，严重者甚至要承担法律责任。他们的行为很难得到社会认可，对他们后期成长带来不利影响。校园霸凌频发，形式多样，带来严重的心理伤害，已经引起教育主管部门和社会各界的广泛关注。2021 年 1 月 20 日，教育部发布《关于印发〈防范中小学生欺凌专项治理行动工作方案〉的通知》。

治理校园霸凌必须多措并举。

首先，加强青少年社会化的正面引导。在全社会营造正确的价值观，加强对青少年正确价值观的塑造。对未成年人多进行正确价值观事例的宣传与报道，多从青少年身边寻找正面典型事例进行宣传，寻找具有时代意义的核心价值观进行普及，加强对青少年社会化的正面引导。

其次，构建以家庭为基础、学校为主体、社会为辅助的家庭—学校—社会三位一体的综合治理体系。（1）家庭方面，营造和谐友爱的家庭氛围，为未成年人的健康成长打下良好基础。（2）学校方面，定期对未成年人的监护人及家庭环境进行考察，发现问题，及时处理和进行心理干预；加强对未成年人的在校教育，提高教育质量，不放弃任何一人；增开霸凌反馈渠道，及时收集、处理校园及周边霸凌事件；加强对教职员工的监督，确保教职员工公平对待每一个受教育者，发现霸凌现象及时出面制止。（3）社会方面，在各个基层社区成立霸凌预防委员会，由未成年人的监护人选举组成，主要负责在社区中宣传反霸凌信息及对有霸凌行为的未成年人进行社区矫正。

再次，搭建青少年法律保护平台。施暴者往往也是社会的弱势群体，没有很好地保障这些未成年人在成为施暴者之前的权益，最终会将他们推向实施霸凌行为。根除校园霸凌现象，根本在于保障未成年人的基本权利，譬如：落实《中华人民共和国未成年人保护法》，避免这些人遭受家庭暴力伤害；落实《中华人民共和国义务教育法》，切实保障教育资源合理分配，保障每一个未成年人享有优质的义务教育。

最后，营造“天朗气清”的网络空间。目前，网络空间已经成为人们的一大精神家园，未成年人也不可避免地要接触网络。网络是一把双刃剑，只有在网络源头关闭“黑”文化对未成年人的腐蚀，才能更好地利用网络这一便利条件引导未成年人养成正确的价值观，才能让他们更好地在网络时代成长。

三、研究和培养社区公民正义感

社区正义观是比较复杂的社会心理问题，存在个体差异和社会历史制约性。正义观建设需要坚持马克思主义的正义观和历史唯物论思想，基于我国的民风民情和传统的义利观、善恶观，在推进经济发展的过程中逐步达到理想状态。就正义社区心理建设来说，需要研究和培养社区正义感。

社区正义感研究需要解决两个问题：一是人们期望的正义社区应该具备什么样的特质，二是正义社区的评估体系构建及工具开发。基于中华文明传统和新时代特色社会主义价值目标，正义社区建设需要培育的心理特质主要包括以下几个方面。

（1）以义为上。这里的义，强调公平、从善、惩恶，人民至上，生命至上，既尊重个人权益，又要服从于社区乃至社会的公权益。这往往需要以制度和法律来保障。就社区制度来说，需要得到社区成员认可、认同，使他们亲身感受到社区是与他们的切身利益相关的，进而产生对社区的归属感、荣誉感、满意感（郑杭生，2007）。

（2）责任与自由。正义社区中的个体不是绝对独立和绝对自由的，而是相互关联和互为支持的，共同遵守一定的规则和公共习俗，所以每个公民要树立维护公共秩序的责任心，共同建设和维护社区祥和的心理氛围。

（3）权利与义务。在个人权利与义务的关系方面，只享受权利不尽义务和只尽义务不享受权利，都是不公平的。强调社区的正义特质，就意味着公民有平等的基本权利与义务。如果把他人当作拥有平等权利的公民，我们就有义务不限制他人平等的权利和自由，不伤害他人，不违背基于正义的法律，做到不偏不倚、恰如其分、不贪婪、不擅离岗位、不羞辱他人、不殴打、不谩骂等（冉文伟，2007）。

（4）和谐与冲突。社区是社会的基层单位，是众多个体共建的文化场。和谐与冲突共存是人际关系的客观现实。但是，正义社区需要冲突解决机制，这一机制既允许冲突表现出来，也有化解矛盾的方式方法，这样的社区才是健康和可持续发展的。

正义社区的特质或价值追求落实在实践中，需要有效地提升公民的正义感，即公民理解、应用和践行（而不仅仅是服从）正义理念，判断事物正义与否，并为这些判断提供理由的能力和愿望以及相伴的情感体验（冉文伟，2007）。就社区中的个人来说，正义感是其获得他人持久信赖，从而参与社区合作的重要心理基础。

培育和形成清晰稳定正义感的认知基础是正义理念的内化。首先，正义理念要求按照劳动数量和质量，或付出、贡献来进行社会分配。如果社会分配脱离付出、劳动和贡献，就容易导致公民把金钱、荣誉等外在奖赏看作是最重要的，忽视付出而看重索取，这是舍本逐末，是正义感扭曲的表现。正义理念只有被公民熟悉、理解、认可，才能转化为正义感的有机组成部分。我们要在宣传社会主义核心价值观的过程中，培育正义文化，鼓励公民思考讨论相关问题；而公民也应主动学习、思考和内化正义理念。其次，正义理念保障每个公民的合理利益，既不允许公民损害他人和社会的合理利益，也不允许社会和他人损害公民的合理利益。因此，公民践行正义理念既包括用正义理念约束自己，摒弃对不合理利益的追求，保证不侵犯他人的合理利益，也包括明确自身权益，抵制对自身的不合理侵犯和伤害。人们在制订目标计划、选择手段以及实际行动时，都要考虑正义理念的这两方面限制。与此相应，在践行正义理念的过程中，要着重克服不义偏好。这也是正义感培育中的难点。

个体正义感发展的过程是一个从他律到自律的过程。要实现正义感培育的认知、情感、行为方面的目标，需要全社会和公民个人的共同努力。可以采取权威榜样示范、正义文化熏陶等多种方式来达成。对于青少年正义感的培育来说，各级各类学校责无旁贷。学校应注重正义理念的引领、传播和践行，帮助学生认识和体会权利与义务原则，在学校生活中体验和提升正义感，使其学会用理智、正当的方式维护自己和他人的合理利益，踏实履行自身义务，保持行为的正当性，乐于用自己的扎实努力获取应得的回报，自觉检视和克服自身不义偏好。这要求学校教育者同时也是正义理念的学习者和践行者。尊重学生的平等人格、生命价值和基本权利，以道德上合宜的方式对待学生，是教育系统的义务。

概要

所谓正义观，就是关于正义本质、正义标准、正义价值的基本信念，以及伴随正义评价产生的正义感及如何实现社会公平正义的认识。在中国文化传统中，正义是指以公正的价值标准去维护公平，保护仁、善、祥和，而当公平、仁、善、祥和受到破坏或威胁时，不惜“操戈而战”，甚至为此付出牺牲。社区正义观主要是指社区内大多数人认可并将其作为处理涉及正义问题的基本准则或信念，它构成社区关于正义问题的社会心理特质或社会心理氛围。社区正义观往往是通过各种权益不均的冲突及其解决过程表现出来的，主要表现形式有公平观、善恶观、贫富观等。公平正义是中国特色社会主义的内在要求，是社会主义核心价值观的重要内容。加强制度建设和反霸凌行为等社会综合治理，加强对社会成员公平正义观的教育，有助于社区正义观的建设。

扩展阅读书目

冯友兰.（2018）. *哲学的精神*. 西安：陕西师范大学出版社.

约翰·罗尔斯.（1988）. *正义论*（何怀宏等 译）. 北京：中国社会科学出版社.

思考题

1. 什么是正义观？如何理解中华传统文化中的正义观的核心要素？
2. 结合实例说明社区正义观的性质与表现形式。
3. 通过访谈，描述社区居民社区正义观的主要成分，并据此设计社区正义观的测量工具。
4. 在社会治理体系中，如何培育公民的正义观？

第六章　社区的文明观

社区中的不文明行为会造成惨痛的后果。2018 年初，在广东省东莞市某小区，一名 3 个月大的女婴被高空坠落的苹果砸中，颅脑损伤，右脑可能失去所有功能。2017 年 7 月，一位年轻女士下班回家，在小区楼下被一把从天而降的“武士刀”砸中头部。该女士当场昏迷，头部血流不止。

文明程度提高则会改善人们的生活质量。截至 2016 年底，农村卫生厕所普及率达到 80.3%，比 2000 年提高了 35.5%。人居环境的持续好转为乡村特色旅游业的发展提供了保障。2019 年，全国休闲农业和乡村旅游共接待游客 32 亿人次。很多农民在开展旅游经营中开阔了视野，增强了市场观念，提高了谋生本领。

两个案例对比说明了社区文明的重要性，而社区的文明程度则与社区中的每个人息息相关。人的行为受社区文明环境的影响，同样也会塑造社区的文明程度。下面将阐述什么是文明观和社区文明观，哪些因素影响了文明社区的建设，建设文明社区面临着什么样的挑战，以及怎样建设文明社区等问题。

第一节　文明观概述

文明是人类所创造的进步的、有价值的成果，是文化所达到的一个高级层次。中西方文明在处理人与自然、人与人的关系上存在着重要差异。文明观是人们对待优秀文化成果的信念和看法，不同层次的内涵组成了一个价值观系统。文明观的养成符合人们追求美好生活、扩大国际交往的需要。

一、文化与文明的关系

文化（culture）是人类在社会实践过程中所获得的物质、精神的生产能力和创造的物质、精神财富的总和。文明是在文化的基础上滋养出来的。文明（civility）反映了人类所创造的进步的、有价值的成果，是文化所达到的一个高级层次（徐辉，2014）。文明来源于文化，又高于文化。

在价值维度上，文化没有先进和落后、积极和消极之分，只要是被大众接受的行为习惯和意识形态就是一种文化。所以，文化具有阶级性、民族性和地域性等特点。文明在一定程度上超越了文化的阶级性、民族性和地域性特点的限制，只要是人类创造的进步的成果都可以包含在其中。例如，依附不同历史时期、不同统治阶级诞生了秦、汉、唐、宋、明、清等不同朝代的文化。在各个朝代的文化当中，那些不利于广大普通劳动者，甚至迫害、侮辱人民群众的思想、观念都是糟粕，它们不属于文明的范畴。不同民族由于长期生产、生活方式的不同，形成了各具特色的民族文化。例如，在儒家思想的基础上兼容并包发展起来的汉族文化，在雪域高原上诞生发展起来的藏族文化，以骑马、游牧见称的蒙古族文化等，都特征鲜明、各有所长。中国幅员辽阔，南方地区温度适宜，水资源充足，适合进行农耕生产，北方地区冬季时间长，气温低，繁衍了流徙不定的游牧生产，形成了差异鲜明的南北方文化。这些不同民族、不同地域的文化虽然在内容上不尽相同，但是它们当中存在着一些共性的东西，它们都向往美好的生活，都主张通过勤劳、勇敢来发展生产，都发展、创造出了各具特色的科学技术、技艺等成果。这些优秀的文化成果都属于文明的范畴。

文化和文明都是动态变化的。“文化”一词中的“化”，指事物形态、性质的改变。在动态变化的方向维度上，文化既可能是向上变化的，也可能是向下变化的。例如，中国传统文化的发展经历了若干次不同文化之间的对峙、融合。春秋战国时期诸子百家的兴起，推动了民族大融合，使得中华民族的文化走向大致确定。唐文化的有容乃大，促使中国文化显示出阶段性的集大成风采。辽夏金元时期游牧文化和农耕文化从冲突走向融合。这些动态变化都促使文化向上变化，表现出了进步性。相反，明清时期空前严厉的文化专制使得中国文化遭受到空前的浩劫，导致中国文化表现出向下变化的后退和混乱。“文明”一词中的“明”，有光照四方之意，表达了积极向上的意义。文明的动态变化是向上的，具有与时俱进的特点，表现为进步性。文明来源于文化，高于文化。那些经过长期实事求是的实践检验，在人类发展的过程中被证实能够促进人类社会前进发展的文化，才是文明的。总的来说，文明是在文化的基础上滋养出来的进步的、向上发展的成果。

[专栏 6-1] 传统文化中的“文明”

在中华传统文化中有大量的著作都提到了文明。“文”字的本义是各色交错的纹理，有若干层引申含义。首先，它包括语言文字在内的各种象征符号，具体化为文物典籍、礼乐制度等。其次，它有彩画、装饰的意思，指人有修养。《论语·雍也》说“质胜文则野，文胜质则史。文质彬彬，然后君子”，指后天文化的熏陶与人性的敦厚、原始的朴素气质互相均衡，那才是君子。最后，“文”还有美、善、德行的意思。唐朝孔颖达注疏《尚书·舜典》时把文明解释为“经天纬地曰文，照临四方曰明”，指社会文教昌达、文德彰显而形成的王者修德、民风淳朴、风调雨顺的和谐景象。因此，文明包含道德修养和科学文化知识等含义。

仁德强调对他人、对社会、对自然之爱，包含仁爱宽容、平等人道、和谐合作等内涵。仁爱宽容，要求人们对人、对物都要有仁爱之心。要宽容地处理人际关系，不仅要爱亲人，还要爱他人、爱社会；要珍惜自然资源，对自然资源的索取要适度，不能竭泽而渔。平等人道就是要平等待人，己所不欲，勿施于人，要将他人、社会的利益看得和自己的利益一样重要，要明白人与人在生命价值上是平等的。和谐合作意味着既要追求家庭关系和睦，又要在那些与自己没有血缘关系的人们之间做到和谐相处；既要利用自然资源来供养人类，又要爱惜自然资源，确保自然生态系统的可恢复性。个人的道德修养在文明中起到了重要的作用。要提高自己的道德修养，发挥个体的主观能动性，严以律己，宽以待人。要克己修身，反躬自问，将自己的欲望控制在合理的范围内，能够站在他人的角度和立场思考问题，推己及人。因此，文明应该是人们自觉提高自己的道德修养，来实现对他人、对社会、对自然之爱。

智、知，指知识和理性，强调对伦理规则、道德规范、自然规律的认知，强调个体要具有判断是非对错的能力，要具有认识客观世界的能力。《荀子·大略》说“智者明于事”。明理力行，人们不仅应该具有判断是非善恶的能力和观念，还要在实践中身体力行，把掌握的知识和做人的道理付之于实践。《孟子·离娄下》说“如智者若禹之行水也，则无恶于智矣”，就是说智者像大禹治水那样，总是顺着水向下流的特性来进行。强调要求真创新，要懂得事物发展的规律，而且自觉地应用这些规律。因此，文明应该是人们崇尚知识和理性，明理力行、求真创新。

以中华文明为例，中华文明源远流长，它是世界文明发展历史上非常重要的一支。中国大部分地域处在北温带，季风气候明显，温度和水分条件配合良好。以黄河中下游流域、长江流域和江南地区为主的农业区成为中华文明的摇篮，农耕经济的持续发展为中华文明的延续提供了保障。中国疆域辽阔，不同地域在自然条件和社会政治文化发展水平上存在着很大差异，形成了不同区域文化并存的格局，使得中华文明具有了包容性。这种包容性又促使中华文明不断地吸收周边少数民族、外域的文化来滋养自身。在社会文化方面，以血缘和地缘为基础的宗族文化使得中华民族注重道德修养，重视人际关系，讲究整体观，崇尚国家利益至上。这些自然、经济、地理环境和社会文化环境方面的特点确保了中华文明在纷繁动乱、朝代更迭的过程中，既能在内部各族文化之间相互融合渗透，又能在与外部世界的接触中吸收、消化外来文化，使自己保持旺盛的生命力，实现长久持续的发展。

进入近现代，在中华民族面临外来侵略、亡国灭种的威胁下，中华文明中的各种积极因素被激活起来，中华文明中优秀的内容被保留下来并持续发展。比如，中华文明强调的天人协调，既主张要发挥人的主观能动性去调整、引导、改造自然来满足人的需要，又主张人要适应自然、保护自然、顺应自然规律；在人与人的关系上，中华文明强调人要厚德载物、统一和谐的同时，还强调人不能一味地委曲求全，要有奋斗精神，要刚健自强；中华文明在强调人要“正德”，端正品德、提高精神生活的同时，还要“利用、厚生”，要了解、掌握事物发展变化的规律，来发明、改进工具器物丰富生活（张岱年，方克立，2004）。

二、中西方文明的关系

中西方文明有着各自不同的发源和发展轨迹，都为人类社会的进步做出了重要贡献。它们相互之间存在着诸多差异。理解它们之间的差异有助于兼容并包地促进文明自身的发展。中西方文明之间的基本差异可以从人与自然、人与人的关系上体现出来。

（一）人与自然的关系

中华文明强调人与自然和谐相处。中华文明认为人是自然界的一部分，是自然系统中不可或缺的要素。生活在自然系统中的人类也要服从自然界的普遍规律，人类在改造自然的时候，也要适应自然。所以，中华文明强调人类活动的目标不是统治自然，而是调整、改造自然，使得人类能够更好地生活在其中。在改造自然的同时，还必须关注保护自然，使自然界的万物都能够生存发展。

西方文明强调征服自然、战胜自然。西方文明认为人是高于自然界的，有统治自然界的权利。人与自然界是敌对的，人类只有在征服、战胜自然的斗争中才能求得自身的生存。西方文明忽视了征服、战胜自然可能引起来自自然界的报复，夸大了科学技术的作用。

一方面，人是自然界的一部分，当自然界的基本规律被人类破坏殆尽的时候，恶化的自然环境会威胁到人类的生存和发展；另一方面，人类和自然界各自有自身独特的生存和发展规律，过分强调二者之间的共同规律也是不合适的。所以，汲取中西方文明之长，在改造、利用自然来改善人类生活质量的同时，尊重自然界的基本规律，保护自然界中的其他物种，才能够促进人与自然的共同发展。

（二）人与人的关系

在处理人与人的关系问题上，中华文明具有责任先于自由、义务先于权利、群体高于个人、和谐高于冲突的特点。中华文明认为个人是社会关系中的一员，个人与他人、个人与群体是不可割裂的连续体。在与他人形成关系时，个人以自我为出发点，以他人为重。强调努力实现对他人的义务，履行自身对他人担负的责任。强调以群体为本，认为群体价值高于个人价值。强调人与人之间的和谐，追求多样性的和谐。

西方文明认为个人是独立的个体，个人的权利优先，认为个人权利先于集体目标和社会共善。在向社会提出要求的时候，忽视了个人对社会的责任。在对自己的权利进行保护的时候，忽视了个人也有尊重他人权利的责任。

所以，在处理家庭问题上，中华文明以家庭为本，关注个人的责任和义务。西方文明以个人为本，关注个人的自由和权利。在处理民族关系问题上，中华文明具有爱好和平的传统，强调维护自己民族独立，又不向外扩张，其理想的民族关系是通过道德的教化来协和万邦。西方文明讲究斗争，很多思想家主张征服其他民族，乃至全世界。

三、文明观的定义和意义

（一）文明观的定义

文明是人类社会的进步状态，它是在符合科学规律的基础上，人与人、人与自然环境之间的和谐相处。在内容上，它涉及人类在处理人与人之间关系、人与自然环境之间关系的过程中积累起来的各种优秀文化成果。文明观（view of civilization）是人们对在处理人与人、人与自然之间的关系过程中，以及人类社会的发展变化过程中积累起来的优秀文化成果所持有的信念和看法。它对人们妥善处理人与人、人与自然的关系及人类社会的发展变化具有指导作用。它引导人们在认知上理解这些优秀文化成果的价值和意义，在情感上产生积极的情感体验，表现出维护和发展这些优秀文化成果的行为。

（二）文明观的意义

文明观是由不同层次的价值观所组成的价值观系统，它在不同的层次上具有不同的内涵。在整个社会层面，文明观是社会中大多数人对待他人、对待自然，以及对待社会的发展变化时，相互仿效传播的社会风气，是社会的价值取向和价值目标。在个人层面，文明观是人们对待他人、对待自然，以及对待社会的发展变化时，内化了的个人价值观。文明观的养成既是提高人们生活质量的需要，又是日益扩大深入的国际交往的需要。

第二节 社区文明观的特性与研究主题

社区文明观具有求真、求善、求美的特点，引导人们明理求知，引导人与人、人与自然平等和谐相处，鼓励人们努力追求美好生活。人们只有正确地认识、评价社区的文明程度，以及自己在社区中的言行和真善美理想状态之间的差异，才能明事理、讲道理、有人情，脚踏实地地从自己做起，最终实现国家、民族的文明。

一、社区文明观的界定

社区中人与人之间、人与社区之间都发生着交际语言、生活方式、风俗习惯、历史传统、民间规约等方面的交互和交流。从这些交互和交流中传递出来的与特定社区有关的、物质形态化了的文化就是社区的文明程度。社区文明观（view of community civility）是生活、工作在社区中的人们所拥有的与社区文明程度有关的信念和看法。换言之，人们如何看待自己生活、工作的社区中的文明相关信息，把哪些看成是有价值的、进步的，把哪些看成是落后的、愚昧的，与这些有关的信念、观念、看法就是社区文明观。

二、社区文明观的特性

社区文明观是人们在社区的生活和工作中形成的，对人们正确对待他人、对待自然、对待社区的发展变化具有指导作用的价值观，具有指引性、评价性、综合性和交互性。

（一）社区文明观的指引性和评价性

社区文明观包含人们对社区文明程度重要性的认知，对社区居民的文明行为具有指引作用。当人们把社区文明看得很重要时，他们会一如既往地表现出文明行为。当人们把社区文明看得没有那么重要时，他们可能会在不同的情境中表现出不同的行为。比如，在管理完善、环境整洁的社区中，人们会把乱扔垃圾看成是落后的、不文明的；但是，在管理混乱、脏乱差的社区中，那些认为社区文明不那么重要的人们可能会认为“扔了就扔了吧，也没什么大不了的”。

社区文明观可以借由社区评价（邻里、居民自管小组、社区工作人员等的评价）指引人们的文明行为。如果个体的文明行为得到了来自社区的积极评价和支持，个体会倾向于表现出更多的文明行为；反之，如果社区对个体的不文明行为给予消极评价和劝阻，个体的不文明行为会倾向于减少。例如，如果生活、工作在某一特定社区中的居民将高空掷物看成是落后的、不应该做的，严厉谴责并主动防范这种不文明的行为，类似本章开头案例中提到的惨剧就不会发生。

（二）社区文明观的综合性和交互性

社区文明观包含人们对社区中大多数人表现出的文明行为的认知和情感体验。社区中大多数人的认知、情感和行为综合反映了社区的文明程度。当社区中的大多数人都表现出文明行为，都认识到文明行为在社区生活、工作中的价值和意义，对社区中的文明行为具有积极的情感体验时，社区就具有较高的文明程度。社区文明行为既可以从特定社区的自然地理、人文地理特征中表现出来，也可以从人与人之间的联系、人与社区之间的联系中表现出来。比如，从社区的绿化情况、公共服务设施的保养情况，人们见面时的面部表情和问候语言、发生矛盾冲突时常用的方法手段，人们对社区环境的关心程度等，均可一窥社区的文明程度。

社区文明观是在个人与社区的交互之中形成的，社区的文明程度和生活、工作在社区中的人们表现出的文明行为之间发生着相互影响。一方面，社区的文明程度由生活、工作在社区中的人们所决定。当社区中的大多数人都表现出文明行为，大多数人都认为社区文明很重要时，社区就形成了良好的文明氛围。另一方面，社区的文明程度也会潜移默化地影响生活、工作在社区中的人们。生活和工作在具有良好文明氛围的社区中，人们更容易养成良好的文明行为习惯，认可文明行为的重要性，主动地参与社区文明的维护。

三、社区文明观的追求

社区文明观是社会主义荣辱观的重要载体，真善美是其核心追求，可概括为明理求知、平等和谐和追求美好生活三个方面。

（一）求真：明理求知

中华文化有着悠久的崇智求真传统，明理求知是其时代内涵。社区文明观倡导人们在社区的生活和工作中尊重知识、勤学敏思、明理力行，“以崇尚科学为荣，以愚昧无知为耻”。比如，中国人的一些传统习俗在反映中华文明的优秀思想和文化底蕴的同时，也包含一些迷信、庸俗等糟粕。人们在传统节日里祭祖的本意是慎终追远，既有感恩先祖、不忘出身的意义，又表达了传承家族精神、寄望后裔繁昌的期望。然而，有的人借祭祀祖先来大操大办、比富炫耀，有的人祭祀祖先实际是大搞封建迷信，希望借助鬼神之力达成自己的愿望。社区文明观提倡尊重知识，有助于促进人们思想观念的转变：从寄希望于祖先保佑到信仰幸福生活是奋斗出来的，从封建迷信、疑神疑鬼到尊重科学、信仰科学。又如，在中国的传统家庭中大事小情都由长辈决定，西方文化则强调在家庭生活中要尊重个人权利、个人自由和个人独立性。随着中西方文化交流的深入，这两种观念相互冲突，使得一些家庭矛盾重重。

社区文明观倡导人们要讲道理，有利于使人们理解无论人与人之间有着多么亲密的血缘、亲缘关系，每个人都是独立的、具有平等地位的个体。由此，在家庭生活中，既保留了个人对家庭的责任感和义务感，又充分尊重个人权利、自由和独立性，提高了家庭生活中的民主和平等。

（二）求善：平等和谐

中华文化有着悠久的贵和尚中传统，平等和谐是其时代内涵。一方面，社区文明观引导人们平等相处，倡导生活、工作在同一个社区中的人们相互尊重、平等交流。随着科技和交通运输工具的发展进步，人口流动越来越频繁。来自不同文化背景、不同种族族群、不同宗教信仰的人们越来越多地生活工作在一起，进行着不同文化、不同族群、不同宗教信仰之间的交流。比如，竖大拇指在很多文化中表示称赞，但在一些地区它表示挑衅。社区文明观传递出来的人与人平等相处的信念有利于打破针对人的刻板印象，有助于来自不同背景的人们在相互交流的过程中形成对差异的尊重，做到和而不同。另一方面，社区文明观引导人们追求和谐的社区生活，营造充满善意的社区氛围。其一，社区文明观追求人际和谐，“以团结互助为荣，以损人利己为耻”，引导人们真诚相待、互谅互让、互帮互助。在社区的生活和工作中，友善待人的人就有可能在关键时刻得到他人的帮助，被人待之以善的个体也更可能在别人需要帮助时施以援手。这样，就形成了人人为我、我为人人的良性循环。其二，社区文明观追求天人和谐，引导人们从自然中汲取资源的同时，尊重、顺应自然规律，与自然和谐相处。这种观点指导人们在社区的生活和工作中善待自然，积极主动地参与环境保护，并坚决抵制破坏环境的不文明行为。

（三）求美：追求美好生活

中国人向来有对安居乐业的向往，追求美好生活是其时代内涵。社区文明观鼓励人们积极追求勤勉进取的美好生活，并坚决抵制消极落后的丑恶生活。何为美？何为丑？美善合一，丑恶合一，心善则美，心恶则丑。与人为善、勤于奉献，即为美；反之，如果人们在社区中互相倾轧、互使绊子、相互提防，使人们的精神高度紧张，得不到片刻的安逸休息，则为丑。“以遵纪守法为荣，以违法乱纪为耻”，知礼懂法、遵守规则、秩序井然，主动维护清朗的社区法治环境，即为美；反之，言谈举止违反社区公约，干扰、侵害他人的合法权益，或对社区中的不法现象（如涉黑涉黄势力）视若无睹、任其发展，则为丑。“以辛勤劳动为荣，以好逸恶劳为耻”，劳动者是最美的，积极学习、积极生活、积极工作，主动参与社区建设，为社区的发展建言献策，即为美；反之，一些社区干部的尸位素餐乃至贪污腐化，部分社区居民的不思进取、坐享其成，即为丑。总之，社区文明观倡导美好生活是奋斗出来的，以勤劳为美，以懒惰为丑。

四、社区文明观的研究主题

在将真善美的追求落实到社区文明观的具体研究中时，我们可以从中华文明的基本精神（张岱年，方克立，2004）出发，探讨以下主题。（1）贵和尚中：社区中的和谐相处。（2）以人为本：社区中的自我修养。（3）天人合一：社区中的环保意识。（4）刚健有为：社区中的积极进取。其中，第一点将在下一章专章探讨，本章讲其余三点。

（一）以人为本：社区中的自我修养

以人为本指尊重人，以人为考虑一切问题的根本，重视人的自我修养。建设文明社区的根本目的是提升人的自我修养，培养自爱、自立、自信、自省、自强等品格，促进人、社区和社会的全面发展和积极转变。在这个过程中，发现和满足人们的真实需求是根本动力，提升人们的自信，促使人们拥有决定自己生活进程的能力是根本途径。自信（self-confidence）是在了解自己的基础上相信自己能够成功的一种品格。自信的人相信自己的优势，能充分挖掘自身潜能，即使遇到失败和挫折，也不认为自己能力差，而是认为自己尚需努力，从而激励自己更加努力地提升能力，寻求新的对策，勇敢地面对前进道路上的任何险阻（毕重增，2017）。例如，在贫困社区的脱贫致富过程中，等靠要的输血式扶贫是靠不住的，以人为本就是要采用造血式的扶贫，通过培养创业的必备技能和成功榜样示范传授经验，提高人们的自信，使他们感知到自己有能力去置办、维持经营一份可持续盈利的产业。唯有如此，才有可能实现最终脱贫。在社区文明观的具体研究中，我们应在清晰定义何为“社区中的自我修养”的基础上，将重心放在如何促进人们在社区中的自我修养（培养自信品格即是途径之一，也可探讨其他品格）。

（二）天人合一：社区中的环保意识

环保意识（environmental awareness）指人们对环境保护的认识水平和重视程度，是天人合一思想在社区文明观中的具体表现（天人合一思想是社区和谐观的重要渊源，参见第七章）。社区大多处在特定的自然生态环境中，社区中人们的生活和工作质量受制于所处的自然生态环境的优劣程度，同时社区中人们的生活、生产活动也对自然生态环境的维护或恶化有所影响。提高人们对环境保护重要性的认知，帮助人们正确理解环境恶化带来的危害，是促使人们熟悉、掌握环境保护的有效途径。有研究发现，随着环保意识的增强，人们不仅会把保护环境作为长期目标，持续地参与环保活动（吴波等，2016），而且会采取选购绿色产品、减少购买稀缺资源产品的不道德消费、减少高污染高耗能消费等多种方法来保护环境（王财玉，雷雳，2015）。上述研究侧重环保意识的功能，事实上，环保意识的结构、类型和干预也是值得深入研究的主题。

（三）刚健有为：社区中的积极进取

积极进取指人要发挥主观能动性，主动地顺应变化，做到自强不息、积极向上。“苟日新，日日新，又日新。”（《大学》）随着科技的高速发展、知识的迅速膨胀，生活和工作中的变化一日千里，不想变、不愿变得到的结局只能是被时代淘汰。变化需要想办法打破人们不想变、因循守旧的想法，需要发现新旧事物之间的联系和差异，需要因势利导找到新的方法，勇于尝试、勇于探索、勇于创新。这些都需要有持久的意志力来克服困难、抵御诱惑。比如，随着我国人口老龄化的到来，老年人口急剧增多，社区管理层也必须锐意进取谋发展，顺应时代，排除万难，做出改变（探索相应的管理或服务策略)。又如，随着事业单位改革的深入，相关部门对新录用人员逐渐不再发放编制，人们心中的“铁饭碗”不再稳定。这提示我们不仅要在学校中学好本领，更要秉持终身学习观，在社区的生活和工作中常思常新、求存求变。唯有如此，才能为自己谋一条出路，为国家谋一个明天。在具体的研究中，进取心的结构、功能和培养途径均值得深入探讨。

[专栏 6-2] 社区人际文明行为测量工具：知、情、意的角度

除了从贵和尚中、以人为本、天人合一、刚健有为等主题出发，探讨社区中的和谐相处、自我修养、环保意识和积极进取外，我们还可以从知、情、意的角度分析社区人际文明行为，开发相应的测量工具。

编制和运用社区人际文明行为量表，可以了解在人与人的交往中，公众对社区文明行为的看法，如在公众眼里，什么样的行为是文明的，什么样的行为是不文明的，人们会基于什么样的理由表现出不文明的行为，在哪些环境中人们最可能或最不可能做出文明行为。认知活动、情感活动和意志活动对人们的生活和工作具有非常重要的作用。人们通过认知活动来了解在社区的生活和工作中何为文明行为。情感活动帮助人们体会到自觉表现出文明行为带来的愉悦，不文明行为给自己和他人带来的痛苦，从而促进文明行为的养成和保持。意志活动有助于人们坚定信念、克服困难，以养成文明行为。社区人际文明行为量表的编制可以从这三个方面入手。

首先，利用开放式的问卷调查社区居民认为社区人际关系有哪些不同的类型，在不同类型的社区人际关系中什么样的行为是文明的，在不同类型的社区人际关系中养成文明行为的目的各是什么，哪些因素最容易促进或者阻碍人际文明行为的养成和表现。然后，根据开放式问卷编制出初步的社区人际文明行为量表，要求被调查者根据自己的看法，从认知、情感和意志等三个方面对量表中的社区人际关系类型、文明行为的表现和目的、社区人际文明行为的影响因素进行评分。

第三节 文明社区建设

本节主要从心理学角度探讨文明社区建设面临的主要矛盾与破解之道、文明社区建设的影响因素以及文明社区的建设途径。

一、文明社区建设面临的主要矛盾与破解之道

文明社区的建设需要妥善处理愚昧和科学、个人利益和公共利益、短期利益和长期利益等矛盾。

（一）妥善处理愚昧和科学之间的矛盾

愚昧指缺乏知识、不明事理。愚昧的人不相信科学，容易轻信谣言，偏爱经验和道听途说，不明事理、不讲道理。愚昧不是文明，愚昧的社区也不可能是文明的社区。知识帮助人们理解伦理规则、道德规范和自然规律，帮助个体提高判断是非对错的能力、增强认识客观世界的能力。当人们从没有公信力的渠道寻求未经证实的信息，依靠似是而非的经验来应对问题，盲目地拒绝新知识、新技术时，愚昧就产生了。提高民众的受教育水平是化解愚昧和科学之间的矛盾的有效方法。知识赋予了人们面对各种不期而遇的危险所采取的具体方法、手段，当事件的结果完全可以由知识、技能等来控制时，人们就不会求助于迷信。比如，当造船、航海技术的提高保障了渔民海上打鱼的安全时，渔民就从求神拜佛来祈求平安改为采用科技来保障安全。知识可以帮助人们发现机会，实现脱贫致富。人们拥有的市场、行业、技术、顾客需求等知识、信息，会成为把握机遇的认知基础，帮助创业者更好地发现机会。知识还可以促使人们形成理性思维的认知模式，提高人们的智慧。比如：教授如何辩证地思考，可以提高个体的辩证思维能力（Kross & Grossmann，2012）；面向学生群体的学校教育和面向大众的媒介教育可以增加消费者在环境、垃圾分类、社会公平等方面的知识，促进消费者对可持续产品的消费（Valor et al.，2014）。因此，有效开展知识教育，提高居民的智慧水平是文明社区建设妥善地处理愚昧和科学之间矛盾的必由之路。

（二）妥善处理个人利益和公共利益之间的矛盾

个人利益指在一定的地域和空间内，个别人的利益。公共利益是在这一地区内，大多数人的利益。随着经济、文化、科技的发展进步，人口迁移流动的频率和地域范围都在扩大，个体走出熟人圈（刘瑞明等，2018），居住方式从宗族聚集、彼此熟悉、沾亲带故发展到左邻右舍都是陌生人，陌生人社区逐渐增多。而且，随着网络的普及，人们交往的匿名性也逐渐增强。在血缘、宗族、地缘等基础上形成的互联型、熟悉型社区被打破，人与人之间彼此了解的程度降低，社区成员之间长期的重复性博弈减少了，人与人之间的亲缘关系越来越淡，公共利益和个人利益之间的差别也就越来越大。可能出现少数人为了个人的经济利益，而损害生态环境等公共利益，可能出现少数人为了自己宗族、族群的利益，而侵占其他个体、群体的利益等问题。在这种情况下，正确地认知自己与他人、内群体和外群体之间的关系，恰当地处理好个人利益和公共利益之间的关系，促进个人利益和公共利益的双赢将有助于文明社区的建设。因此，文明社区的建设需要妥善地处理个人利益和公共利益之间的矛盾。

（三）妥善处理短期利益和长期利益之间的矛盾

良好的人际关系和自然生态环境的维护对于文明社区的建设必不可少。良好的人际关系有助于改善、促进人们的心理健康程度，帮助人们形成支持性的人际网络，习得各种有利于生活、工作的技能和能力，获得对个人生活的控制感。环境污染使得人们罹患各种疾病、寿命缩短，降低了生活质量。但是，良好的人际关系和自然生态环境的建立不是一朝一夕的事情，牵扯到究竟是满足人们的短期利益，还是为了长期利益而舍弃短期利益的问题。比如，在深夜播放高音量的音乐，高空抛掷垃圾，随意丢弃有害垃圾等，这些是为了满足自己的短期利益而损害邻里的日常休息、他人的人身安全、环境安全等长期利益的行为。文明社区的建设需要妥善地处理短期利益和长期利益之间的矛盾。

二、文明社区建设的影响因素

在个人价值观、社区环境、社会大环境等三个层面上都存在着影响文明社区建设的因素。

（一）文明行为价值观

与文明行为养成有关的价值观是文明行为价值观。文明行为价值观决定着人们把什么样的行为看成是文明行为，反映了人们对文明行为重要性的判断，影响着人们在社区生活、工作中表现出的文明行为。大体而言，文明行为价值观涉及人际文明行为和环境文明行为两方面。

在社区的生活、工作中需要处理人与人之间的关系，这涉及人际文明行为价值观。把平等待人、合作共赢看成是正确处理人与人之间关系的信念，将有助于人们在社区生活、工作中着力维护集体利益，求大同存小异，保持人际关系和谐。人们厌恶不平等，在资源分配中，人们既是追求利益最大化的“经济人”，又是关心他人收益，甚至是为了惩罚破坏平等规则的人而甘愿付出一定代价的“社会人”。物质至上的价值观会给人们带来生理和心理健康问题（Oishi & Kesebir，2015）。个体以获取财富、地位等物质目标为价值观时，可能会因为买不起朋友拥有的东西而困扰，体验到较高水平的抑郁和焦虑，有糟糕的朋友关系和伴侣关系，对他人的信任感较低，参与志愿服务活动的概率也较低。而当感知到环境中存在不平等时，个体会产生愤怒、厌恶等消极情绪（Sanfey et al.，2003），降低合作意愿，加剧已有的不平等现状（Côté et al.，2015；Nishi et al.，2015）。在解决冲突的过程中，人们既可能把和谐当作目的，积极地维护彼此的关系，也可能把和谐当作获取、保护自身利益的手段，消极地避免关系的破裂（Leung et al.，2002）。当把人际关系和谐纳入自己的价值观时，个体更可能从积极的角度来看待他人，更多地通过真诚、信任和支持的方式与人交流。相反，当没有把人际关系和谐纳入价值观，只是把和谐作为获取、保护自身利益的手段时，个体更可能从消极的视角来看待他人，这不利于人际生态环境的维护（张志学等，2013）。

在社区的生活、工作中需要处理人与自然之间的关系，这涉及环境文明行为价值观。把保护自然环境看成是正确的文明行为价值观的人更可能在社区中关注环境保护，更可能把保护环境作为长期目标，把环保活动子目标的完成看成是为了保障环保总目标完成的条件。在完成了环保活动子目标后，他们还会继续采取环保的行为。认为保护环境不那么重要的人会更关注完成环保活动子目标带来的利益，在完成了环保活动子目标后，他们更可能以环保活动的完成为理由，放弃继续从事环保活动（吴波等，2016）。

（二）社区环境

一方面，社区环境是重要的信息传递通道，可以向人们传递文明信念，促进人们形成正确的价值观。在网络普及化程度非常高的今天，社交媒体极有可能传播虚假的、未经证实的消息。中国社会科学院新闻与传播研究所发布的《中国新媒体发展报告（2015）》显示，59% 的网络谣言首发于微博等网络社交平台，食品安全、人身安全、健康养生与疾病防治是最严重的三大领域。人们很难辨别网络平台上发布观点的真假，许多网民因此不再相信真相，只相信感觉，只愿意去听想听的、去看想看的。这导致人们比较容易接受社交媒体中散播的情绪和偏见，进而形成与事实差距较大的主观判断。社区作为具有公信力的信息传播渠道，可以通过恰当的方式来传递真实的消息、正确的知识和积极的社会价值取向，帮助人们塑造正确的个人价值观，为人们提供践行文明的有效途径。

另一方面，社区环境包括社区的物理环境和人文环境，社区环境传递出来的支持文明行为、抵制不文明行为的氛围也有利于人们表现出文明行为。其一，社区物理环境的及时维护传递出该社区具有较好的控制力，反映出损害社区物理环境的行为是不受欢迎的。其二，社区宣传文明行为的文字，支持文明行为的社区活动，以及人们表现出来的支持崇尚文明行为、抵制厌恶不文明行为的态度等营造出来的社区人文环境，有助于人们习得社区文明行为规范。

（三）社会风气

中国社会生活的关系群体以伦理情谊为重，强调宗族内部、邻里之间应当彼此爱惜、团结互助、互相规劝勉励，强调要依照礼俗约定和关系亲疏来互尽义务、彼此关照、相互礼让。随着人口迁移流动频率的增加和地域范围的扩大，传统道德治理的基础和传统的文明规范逐渐瓦解，个人主义倾向逐渐上升。在这种趋势下，人们越来越重视独立性、自主性，对独特性的需求增大，崇尚自由，反对过度地遵守规则。然而，无论社会如何发展变化，个体的生存、生活和成长都离不开社会大环境，都会受到社会风气的影响。

社会风气（social custom）是社会在一定时期和一定范围内相互仿效和传播流行的观念、爱好、习惯、传统和行为。它是社会经济、政治、文化和道德等的综合反映，同时也能体现一个民族的价值观念、风俗习惯与精神面貌。相比于个体层面的价值观，社会风气是社会价值取向的，是社会层面的价值观，是社会中大多数人认可的价值观。社会风气表现在社会生活的各个方面，渗透在人们的言论和活动中，对人们的思想、心理和情感起着潜移默化的影响。个体的生存和成长离不开其生活的社会环境。当人们的言行与社会风气所推崇的观念、行为一致时，人们会得到他人的欣赏和赞许等积极反馈；当人们的言行与社会风气所推崇的观念、行为不一致时，人们得到的反馈往往是消极的。好的社会风气能够促进人们正确处理个人与他人、个人与群体以及国家之间的关系，形成积极向上的社区文明观。

［专栏 6–3］充分发挥个人、社区、社会多个层次的联动作用

文明的行为是求真的行为，是追求与分辨善恶有关的道德评价等知识的行为，是追求事物发展变化的事实认知的行为。促进人们养成求真的文明行为，建设充满求真氛围的社区，需要充分发挥个人、社区、社会多个层次的联动作用。

求真要从娃娃抓起，从保障和促进少年儿童阅读抓起，从促进少年儿童爱读书、读好书、会读书抓起。广州市越秀区小学建构的“互联网＋学生成长阅读平台”（高瑞翔等，2019）值得我们借鉴。研究发现，促使少年儿童以及他们的家长、教师理解阅读的重要性只是养成良好阅读习惯的开端，还需要有具体的措施来引导少年儿童读什么书、怎么读书。“互联网＋学生成长阅读平台”为学生提供了智慧图书

馆。该平台通过建立“中国青少年优秀图书目录”，收录了国内外适合学生成长发展的优秀图书目录，并提供电子、纸质图书，为提升学生阅读素养提供了硬件支持。该平台还通过“学校阅读管理系统”建立了学校、教师、家长三方的联系网络，加强了家庭和学校之间的合作沟通，使学生的阅读成为“可知、可导、可管”的过程。总之，该平台能有效地帮助少年儿童明确阅读目的，掌握阅读方法，养成阅读习惯。

在文明社区建设的其他主题上，也需要从个人价值观、社区环境和社会大环境等多个层次出发，引导人们明确文明社区建设的目的，形成文明观念，养成文明习惯。

三、文明社区的建设途径

在文明社区的建设中要充分利用社区环节和个体心理环节相互促进、相互影响的特点，从个体心理和社区环境出发，建设文明社区。

（一）个人文明行为的养成

只有个人认同了文明的信念，自觉地表现出文明的行为，才是真正的文明。因此，从个体的心理过程出发，首先要化外部动机为内部动机，从“不得不讲文明”转变为“我想要讲文明”。然后，还可以利用观点采择、未来情景预见、延迟满足、自我控制等方面能力的养成，拉近人与人之间的距离，拉近现在与未来之间的距离，缓解文明社区建设中面临的愚昧和科学、个人利益和公共利益、短期利益和长期利益之间的矛盾。此外，还要提升人们的进取心，使人们有能力实现自身和社区的积极转变。

1. 转变动机

人们从事自己不想做的事情，或“不得不做”“被迫去做”某件事，是因为害怕受到惩罚或者想要得到奖励。此时，人们体验到的幸福感、感知到的行为活动价值，以及完成活动的绩效，都低于由“想要”动机指导的行为活动。比如，人们出于自己的选择想要追求环保目标时，体验到的环保目标价值越大，投入的努力就会越多。人们在不得不进行环境保护时，会体验到较小的环保目标价值，产生较大的心理抗拒，付出的努力也较小（Zhang et al.，2011）。所以，个人文明行为的养成可以从积极进取入手，化被动为主动，调动人们的主观能动性，主动地承担责任，促使人们从“不得不讲文明”转变为“我想要文明”，激发人们自强不息、奋发向上的精神动力。

2. 换位思考

当道德事件发生在距离人们较远的空间、时间上时，人们更可能做出功利主义的判断（李明晖，饶俪琳，2017），即俗语所说“各人自扫门前雪，莫管他人瓦上霜”“事不关己，高高挂起”。当道德事件发生在距离人们较近的空间、时间上时，人们能够更好地体会到他人的情绪状态，更容易将他人的利益得失与自己的利益得失看得同样重要，倾向于站在他人的立场、从他人的视角看待事物，更可能帮助他人。观点采择能力的培养和促进，可以使人们从他人或者他人所处的情境出发，想象、推测他人的观点和态度（Diazgranados et al.，2016），促进人们换位思考，设身处地地理解他人的思想和行为，可以拉近人与人之间的心理距离。所以，个人文明行为的养成可以从贵和尚中入手，调动人们将心比心来理解各自的得失，帮助人们求大同存小异，保持人际关系和谐。对此，下一章将从不同的视角进行论述（参见第七章第三节）。

3. 培养远见卓识

人们很容易把现在的自己看成是决策的制订者和劳动的付出者，把未来的自己看成是劳动果实的享用者。此时，人们很少会关心现在的行为可能带来的未来结果，低估现在的行为可能导致的未来结果的价值，出现当前收益是自己获益，长远收益是“他人”获益的心理偏差，产生短视行为（Hershfield，2011），即俗语所谓“今朝有酒今朝醉”“将来的事情将来再说”。对此，可以通过未来情景预见，促进人们对延迟发生的决策结果进行预先想象（Smith-Spark et al.，2017），来增强个体体验到的未来自己和当前自己之间联系的紧密程度，促使个体为未来做打算，做出具有长远眼光的决策和行为。文明社区的建设不是一朝一夕可以完成的，良好的人文环境和自然环境建设都涉及是满足人们的短期利益，还是为了长期利益而舍弃短期利益的问题。所以，在拉近现在的自己和未来的自己之间距离的同时，通过自我控制能力的提高，促进人们对自己的行为、思想和情感的调控（Inzlicht et al., 2014），实现延迟满足，可以缓解短期利益和长期利益之间的矛盾。因此，个人文明行为的养成需要人们认清自己现在的一言一行带来的最终结果是要由自己以及自己的子孙来承受的。

4. 提升进取心

进取心就是积极、主动克服困难的心态，主要包含希望、热情、自信和勇气四种心理成分。提升进取心有助于文明行为的养成。例如，在文明行为的养成过程中，可以通过提升个人的自信心，使人们察觉到自己能够养成文明行为。在文明社区的建设中要主动地将社区居民纳入文明社区建设的活动设计和实施中去，使社区居民全程参与文明社区建设的问题发现和问题解决过程。赋予最了解社区的居民们制订决策的权力和行为的自主权，提高他们的积极性，使得他们主动地为文明社区建设献计献策。在这个过程中，可以采取各种措施来提高人们的知识水平，增强人们分辨是非的能力，提高人们理解事物发生规律的能力，强化人们抵抗诱惑的能力，提高人们的心理健康程度，最终提升人们的进取心。提升进取心，可以保证人们对社区生活充满热情和希望，有信心和勇气凭借聪明才智和不懈奋斗决定自己的生活进程，最终实现自身和社区的积极转变。

（二）社区层面采取的措施

在社区层面，既可以采用营造适宜的社区客观环境、传播正确的行为规范和科学文化知识等直接的方式，也可以采用向角色榜样学习等间接的方式，来传递正确的价值观、行为方式，为社区文明提供认知、情感、意志等方面的支持，促进文明社区的建设。

1. 物理环境的整洁有序

保持社区的整洁有序是建设文明社区的有效途径。环境的洁净程度会影响个体的道德行为。难闻的气味、令人生厌的环境会提高人们在道德上的严苛程度（过分的道德谴责，如道德绑架）。空气清新的环境会促使个体保持环境的整洁有序，增加个体表现出互惠、慈善等行为的可能性（Liljenquist et al.，2010）。人们偏好有序的物理秩序，物理环境的无序会使人们体验到控制感的丧失和较高的压力感。在无序的物理环境中，人们更可能做出不道德行为，甚至会突破法律底线，做出轻微的违法犯罪行为。乱扔垃圾、乱停放自行车、随意放置超市手推车等不文明行为造成的无序物理环境，容易使人们产生偷窃等不法行为（Keizer et al.，2008）。而且，无序、混乱的社区环境还向人们传递着“无人关心、无人管控、不负后果”的信息。破窗理论认为如果一座公共建筑物的一扇窗户损坏了，没有得到及时修理，那么该建筑物的其他窗户也会很快被损坏（Wilson & Kelling，1982）。这是因为损坏的窗户表明没有人关心它，那么损坏其他更多的窗户也不会有什么不良的后果。所以，无序对人们的失范行为和违法犯罪行为具有强烈的暗示性，没有得到及时的、严厉制止的轻微犯罪行为向社会传递着错误信号，表明该区域的社会控制力较弱，人们可以容忍这些行为，最终成为严重犯罪的诱因（姜涛，2016）。

2. 科学文化知识的传播

在社区范围内，可以通过各种方式方法来传递有利于文明社区建设的知识。

（1）传播行为规则知识。描述性规则阐述了在一个特定情境中大多数人是怎么做的，通常是该情境中最合适和最有效的行为，对行为的影响类似于从众，大多数人怎么做，我就怎么做。命令性规则阐述了在一个特定情境中应该怎么做（韦庆旺，孙健敏，2013），它对行为的影响是与社会评价联系在一起的，奖惩机制在其中发挥着重要作用，个体遵守命令性规则时会更多地考虑他人和社会的评价。所以，描述性规则主要是通过个体模仿、复制在相似情境中其他人的行为来发挥作用的，尤其是当这种行为被认为是大多数人在该情境中的典型行为的时候，它在维持个体表现出大多数人都在做的积极行为方面比命令性规则更有效。当命令性规则符合主流价值观时，它具有积极的引导作用，可以有效地规避描述性规则的盲目性。命令性规则在阻止违背主流价值观的行为方面更有效。比如，节约资源是我国的基本国策，是党和国家倡导的主流价值观，若告知居民自己家近期日均用电量和所在社区近期日均用电量，可能会促使用电量较多的家庭减少电量消耗。但同时，也可能促使用电量较少的家庭增加电量消耗。此时，利用表示赞赏的笑脸图标起到的道德奖赏作用可以继续维持低消耗家庭的低用电量（Schultz et al., 2007）。所以，直接告知人们应该怎么做、不应该怎么做，是文明社区建设的有效途径。

（2）传播客观规律知识。知道了是什么，人们还想要知道为什么，想要了解涉及客观规律的知识。知道为什么，将更有利于人们接受、认同文明的行为规范。为什么要与人为善？因为人是社会的人，健康良好的人际关系对每一个个体的心理、生理健康，学业、事业成功，亲情、友情、爱情的发展和维系都具有重要的有益作用。人际关系困扰会导致抑郁、低自我价值感、低自尊、焦虑等问题（王沛等，2016）。为什么要维护、改善生态环境？因为人是环境中的人，人们呼吸的空气和饮用的水、土地中生长的农作物以及气候环境，都对人们的生存和生活带来了影响。空气中的有毒物质和颗粒物污染会造成人类脑神经组织的言语学习、逻辑记忆和执行功能受损，还会导致呼吸道、心血管疾病（吕小康，王丛，2017；王琰，陈浩，2017；相鹏等，2017）。由饮用水污染导致的疾病多达50种以上，如消化道疾病、心血管疾病等。大气沉降、污水排灌、农业投入品以及生活垃圾等污染源和污染渠道还会造成土壤污染。土壤污染通过食物链进入人体，危害人体健康。碳排放以及化石燃料的燃烧导致极端天气持续时间变长。仅2013年，全球范围内因为高温热浪、暴雨洪水、泥石流滑坡等自然灾害死亡的人数就达几千人之多。这些涉及“为什么”的知识将有助于人们理解“怎么做”背后的原因，理解不文明可能带来的严重后果。所以，告知人们客观规律知识将有助于人们理解、认同文明行为规范，是文明社区建设的有效途径。

3. 角色榜样和社会学习

父母家人、朋友、邻里，乃至各种道德模范都可以成为人们的角色榜样。人们可以通过对角色榜样的社会学习来习得文明的行为和信念。所谓社会学习（social learning），就是指通过观察其他人的行为，来习得行为和行为标准。帮助他人以期将来从他人那里得到帮助的互惠原则会促进人们表现出友善行为。那些表现出友善行为的个人能够得到社会称赞，在将来会获得更大的利益。而那些在他人需要帮助时没有给予力所能及的帮助，或者在获得他人的帮助之后拒绝给予回报的个人，在将来很难获得别人的帮助。观察角色榜样通过遵守互惠原则、遵守文明行为规范而得到的积极反馈和社会支持，可以促进人们对文明行为的模仿和习得。通过观察他人的行为，个体可以形成是非观，能够了解在社会中什么是正确的、什么是文明的。

社区可以通过向人们展示定义清晰、通俗易懂的文明行为规则，以及人们遵守这些文明行为规则的现状，为人们的日常生活提供明确的指导。在家庭中，人们可以观察到家庭成员的仁爱行为，对需要帮助的人施以援手。在学校和社团中，青少年可以观察到成员齐心协力地实现团体目标。在参与社区服务的过程中，青少年可以观察到别人在尽力地帮助那些需要帮助的人们。当这些观察到的行为产生了积极的结果，而且得到了其他人的支持和肯定时，观察者便可能在未来做出这些行为，并把文明行为的标准内化，使之成为个人价值观的一部分。社会学习有助于人们提高组织能力、沟通交流能力、决策能力、团队合作能力、冲突解决能力等，发现自己的爱好，帮助人们了解到世界本来的样子（Youniss & Yates，1997）。这些收获有助于人们进一步地观察、模仿正确的行为，促进文明社区的建设。所以，角色榜样和社会学习是文明社区建设的有效途径。

［专栏 6-4］反面教材和典型事例的警示作用

在社会学习中还可以利用反面教材来帮助人们习得行为和行为标准。

2018 年 12 月 13 日是中国第五个南京大屠杀死难者国家公祭日。当天，两名 17

岁男子在社交平台发布涉及南京大屠杀的极端错误言论，被警方行政拘留 7 天。某公司员工在朋友圈发布涉及南京大屠杀的错误言论，被其供职的公司开除。自 2018 年 12 月 13 日执行的《南京市国家公祭保障条例》明确规定：禁止任何单位和个人歪曲、否认南京大屠杀史实，侮辱、诽谤南京大屠杀死难者、幸存者，编造、传播含有上述内容的有损国家和民族尊严、伤害人民感情的言论或者信息。当地警方、单位对涉事人员的处理和通报及时制止了违规行为，起到了警示作用，告知了社会这些行为是不被容忍的。

2018 年 10 月 28 日，重庆万州发生公交汽车坠江事件。乘客因想在未到站点的地方下车而纠缠驾驶员，违反了“不得在车辆行驶过程中与驾驶员闲谈或妨碍驾驶员正常操作”“不得危害驾驶员、乘务员人身安全或者影响车辆正常运行”等浅显易懂的公共汽车乘车规则，造成 13 人遇难的惨痛后果。

在文明社区建设中，社区可以通过向民众传递这些反面教材和典型事例中的言行受到了哪些惩罚，造成了哪些损害，来帮助民众习得文明的行为和信念。

概要

文明观是人们对在处理人与人、人与自然之间的关系过程中，以及人类社会的发展变化过程中积累起来的优秀文化成果所持有的信念和看法。社区文明观是生活工作在社区中的人们所拥有的与社区文明程度有关的信念和看法，具有追求真善美的特点。贵和尚中、天人合一、以人为本、刚健有为等四个方面是社区文明观的重要研究主题，社区人际文明行为量表也值得开发。在文明社区的建设过程中，需要妥善处理愚昧和科学、个人利益和公共利益、短期利益和长期利益之间的矛盾。文明行为价值观、社区环境和社会风气等因素都会影响文明社区的建设。通过转变动机、换位思考、培养远见卓识和提升进取心以养成个人文明行为，通过保持物理环境的整洁有序、促进科学文化知识的传播、促进榜样示范和社会学习以形成社区文明环境，是文明社区建设的根本途径。

扩展阅读书目

毕重增.（2017）. *自信与社会适应*. 北京：科学出版社.

Pancer, S. M. (2015). *The psychology of citizenship and civic engagement*. Oxford: Oxford University Press.

思考题

1. 结合实例说明知识在文明社区建设中的作用。
2. 结合实例说明道德培养在文明社区建设中的作用。
3. 阐述行为、情绪、意志在文明社区建设中的作用。
4. 举例分析中国传统文化在文明社区建设中的作用。

第七章　社区的和谐观

浙江省湖州市碧浪湖社区“道德门诊”成立于2010年10月18日，由3名“道德医生”和7名“道德护士”组成。团队成员每周坚持“坐诊”两天，对小区内不文明、不道德行为以及邻里矛盾进行及时“诊疗”，并开具“处方”；同时，结合“线上+线下”模式，进行积极的舆论引导，倡导健康文明的生活方式，促进社区和谐。据负责人陈幼荣介绍，碧浪湖社区经历了由“不太和谐”到“比较和谐”再到“基本和谐”的状态。其中，她带领的社区“道德门诊”做了许多有益的工作：一是为居民的怨气、牢骚找到出气口，积极帮助居民解决问题；二是化解物业公司和居民的矛盾；三是化解居民之间的矛盾；四是关怀弱势群体。以第二点为例，针对拒交物业费的问题，团队成员兼顾涉事双方的权益，逐一走访，做好双方的工作：既支持物业公司的工作，敦促业主及时缴费，同时也努力保护业主的利益，督促物业公司把本职工作搞好。

社区和谐是我国居民的共同愿景和价值追求。在化解冲突、追求和谐的过程中，碧浪湖社区“道德门诊”所展现的协调艺术、共赢智慧值得借鉴和学习。和谐思想源远流长，古之谓中庸，今之谓共赢，是中华文化积淀数千年而历久弥新的智慧。本章将主要阐述以下问题：和谐的性质是什么？怎样界定社区和谐？如何从中国实际出发进行社区和谐心理研究？心理学能为和谐社区建设贡献哪些力量？

第一节　和谐的性质

阅读中华优秀传统文化中的相关典籍，透彻理解和谐的性质，是进行社区和谐心理研究的必备基础。以下将在中国的社会、历史、文化脉络下，阐释和谐的缘起、发展、内涵、功能、特点，并通过介绍中国人的和谐心理研究启发读者进一步思考。

一、和谐的缘起与发展

“和”的概念起源甚早，甲骨文和金文中均有“和”字（黎红雷，1999）。从语义分析上看，中国先人对“和”字的认识最初源于“饮食之和”与“音乐之和”（汪凤炎，2019），和味即调制美味食物，和声即调和五音六律，无论是和味还是和声，实质上都是一种包含着矛盾、差异、对立的多样性统一，于是很自然地就引申出了“协调、和谐、适中”等含义。

和谐观念孕育于西周，大抵形成于秦汉之际。孔子提出了“和而不同”（《论语·子路》）、“和无寡”（《论语·季氏》）等主张，有子（孔子门生）提出了“礼之用，和为贵”（《论语·学而》）的论断，《尚书·虞书·尧典》讲“协和万邦”，《周易》讲“保合太和，乃利贞”（《周易·乾卦·彖传》）、“圣人感人心而天下和平”（《周易·咸卦·彖传》），《中庸》开篇讲“致中和，天地位焉，万物育焉”，无一不体现着儒家对和谐的重视。道家之“不争”、墨家之“非攻”与儒家之和谐均有相通之处，唯法家崇尚竞争，与三家皆异。自汉武帝采纳董仲舒的建议“罢黜百家，独尊儒术”后，墨学中绝，法家退居幕后，道家继续流传，儒家占据主导，和谐便成了中国传统文化的最高价值原则（张岱年，程宜山，2006），在两千多年的历史中，对中国人的心理与行为具有深刻而持久的影响。

在当代中国，和谐依然具有重要的地位。党的十六届六中全会通过的《中共中央关于构建社会主义和谐社会若干重大问题的决定》，明确指出“社会和谐是中国特色社会主义的本质属性”。决议还提出了“心理和谐”的概念，并首次阐述了社会和谐与心理和谐的关系。党的十八大进一步提出“倡导富强、民主、文明、和谐，倡导自由、平等、公正、法治，倡导爱国、敬业、诚信、友善，积极培育和践行社会主义核心价值观”，正式将“和谐”作为社会主义核心价值观的重要组成部分。党的十九大以来，习近平总书记有关和谐的系列讲话中内蕴着“合作共赢”的思想。他运用与时俱进的“和”文化理念，讲述中国故事、传播“和合”智慧，引领国际新秩序，构建人类命运共同体。

二、和谐的内涵

据《汉语大词典》（罗竹风，2008）的解释，和谐（harmony）主要有四种含义：（1）和睦协调；（2）使和睦协调；（3）配合得匀称、适当、协调；（4）和解，和好相处。不难看出，这都是从关系的角度来解释和谐。和谐实质上是多种事物之间融洽协调、恰到好处、共生共荣的关系。

从和谐关系的适用对象看，和谐大体可分为“身心之和”“人际之和”“天人之和”（汪凤炎，2019）。（1）身心之和，即个体通过妥善协调自己的身心关系、主客我关系、知情意行关系所达到的一种持久舒畅的和谐状态。（2）人际之和，即在处理人与人（群）、群与群的关系的过程中，通过彼此尊重、平等交往、求同存异等方式所实现的一种和谐共存、共同发展的和美状态。（3）天人之和，即在处理人与自然的关系时，保持万事万物的多样性，并在事物的多样性中谋求和谐统一，最终达到与自然万物共生共荣乃至“天人合一”的和美状态。

从文化传统中挖掘，隐含在中国人意识形态深处的和谐观主要有三种（黄囇莉，2007）。（1）辩证式和谐观（宇宙观层次；心灵的境界）：“自在而和谐”，认为和谐是对立面相生相成的动态历程，具有转化、质变、循环等特性，同时指涉及善、美、乐的精神境界。（2）调和式和谐观（人伦秩序层次；情理的境界）：“克己而和谐”，认为和谐是“异中求同”，主张节制、权宜、固定化等，同时认为争夺将导致乱、离、弱、穷等不利现象，因而崇尚不争。（3）统制式和谐观（国家社会层次；现实功效的境界）：“附从而和谐”，主张从属者间的歧异要加以统一、同一，也注重外制、功利、形式等和谐特性，同时允诺不伤大体的个别性与自由空间，以平衡统制式和谐带来的压力。

从心理学的角度看（李志勇，廖军和，2010；石国兴，王紫微，2013），目前对心理和谐（psychological harmony）主要有四种界定。（1）体验说：主张心理和谐是一种体验或感受。例如，中科院心理所的心理和谐研究项目组（2008）提出“心理和谐是指个体在处理自我、家庭、人际和社会问题过程中的主观体验和总体感受”。（2）关系说：主张心理和谐是心理成分及其影响因素间良好稳定的关系。例如，林崇德（2007）说：“我们认为，和谐主要指的是处理与协调好各种各样的关系。心理和谐与社会和谐是一致的。和谐社会的三个空间是自我关系、个人与他人关系和个人与社会关系。从心理和谐角度上说，围绕这三个空间，心理学必须研究以下六大关系的相关课题：人与自我的关系，人与他人的关系，人与社会的关系，人与自然的关系，人与机器的关系，中国与外国的关系。”（3）状态说：主张心理和谐是一种心理状态。例如，俞国良（2007）认为：心理和谐是指“人的基本心理过程和内容彼此之间，或者各部分与整体之间保持动态的均衡、完整、协调一致的自在轻松状态，即认知、情绪情感、意志和行为以及人格的完整及协调，同时能够与外界环境进行有效沟通，较少内部或外部冲突”。（4）关系/状态混合说：主张在关系说中注入状态说蕴含的积极元素。例如，石国兴和王紫薇（2013）提出：心理和谐是反映心理内外关系的一种心理现象，是心理内部要素之间、人事之间、人与人之间和身心之间在总体意义上的协调统一、相对稳定的关系在人的心理上的综合体现。

三、和谐的特点和功能

（一）和谐的特点

1. 适中性

和谐的实质是多种事物之间融洽协调、恰到好处、共生共荣的关系，这种多样性的统一如何实现？只有各异质成分保持一定限度，彼此调和以保持相对的平衡，才能达到和谐。显然，和谐具有适中性的特点，也可称“中庸性”，即恰如其分、无过无不及、不偏不倚。同时，和谐的适中性并不死板，具有一定的“权宜性”。《孟子·尽心上》说“执中无权，犹执一也”，《中庸》

讲“君子而时中”，提示我们在把握和谐时不能“为中而中”“为和而和”，要具体问题具体分析，“随时变易而中”。只有充分把握好“经”与“权”的关系，既固守中正之道，又适时打破常规，才能在处理不同的事情时做到恰到好处。

2. 生成性

和同之辨是先秦思想家关注的主要问题之一。据《左传·昭公二十年》记载，晏子曾以调制羹汤和演奏乐曲为例阐释“和”“同”之异。要做好汤，需要以巧妙的比例调配各种佐料，要奏好乐，也需要将各种音律调配得当，此之谓“和”。反之，若只是在水中加水或只有单一的音调，就是“同”。显然，只有不同的事物彼此和谐，才能产生新的事物，如果所有事物都一致的话，就无法进一步发展了，因此，和谐具有生成性的特点，可以推动新事物的产生，亦即《国语·郑语》所谓“和实生物，同则不继”。

3. 共赢性

《中庸》开篇中的“致中和，天地位焉，万物育焉”与“和实生物”相应，认为追求中道和谐可以促进天地万物的发展，既体现了和谐的生成性特色，也具有共赢的意味。共赢（win-win）虽是一个现代词，却有着悠久的历史渊源，中国传统文化具有“中和”思想与“大同”理念，注重事物的关联性并强调协调与合作，倡导互补互鉴与共同发展，强调在求同存异的基础上聚同化异。

4. 辩证性

《道德经》第四十二章说“万物负阴而抱阳，冲气以为和”，这里的“冲”是“交冲，激荡”的意思（陈鼓应，1984），实质上就是强调阴阳二气必须相互激荡才能产生新的和谐体，这是一个辩证的动态过程。北宋大儒张载延续了这一思想，在《正蒙·太和》中说“太和所谓道，中涵浮沉、升降、动静相感之性，是生䌷缊、相荡、胜负、屈伸之始”，又说“阴阳两端，循环不已者，立天地之大义”。太和即至高无上的和谐，此种和谐是阴阳二气“相感相荡”的辩证过程。

（二）和谐的功能

1. 协调身心关系，促进个人成长

和谐是儒家的最高价值原则，《大学》所谓修身齐家治国平天下，实际上皆是以和谐为本（张岱年，程宜山，2006），强调修德致和、内圣外王；《中庸》说“诚者，不勉而中，不思而得，从容中道，圣人也”，诚是一种内外和谐的心理境界，与圣人的“七十从心所欲，不逾矩”有相似之处。身心和谐有助于达成一种自我实现的心灵境界，有助于维持个体人格的完整性，有助于实现生命意义，是个体修身养性的最终目的。

2. 协调人际关系，促进社会发展

作为调节人际关系的最佳方式，和谐有助于加强文化规范、增强群体凝聚力乃至提高经济效益（汪凤炎，2019）。一方面，和谐彰显着一种差序化的礼让关系，可以形成一种秩序化的礼仪世界（文化规范），在传统文化中常以“大同世界”“礼仪之邦”等形式呈现，亦以“父慈子孝”“兄友弟恭”等景象出现。另一方面，和谐可以使人们在现实世界中互利互助、利人利己（“二人同心，其利断金”，“天时不如地利，地利不如人和”）、生财获利（“和气生财”）。

3. 协调天人关系，促进生态和谐

“天人合一”思想是中国人和谐观的重要来源之一。将和谐作为协调天人关系的原则，有助于促进人与万物的共生共存、人与自然的和睦共处，促进生态和谐。《周易》中曾提出“夫大人者，与天地合其德”的思想，这就是说“天地之德在于生育万物，而人类之德则在于保障万物的生生不息”，二者相互影响、相互作用、相互和谐（黎红雷，1999）。人类既应适应自然、保护生态，如“不违农时，谷不可胜食也；数罟不入洿池，鱼鳖不可胜食也；斧斤以时入山林，材木不可胜用也”（《孟子·梁惠王上》），也应适度地改造自然、发展自然，用《中庸》的说法就是“赞天地之化育”。

四、中国人的和谐心理研究

中国人的和谐心理研究的核心议题是人际和谐，学者多将人际和谐分为两种类型，有共通之处又各具特色，代表性观点汇总如下（见表 7-1）。

表 7-1　人际之和的分类视角与要义

代表学者	视角	分类	要义
黄曬莉（1996，2007）	阴阳	实性和谐	统合无间、和合如一的和谐状态
		虚性和谐	表面上维持和谐，台面下却暗藏不和
梁觉（Leung，1997；Leung et al.，2002），路琳（2007）	动机	价值观和谐	真心促进和谐的人际关系 视和谐为价值追求
		工具性和谐	以避免利益损失为目的 将和谐作为手段
汪凤炎（2019）	真伪	真和	真正意义上的和谐人际关系
		伪和	虚假的和谐人际关系 面和心不和、以同代和

黄曬莉（1996，2007）基于形而上学的理论构建，从阴阳（虚实辩证）的角度切入，以动态的视角看和谐，关注人际和谐与人际冲突的虚实转化。和谐具有虚实两种特性，因此大体可以分为实性和谐与虚性和谐。实性和谐，又称真实和谐（genuine harmony），是指两人之间和合如一的和谐状态；虚性和谐，也称表面和谐（superficial harmony），是指表面上维持和谐，台面下却暗藏着不和，此时和谐具有明显的工具性。纯粹的实性和谐、虚性和谐皆不可持久，处于不断的虚实转化当中。实性和谐是一种理想状态，更多的是“实中带虚”的和谐，即和谐中潜藏着可能导致不和谐的因子，但尚未被察觉，这时若有外界介入，就有可能转化为虚性和谐。虚性和谐也可以通过和谐化方式转化为实性和谐，还可能由于冲突外显、冲突激化相应转化为实性冲突或虚性冲突。通过质性研究，黄曬莉进一步抽取出日常生活世界中的六种人际和谐类型，其中投契式和谐、亲和式和谐、合模式和谐属于实性和谐，区隔式和谐、疏离式和谐、隐抑式和谐属于虚性和谐。

梁觉等（Leung et al.，2002）则从动机切入，区分了两种不同的和谐动机，即促进和谐和避免冲突。促进和谐，与传统文化倡导的价值追求接近，以和谐为美德，将和谐作为终极目标，这种和谐又称价值观和谐；避免冲突，更多地将关系融洽作为避免利益受损的手段，力图通过和谐达到其他功利目标，视和谐为工具，这种和谐又称工具性和谐。以此为基础，梁觉和路琳进一步构建了和谐的二元矩阵模型，将和谐进一步区分为四种类型。（1）一致型："高价值观和谐 + 低工具性和谐"。将和谐作为终极价值，为此不惜牺牲个人利益。以先秦儒家为代表，主要特点是重义轻利、表里如一。因具有知行合一（内心认同和谐并笃力追求和谐）的特点，故称一致型。（2）圆滑型："低价值观和谐 + 高工具性和谐"。将和谐作为工具而非价值，类似于黄曬莉讲的"表面和谐"。具有世俗化儒学的特点，阳奉阴违。（3）平衡型："高价值观和谐 + 高工具性和谐"。哲学基础是新儒学，既将和谐作为达成目的的手段，也将和谐作为终极的价值追求。（4）漠视型："低价值观和谐 + 低工具性和谐"。主要特点是完全忽视和谐的作用，全然不顾和谐人际关系的维护。

汪凤炎（2019）则从真伪出发，将人际之和区分为真和与伪和。所谓真和就是真正意义上的和谐人际关系。而伪和则是虚假的和谐人际关系，具体包括"面和心不和"和"以同代和"两种类型。"面和心不和"类似于黄曬莉讲的"虚性和谐 / 表面和谐"、梁觉讲的"圆滑型和谐"，是指交往双方貌似和谐，实则心中彼此怨恨对方，或其中一方对另一方心存不满。"以同代和"则是指以某一个体或某些成员、群体为中心，抹杀其他个体或群体的个性、特色，从而谋求一种无差别的一致性关系。

［专栏 7–1］和谐的相关概念：中庸、共赢、智慧

1. 中庸

"中庸"一词始见于《论语 · 雍也》，孔子首次将"中"与"庸"联结在一起，创造性地提出"中庸"这一概念，并视其为最高的道德标准。思孟学派继承并发扬了孔子的中庸思想，在《中庸》《孟子》中多有论述。秦汉以降，以程朱学派的界说

最负盛名。“子程子曰：不偏之谓中，不易之谓庸。中者，天下之正道；庸者，天下之定理。”（《四书章句集注 · 中庸章句》）“中者，无过无不及之名也。庸，平常也。”（《四书章句集注 · 论语集注卷三》）二程和朱熹将“中”字解为“无过无不及”“不偏不倚”，实际上就是恰到好处的意思；“不易之谓庸”中的“不易”即不可改易，“庸，平常也”就是说中庸之道实为平常之道，人人皆可行（冯友兰，2014）。

中庸具有十分丰富的内涵，心理学研究者从不同的视角切入往往会得到不同的构念，陷入“一个中庸，各自表述”（杨中芳，2010b）的境地。杨中芳等学者曾先后将中庸界定为一种实践思维体系、一种处理具体事件的思维模式、一种整合意见分歧的思考模式和一种人际冲突解决的行动特色，并构建出一个“中庸实践思维体系构念图”（杨中芳，2010a）。最近，也有学者（刘昌，2019）将中庸诠释为“在日常生活为人处世中，坚持善的原则，运用恰当合理的方式并一以贯之的德行”，主张“择善而固执”是中庸的前提，“通权达变”“把握分寸”是中庸的方法，“持之以恒”“不断用中”是中庸的过程。

中庸个体可以兼顾小我与大我（张仁和，2010），最终实现双赢、多赢乃至共赢。中庸实践思维的最终旨归是“生生和谐”（杨中芳，2009），《中庸》所述中庸之道不仅是个体的自我修养之道，也是通往自我、人际、社会和谐的理想之道（杨中芳，2010a）。彭文会和黄希庭（2015）认为中庸与和谐是一体两面的关系：“中庸以和谐为美，和谐以中庸为用。”这在社区中也说得通。中庸既是实现社区和谐的处事原则，也是社区和谐的重要特点。

2. 共赢

共赢由双赢、多赢的概念扩展而来。共赢要求参与方既追求自己的利益，也主动考虑并照顾对方 / 他方的利益，以互惠互利为基础，最终实现多方的利益。“共”表示兼顾各方主体的利益，“赢”表明实现各方主体的基本利益，共赢意味着利益各方达成了一种和谐互动。合作共赢是改革发展成果共享的核心理念，对促进社会和谐具有重要价值（张贤明，薛佳，2016）。

共赢与和谐联系密切，共赢思维集中概括了“共建共治共享”的思想内核，内蕴“共生共荣”的意味。共赢既是实现社区和谐的一种重要手段，也是社区和谐的本然要求。

3. 智慧

智慧（wisdom）是一个非常复杂的概念（Jeste & Lee，2019），定义有数十种之多。尽管学者们对智慧的定义莫衷一是，但已有渐趋一致的趋势（陈浩彬，汪凤炎，2013；傅绪荣等，2019；王予灵，汪凤炎，2018；Grossmann et al.，2020）：多赞同智慧是一个复杂的多维结构，多承认智慧蕴含着“德才一体”“必仁且智”的思想，既强调智慧的聪慧性（才），又强调其道德性（德）；多主张智慧源自对人生经验的价值性反思，不仅有利于个人成长，而且有助于增益人世间的“共善”（common good）。智慧中天然具有“善”的意味，而智力则是价值中立的。一个高智力的人既可能去行善（造福他人、贡献社会），也可能去为恶（高智商犯罪），或可能做个“精致的利己主义者”；智慧者则在善良价值观（“德”）的指导下，充分运用个体的聪明才智达成个体内、个体外的利益平衡，从而更好地适应环境、塑造环境和选择环境，并实现公共利益（汪凤炎，郑红，2014；Sternberg，1998）。

智慧与共赢、中庸、和谐均存在一定关联。从斯滕伯格（Sternberg，1998）的智慧平衡理论看，各种利益之间平衡的最终结果实际上是一种共赢；从杨中芳的中庸实践思维体系出发，有研究者推测“中庸即智慧，智慧即中庸”（张仁和等，2014）。追求社区和谐本身就是一种智慧，在社区中实现和谐亦有赖于人们的智慧。例如，家和万事兴、仁爱孝悌等持家智慧，忠恕之道、诚实守信等交往智慧，阴阳中和、修德怡神等养生智慧，以及崇智求真、顾大局识大体等决策智慧，都对社区和谐有很大助益。

第二节　社区和谐观的研究

综合考虑和谐的性质及中国的社区实际，本节首先提出社区和谐的描述性定义，并试举几个可能的操作性定义。随后，结合新近的两项探索性研究，从选题、方法、结果、收获等方面展示社区和谐观研究的一般策略。

一、社区和谐的界定

（一）一般界定

在构建社会主义和谐社会的大背景下，近十几年来涌现了和谐社区、和谐乡村、和谐城市、和谐世界等一系列概念。其中，针对和谐社区这一概念，国家和各地政府相继出台了相应的建设标准，如 2005 年 8 月全国社区建设工作会议提出了和谐示范社区的基本标准是“居民自治、管理有序、服务完善、治安良好、环境优美、文明祥和”。但目前为止，无论是在学界还是实践领域，均未见有关社区和谐的界定。

基于第一节对和谐实质的理解和把握，立足社区心理学的视角，我们对社区和谐做出如下定义：社区和谐（community harmony）是一个复杂的系统，是以社区为边界的个体、群体、环境在互动的过程中，通过交互作用形成的多样性统一，具有安定有序、亲密融洽、共生共荣的特点。

（二）具体界定

在具体的研究中，我们要明确社区和谐是指什么，进行更具体的操作。例如：（1）在社区和谐的公众观研究中，可以将社区和谐界定为人们对社区和谐所持有的观念或心理表征，包括人们对社区和谐“是什么”“为什么”“怎么样”的看法。需要指出的是，操作性定义仅适用于量化的公众观研究，而在质性的公众观研究中一般不做操作的预设，以对相关主题或问题的描述为主。（2）在社区和谐价值研究中，可以将社区和谐界定为人们对社区和谐重要程度、价值大小的判断，这种判断可以确定社区和谐在个体价值谱系中的相对地位。（3）在社区和谐程度研究中，可以将社区和谐界定为个体对所生活的特定社区的和谐程度的主观感受，可以用来衡量人们实际感知到的社区和谐程度。我们还要区分社区和谐的指标（indicator）和维度（dimension）。例如：从人与人的关系的角度出发，可以将社区和谐划分为社区人际和谐、社区群己和谐、社区群际和谐，这就是一种维度上的划分；从“仁、诚、中”的角度出发，关爱性、真诚性、平等性、宽容性等可以视为社区和谐的指标。

[专栏 7-2] 社区和谐研究的构思：你的研究应如何切入?

本节所讲内容较宏观，在充分学习本节内容并阅读相关资料的基础上，读者在构思自己的研究时，应更具体地思考：

（1）研究对象的选择。你想在社区中探究哪些主体的和谐？社区和谐的成分复杂，从外延上看，至少可划分为个体和谐、家庭和谐、社群和谐、社区与社会的和谐。以社群和谐为例，你是想探究居民之间的和谐、居民与物业公司的和谐、居民与社区（工作人员）的和谐，还是物业公司与社区（工作人员）的和谐？

（2）研究主题的选择。你想从哪个角度探讨和谐？公众观视角？价值判断视角？程度感知视角？抑或其他视角？

（3）研究方法的选择。在具体研究中，除了要明确操作性定义，还要尽可能选择最合适的方法进行研究。

① 开放式主题访谈（结合主题分析）和开放式问卷调查（结合聚类分析）适于探索社区和谐的公众观，详见本节的研究实例。② 谚语迫选法是研究社区和谐价值的有效手段。为了凸显特定价值在被试心中的相对地位，在问卷设计的过程中，以迫选的方式呈现选项，相比其他形式可能更为有效。长期致力于中庸研究的杨中芳团队曾在中庸实践思维量表（杨中芳，赵志裕，1997）的基础上修订中庸信念—价值量表（黄金兰等，2012），这两个量表采用的就是迫选法，目的是"拉开差距"，显现出"孰轻孰重"。例如，可以同时呈现"为了与周围的人和睦共处，有时候得忍一口气""人为争一口气，有时候得不怕得罪人"这两句话，要求选出一个比较同意的选项（必须二择一）并打钩。中华文化博大精深，有着丰富的谚语，其中不少体现着和谐的价值。在量表编制的过程中使用具有本土特色的文化素材，对社区心理学的中国化十分有益，研究者可以选取老百姓耳熟能详的谚语，通过对偶比较的形式构成社区和谐价值量表。③ 形容词评定法宜用于社区和谐程度研究。可以参考人格心理学研究中特质取向的做法，在词典中系统选取能够描述社区和谐的词汇（如"和气的""和顺的""和平的""和美的"……）组成形容词核对表，初步删除生僻、晦涩的词汇后，通过好恶度、意义度和熟悉度（黄希庭，张蜀林，1992）的评定进一步筛选词汇，最后进行正式施测。与谚语迫选法一样，形容词评定法筛选出的形

容词仅仅指涉“和谐”本身而非“社区和谐”，研究者可以通过指导语引导被试在社区的范围进行评定。此外，研究者还可以在早期同时筛选描述和谐与不和谐的词汇，最后采用语义差别量表的形式呈现。语义差别量表由一系列对立（互为反义）的形容词构成，被广泛地用于个体、群体、文化间的差异研究，以及人们对事物、环境的感受、态度、看法的研究。通过语义差别量表，研究者可以清晰地描述不同个体对同一社区和谐程度的感知差异，也可以用于比较人们对不同社区和谐程度的感知差异。

二、社区和谐研究实例：两项公众观研究

下面介绍有关社区和谐和社区共赢的公众观研究（王予灵，黄希庭，2021；张锋，张杉，2020），前者为质性研究，后者为量化研究。读者从中可以体会这两类研究如何选题，如何采用适当的方法，所得结果有何意义。

（一）社区和谐的公众观研究：主题分析法

1. 选题

（1）对社区实际的观察引发研究者的思索。和谐社区提倡迄今已有十几年之久，通过新闻报道和实地走访，我们可以了解到一些地区的和谐社区建设确实卓有成效。例如，南京市龙王庙社区围绕“邻里互认、邻里互学、邻里互帮、邻里互乐”形成了内涵丰富的和谐邻里文化，已连续举办十几届社区邻里节。然而，我们也注意到和谐社区不和谐的现象时常见于网络。例如，在2020年新冠肺炎疫情防控过程中，虽然基层工作整体有序，一些网友还是发出了“基层工作人员和老百姓之间关系很紧张”的声音，“武汉嫂子怒怼社区不作为”的视频曾在微博上广泛传播。显然，随之而来就产生了这样的问题：社区居民心目中的社区和谐究竟是指什么？社区居民和基层干部对社区和谐有着怎样的期待？

（2）对党和国家大政方针的关注奠定了研究的高度。党的十九届四中全会提出了“要完善正确处理新形势下人民内部矛盾有效机制”，这项工作最终还是要落实于基层。社区心理学研究者可以做些什么？如何进一步促进人民团结、

增进社会共识、增加和谐因素？在研究早期，我们首先要做公众观研究，了解人民群众的所思所想，使我们对相关概念的理解更丰富、更接地气、更生活化，社区和谐的公众观研究（王予灵，黄希庭，2021）就是出于这个目的进行的。

2. 方法：深度访谈、主题分析

质性研究具有探索性和灵活性，此前研究者对社区和谐几乎一无所知，质性研究正适合探索此类相对陌生的课题。该研究主要以深度访谈的方法收集资料，并进行主题分析。

（1）取样：选择最合适的受访者。在取样的过程中应注意选择最合适的访谈对象。研究者于 2019 年 7 月 1 日至 7 月 20 日在成都、安阳、南京、苏州、湖州、诸暨等六地的 13 个社区进行了实地访谈。结合目的性抽样、便利抽样和滚雪球抽样的原则，并适当兼顾人口学分布情况，抽取能为研究主题提供最多信息的受访者进行一对一的访谈。具体做法是，事先将研究主题和访谈提纲交予各社区负责人，请其帮忙招募熟悉研究主题（“能谈出东西”）的受访者。最终纳入资料分析的受访者共 24 人，具体信息见表 7–2。

表 7–2 “社区和谐的公众观研究”受访者信息（$n=24$）

受访者特征		个案数	受访者特征		个案数
性别	男	7	身份	社区工作人员	9
	女	17		居民	15
年龄	20—35 岁	5	个人年收入	3 万元以下	10
	36—59 岁	8		3 万 ~6 万元	10
	60 岁以上	11		6 万元以上	4
学历	小学	1	地区	成都	6
	初中	2		安阳	4
	中专	1		南京	4
	高中	8		苏州	3
	大专	5		湖州	5
	本科	7		诸暨	2

（2）访谈前：充分准备，规划行程。正式访谈前，研究者做好准备工作：一是通过阅读中华优秀传统文化中的相关典籍，把握社区和谐的历史 / 文化根源；二是通过在重庆的 3 个社区对 5 位受访者进行预访谈，了解社区实际；三是阅读方法学书籍并在预访谈中不断总结经验教训，掌握访谈的沟通技巧和注意事项。

进行社区心理学访谈，规划行程非常重要。研究者所在团队事先与各地受访社区的负责人协商好访谈日期、时长（平均 45 分钟左右）、地点（社区办公室、社区图书室、社区活动室等）、人数（每个社区 2~3 人）、主题（研究团队成员皆有独立的研究主题）、形式（个体访谈）、报酬（50 元现金和价值 20 元的礼物）等细节，从而形成整体的访谈规划，保证访谈者和受访者都做好充分的身心准备，尽量在相对安静舒适的环境下访谈。随后，研究团队成员各自独立地与受访者进行一对一的主题访谈。

（3）资料收集：深度访谈。资料收集的过程宜遵循开放式主题访谈（见第二章）的基本精神。在社区和谐的公众观研究中，研究者首先通过预访谈提炼了访谈主题、磨炼了沟通技巧，随后在正式访谈中始终保持开放的心态面对自身、面对访谈提纲、面对来访者。

① 以开放的心态面对自身。前期虽已积累了与和谐相关的大量文献，但仍以谦虚求学的心态进入社区，放下研究者的架子："我们是来向您学习的，主要想了解您在社区中的和谐体验、您对社区和谐的看法。希望您能讲一些具体的事例（故事），您提供的素材对我们的研究非常重要。"

② 以开放的心态面对访谈提纲。只列粗线条的框架，以社区和谐"是什么"为核心，同时适当涉及"为什么"和"怎么样"。如："在您看来，社区中的和谐都有哪些表现？可以举一些具体的例子吗？"

③ 以开放的心态面对受访者。研究者保持开放的心态任受访者自由地表达关于社区和谐的经验、看法、想法、体验或感受，不轻易打断（除非受访者滔滔不绝且严重偏离主题）。同时适当地追问，如："您还有什么需要补充的吗？"当受访者的陈述中谈到与社区和谐密切相关又语焉不详的内

容时，进行比较性追问，如："您刚才提到了'和稀泥'，'和稀泥'是和谐吗？"此外，在与受访者交谈的过程中，访谈者始终注意采用与受访者相适应的语言，当受访者文化程度相对较低时，更多地使用通俗易懂的生活化用语。

（4）资料分析：主题分析。访谈最终会生成令人头痛的大量文本资料，如何进行资料分析长期困扰着质性研究者。我们的意见是：结合访谈资料的特点，走自己的路。扎根理论是许多研究者惯用的方法（傅安国等，2020；吴继霞，黄希庭，2012；张秀敏，杨莉萍，2017），我们则创造性地采用了更为灵活开放的中国化的混合式主题分析。中国化的混合式主题分析是以研究者的判断为主导、以访谈资料为根基不断探索、持续解放思想的过程。① 通过反复阅读，熟悉原始材料。② 确定分析视角。该研究最终决定从频次和强度着手，对类型和过程、原因和结果进行分析。③ 提炼核心主题。材料中反复出现（频次高）和强调（强度高）的内容即为核心主题。④ 概括原始材料含义，提取关联特征（对所有与主题相关的内容进行编码）。⑤ 将关联特征放入核心主题之下，不断向上归纳初级主题和次级主题。⑥ 结合材料反思主题间的关系，形成理论，揭示材料内在的逻辑。六个阶段循环往复，直至生成契合访谈材料及社区实际的结果。

3. 结果

综合普通居民、居民骨干和基层干部的陈述，结合词频分析和强度分析的结果及反复阅读的体会，该研究将社区和谐划分为安定式和谐、融洽式和谐、共赢式和谐三种形态。三者层层递进（如图 7-1 所示），分别反映了大众对"不吵不闹"的良好社区秩序、"仁慈友爱"的良好社区氛围和"蓬勃发展"的良好社区局面的理解和期盼，以及对"混乱式不和""隔阂式不和""自私式不和"的厌恶和鄙弃。安定最为受访者所强调，融洽次之，共赢再次，一方面说明公众的和谐观仍待发展，另一方面暗示当下的社区和谐层次相对不高，共赢理念尚待发扬。"经济"与"心理"是贯通社区和谐成因与结果的两个重要因素，多为受访者所强调。经济发展是社区得以和谐的根本原因，社区和谐反过来也可以促进经济发展；通情达理、心胸开阔、积极追求是社区得以和谐的强大动力，社区和谐可以给人积极的情绪体验，在社区中形成如阳光般温暖的氛围。总之，当代社区和谐观综合反映了社区居民对美好生活的向往和追求。

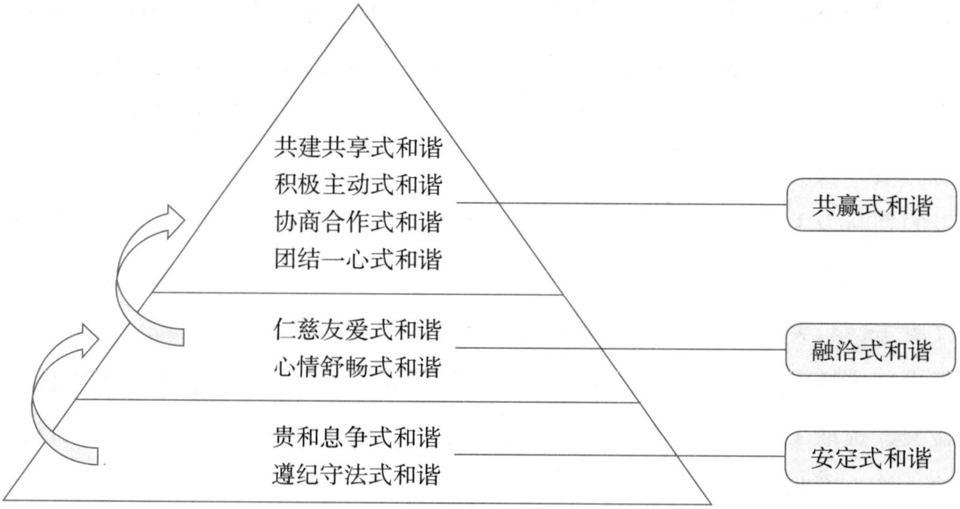

图 7-1　社区和谐类型的层次模型

4. 收获

其一，推进了对中国人和谐观的认识。与基于阴阳、动机、真伪视角提出的和谐观（参见第一节）不同，该研究从实际的经验材料出发，归纳出了中国人心中的三种和谐形态。其二，将中国人的和谐心理研究延伸到社区心理学领域，试图探究社区和谐的心理本质。与人际和谐心理不同，社区和谐心理不仅仅涉及个体与个体之间的关系，还涉及个体与群体、环境的交互作用，其视域更广、整体性更强，是一个更复杂的心理系统。其三，创造性地使用中国化的混合式主题分析对 27 万余字的质性资料进行了开放式探索，为中国社区心理学研究开辟了质性新路。

（二）公众的共赢观研究：聚类分析法

1. 选题

张锋和张杉（2020）认为“共赢观对实现人民群众对美好生活的向往、实现中华民族复兴与促进社区和谐发展具有重要意义与价值”，在新时代背景下可以将共赢放在社区中来讲，开展了社区共赢的公众观研究，并在此基础上编制了共赢量表（Zhang et al.，2021）。

2. 方法：开放式调查、聚类分析

开放式调查法也是研究公众观的常用方法，与访谈法相比，具有方便快捷的特点，可以在相对较短的时间获得大量的信息。其一般流程包括预调查和正式调查。（1）预调查：通过问卷的形式要求被试尽可能多地列举某一主题所具有的特征，如社区和谐的典型表现或影响因素。收回问卷后，根据内容特征进行归类，根据频次高低进行排序，通过不断的综合、筛选，整理出最具代表性的题项，形成正式调查问卷。（2）正式调查：一般以等比例分层抽样为宜。问卷的形式及数据处理方法一般有两种：一种是要求研究对象在给定数量的题项中选出指定数量的项目（例如，在15项描述社区和谐的特征中选择最重要的10项）并排序，相应的数据处理方法一般为描述性统计和聚类分析；另一种是以利克特量表的形式呈现题项，要求研究对象对题项的重要性进行评价（例如，在7点量表上评定题项所述特征对社区和谐的重要性）。张锋和张杉（2020）将这种方法用于共赢的公众观研究。

（1）取样：尽量广泛。作为一项量化的公众观研究，取样的覆盖范围应尽量广泛。该研究综合使用街头随机发放问卷并当场回收和问卷星网络施测两种方法，被试具体情况如下。① 预调查阶段。在河南、四川、湖北、安徽、广东等五个省份收集有效问卷137份。其中，现场作答59人，网上作答78人；男性60人，女性77人；18岁以下5人，18—25岁64人，26—30岁18人，31—40岁16人，41—50岁22人，51—60岁8人，60岁以上4人；受教育程度为硕士及以上16人，本科75人，专科29人，高中及以下17人；全日制学生47人，社会工作人员90人。② 正式调查阶段。在郑州、开封等地收集有效问卷332份，有效问卷率82.0%。其中，现场作答163人，网上作答169人；男性145人，女性187人；18岁以下19人，18—25岁169人，26—30岁51人，31—40岁47人，41—50岁33人，51—60岁7人，信息缺失6人；受教育程度为硕士及以上63人，本科172人，专科62人，高中及以下33人，信息缺失2人；全日制学生147人，社会工作人员185人。

（2）工具：自编问卷。在探索性研究中，主要使用自编问卷发展新概念。① 自编开放式问卷（用于预调查阶段）。只有一个题目，即："人们彼此之间要做到共赢需要具备哪些条件，需要具备哪些特征？" 被试可以根据自己的理解自由作答，不限时间及字数，平均用时约5分钟。② 自编共赢者特征问卷（用于正式调查阶段）。以预调查阶段得出的29个共赢特征词为题项，组成共赢者特征词问卷。要求被试根据自己的理解在7点量表（1=完全不符合，7=完全符合）上对每个特征词与共赢者特征的符合程度进行评定，平均用时约10分钟。

（3）统计处理：聚类分析。聚类分析（cluster analysis）实质上是一种基于数据的探索性归类方法，非常适用于探索性的量化研究。这种方法采用层次式的判别方法，根据给定样本中题项之间的亲疏程度逐次进行自动化的聚类。在聚类分析之前，研究者不清楚可以将观测题项分为多少类，也不清楚其类属特点。在聚类分析之后，可以通过树形图清晰地看到不同题项之间的距离和联系，但要确定具体分类，进行系统化命名，还要结合既有的理论知识。如图7–2所示，在张锋和张杉（2020）的研究中，采用不同的截距距离标准，可以将聚类分析分为2类（取25）、3类（取22.5为标准）、5类（取20为标准）等等。最终类别至少应满足两点：① 类间差异大于类内差异；② 划分出的各类具有实际意义，能概括类内个体的特点。

3. 结果

该研究发现，共赢者特征可分为协同性、和谐性、先进性、利他性、诚信性五个维度。协同性强调整体意识与合作精神，和谐性注重相互尊重而彼此包容，先进性是指共赢者要追求卓越与进步，利他性侧重于从他人利益角度行事，诚信性意味着利益主体要讲求诚实守信。

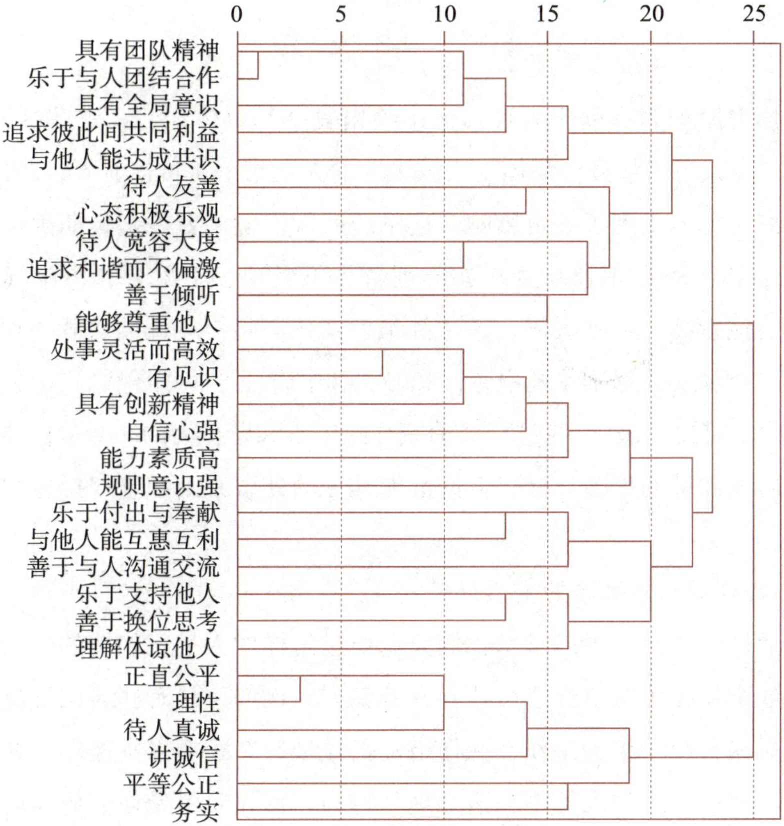

图 7-2　共赢特征词的聚类分析结果

4. 收获

该研究既是对共赢文化基因传承与深化的有益探索，又对构建合作共赢的和谐邻里关系有重要的实践指导意义。

第三节　和谐社区的建设

学界过去对和谐社区建设的探讨多集中于社会学、政治学等社科领域，以下将从心理学视角分析和谐社区建设的可能路径。

一、弘扬中庸理念，破解社区困境

弘扬中庸理念有助于处理社区中纷繁复杂的具体纠纷，破解社区困境。在全球“个人主义上升，集体主义式微”的大背景下（黄梓航等，2018），我国也不可避免地受到了一定影响。这里的社区困境主要是指长期困扰社区的一系列不和谐的心理及行为，如不理解、不支持、不配合、不服气、唱反调乃至胡搅蛮缠、大吵大闹、违法乱纪，其核心是极端偏向自我（存在“我执”）。与中庸实践思维（杨中芳，2009）和中庸理性（邬欣言，2017）类似，中庸理念是有助于破除“我执”、消减社区中不和谐行为的一套价值体系，包括树立内外和谐的生活目标、贯彻恰如其分的处事原则和坚守择善固执的初心本心。

（一）树立内外和谐的生活目标

生活目标也即人生追求，我们究竟要过怎样的人生，怎样的生活？社区中的少数个体在生活目标上可能存在着偏差。例如，总有些居民不配合物业公司或居民自管小组的工作，在楼道乱扔垃圾，在车棚里乱停车，在绿化地里种菜。要矫正这类人的不和谐心理与行为，首先要引导他们树立内外和谐的生活目标。

中庸所追求的理想人生境界就是一个“中”字，一种内外皆和谐的安适状态。（1）在内，即人自身的和谐，追求内心和谐、身心和谐。不做亏心事，心中没有乱七八糟的想法，就不会辗转反侧、借酒浇愁；表里如一，言行一致，不阳奉阴违，可以减少认知失调。（2）在外，即人与环境的和谐，如人际和谐、人与自然的和谐。要克服自我中心化思维，多为他人着想，认识到在社区中利人就是利己，注意维护公共环境的卫生与秩序，最终在整个社区中形成相亲相爱、融洽轻松的和谐氛围，无论走到哪里都心情舒畅。

（二）贯彻恰如其分的处事原则

中庸的核心内涵是恰如其分，即在具体情境（兼顾情理原则）中“执其两端”（不走极端原则）而“用中”（拿捏分寸原则）。针对社区中种种复杂的处境，我们要拿捏好分寸，做到取舍得当、进退有度。

1. 不走极端

不走极端的处事原则要求我们在社区生活中既不能过于偏执，也不能过于淡漠。（1）不能过于偏执。与其他居民交往的过程中，不能小心眼，不能为了一点儿小事就和别人争得脸红脖子粗；在与社区工作人员打交道时，不能想法偏激、钻牛角尖，非得按自己的意思行事，不能胡搅蛮缠、不讲道理。（2）不能过于淡漠。要关注公共事务，积极建言，抵制不文明不和谐的行为，不可存有“事不关己，高高挂起”的心态；要主动沟通、相互关心、相互照应，邻里邻居没必要搞得那么生分。

2. 拿捏分寸

拿捏分寸的处事原则要求我们把握中间的界限，即凡事要有一个“度”。譬如，老年人被保健品骗子洗脑购买高价保健品，乃至花空积蓄的情况时有发生。如果老年人能更理性地认识自己的身体，认识保健品的作用和价值、保健品公司的营销手段，如果其儿女能平衡好事业与家庭的关系，在努力挣钱的同时多关心照顾老人，老年人被骗的事件将大幅减少，社区将更加和谐。

3. 兼顾情理

兼顾情理的处事原则要求我们综合各方面的主体因素、情境因素进行充分把握、拿捏，在“情”与“理”之间寻求最恰当的均衡点。我们要通人情、讲道理，具体问题具体分析。例如，成都市金牛区新桥社区原社区主任对小区居民养鸡问题的处理，就值得思考和学习（王予灵，黄希庭，2021）。经了解，事主家里的儿媳刚刚产下一对双胞胎，为了给儿媳补身子，从乡下带来了几只鸡养在家里。从“理”上讲，城市社区中不能养鸡，一如周边居民的投诉：鸡到处拉屎，污染环境，还可能闹鸡瘟。从“情”上讲，事主情况特殊，可以适当包容体谅。最终，在多方协商下，问题得到了妥善的解决，事主决定隔一天杀一只鸡给儿媳吃，在规定的期限内将鸡处理完并保证以后不会再犯。

（三）坚守择善固执的初心本心

中庸不是和稀泥，不是无原则的调和。行中庸最根本的原则在于“择善固执”，亦即“坚持善的原则不动摇”（刘昌，2019）。在社区生活中，如果为了一团和气的景象，无原则地去调和矛盾，就会陷入被孔子称为“德之贼也”（《论语·阳货》）的乡愿。这种和稀泥的做法只能暂缓矛盾，无法从根本上解决问题，负性情绪可能会在老百姓心中不断积压，甚至逐渐形成怨气。因此，在社区中培育中庸理念要树立择善固执的原则，在“随时变易而中”的过程中要守住原则、守住底线、守住“大本”，既不能“同乎流俗，合乎污世”，也不能“为达目的，不择手段”。然而何者为善？不愧己心，不负他人。就内在而言，天地良心为善，不能伤天害理；就外在而言，公序良俗为善，不可违法乱纪。

二、发挥中华智慧，助力社区发展

“仓廪实而知礼节，衣食足而知荣辱”（《管子·牧民》），人民生活水平的提高是社区和谐的重要保障，正所谓“发展才是硬道理”。不过，迅猛的经济增长虽是必要的，却不应是社会或社区发展的全部（马诺哈尔·帕瓦尔，2017）。我们要追求全方位的发展，从早期的只重视经济发展到“科学发展观”再到党的十八大提出的“五位一体”总布局以及“创新、协调、绿色、开放、共享”的发展理念，党和政府对发展的理解也在逐渐深入。在宏观上，可以将社区发展划分为人的发展和环境的发展两大方面。相应地，社区心理学可以从中华智慧中挖掘出“修己安人”和“天人合一”两大法宝助力社区发展。

（一）修己安人：全面提升居民素质，充分满足居民需求

“修己安人”，语出《论语·宪问》（曰：“如斯而已乎？”曰：“修己以安人。”），是中华传统智慧的重要体现。修己安人与内圣外王关系密切，分别是儒学的现实功用和终极目标（梁启超，2010）。修己至极便是内圣，即《大学》所谓“格物、致知、诚意、正心、修身”；安人至极就是外王，即《大学》所

谓“齐家、治国、平天下”。内圣外王这一目标十分高远，常人无法企及，但修己安人实是我们可以着力践行的途径。

我们可以在社区心理学的意义上发挥修己安人的智慧，进行创造性阐释：修己即居民提升自己的素质，培育幸福进取精神，迸发创造活力，不断向前发展；安人即想方设法、千方百计（如利用新兴技术）地满足居民的心理需求，为居民提供安定、和乐的社区环境。

1. 修己：培育幸福进取精神，迸发创造活力

幸福进取精神可以为社区的蓬勃发展注入正能量。社区发展首先是人的发展，居民只有充分提升能力，养成健全人格，释放潜能，才能发挥创造性，更好地投入到学习、生活和工作当中，促进社区的全面发展。健全人格理论（黄希庭，2014）认为，健全人格可以由三个渐次向外的同心圆组成，最内层是正确的价值观，中间是积极的自我观，最外层是追求未来梦想的优良品格。我们要通过自我教育和自我监控的方法，努力发展为“能以辩证的态度看待世界、他人与自己，过去、现在和未来，顺境和逆境”“自爱、自立、自信、自省、自强”的幸福进取者（黄希庭，尹天子，2016）。

幸福进取精神对普通居民和特殊群体均有重要意义。（1）在社区中形成幸福进取的氛围。一项追踪研究表明“幸福会传染”，幸福感在人与人之间是相互影响的，积极情绪可以在社交网络中扩散（Fowler & Christakis，2008）。这意味着社区中幸福进取的劲头在居民间或许可以广泛传播，形成一种强大的活力氛围：“干啥都高兴”“干啥都有劲”。（2）为社区中的弱势群体提供内生动力。弱势群体大多缺乏幸福进取精神，例如，习近平（2017b）曾指出：一些贫困群众的“等、靠、要”思想非常严重，存在“干部干，群众看”“干部着急，群众不急”“靠着墙根晒太阳，等着别人送小康”等消极现象。正所谓“扶贫先扶志”，要根本解决这一问题需要充分激发贫困个体的“内生动力”（傅安国等，2020）。残障人士、单亲妈妈、劳改劳教释放人员等等也是如此，社区在为其提供就业、创业等外在资源的同时，更需注意其心理资源的建设，使其认识到最终还是要靠自己顽强拼搏、锐意进取。

2. 安人：善用新兴技术，满足居民的心理需求

随着5G技术（第五代移动通信技术）的发展，“万物皆可联”已不再是梦想，习近平总书记针对社会治理智能化、智慧城市建设等方面做出的重要指示正在逐渐落于实处。我们可以充分利用新兴技术提升社区的智能化程度，发展社区，服务居民，促进和谐。（1）建立智慧社区网络监测预警系统，满足居民的安全需求。结合人工智能、物联网、大数据、云计算等多项新兴技术，对辖区内的重点青少年、孤寡老人、残疾人、精神病人、社区服刑人员等进行标记、追踪，对违法犯罪活动进行预防和管控，为居民提供一个安全稳定的生活环境。（2）搭建智慧社区平台，组织活动，满足居民的亲和需求。可以通过居民手机应用端、智能电视等智能终端收集每个居民的活动需求并进行系统分析，有效地组织各类居民喜闻乐见的活动，使社区活动资源逐渐惠及全民；可以在各智能端开设专门板块，允许居民自由发起各类有益活动，系统审核通过后向有相同活动需求的居民推送；可以利用智能终端系统对社区的各类活动进行系统分类，从活动发起、策划、举行到总结进行一站式的活动组织服务，对每个环节进行跟踪管理。

（二）天人合一：构建绿色美好家园，实现生态和谐

如果说修己安人主要是中华智慧在人道上的表现，那么天人合一就是一种契合天道的生态智慧。纵观整个中国思想史，我们可以认为在“天人合一”中蕴含着天人和谐的思想（张岱年，程宜山，2006；陈来，2015），即：将天地万物视为相互依存、普遍联系的有机整体，人与自然万物应建立和谐共生的关系。

将天人合一的智慧落实在社区中，就是要认识到我们与社区环境是一体的关系，构建绿色美好家园，改善人居环境，实现生态和谐，既促进了社区的发展，也促进了我们自身的发展。例如，重庆市奉节县兴隆镇小寨村就是值得学习的典范，该村群众自觉组织清洁家园活动，形成了“棍棍棒棒码整齐，撮箕扁担收整齐，桌子板凳摆整齐，锅碗瓢盆放整齐，衣服铺盖折整齐，电线插板安整齐”的“六整齐”和“农活大家干，路水大家管，家门大家看，客来大家

陪，困难大家帮，农闲大家欢”的“六大家”的氛围（杨树海，2019）。不难想象，在这样和谐的环境中，居民将十分安心、舒心、顺心，在学习和工作中都更有力量。又如，成都市金牛区九里堤北路社区在辖区内专门规划出一块地作为菜园子，请农业大学的老师手把手教居民种菜。久居城市的居民在合作种地的过程中，重拾了原始的田园之乐，在某种意义上达到了“天人合一”的心境，感觉十分安逸（王予灵，黄希庭，2021）。此外，作息顺应天时、坚决不吃野味、推广垃圾分类等等也都是“天人合一”智慧在社区中的具体表现。

[专栏 7-3] 整合智慧社区资源，实现互利共赢

随着时代的发展、和谐社区建设的深入，居民的发展需求（成长需求、进取需求）将得到极大程度的激发，这就要求我们进一步地整合智慧社区资源，实现互利共赢。

一方面，要充分利用信息技术，构建大数据和信息处理平台，加强和提高服务居民的能力（张艳国，朱士涛，2017）。例如，可以将社区各类服务信息整合到智慧社区类 App（指手机软件）中，向有相应需求的居民推送。在各类智能终端上，居民可以查询到社区阅览室的图书资源，可以报名参加社区举办的各类培训（如唱歌、舞蹈、运动、厨艺、护理、消防、急救、心理知识），可以预约理发，可以与其他居民交换闲置的二手物品，等等。这些不仅可以满足居民的学习、生活需求，还能带动社区的经济活力。

另一方面，还要搭建“共建共治共享”平台，满足居民积极进取、参与社区自治的需求。在智能终端上，应为居民提供方便的咨询通道及在线业务办理平台，保持信息渠道互联畅通，使居民既可以及时了解最新的政策与法规，又能随时随地进行反馈。例如，作为县域智慧城市样板的山东省淄博市高青县（近年来相继斩获“数字化转型奖”“智慧城市最佳移动创新奖”）采用的“随手拍”功能就值得学习推广。居民发现问题后，可以在“智慧社区云平台”的手机端通过该功能描述事件详情、实时上报诉求，社区收到反馈后整合各方资源进行及时妥善的处理，各方均可在智能终端上对问题解决进行全程跟踪。

三、实践共赢思维，促进社区和谐

在社区中实践共赢思维是指在社区范围内致力于实现个体、亚群体、环境等多方的利益平衡，形成一种对各方都有好处的局面。从本质上讲，这是一种人性本善的观念，相信人能够用智慧来解决冲突：共赢思维相信人的协作、合作、包容的力量，相信在遇到困难、冲突时能采取一系列的方法克服困难，相信各方能充分发挥各自的优势，做好自己的事情，使社区更加和谐、幸福、富有活力和充满生机。共赢思维集中概括了共建共治共享的思想内核，内蕴共生共荣的意味。共赢既是实现社区和谐的一种重要手段，也是社区和谐的本然要求。

（一）变换视角寻共赢

视角变换强调主体在面对社区中的纠纷时，要能灵活地超脱自身狭隘视角的局限，避免沉浸在自己的观点和情绪中综合前述研究成果，可以将视角变换策略归纳为下列四种类型。

1. 人称视角的变换

具体包括第一人称向第二人称的转换和第一人称向第三人称的转换。前者又包含两个层面：一是传统的“恕道”，强调推己及人，以己之心度人之心；二是人们常说的换位思考，设身处地站在对方的立场上思考问题。后者指局外人视角（Brienza et al.，2018），强调以局外人的视角看待当下冲突，实现“外其身而身存”（《道德经》第七章）。人称视角的变换不仅可以通过促进智慧推理（魏新东等，2019）以助益人际和谐，而且能通过灵活调节情绪以促进身心和谐（黄敏儿等，2014）。

2. 时间视角的变换

时间视角的变换指从短期视角转向长期视角，跳出当下，以更长远的目光审视当下的问题，判断利弊得失，即我们常说的“从长计议”“用发展的眼光看问题”。与西方“长程”思考模式研究对“长远目标及其追求”的关注不同，本土研究更关注“在一较长远的时间段，去看‘现时’事物的意义”（杨中芳，2010a），暗示着我们更注重透过“着眼未来”以“把握当下”。

3. 阴阳视角的变换

个体看待世事时要把握“一体两面的本质”及其相生相克的关系（杨中芳，2010a），进而实现阴阳视角的转换，如否极泰来（阴转阳）、乐极生悲（阳转阴）。在社区生活中，个体应充分把握事件的阴阳态势，抓住恰当的时机进行“转念”：遇消极事件快速抽离转念，遇积极事件先体会美好再转念思危（林玮芳等，2014）。

4. 场域视角的变换

场域视角的变换类似于杨中芳（2010a）所说的“全局思维”或通俗所谓大局观，克服一隅之见，抽身外观，转向全局视野。这需要个体将思维从“个我”或“小我”的格局中解脱出来，走向“大我”，将自己置身于一个更宏大的格局中思考问题，尽可能整合多方利益，使冲突最小化、全局利益最大化。

（二）以退为进促共赢

以退为进不仅是认知层面的视角变换，更是一种实际的共赢行动策略。这种“忍”的策略不是简单的妥协，而是通过让一步来寻求进一步合作（杨中芳，2010a）。主体在社区生活中应把握好进退之间的分寸：当进则进，为自身、他人、社区的权益据理力争；当退则退，只要不涉及原则问题，尽量主动辞让，退一步海阔天空。有时，社区中的矛盾存在不平衡性，以退为进的行动策略对矛盾双方均有适可而止的要求。占据资源者不可欺压良善，有理者不可得理不饶人；势低者也要适当存有吃亏是福的心态，把目光放长远，不可过分偏执，不能一味地吵闹，觉得我弱我有理甚至恶意碰瓷，进行道德绑架。总之，以退为进不是单方面的，需要涉事方相互礼让才能实现和谐。清代名臣张英“六尺巷”的故事，可视为古代社区中以退为进、互谦互让的著名公案：

张文端公居宅旁有隙地，与吴氏邻，吴越用之。家人驰书于都，公批书于后寄归，云：“一纸书来只为墙，让他三尺又何妨。长城万里今犹在，不见当年秦始皇。”吴闻之感服，亦让三尺。其地至今名为六尺巷。

（三）安所遂生达共赢

“安所遂生”语出《四书章句集注·中庸章句》中朱熹对“致中和，天地位焉，万物育焉”的注解：“位者，安其所也；育者，遂其生也”，是指天地各归其位，万物生长繁育。潘光旦结合传统文化与社会生物学的思想，将其概括为“位育”或“安所遂生”（潘乃谷，2000）。安所遂生是达到“中和”境界的结果，或追求“中和”的一种目的。此处，我们主要将其讲成一种方法策略。一方面，强调社区成员要“人载其事而各得其宜”（《荀子·荣辱》），各安其位，充分发挥各自的优势，将自己的分内之事做到极致。例如，社区管理层要努力多办实事，社区居民要尽力理解配合。另一方面，强调社区中的组成要素相互协调，各遂其生，交相感应，相辅相成，迸发社区活力。例如，社区方面要充分考虑个体差异，结合居民的实际需求量身定制各类文体、娱乐、志愿活动，充分调动居民的参与热情。当下许多社区的工作重心仍在中老年群体，应考虑适时、逐步地向全年龄段覆盖。有些人喜欢喝茶，有些人喜欢跳舞，有些人喜欢养狗，有些人喜欢打麻将，有些人喜欢散步……我们要秉持多元开放的观念，在互动的过程中，尊重每一个居民合情合理的价值、兴趣，彼此协调，各得其乐。一个家庭乃至整个社区之内的代际差异也是如此，不同年龄段的个体之间重在求同存异，彼此包容。

在社区中要克服“不是你死就是我活”的零和思维，避免双输、共输，寻求双赢、共赢。“下毒害狗，狗死，下毒者被判刑”就是共输，“协商协调，引导文明养犬”则是共赢。我们还应克服“道德差序圈”（喻丰，许丽颖，2018）的局限性，构筑社区命运共同体。社区是社会的缩影，我们至少要在社区范围内将整个社区视为一个道德共同体，讲求同样的道德，在引导居民关心和参与社区公共事务的过程中，建立具有约束力和激励功能的居民公约，逐步形成共生共荣、利益共享、风险共担的社区命运共同体。

概要

和谐的实质是多样性的统一，是多种事物之间融洽协调、恰到好处、共生共荣的关系。和谐具有适中性、生成性、共赢性、辩证性等特点，并有助于协调身心关系、人际关系和天人关系，促进个人成长、社会发展、生态和谐。社区和谐是指以社区为边界的个体、群体、环境之间通过交互作用形成的一种融洽协调、恰到好处、共生共荣的感受、关系或状态。可以多角度多方法地研究社区和谐，如通过质性研究探索社区和谐的公众观，通过量化研究探索社区共赢的公众观。从心理学视角分析，和谐社区建设的可能路径有：培育中庸理念，破解社区困境；发挥中华智慧，助力社区发展；实践共赢思维，促进社区和谐。

扩展阅读书目

陈浩彬.（2019）. *中国人的人际和谐心理*. 北京：北京师范大学出版社.

汪凤炎.（2019）. *中国文化心理学新论*（上）. 上海：上海教育出版社.

杨国枢，黄光国，杨中芳.（2008）. *华人本土心理学*（下）. 重庆：重庆大学出版社.

思考题

1. 结合自己熟悉的社区，描述其和谐的元素和特征。
2. 结合社区的类型，给出社区和谐的操作性定义。
3. 选择一个现实问题，描述怎样研究社区和谐心理。
4. 传统智慧和现代科学精神在和谐社区建设中各自扮演什么角色？

第八章　社区的诚信观

2011年9月6日，央视网报道了“广东佛山:‘无人售菜’市场卖菜靠诚信”。刘勤、谢静仪调查发现，该市场已经持续30余年。“无人售菜”是谢村村民自发形成的一种售菜方式。卖菜的村民将菜定量称重后各自束成一捆，在一个小木牌或纸牌上写上一捆菜的价钱后将其插在一个铁罐上。买菜者选好菜后，按照标价把钱放到罐子里。据摊主所述，从未发生拿了菜不给钱的现象。调查也发现，谢村外来人员也较大程度地加入了“无人售菜”行列，陌生人的出现和增多并没有促使“无人售菜”的摊主们采取措施去“防范”这些新加入者，相反，表现出了较高的信任度。无独有偶，张家港市南丰镇有一家馒头店生意一直很红火，但每天的上午、下午都有一段时间无人看管，馒头摆在门口让顾客自拿自付。附近顾客早已习惯自己拿馒头付钱，一年多来，店里收入和馒头实际卖价从没有过偏差。

这两个案例反映了居民之间极高的诚信水平，体现了良好的社区诚信。新时代社区相较以往的熟人社会已发生了巨大的改变。阐释诚信本质，了解社区诚信现状，把握诚信建设过程中存在的问题，找到发挥诚信效能最大化的方法，是社会诚信建设的必经过程。下面将从诚信的性质、社区诚信观的研究和诚信社区建设三方面加以论述。

第一节　诚信的性质

中国人的诚信在历史的不同阶段有时代赋予的独特内涵，不同文化背景下，诚信概念也显示出较为鲜明的文化特征。本节将具体阐述中国人诚信的缘起与发展，比较中西方诚信的异同，结合具体研究探讨现代诚信的内涵，探寻诚信在社区的体现。

一、诚信的缘起与发展

（一）诚信的缘起

“信”孕育于商朝，形成于战国。早在殷商时期，古人就用“允”“孚”来表达“信”，意指对于天和鬼神的虔信。从商末至春秋，青铜器铭文上开始出现“信”字。西周春秋战国时期，随着皇权政治的建立，“信”的概念由自下而上“忠信于神”转变为自上而下治国理政守信的政治伦理，先秦时期已经成为道德观念的组成部分。随后，以儒家为代表的传统“信”概念渐次形成，孔子曾多次强调“主忠信”；董仲舒在孟子“仁、义、礼、智”四个德目上增加了“信”，从此形成五常（戴木才，2015）。

“诚”最早出现于《尚书》，“鬼神无常享，享于克诚”（《尚书·太甲下》）。这里“诚”指笃信鬼神的虔诚之意。在《周易·乾》中，“闲邪存其诚”，“修辞立其诚”，这里“诚”表示“真实无妄”的含义，体现人伦道德意蕴。在儒家“天人合一”的理念之下，“诚”的内涵得到增衍。诚的含义经历了由带有笃信鬼神的宗教意味的虔诚，至天之道中的真实无妄，再至人之道中的真诚、诚实。

东汉时期出现“诚”“信”两字互释，许慎在《说文解字》中解释，“诚，信也。从言，成声”，“信，诚也。从人，从言，会意”。后来“诚”“信”开始联合使用，但并非现代语义学上的一个词，而是表达“真诚、信守诺言”的两个词。传统诚信十分强调“诚”“信”两者之间的联系，认为“诚”是“信”的基础，“信”是“诚”的外部行为表现，正如张载所言“诚故信，无私故威”（《正蒙·天道》）。但是“诚”与“信”在儒家伦理道德谱系上的地位不同，多将“诚”视为极重要的道德规则，“信”的地位则较次要。孔子认为，“信”要服从“义”，在“信”与“义”不可兼得的特殊情况下，提倡人们牺牲“信”而提倡“义”。因此，孔子倡导的伦理道德谱系中的诸德目是有一定先后次序的，信被排在仁、义、礼、智诸德日之后（汪凤炎，

2008）。

诚、信概念的含义和普及化主要体现在儒家思想中，而现代诚信是作为一个整合概念得以广泛传播和使用的。在儒家的思想中，诚信是立身之本、处世之本，也是事业之本。时至今日，孔子的诚信思想仍有许多合理的因素，与现代市场经济的契约关系和民主政治的法治理念有吻合之处（张岱年，方克立，2004）。

［专栏 8–1］古代汉语中“诚”与“信”的差别

在古汉语里，作为“诚实、不欺”之义解释时，“诚”与“信”可以互训，但如果细分，“诚”与“信”有两个重要区别：(1)“诚”与“信”有内外之别。“诚”指个体内心的一种“真实无妄”状态，是一种内在的道德律令；“信”则是指说话算数、言行一致，是一种外在的道德律令。(2)“诚”与“信”在儒家伦理道德谱系上的地位不同。自孟子开始，儒家多将“诚”视作极重要的道德规则，这从《孟子·离娄上》里“是故诚者，天之道也”一语可见一斑。依《论语》记载，在孔子的言论中没有使用“诚”这个概念，他是通过“仁”与“信”来论“诚”的。“子曰：‘君子不重则不威，学则不固。主忠信，无友不如己者，过则勿惮改。’”（《论语·学而》）“子曰：‘君子耻其言而过其行。’”（《论语·宪问》）在孔子看来，“信”是正人君子做人的一种重要品格。谚语云：“君子一言，驷马难追。”与此相反，小人则往往出尔反尔，言而无信。但孔子并不把“信”看作是绝对的、无条件的，而是认为“信”要服从“义”，“义”是更高的原则。在“信”与“义”不可兼得的情况下，儒家提倡人们牺牲“信”而成就“义”。正如孟子在《离娄下》中所说：“大人者，言不必信，行不必果，惟义所在。”如果一个人不问青红皂白而只管自己要信守诺言，那就是“小人”，是末等的“士”。这个思想明显地表现在孔子与子贡的对话中。“子贡问曰：‘何如斯可谓之士矣？’子曰：‘行己有耻，使于四方，不辱君命，可谓士矣。’曰：‘敢问其次？’曰：‘宗族称孝焉，乡党称弟焉。’曰：‘敢问其次？’曰：‘言必信，行必果，硁硁然小人哉！抑亦可以为次矣。’”（《论语·子路》）可见，孔子倡导的伦理道德谱系中的诸德目是有一定先后次序的：他把“仁”放在其伦理道德谱系的首位，而“信”的位置要低许多，它不但排在仁、义、礼、智诸德目之后，甚至比耻和孝的地位也要低。

（资料来源：汪凤炎，2008）

（二）现代诚信的含义

1. 什么是诚信

诚信是一个道德概念，是日常行为的诚实和正式交流的信用的统称，泛指待人接物真诚、老实、讲信用，一诺千金等等。《现代汉语词典》（第七版）对“诚信”一词的解释是：诚实，守信用。这里，诚信有两个含义：一是诚实，要求人与人交往时说真话，不掩盖或歪曲事实真相；二是讲信用，遵守诺言。这两个含义都说明诚信是一个道德范畴，是为人处世的道德准则。

在社会主义市场经济条件下，诚信概念显示出时代赋予的独特内涵，意味着诚信概念现代转型的到来。从心理学角度看，诚信（integrity）是指个体在一定关系中表现出的以诚实、信用、信任和责任心为核心的比较稳定的心理品质和行为倾向。考察一个人是否诚信，要用联系的、整体的观点看待。研究者（Peng & Nisbett，1999）指出：东方文化中的人在看问题时所采取的认知取向是整体性的，强调的是事物之间的关系和联系。中国人看一个人是否诚信，不仅看他处理某件事情的结果，更看他在处理事情的过程中是否坚持诚实、讲信用和有责任心，以及能否赢得信任等。

现实社会中，根据诚信主体的不同，我们可以将诚信分为个人诚信和社会诚信，或者分为个人诚信、企业诚信和政府诚信。

2. 诚信的价值

人们对美好生活的向往，是希望生活在一个没有欺诈、不敢造假，可以真诚相待而不用劳神防范、猜忌和捉摸的社会中。这样的社会不仅物质丰裕，更是诚信有序。诚信在社会主义市场经济中的价值体现在以下五个方面。第一，诚信对社会的整合价值。假如社会的个体和群体都有诚信意识，立诚守信，则社会关系必然和谐，各行各业在合作中稳定发展，形成整体。第二，诚信对社会交往的有效和增效价值。如果诚信成为常态，则人们互相防范避害的成本大大降低，从而带来交往有效性的增强和交往效率的提高。第三，诚信的示范价值。诚信对交往的双方会产生影响，形成良性的循环。此外，诚信对第三方也有示范价值。第四，诚信的导向价值。一个有浓厚诚信氛围的社会，必然会导致越来越多的人求真务实，明诚向善（吴继霞，2009）。第五，诚信的辅助支撑价值。党的十八大确立了经济、政治、文化、社会和生态文明建设五位一体的总布局，诚信作为社会主义核心价值观的内容之一，是文化建设和社会建设所包含的重要方面，与经济、政治和生态文明建设相辅相成。

二、中西方诚信的异同

（一）中西方诚信的共通之处

诚信是人类社会的道德基石之一。宗教本身包含着伦理道德思想，一些世界性的宗教同样对诚信道德非常关注。基督教要求教徒具备三种美德：有信、有望、有爱。佛教有一条戒律规定，不妄语，也即言行一致。自古代的修昔底德（Thucydides）和西塞罗（M. T. Cicero）到近代的亚当·斯密，欧洲的思想家们论说诚信不辍（戴木才，2015）。此外，阿拉伯人、印度人也对诚信持赞美的态度。总之，诚信是一种没有民族和国家界限的道德观念，在当今的国际交往中，仍然是全世界人民都必须遵守的道德原则。

诚信是个体的品格，从根本上说是一种人品修养，是做人的根本准则。《春秋穀梁传·僖公二十二年》说："人之所以为人者，言也。人而不能言，何以为人？言之所以为言者，信也。言而不信，何以为言？"孔子提出"民无信不立"(《论语·颜渊》)。荀子把是否有"信"作为区分君子与小人的重要道德标准。甚至在人们认为充满诡道的《孙子兵法》中，孙子也将"信"与"智、仁、勇、严"一起，作为将帅必须具备的基本道德。西方学者（Becker，1998）认为，诚信是个体对合乎道德判断的系列规则和价值观在行为上的忠诚，诚信要求个体遵循合乎道德判断的规则。

诚信是为政之要，中西方都突出了诚信在政治生活中的作用。人类的进步和社会的发展需要人们分工合作，合作的前提就是诚实守信。人们为了某种利益预期，基于信任选择与他人合作；如果你不相信他人，或者不被他人信任，就会失去许多选择的机会或者享受不到与他人合作的好处，甚至威胁自己的生存。可以说，诚信是一种最根本的人类社会关系，是整个社会赖以生存的基础。世界上各个国家、民族都对诚信加以提倡和鼓励，而对失信予以谴责和惩罚。

（二）中西方诚信的区别

中西方诚信的不同之处体现在以下四个方面（吴继霞，2009）：第一，观念起源不同，中国的诚信内生于社会主体的道德内省和意识上的自我约束，西方的诚信外生于商品交易所产生的契约；第二，理论基础不同，中国的诚信更多地受儒家思想"人之初性本善"影响，西方的诚信则受"性恶""理性"观念驱使；第三，约束机制不同，中国的诚信讲究道德的约束和良心的作用，西方的诚信更多地依赖法律及其他社会制度的因势利导和互相监督；第四，功能效用不同，中国视诚信为为人之本，以追求人的价值为目的，西方则将诚信作为获取利益的手段和工具。

三、诚信观的现代演变及特点

（一）诚信观的内涵拓展和深化

诚信观（view of integrity）是人们对诚信的含义、价值以及判断标准的系统性认识，是对诚信的根本看法和态度（王东，2008）。我国传统诚信观提倡自律，重视情感，强调道德义务（陈劲，张大均，2007）。现代诚信观更为注重契约和信用。早期，诚信被认为由诚实和守信二因素构成（刘敏，李小平，2007）。诚信是一个复杂的社会心理系统，可以从不同的角度进行研究，以揭示其内涵。有研究者从理论上提出，诚信由诚实、信用和信任三因素构成（吴继霞，2009），并且将诚信界定为个体在一定关系中表现出的以诚实、信用、信任为核心的比较稳定的心理品质和行为倾向（吴继霞，黄希庭，2010）。之后，研究者采用质性研究范式，对"诚信是什么"的回答剖析得更为深刻，并找到了诚信的另一个构成因素——责任心，即诚信由诚实、信用、信任和责任心四因素构成（吴继霞，黄希庭，2012）。最近，又有研究揭示了诚信是个体一贯坚守心、言、行三者的协调一致性（冷洁，吴继霞，2016）。

（二）诚信观的特点

诚信观有以下四个特点。

1. 诚信四因素是联系、发展和整体的

责任心是诚实、信用和信任因素的必要条件，但不是充分条件；诚实是信用和信任因素的基础；四因素是一个有机的整体，构成一个诚信的人所具备的人格特质。

[专栏 8–2] 诚信的四因素结构

研究者以质性研究的范式，通过深度访谈的方法收集资料，提出诚信由诚实、信用、信任和责任心四因素构成（如图 8–1 所示），诚信四因素之间的关系如图 8–2 所示。

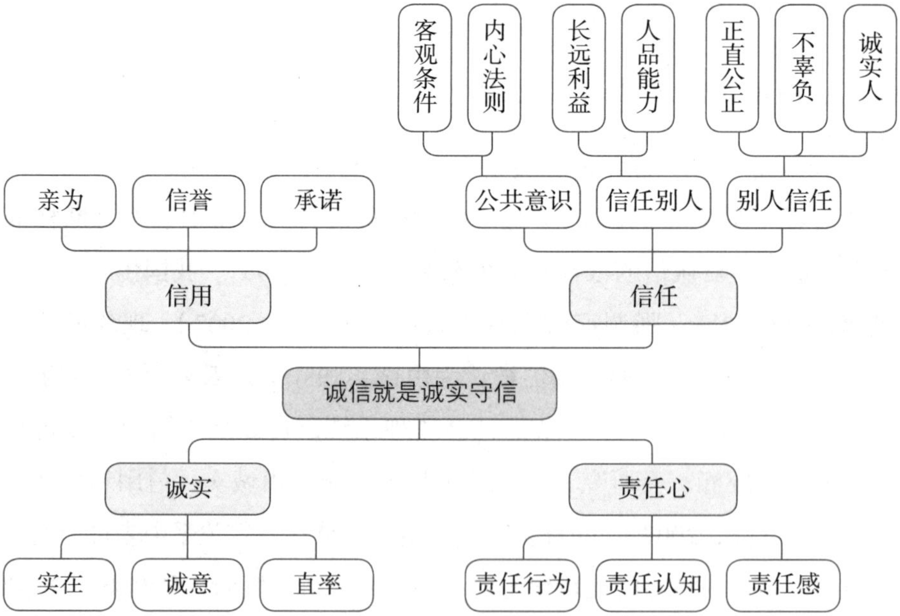

图 8–1　诚信的构成因素

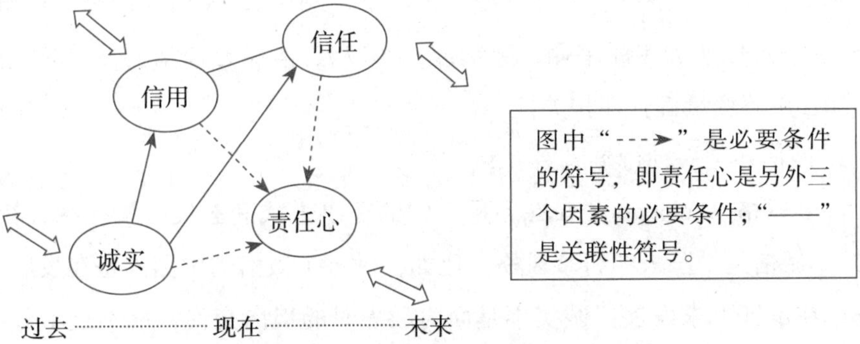

图 8-2　诚信四因素之间的关系

（1）诚信由四因素构成。① 诚实。由“诚意”“直率”“实在”等概念构成，主要指笃实、诚意、直率，言论、行为跟内心思想一致。② 信用。首先需要讲“承诺”，其次信誉需要自己“亲历亲为”，再者有了信誉就会有信用。讲信用、守信用、有信用是诚实的表现。③ 信任。由“别人信任”“信任别人”“公共意识”组成，反映了信任的人际互动和社会文化现象，也映射出中国特有的文化。④ 责任心。由“责任认知”“责任感”“责任行为”等概念构成。

（2）诚信四因素之间的关系。首先，责任心是诚实、信用和信任因素的必要条件，但不是充分条件。没有责任心就做不到诚实，没有信用就不能获得信任，但保持责任心未必一定诚实，获得信用或者信任。其次，诚实是信用和信任因素的基础。最后，四因素是一个有机的整体，构成一个诚信的人具备的人格特质。

（资料来源：吴继霞，黄希庭，2012）

2. 诚信具有道德性，也是一种人格特质

从本质上看，我国长期坚持的是一种道德诚信。有研究者从具身隐喻的角度探究诚信道德的影响因素（冷洁，吴继霞，2018），比如明暗环境、扪心自问、签名效应、注视眼等因素，以及情绪智力、财务状况、自我耗损、道德推脱等因素对诚信道德的影响。

将诚信理解为个体人格特质的观点认为，诚信是一种经过社会学习而形成的相对稳定的人格特点（吴继霞，黄希庭，2010），诚信与谦虚（杨帆等，2015）、恶意创造力（汪宇翔，吴继霞，2017）、他控力知觉（吴继霞，任蕴哲，2016）等变量都存在相关性。

3. 诚信还是一种行事风格

行事风格（behavioral style）是个体的行事方式和态度（王登峰，崔红，2005），诚信是中国人的行事风格。比如，做一个诚信的中国人是在发展中求辩证，在辩证下求发展。诚实不是面对敌人时的坦白交代，也不是不分场合有一说一；信用不是冲动，而是一种理性的升华；责任（responsibility）是指对任务的一种负责和承担，而责任感则是一个人对待任务的态度；信任不是盲目的（吴继霞，2009）。还有，中国人强调个人实践诚信赢得信任，却并不鼓励信任他人（何友晖等，2007）。一方面，儒家的诚信观更强调内省，即强调自己的守信，强调修身养性以达到“内圣”。曾子曰：“吾日三省吾身：为人谋而不忠乎？与朋友交而不信乎？传不习乎？”（《论语·学而》）另一方面，我们又有“害人之心不可有，防人之心不可无”的传统信念。

4. 诚信是个体内心、言语和行为三者的统一

冷洁和吴继霞（2016）依据概念隐喻理论，对“诚信”的字源和诚信成语进行了语义分析。她们认为“诚”字中不仅包含“言”的要素，表示“由衷之言”，还包含“心”的要素，表示“诚心诚意”。“信”字中“言”“人”的字形要素合起来表示“人之直抒心意”之义，“心”“口”“身”的字形要素合起来表示“言语和行为相互约束，行为践履言语”之义。另外，从造字的具体物象基础看，“诚”“信”两字的字义有差异：“诚”字以心、口、舌的身体器官为基础，字义表示语言要表达内心的思想情感；“信”字不仅借助心、口、舌的物象，还借助人身的物象，除了有内心“思想情感”和“语言表达”之义外，还有“行为”之义。

诚信就是个体一贯坚守的心、言、行三者的协调一致性。虽然在不同文化、社会情境中，心、言、行三者之间有时会呈现出矛盾和冲突，但是从长远看，这三者之间会不断协调以保证个体作为一个整体的和谐状态。

四、诚信观在现代社区中的体现和意义

（一）诚信观在现代社区中的体现

1. 诚信观在转型期农村社区中的体现

本章开头“无人售菜”的案例，就是转型期农村社区诚信观的体现，可以用诚信四因素的特点加以说明。

“无人售菜”最初建立在熟人的经济交往行为基础上，因地缘和血缘关系，既强调人情，又要维系社区内诚信的重复博弈。摊主和买主的诚实是自发的，彼此的信任是必然的，因为这是发生于对一种行为的规矩熟悉到不假思索时的可靠性上（费孝通，2008）。随着谢村及周边外来人口的增多，陌生人的进入未能瓦解“无人售菜”现象，除了谢村当地人“凭良心做事”，也即对待经济交往行为的责任心，从未出现对待外来人口缺斤少两、优劣混卖的事例，也有他们对外来人口自发和主动的信任，正如采访中所说“外来人挺自觉的”“大家都自觉嘛”。此外，外来人口与摊主彼此信任，有舆论监督保障，也即双方信用的建立。对摊主而言，失信的违约成本太高；对外来人口而言，在谢村社区数月或一年为单位的居住期间，必然进入社区的舆论监督，外来者群体自身需要建立群体信用的舆论约束。总之，谢村社区摊主们对经济交往行为的责任心，是在人口变迁中自发坚守诚实的基础，也是他们对外释放信任信号的前提，买主们在信用监督和被信任激励下守信参与，从而维系“无人售菜”运作，且在互动中实现诚信的维持与再生产。

2. 诚信观在城市老社区的体现

诚信是社会和社区拥有的规范和氛围。我们曾选择苏州市姑苏区的大公园社区和钮家巷社区两个“明星社区”，总结出诚信观在社区中有以下三方面的体现。

第一，居民的责任心体现在维护社区环境卫生这类细节中。两个社区都属于老社区，地理位置偏市中心，社区住宅户型老房屋偏多，分布较密集，辖区内分布几十家企事业机关单位和百余家临街商店，与高校和多处知名景

点为邻，人流量较大。即使处在这样的人口密集区，社区内卫生环境高度洁净。访谈中，钮家巷社区负责人表示，居民如果看到社区内某处垃圾没有处理，或者出现脏乱差的现象，都会主动告知居委会。可见，保障社区生活的干净舒适，是社区工作者和居民双方对社区生活环境的责任担当。

第二，诚信观体现在社区制度化的工作和规范化的管理中。诚信做事既需要个人遵守道德，也需要规章制度的制约。制度化的工作和规范化的管理，既保障了社区管理的信用，又增强了社区工作者与居民之间的信任。社区通过建立工作制度，在每一个网格注入了社区党委、社工、公安部门、城管部门、环卫部门、物业公司以及居民志愿者等力量，以保证网格化管理的有效性。此外，对社区工作者的规范考核也至关重要。社区先后制定了《社区工作人员守则》《社区党员行为规范》等20多项规章制度，把社区的各项工作纳入制度化、规范化之中。

第三，社区工作者在关心服务居民烦琐的小事中赢得信任。有两位社区居民表示，他们能真实地感受到社区提供的服务渗透在日常生活的细节中。例如，社区居委会书记在梅雨季节会亲自在辖区内巡查路面是否有积水、老小区房屋是否漏水等，在节假日会到孤寡老人家中进行慰问，探望摔倒或者生病住院的老人。社区工作者常常加班，周末加班是家常便饭；凌晨还在处理事务，回复居民信息，已成习惯。正是透过这些烦琐小事，居民真实感受到了居委会对居民的服务与关爱，社区工作落在实处。诚信无小事，“明星社区”工作的事无巨细是对诚信观的积极体现。

（二）诚信观在现代社区中的意义

社区的诚信观，体现在社区工作者的服务、管理中，居民的邻里互助、信任中，对构建和谐社会具有深远意义。在诚信的社区生活，邻里和睦信任，人们在衣食住行上不用防范别人，更能够获得幸福感。

1. 社区工作者诚信，示范增效

社区工作者可以借助社区服务的功能，积极开展诚信服务示范等相关活动。对社区中的老年人、残疾人、因病致贫以及低保户等弱势群体要做好相应的服务工作和关爱救助工作。广泛地开展面向社区居民的便民、利民服务，同时做好社区单位及企业的社会化服务和管理的工作，恪守诚信，接受社区民众的监督和他们对社区工作的建议。

2. 激活社区管理的诚信机制，增强社区的凝聚力

激活社区管理的诚信机制，即规范决策程序，突出诚信原则，将决策内容合法化、公开化、透明化。加大诚信社区建设宣传力度，倡导居民积极参与社区活动，关心并支持诚信社区建设。制定和落实公务公开、民主管理的各项制度，努力为广大人民群众办好事、办实事，在人民群众心中树立诚信形象，可以增强社区的凝聚力。

3. 构建诚信社区，拥有诚信观，对和谐社会建设具有深远意义

构建诚信社区，拥有诚信观，不仅是满足社区居民需要，更是社区与社会整体协调有序发展的必然选择。家是最小国，国是千万家。社区是连接家庭和社会、国家之间的桥梁，构建诚信社区是全面建成小康社会、共创中国梦的重要任务。因此，构建诚信社区，拥有诚信观，对社会主义和谐社会的建设和发展具有深远的意义。

第二节　社区诚信观的研究

社区诚信不是诚信在社区的体现，社区的空间特性是社区诚信的关键特征。社区中个体、群体和子群体对社区诚信的含义、价值和判断标准的系统性认识形成社区诚信观。本节首先界定社区诚信观的概念，然后介绍与社区诚信观有关的研究主题、研究方法，最后讨论社区诚信观的研究方向。

一、社区诚信观的界定

诚信是诚信观的基础。借鉴有关社区信任（方亚琴，2015）的界定，我们将社区诚信（community integrity）理解为社区内个体、群体及子群体在互动中表

现出来的以诚实、信用、信任和责任心为核心的比较稳定的心理品质和行为倾向以及社区内的诚信氛围。

诚信观在概念形式上与人生观、幸福观等相同，涉及主体对特定问题的根本看法与态度。有研究者认为诚信观是一种重要的社会认同意识，是在个人需求的诚信行为的心理基础上所形成的社会需求的诚信行为群体心理（庞跃辉，2003）。还有研究者根据主体的不同进行分类，将诚信观划分为社会诚信观与个人诚信观。社会诚信观是一定社会对诚信伦理的社会认同和主流价值取向，反映了国家、民族、社会和文化形态在诚信问题上的态度；个人诚信观则是个体对诚信的理解、态度和价值判断，所影响的是个人在公共生活中的行动特点和生活处境（王东，2008）。

根据庞跃辉（2003）的划分，本章所讲的社区诚信观是在社区个体诚信行为需求意识的基础上形成的社区群体诚信行为需求意识，也就是王东（2008）所划分的社会诚信观，即特定社区对诚信伦理的社会认同和主流价值取向。社区诚信观的主体包括社区中的个体、群体和子群体。社区诚信观是社区主体的集体意识，来源于个体、群体和子群体对诚信根本看法与态度的“共同”部分，也即社区诚信的公众观，而非观念的叠加总和。

综上，社区诚信观（view of community integrity）是社区中个体、群体和子群体对社区诚信的含义、价值和判断标准的系统性认识，是对社区诚信的根本看法和态度。社区诚信观由内容、价值和标准三个方面构成。社区诚信观的内容即知道什么是社区诚信，获得对社区诚信行为的多样性和丰富性的认知；社区诚信观的价值即社区诚信的“意义”问题，反映社区对诚信价值的确定；社区诚信观的标准即社区主体判断诚信行为的标准。

二、社区诚信观的研究主题及特点

（一）社区诚信观的研究主题

社区诚信观研究可以从多角度进行具体化和可操作化，如在社区结构上，可以比较老社区、新型社区、混合型社区、移民社区等的诚信观，又如在社区诚信内容上，可以探讨诚实、信任、信用和责任心四个方面。以下阐述三个重要研究主题的具体内容。

1. 编制测量社区诚信的有效工具，评估我国社区诚信状况

工欲善其事，必先利其器，编制适合我国国情且具有测量学意义的社区诚信量表是当务之急。社区诚信量表可包含诚实、信任、信用和责任心四个维度。将信度、效度合格的测量工具在全国范围内施测，可得到我国当下的社区诚信总体水平，进而可以比较城市社区和农村社区的诚信水平，比较不同类型的城市社区的诚信水平。除此之外，还可以研发其他形式的评估工具，作为社区诚信的系列测评工具。总之，社区诚信评估工具的编制和完善是我们开展社区诚信研究的基础。只有这样，我们才能把脉中国社区诚信的状况，以便进一步提出解决问题的良策。

2. 研究社区诚信的影响因素，构建社区诚信建设的外部机制

物理环境、社会环境与心理是相互影响的，不少研究表明诚信受多种因素的影响。在明亮且温暖的环境下，人们往往更愿意做出诚信行为（辛自强，徐啸尘，2013）；选择以未来生活为导向的慢生命史策略的个体更愿意信任他人（张帆，钟年，2017）；对消费水平差距的感知显著拉低了人们对社会地位的感知，从而影响到社会信任水平（吕小康等，2018）。个体的心理现象又是复杂且紧密联系的，国内外研究均发现，居民的社区满意度、社区责任感、社区感等心理变量与社区信任有着密切的关系。此外，有研究者从理论上论述了宽容（张淑敏，2018）、对潜规则的认同（辛素飞等，2017）等因素会影响人们对社会的信任。这些物理、社会以及心理变量的提出为构建社区诚信建设的心理机制提供了视角，有待实证研究的进一步检验。

3. 探索社区居民与组织的互动过程，构建社区诚信建设的内在机制

根据生活与工作的状态，社区主体又可分为居民、管理组织人员（居委会成员）、服务组织人员（社区医疗人员、社区物流人员、社区个体经营户等）。三大群体之间、群体与个体之间、个体之间的交流互动是影响诚信建设的重要因素，诚信社区建设似乎是一个多元参与的过程。

建设诚信社区，社区管理组织的干部胜任力是关键，一个优秀的诚信模范社区必然有其优秀的管理班子。比如上文提到的两个“明星社区”，书记是市人大代表，多年来为苏州市其他区培养输送了一批又一批社区管理者，在社区的管理和建设上非常有经验和想法。模范干部的能力、人格特质对其他社区的管理干部有着示范和榜样的作用。另外，建设诚信社区，要从破坏社区居民与社区服务组织之间信任的突出现象入手，如医患信任，医院是中国城市居民信任程度最低的公共事业部门（饶印莎等，2013）。因此，探索社区中居民与管理组织或者服务组织的诚信建设互动过程，可以更具体全面揭示社会或情境因素的影响，以期为社区信任的构建和修复提供多维视角。

（二）社区诚信观研究的特点

研究社区诚信问题，既要解决社区主体对诚信伦理的理解和认同问题，又要针对社区诚信问题提供指导行动的理性准则，因此社区诚信观的研究需要具备以下特点。

1. 实践应用与学术研究并重

以往的诚信研究更注重学术性的探讨，研究个体诚信的规律，且研究成果大多与社区的关联性较低，在指导社区建设上的可信度有待商榷。以医患信任为例，全国性调查显示，中国城市网民对医患问题的关注度仅略低于工作、休闲和家庭三大主题（赖凯声等，2017），严峻的社会现象引发了对该问题的学术性探讨。研究者多从理论的视角，例如从社会交换理论（程婕婷，2018）、人际交互作用理论（杨艳杰，褚海云，2018）、社会资本理论（朱艳丽，2017）等方面探索医患问题的成因，从而提出解决问题的策略。其中，汪新建和王丛（2016）深度剖析了医患信任研究的现状与不足，并提出社会心理学的分析框架以及具体的研究内容（汪新建，2017）。然而，现阶段学术性的探讨尚未在社区中检验并发挥其效用。

社区诚信观研究不仅需要理论性的探讨，更需要解决实际问题。有关非言语线索的研究成果显示，微表情是识别谎言的一个途径（申寻兵等，2017），大学生群体可以通过微表情的训练提升谎言识别能力（曹文雯，吴继霞，2015）。那么，微表情训练是否适用于社区居民，能否帮助居民有效地识别一个人言行的可信性等，这些都是需要验证的。此外，评价他人信用是个体交往建立信任的环节。例如，他控力知觉是信用评估的可靠指标，因为当我们感知一个人的自我控制能力较高时，我们就会认为他信守承诺的能力相应较高（吴继霞，任蕴哲，2016）。该评估指标是否可以在社区中产生实效，也需要检验。

[专栏 8-3] 微表情训练，提升谎言识别能力

研究者首先编制了“谎言识别能力测验”视频片段。测验由两因素构成：内容（真、假）、情绪（正性、中性、负性）。两因素组合成 6 种类型，共 60 个视频片段。研究者对测验的难度和信度、效度均做了检验，符合心理测量学标准。

研究者采用埃克曼（P. Ekman）等人于 2002 年编制的微表情训练工具（MEIT）进行微表情识别能力的训练，包括前测、训练、讲解、复习、后测五个部分，时长约 30 分钟。在前测部分和后测部分均采用谎言识别能力测验。在实验处理阶段，实验组接受微表情训练，对照组接受以提高团队合作能力为主题的团体辅导，实验处理时长为 90 分钟。

实验结果表明：大学生具有一定的谎言识别能力，对谎言的识别正确率高于对真话的识别正确率；包含情绪线索的谎言片段更容易被识别，正性情绪线索下，识别正确率最高；男性的微表情识别能力与其谎言识别正确率之间存在显著正相关；微表情训练工具可以显著提高个体的微表情识别能力，和女性相比，这种提高更有利于男性对谎言的判断。

（资料来源：曹文雯，吴继霞，2015）

2. 着眼于社区因素，探索社区诚信观的形成

社区既有共性，又有差异性。黄希庭（2016）认为在做社区心理学研究设计时，要考虑社区这个变量。例如，一项以三个不同类型社区个案为对象的研究探讨了社区信任的形成机制（方亚琴，2015）。研究结果表明，社区信

任会受到社区性质的影响，社区的物质属性会通过网络、认同和规范对社区信任的形成和发展产生作用，不同类型的社区具有不同特点的信任表现。

三、社区诚信观的研究方法

（一）社区诚信观的量化与质性研究

有关诚信的心理学研究大多以量化方法为主，尤其是与诚实概念相关的其他主题，如欺骗、说谎等方面的研究，更是借助神经科学技术的发展，越发关注谎言识别、欺骗的神经生理机制。但是，量化研究在追求科学性的同时，其方法也存在一些缺陷（杨莉萍，2015）。研究社区的诚信观也需要采用质性研究的方法。质性研究虽然对研究者的专业素质和分析归纳能力要求较高（陈向明，2000），但往往可以得到较深层次的观点和情感反应，相比于量化研究寻找和验证现象的因果关系，质性研究是对研究对象的意义解构与重建。社区诚信领域有众多未被前人探索的现象，当现有理论和条件不足以支持在多种变量之间建立联系时，采用深度访谈、焦点团体、文本分析、叙事研究、扎根理论等质性研究方法有助于发现未知变量之间的联系或关系，也有助于研究成果的实际应用。质性研究在社区诚信观领域大有可为。

（二）社区诚信观的混合方法研究

社区诚信观研究可以采用混合方法。根据徐建平等（2019）阐述的在一个独立研究中同时使用了量化和质性两种以上方法、手段或概念进行数据收集或分析的“混合方法研究”，研究者可以进入社区实地考察诚信现象，多途径收集资料。另外，研究者可以采用质性方法对已有的量化研究结果进行验证，即实验室研究的发现如何体现在社区的诚信现象中。对于社区诚信的研究主题，混合方法研究大有用武之地。

四、社区诚信观的研究方向

（一）将社区诚信长效机制纳入社会治理体系的研究框架

社区是社会治理的最基层的落脚点。在我国诚信建设取得成就和成效的同时，诚信缺失仍然是社会普遍关注的一个突出问题，也成为社会治理中的一个战略性问题。社区诚信作为社会诚信的组成部分，需要与社会治理创新密切结合，是促进社会治理的着力点，也是社会治理创新的突破口。在社会治理现代化过程中，如何进一步建立健全和完善社区诚信制度，由此形成社区诚信建设的长效机制，既是现实发展的需要，也是社区诚信研究从内涵研究到制度研究再到长效机制研究在理论上深化的结果。

社区就是社会的缩影，社区诚信建设融入社会治理体系中的基本目标、要求、内容和任务等是值得探讨的问题。比如，社会治理是国家治理现代化的组成部分，我们需要研究如何把社会主义诚信价值观要求融入社会治理和法治建设中，如何坚持依法治国和以德治国相结合，如何完善社会主义诚信价值观的法律政策体系，如何健全覆盖全社会的征信体系，等等。

我们还可以尝试在中国特色社会主义新时代背景下，从中国传统文化的精华中汲取营养，构建符合中国文化和当前国情的本土化理论体系，在社会治理体系下梳理和探讨社区诚信观的理论、机制，从而形成社区诚信建设生态系统等。

（二）如何推动社区事务，提高社区信任感

已有的一些社区诚信研究结果发现，社区内多种事务都与社区信任感有着紧密的联系。

1. 社区养老服务功能激活

社区养老是三大主流养老服务模式之一，但现有的社区养老重心停留在关注孤寡、高龄、苦难老人身上，没有惠及普通老年群体。研究发现，发挥好社区养老服务的功能，需要通过良好的社区形象和优质的社区服务水平，来提升社区居民对社区的信任感（易婧等，2016）。

2. 社区互动与互助

居民在社区互助与信任的问题上，表现出乐于助人，但存在防人之心不可无的心理。社区组织可以通过活动增强社区成员的互动性，提高熟悉度，从而提升社区居民的信任感。

3. 社区治安力量整合

有研究表明，社区治安与社区信任存在正相关。做好社区治安工作需动员以社区民警为主体的社区治安力量，通过重构社区居民间的普遍信任和建立警民信任等途径实现。

4. 社区特定业务感知

对特定社区如以旅游业为主的社区，居民对旅游收益的感知会影响到他们对社区的信任感，从而影响他们对旅游服务投入的程度。

社区工作要在以上多项事务上夯实内容，真诚为大家办实事，赢得居民的积极参与和信任。但现有关于社区诚信研究的成果质量普遍不高，相关结论有待深入检验。如何真诚推动社区事务，提高社区信任感，需要我们创新思维进行探索，获得更多高质量的成果。

（三）日常生活中社区诚信观的培育和践行

日常生活是社区诚信观得以形成和发展的重要场所，它也是马克思主义理论研究中的一个重要范畴，蕴含着人类价值认同与社会共识建构的深层机制。我们可以探讨日常生活中培育和践行社区诚信观的命题、思路、内容和方法。

人要穿越日常生活，建立意义世界，而诚信赋予人与日常生活的关系以意义，因此诚信是一种生存方式。社区中的个体、群体和子群体是日常生活中社区诚信观培育和践行的主体力量。构建社区诚信观的日常生活基础，强化社区诚信观的日常生活维度，有助于探索社区诚信观的形成。

城市社区和农村社区的诚信特点因社区成员的年龄、职业、居住时间、经济状况等方面的不同有所差异。以往学术界认可中国传统农村社区以人际信任占主导，现代城市社区以制度信任占主导的论断。但也有研究者认为，新时代中国的农村社区也在发生变化，呈现人际信任和制度信任共存的模式等（邱国良，2014）。因此，我们可以把社区中的诚信建设作为理论与实践相结合的发生域，通过对不同类型的社区进行试点研究，证实相关理论与实践进路的科学性和可行性。

第三节 诚信社区的建设

如同社区心理学研究旨在促进个体、社区和社会的健康和谐发展，提升个体、社区和社会的生活质量一样，对社区诚信观的探索最终要落实在科学、高效和有温度的诚信社区建设中。本节将结合已有研究成果和苏州某社区的诚信建设举措，从社区的外在环境、内在互动和诚信养成教育三个方面展开论述。

一、诚信社区的外在环境建设

（一）诚信社区的物理环境

个体受其所处的物理环境、心理环境与社会环境及三者之间相互关系的影响。以社区为边界的物理环境，会对社区居民的诚信心理产生影响。从具身认知的角度，近年来不少研究发现了物理变量对心理变量特别是道德的影响（彭凯平，喻丰，2012），环境的明暗、冷热等都会对道德行为产生影响。诚信道德是以感觉、身体及其运动、物理和社会情境为基础，符合道德属性和人际互动要求的身心合一（冷洁，吴继霞，2018）。

在黑暗的环境下，个体可能表现得更不诚实且更自私（Zhong et al.，2010）。在游戏中没有提前告知需要签名时，上位签名（签名的位置在成绩单的上端）的个体更倾向于做出诚实行为（李贺等，2014）。环境中标语的约束会对诚信产生影响：与指向行为的标语相比，指向角色的标语促进更多的诚信行为（Bryan et al.，2013），说明人们往往注重对自己角色的评价，维护自己的道德角色不受侵犯；与指向法律的标语相比，指向道德的标语促进更多的诚信行为（Pruckner & Sausgruber，2013），表明人们更愿意从诚信道德上约束自己的行为。此外，注视眼图片也可以警示人们的道德行为（周相群等，2018；Bateson et al.，2006；Ernestjones et al.，2011；Haley & Fessler，2005）。

社区物理环境建设也是生态文明建设的一部分。生态文明是可持续发展的现代文明，是人类社会继农业文明和工业文明之后的高级新型文明形态。诚信是建设文明社区的应有之义，居民在追求可持续的幸福生活时，必然需要在社区诚信氛围下以诚信的方式建立人与人之间、人与环境之间的可持续发展。诚信社区的物理环境建设体现在日常生活中，如：鼓励社区居民做到保护环境、低碳节能、垃圾分类；借助公众人物的号召力及感染力，以张贴标语、宣传画等形式，鼓励居民做绿色文明的执行者。以苏州新型社区为例，苏州园区湖西社区工作人员积极发放社会主义核心价值观宣传画，让商户及时贴在醒目位置，一个月发放宣传画超过200张，以求多范围、多频率地让社区居民、商家、工作人员接触诚信，警示自己践行诚信。未来可从宣传画设计样式、内容、张贴位置等多途径增强诚信建设的效果。

（二）诚信社区的制度环境

社区中群体制定的制度和形成的规范对诚信社区的建设具有保障作用。诚信社区的制度环境在于制度规范的有效性，即能否反映诚信要求，能否提供诚信监督与管理，能否对失信行为给予惩罚，能否使社区居民形成诚信的共同观念等。

在我国社区建设中，涉及的法律依据较少，且多为政策与法规。虽然两者在指导社区建设上有着相同的目标，但法律的普遍约束力以及稳定性对社区建设的保障作用相对更强。在政策与法规的普及教育上，现有关于社区建设的政策与法规教材较少，尽管如此，邓恩远和赵学昌（2006）、黄永红（2011）还是各主编了一部教材。在诚信建设上，我国尚未建立与诚信管理直接相关的法律，但在已颁布的《中华人民共和国民法典》《中华人民共和国合同法》等诸多法律中规定了诚实守信的法律原则。国务院印发的《社会信用体系建设规划纲要（2014—2020年）》为诚信社会建设做出了总体规划，并就建立社会信用信息记录、舆论宣传、建立奖惩机制等方面提出具体的实施意见。但具体到各行各业，尤其涉及社区诚信，还需要相应的政策与措施。这一层面也有很多系统有效的社区实践，为相关政策与措施的制定与实施提供了现实依据。比如，苏州园区湖西社区常态化开展各项文明城市创建工作，社工委安排专人，确保每月在辖区开展地毯式检查两次，提醒商家按照要求做到亮证经营。对存在问题的商户，及时将相关信息上报各职能部门，联合多方力量促进商户文明经营、诚信经营。

近年来，我国在相关政策与法规的奖惩制度上有了一些改变，过去重奖励、讲道德，现在加大了惩罚的力度。在因失信违规违法的问题上，越来越强调给予惩罚。各部门各行业逐步加大对失信人员跨部门协同监管和联合惩戒力度。凡被法院列为失信被执行人，将被限制出行，甚至被限制高消费，在银行授信、开展经营活动等方面也会受到惩戒等。这一系列的举措，对失信行为产生了一定的遏制作用。比如，中央电视台综合频道的《今日说法》栏目曾报道（2019 年 5 月 4 日），浙江省李氏父子多年来故意伪造汽车落水事故进行骗保，15 起骗保案件涉案金额高达五百多万元。最终，李氏父子因失信违法行为犯保险诈骗罪，分别被判处有期徒刑十四年和九年六个月，处罚金额共二十五万元。诚信社区的制度环境建设应包括奖惩制度的制定和试行。

（三）诚信社区的虚拟网络环境

社区的虚拟网络环境是现实社区的居民因事务、趣缘等组建的网络环境，这些居民在现实生活中处于同一社区。与网络虚拟社区有区别，后者由那些需要和兴趣相同或相近的网民组合而成。网络虚拟社区中的成员可能不在同一个社区居住，他们大多是以在线的形式聚合在一起，在固定的网络空间里或某一时段进行言辞交流或信息发布等活动。比如，游戏中也会有社区这个说法，游戏社区中的人来自各处。

诚信社区的虚拟网络环境，目前还是以为方便服务或管理社区居民而建立的虚拟网络联系平台为主，如小区 QQ 群或微信群。在这种虚拟网络环境中，群主或管理员是实施监管的主要人员，负有更新社区信息、传播社区内大小事、通知各项事务、告诫群内成员不要传播不良信息等职责。

建设诚信社区中的虚拟网络环境，可以从制度层面，如加快网络立法、创新监管模式，也可以从技术层面，如有效利用科技手段管控网络、建立线上声誉评价系统和加强人际层面的线下人际交流等方面着手（陈小鲁，2013）。借助虚拟平台，间断性地、及时性地向社区成员宣传诚信，这也是建设诚信社区可以利用的一个途径。

二、诚信社区建设的内在互动过程

诚信社区建设需以人为本，并且是一个双方互动的过程。社区人际互动主要包括居民之间、居民与社区组织之间以及社区各组织之间的互动。杨宜音（2008）提出中国社会特有的“关系”特点：与角色规范具有伦理联系；对亲密、信任和责任做出了规定；可以通过交往来建立和中断；以自己为中心，通过他人而形成关系的网状结构。

人际信任基于人际关系建立后对互动双方行为的规定与约束的产生，并且最终形成整个社区的信任氛围。此处，我们以诚信四因素中的信任因素为例，阐释其在诚信社区建设中的内在互动过程，并提出个体—群体—社区的人际互动信任模型设想（吴继霞，2021），如图 8-3 所示。

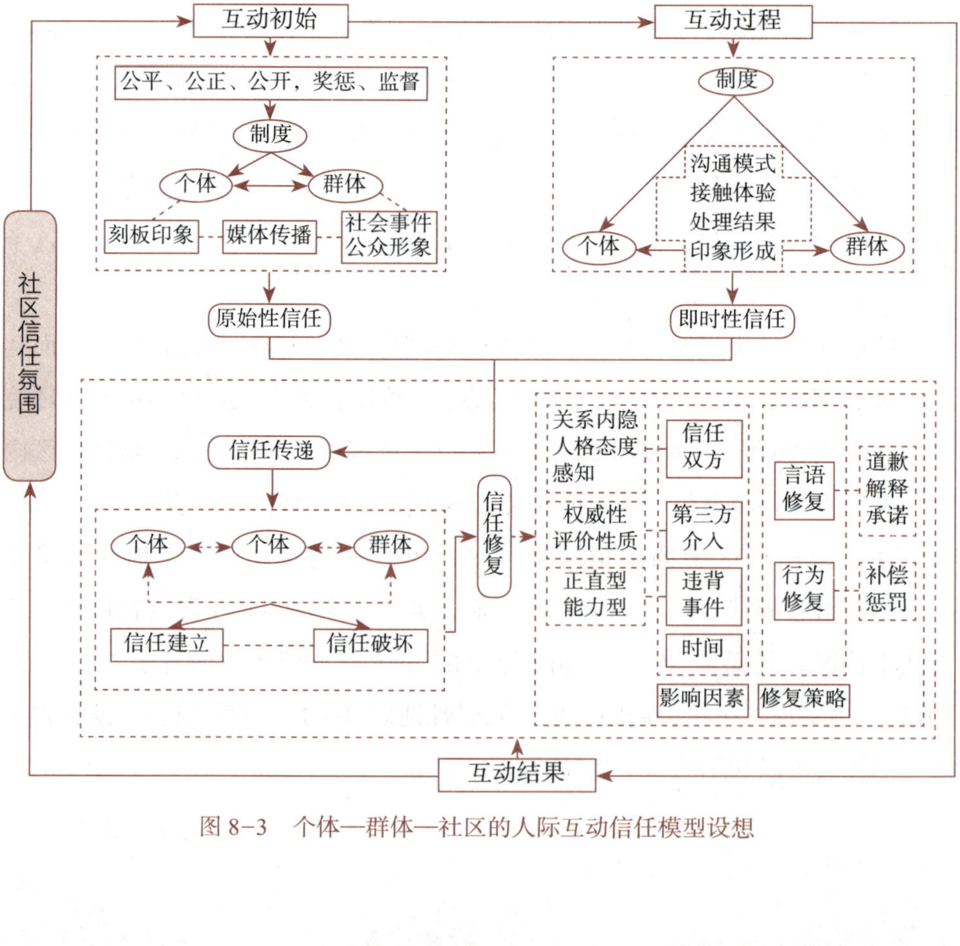

图 8-3　个体—群体—社区的人际互动信任模型设想

人际互动分三步，即互动初始、互动过程和互动结果，每一步产生一种人际信任，最终形成社区的信任氛围，社区的信任氛围又会影响到人际信任的维持与发展，从而进入下一个循环。互动初始形成原始性信任，社区内制度的公平、公正、公开以及奖惩、监督措施会影响个体和群体对制度的信任，个体的刻板印象、群体的社会事件和公众形象以及媒体传播的信息会影响信任的建立。原始性信任以及互动过程中的沟通模式、接触体验、处理结果、印象形成等形成即时性信任。互动结果可能出现个体与个体、个体与群体之间的信任建立，也可能出现互动双方的信任破坏，并且信任建立和信任破坏都具有传递效应，前两步形成的信任都会对信任传递产生影响。当信任破坏出现时，需要进行信任修复，主要策略为言语修复（道歉、解释和承诺等）和行为修复（补偿和惩罚等）（秦安兰，2018）。此外，信任双方特征（如关系、内隐人格、态度感知）、第三方介入（如第三方的权威性、评价性质）、违背事件（正直型信任违背、能力型信任违背）和时间会影响到信任修复的效果。这要求多方力量共同参与社区诚信建设，媒体在报道社区事件时应注意措辞与方式，社区居民的言论传播需客观且积极，社区组织自身要建立完善规章制度，组织成员要遵守组织制度，弘扬组织文化。

社区个体之间的关系存在亲疏远近。季玉群等（2017）的研究表明，人际信任水平与社区居民关系的亲密程度呈正相关，居民之间关系越近，人际信任水平越高。因此，社区应为居民提供交流互动的平台，让居民在家庭圈外，因趣缘、事务等扩大自己的朋友圈，从而扩大信任圈。

不信任陌生人是中国传统文化中“赢得信任”和“信任他人”并不同等受重视的观念在现今潜移默化产生的影响（吴继霞，黄希庭，2010）。城市社区中人情相对冷漠，居民之间往来有限，往往出现人际信任愿望强烈，但信任感低的现象。而守望相助、互相信任的社区关系不仅对有秩序的个人生活、和谐友善的社会风尚有着至关重要的作用，甚至可以影响社会治理的效率。在具备识别欺骗的能力基础上，鼓励信任陌生人或人际关系格局外层的人可能会改变这种信任愿望与信任水平不对等的现象。

三、社区居民的诚信养成教育

对社区居民进行诚信养成教育（integrity education），是为了培育社区居民的诚信意识、诚信行为所进行的教育活动。社区居民的诚信养成教育，可以从以下几方面进行（张道理，2005）：在社区服务人员中树立诚信理念，合理利用社会舆论监督；在社区文化活动中，针对不同人群采用不同的活动方式；让居民实际参与诚信建设，而不仅仅停留在口头说教上。

苏州园区湖西社区的实践很好地体现了诚信养成教育在社区的运作。社区高度重视开展社会主义核心价值观教育，让社区居民在思想上认同诚信。通过道德讲堂宣扬身边践行社会主义核心价值观的典型，用身边事教育身边人，号召全体居民向典型学习，发挥典型事例感动人、引领人的作用。

该社区定期举办各类精神文明主题活动，既给居民提供了互动交往的平台，将社区中分散的个体组成有着共同信念的活动团体，使他们在活动中相识和建立关系，产生信任，又在活动中传递了诚信的价值观。比如“小举动大文明”主题公益宣传画征集活动，主要针对社区儿童，孩子们通过画笔表达对诚信的理解与向往。“湖西文明情景剧”活动则是社区居民以发生在自己身边的故事为基础撰写剧本并表演。2016年，居民自编自演的《王伯伯出行记》，描述了王伯伯遇到的各类不诚信事件，从反面阐述了现代社会对诚信品质的渴求。社区居民通过参与活动，不仅结识了一些朋友，扩大了信任圈，而且在社区生活中逐渐实践诚信，抵制不诚信行为。

［专栏8-4］开设社区戏剧工作坊，创新社区信任构建

社区戏剧工作坊是文化治理的一种实践形式。社区戏剧工作坊不同于一般意义的戏剧展演工作坊，是指以社区为基础，由包括非营利组织和志愿组织在内的社会工作机构发起，由社区居民共同参与，通过排演社区故事再现“社区正在面对的问题或大家所关心的公共议题”，使社区“零散的‘我’成为具有整体意义的‘我们’”的“民有、民治和民享”的社区戏剧实践。

社区信任是一种态度，相信他人的行为或周围的秩序符合自己的愿望，因而可以具体分解为四种期待：对伦理秩序的期待，对被信任者承担相应义务的期待，对社会秩序的期待，对公共机构支持能力的期待。根据这四种期待，研究者提出社区关系和社区信任的结构与功能模型（如图 8–4 所示）。

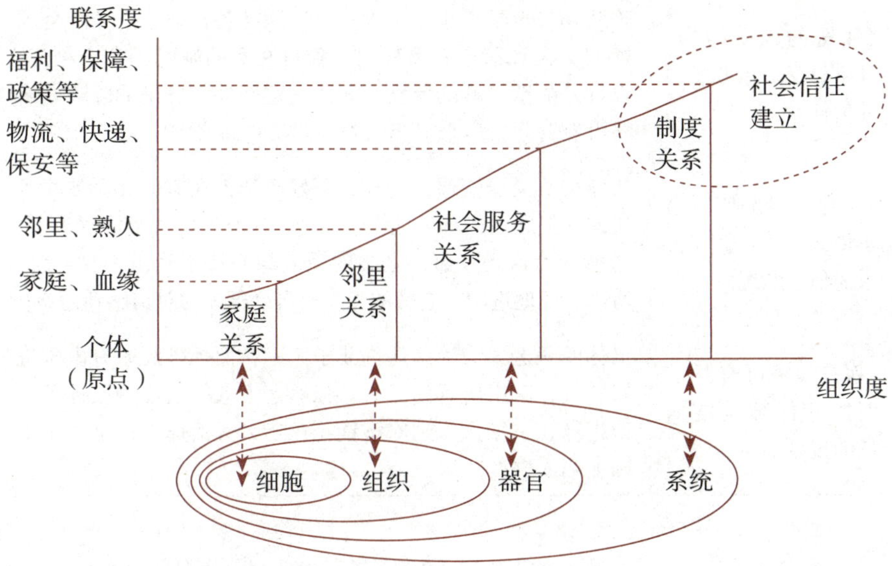

图 8–4　社区关系和社区信任的结构与功能模型

研究者提出社区信任遵循三个基本假设：（1）远近正相关准则。社区信任与伦理关系呈正相关，伦理关系越近，人际信任度越高，反之信任度越低；（2）梯度递减准则。以个体为原点，城市居民的社区信任总体呈现信任半径不断减小、信任强度不断下降的趋势。（3）制度依赖准则。政府管理机构的服务效能、社会保障和福利政策等，可能使居民产生更强或更弱的信任感。

基于上述模型和基本假设，研究者采用社区戏剧工作坊进行实验研究。选取南京东部城郊结合地区马群街道 B 社区为研究对象，编排四个层次的社区故事，邀请社区居民观看并参与以信任为主题的四个维度戏剧情境的演出，在角色扮演、评价和互动环节中，由研究助理进行观察、记录、多重访谈，辅以问卷填写。四个层次的戏剧情境设置如下（见表 8–1）。

表 8-1 社区戏剧工作坊“信任研究”主题

信任主题	戏剧梗概
《亲戚再三借钱，借不借》：当前家庭伦理关系的信任现状	老家的舅舅找小张夫妇借钱。前两次借钱未还，让小张夫妇不敢再借，但血缘、人情、面子和看似可信的理由让他们为难，夫妻二人在是否借钱的问题上产生了争执。
《邻居的侄女敲门，开不开》：邻里之间的信任状况	陈阿姨最近听说小区不太安全，因此备怀戒心。今晚陈阿姨的丈夫和孩子有事外出，独自在家的她听见有人敲门，自称是隔壁许峰的侄女。无法确定门外人身份的陈阿姨最终没有开门，后来得知门外人确实是邻居的侄女。
《快递员借厕所，借不借》：社会服务关系的信任状况	快递员小吴送快递，老林夫妻好心帮不在家的邻居签收了快递。但之后当小吴提出借用他们家厕所时夫妻俩犹豫了。老林认为这是小事，老林的爱人却坚持不确定小吴身份，所以不让他进门。老林的爱人对自己行为的对错感到迷惑。
《医疗保障可信否》：对医疗保障制度信任的现状	退休的顾老太为治病住进儿子家中，而孙子此时有出国进修机会，家中所有的钱只勉强够老太太的治疗费或孙子出国进修，一家人为到底将钱花在老太太治病上还是孩子出国上陷入僵持。

实验结果印证了三个准则，并得出以下基本结论：(1) 社区信任涉及一种公共生活方式，既不是一个抽象的概念，也不是一个简单的公民道德问题。要实现社区信任，必须发挥社区管理机构及各种社会组织的作用，用文化治理的价值理念，营造和激活一种良性的公共生活。(2) 社区信任需要公共政策的奠基，应从制度信任的价值及实现这一价值的原点出发，完善社区的制度信任体系。

（资料来源：季玉群等，2017）

概要

诚信是人类社会的道德基石之一，是做人的根本准则，是为政之要。社区诚信是指社区内个体、群体及子群体在互动中表现出来的以诚实、信用、信任和责任心为核心的比较稳定的心理品质和行为倾向以及社区内的诚信氛围。社区诚信观是社区主体对社区诚信的根本看法和态度。社区诚信观由内容、价值、标准三个方面构成。社区诚信观的研究可以从多角度进行，不仅需要理论性的探讨，更需要解决实际问题。诚信社区的建设可以从社区的外在环境、内在互动和诚信养成教育三个方面展开。

扩展阅读书目

郑也夫，杨玉明，皮子林.（2003）. *信任：合作关系的建立与破坏*. 北京：中国城市出版社.

海伦娜 · A. 马鲁若，路易斯 · M. 内托.（2020）. *积极的国家和社区——积极心理学中的跨文化视角及质性研究取向*（吴继霞等 译）. 重庆：西南师范大学出版社.

肯尼思 · J. 格根.（2017）. *关系性存在：超越自我与共同体*（杨莉萍 译）. 上海：上海教育出版社.

思考题

1. 什么是诚信？
2. 举例说明社区诚信观研究的主题和特点。
3. 尝试构建社区居民与居委会之间通过互动建立信任的心理机制模型。
4. 如何开展诚信社区建设？

第九章　社区中的干部

毛相林，重庆市巫山县竹贤乡下庄村党支部书记、村委会主任。他 40 多年来坚守偏远山村，坚持苦干实干，带领村民们用最原始的方式在悬崖峭壁上凿石修道，“山凿一尺宽一尺，路修一丈长一丈”，历时 7 年铺就了一条长达 8 千米的“绝壁天路”。出山公路修通后，他又带领村民们披荆斩棘、攻坚克难，探索培育出“三色”经济，发展乡村旅游，提振信心和志气，把绿水青山变成了金山银山，让乡亲们改变了贫困落后的面貌，过上了富裕文明的生活。2015 年，下庄村在全县率先实现整村脱贫。2020 年，下庄村人均收入达 1.3 万元。毛相林打通绝壁、誓拔穷根的事迹传遍了全国各地，赢得了人们广泛赞誉，他先后被授予“中国好人”“感动中国 2020 年度人物”“全国脱贫攻坚楷模”等荣誉称号。

作为基层社区（村）干部的杰出代表，毛相林是深受村民信赖的脱贫致富带头人，是人们心中的“好干部”，为我国社会主义新农村建设的干部标准树立了好的标杆。社区干部的理想信念、为人处世、使命担当、道德情操、身心健康等各个方面影响着社区建设与发展的成效。只有培养社区好干部，加强社区干部与社区居民之间的联结，才能把城乡社区建设成为和谐有序、绿色文明、创新包容、共建共享的幸福家园。以下将阐述社区干部的性质、社区干部的情操和社区干部素质的提升。

第一节　社区干部的性质

社区干部是城乡社区治理体系的主体要素之一，是决定党和政府各项政策是否真正落实的关键枢纽人群，也是化解基层矛盾、维护社会稳定、应对社会危机的基础性力量。了解社区干部的性质是指导社区干部工作的首要环节。

一、从历史上看社区干部

从社区的定义上讲，中国的乡村符合社区的定义，蕴含着社区的内在机理。中国作为传统的农业大国，众多农民的衣、食、住、行都以乡村为单位，可以说乡村是传统社会下农民生活的长期形态，蕴含着作为生活共同体的身影，不管是行政地域下划分的乡村还是受地缘、亲缘、经济等联系而形成的共同体。由此，探究中国社区干部的历史渊源，从中国古代的乡村治理出发是一种探寻路径。

在中国古代社会稳定时期，统治者大都十分重视乡村治理。中央集权的封建皇权专制体制在中国延续两千多年，与之相适应的是以乡里制度、保甲制度等为主要类型的乡村治理制度。乡里制度萌生于传说中的黄帝时期，滥觞于井田制，延续至清末，清人陆世仪说“治一国必自治一乡始，治一乡必自五家为比、十家为联始”(《保甲书·广存》)。保甲制度自宋代王安石变法后断断续续实行，直至新中国成立前的国民党统治崩溃时期才结束。随着中国封建集权制度的强化，传统的乡村治理越来越多地受到国家政权的干预和控制，其自治色彩逐步减弱，越来越不适应农村的社会现实，最终在清朝末年为乡镇地方自治所取代（唐鸣等，2011）。传统乡土社会时期乡村治理的主要目标是获取赋税和实现疆域稳定，乡村秩序主要依赖非正式制度和乡绅治理，非正式制度的作用强于正式制度的作用，自发秩序强于控制秩序（刘守英，熊雪锋，2018）。

与之相匹配的是，这些治理制度造就了诸多的“父母官”，涌现了许多解决民生疾苦的官员。以官派为主、民间推选为辅产生了诸如乡长、里长、保长、甲长、村长、社长等正式制度化的职务和称呼，为传统乡村治理发挥了重要作用。但在传统乡土社会时期，乡村治理中不可忽视的一股力量是乡绅，他们可能来源于卸任官员、暂居乡里的官僚、无功名无官职的乡里领袖（宗族领袖）等。例如：汉代以力谏皇帝折断殿槛而闻名于世的朱云，退居乡里后，即教授诸生，“择诸生，然后为弟子”，培养出了两个著名的博士（《后汉书·朱云传》）；蜀中司马胜之，辞官不做，“训化乡间，以恭敬为先”（《华阳国志》卷十一）；宋吕大防兄弟四人，大防曾为尚书右丞，大钧嘉祐进士，大忠曾为河北转运判官，大临曾为秘书省正字，中国乡村的第一份民规就出自他们之手，这就是历史上有名的蓝田《吕氏乡约》。乡绅依靠个人能力、资历、权威及社会资源等优势，在乡村治理中获得了一定的地位和话语权，甚至在某些时候比正式官员更能起作用。

可以这么说，虽然中国古代时期未有“社区干部”这一称谓，但从对一定区域内的人口实施管辖、领导和影响来看，传统乡村治理早已蕴含着“社区干部”的雏形。

二、社区干部的内涵

随着社区概念的正式引入和城镇化进程的加快，中国社会也经历了从“单位制”到“街居制”再到“社区制”的历史转变，中国人也从“单位人”“公社人”转变到“社区人”，社区也经历了从建设到管理再到治理的跃升。“今天的社区建设可以看作一个城市化过程的继续，既是城市发展的继续，也是市民现代化的继续。”（费孝通，2002）

社区干部（community administrators）是指在社区中担任管理和服务工作，并对社区负有直接责任的人员，是社区意志的集中体现和社区利益的集中代表。从地域角度的社区来看，现阶段我国的社区干部主要包括社区（村）党组织（支部）书记（副书记）、社区（村）主任（副主任）、社区居委会主任（副主任）、社区（村）纪委书记 / 监委书记、社区（村）治安主任、社区（村）妇联主席、社区（村）残联主席等。从功能角度的社区来看，社区干部主要是指社区的“带头人”“引领者”或“创造者”。因功能角度下的社区干部人员不固定且分工相对分散，一般而言，社区干部主要是指地域角度下日常可见的社区干部，他们通常经过上级指派、民主选举、民主自荐等方式产生。

值得注意的是，从定义上看，社区干部显然不同于社区工作者。社区工作者是指经法定程序产生、在居（村）委会工作的专职工作人员，通常包含两部分人：一是在社区中从事特定社会管理和社会服务的居委会成员以及社区性公共服务机构（如社区服务中心等）的专职工作人员，二是由一些非营利组织派出到社区开展社会服务的专业社会工作者（唐斌尧，2013）。可见，社区工作者涵盖范围广，包括社区干部和一般工作人员等，而社区干部是指在社区中具有一定领导职能和管理权限的人员。

三、社区干部的使命责任

社区干部肩负着社区使命（calling），对整个社区负有责任（responsibility）。这些责任分解为对上级、对部属、对居民三个层面。这些责任相互交织在一起，共同组成了社区干部的“工作执行网络”。

（一）完成上级部门交办的任务

从地域上讲，社区是一定行政区域的集合。从行政管理上讲，社区是上一级行政部门的派生机构，社区干部是党和政府的“神经末梢”，是政策传导的最后一步。具体表现为：一是传达上级部门的文件及会议精神，上至中共中央和国务院的文件及会议精神，如习近平新时代中国特色社会主义思想、党的十九届四中全会精神、“不忘初心、牢记使命”主题教育等，下至各省、市、县、区、街道等出台的针对本区域的政策文件。社区干部要根据上级部门的指示安排对文件及会议精神进行广泛宣传和精准传达，重视意识形态工作的重要性。二是承接上级部门交办的各种具体事务，包括文化教育、医疗卫生、人口统计、维护安全等。完成上级部门交办的任务，也能让社区干部对社区的状况有完整的了解，方便接下来开展各项工作。

但是，过多的行政事务阻碍了一些社区干部的日常工作。譬如，作为法定的基层群众性自治组织的社区居委会经常被各类行政事务所包围。上级部门将自己的职能转移到居委会，使居委会无暇顾及自己的职能，居委会成为上级部门的下属办事机构，从而使其自治性质发生了变异。居委会干部将大多数时间和大部分精力都花在了相关职能部门布置的各类任务上，这直接导致他们承担了大量职责权限范围以外的工作，工作负担过重，工作时间超长，工作内容超额，工作范围超大。如何让居委会组织“去行政化”（孙柏瑛，2016），使其回归其本位自治职能，更多代表社区居民表达利益诉求，组织居民议事协商，培育共同体精神，自下而上地参与并影响地方公共政策和社区建设议程，是社会转型过程中城市基层行政管理体制改革和新型城乡社区治理模式选择所关注的问题。

（二）履行领导管理职责

1. 领导部属工作人员

作为一个团队的领导者，社区干部既要抓工作，又要带队伍，而且只有带好队伍，才能抓好工作。社区干部团队的人数因社区规模不同会有很大的差异，少则几人，多则几十人。社区干部需要履行领导职责，处理好与部属之间的关系（任真等，2010）。这种关系首先表现为工具性关系，工具性关系是基于社区干部和部属人员彼此间清晰的角色义务，在社区干部身上表现为为了达成某项或某种目标，在权力范围内对部属人员安排、分配、下达与社区相关的工作任务，它具有效力性、规则性、利益性等特征。这种关系有利于意见的上传下达，执行力强。但是，文化会影响上下级关系，使得这种“关系”不仅是单纯客观的角色化人物，还包括情感的内容。情感性关系是从个人的情感角度出发，表现为关心关爱下属、激励下属、公正公开对待下属、给下属建言的机会等等，具有感染性、动机性、亲和性等特征。这种关系有利于社区干部与部属人员间的情感联结，形成更融洽的团队氛围。显然，善于利用这两种关系，能促进领导工作的顺利开展和形成良好的工作关系。

2. 统筹社区资源，开展合作协调

社区发展需要广泛地团结合作，合力解决大多数人需要解决的问题，不但包括社区内人力、物力、财力等资源的统筹协调，也包括与社区外的合作协调，特别是与资源拥有者的合作。这包括街道党工委和办事处、社区（村）党总支（委）、居（村）民委员会、业主委员会（简称业委会）、物业公司、社区社会组织、驻区单位等各类行为主体间的合作协调。

合作既是对社区关系的一种重建，也意味着对社会资源的分享。社区干部可通过积极的组织协调，来推动团结合作，将相对分散的力量和资源汇成合力，利用社区内的资源和外来的援助，帮助改善社区的经济、社会与文化等状况，以促进整个社区的发展和进步。例如，邀请企业进驻社区或在社区附近创建工厂，这不仅直接为社区居民提供了就业或创业机会，提高了就业率，而且企业也获得了经济效益和社会效益，实现了双赢。社区干部对资源的合理利用可为社区发展提供经济支撑，也会在一定程度上增强社区居民对社区的归属感和认同感。

（三）促进社区居民的幸福进取精神

1. 切实服务于社区居民

社区居民是社区治理的核心要素和主要对象，服务社区居民是社区干部的重要责任。社区干部以某特定社区为着力点，服务于社区和社区居民，解决社区中（可能）存在的问题，满足社区居民的多方面需求，改善社区生活质量，进而促进社区发展。社区干部的工作属性决定了他们要做到“民有所呼，我必有应”“民有所想，我必有思”“民有所难，我必有解”“民有所需，我必有为”。如果说社区居民之间是情感联结的共同体，那么社区干部与社区居民之间便是情感和需要联结的共同体。

社区环境各有不同，社区事务千变万化，通常包括以下内容：社区党建、精神文明建设、公民教育等意识形态的宣传；社区信任感、社区活力、社区归属感、社区责任感、社区礼仪等社区意识的培育；社区环境卫生、河道整治、公共绿化、垃圾分类、生育服务、下岗职工再就业、社会保障、社区治安等社会项目的服务；重大突发公共卫生事件、社区突发危机事件等社区安全事件的处置；社区矫正人员、社区戒毒康复人员、社区精神病患者等特殊群体的管理；社区低保户、无家可归者、失能老年人等特定人群的帮扶；等等。不同的社区有不同的需求和发展目标，不同的社区居民有不同的职业背景、活动能力及生活方式。一言以蔽之，社区居民服务工作烦琐，且与老百姓生活息息相关，这对社区干部而言既是挑战，也是机遇。

2. 培育社区居民的家园意识

家园意识是指社区居民在长期的社区生活中形成的对自己居住地的归属感与认同感。家园意识反映了居民对自己所生活社区的依赖程度，是社区居民参与社区治理、推进和谐社区建设的重要前提。培育家园意识的目的不仅是建设社区居民自己的“小家庭”，更重要的是建设涵盖整个社区、社会的“大家庭”。在中国人的思想中，小家与大家、与国家始终是联系在一起的。在我国的一些社区中，仍然存在着一种现象，“各人自扫门前雪，莫管他人瓦上霜”，典型案例是个别家庭的装修垃圾随意堆放，严重影响他人生活，这显然与家园意识背道而驰。社区干部要着重“以文化人”，不断推进公民道德建设，弘扬中华传统美德，健全文明公约、村规民约、家规家训，营造培育家园意识的人文环境氛围。

家园意识也体现在对社区自然环境的保护上。社区自然环境是社区居民生活的场域，心理学的很多研究都表明了自然环境和人类心理与行为之间存在交互作用。保护好社区自然环境，不仅为社区居民提供了良好的生活空间和养护场所，也培育了社区居民的家园意识，将可持续发展理念付诸生活实践。一种更主动、更自觉的环保行为无疑是社区居民文明观的重要展现。

3. 增进社区居民的获得感、安全感和幸福感

国家经济的发展带来了物质生活水平的提高，包括城乡居民收入和就业人数的增加、社会保障体系的建立等。获得感、安全感和幸福感是人民群众在追求富裕物质生活的同时，对美好精神生活的向往。社区作为一种基层管辖组织，与人们的日常生活紧密相关，社区干部在服务于民的基础上要让整个社区居民体验到获得感、安全感和幸福感。社区干部须将群众利益作为根本利益，把群众满意作为第一标准，想群众之所想，急群众之所急，始终关注民生，不断改善民生，努力让群众过上更好的生活、享受生活，让群众在实实在在的变化中提升获得感和幸福感，正如习近平总书记 2014 年 11 月在福建调研时所说的，“要多想想如何让群众生活和办事更方便一些，如何让群

众表达诉求的渠道更畅通一些，如何让群众感觉更平安、更幸福一些”。

如何增强社区居民的安全感呢？社区干部扎根于社区，对社区最了解，能及时了解到社区发生的状况。基于此，社区干部可以最先发现不稳定性因素，并在出现之前进行提前预防，“防患于未然”；对已出现的破坏性因素，采取多路径，通过多方合作进行综合处理，将危害降到最低；在后期，利用社区联络，持续追踪后续状况以避免不稳定因素再次出现。例如，社区干部应该积极宣传，号召民众远离毒品、远离传销，预防不稳定因素的发生；针对社区中已存在的吸毒人员、未成年初犯等矫正对象要通过多方参与合作，共同促进社区矫正与康复顺利实施；积极参与矫正对象和矫正工作的评议总结，督促制订跟进计划，与专业人员一起进行后续性回访，以避免问题再次出现。

社会的现代化发展既会带来机会，也会带来问题，任何发展都会造成新的不平衡或不稳定，因此社区干部需要在新的条件下不断为社区注入活力，创造安定团结、和谐稳定的社区环境。

[专栏 9-1] 社区干部的权力和地位

权力（power）是社会学、政治学等诸多社会科学古老而重要的研究课题，学者们（包括大众）就权力的产生、使用、腐败与制约等进行了长盛不衰的讨论。目前对权力尚无统一的定义，但是可以确定权力作为心理变量有两个特点：第一，控制感是权力的核心要素（韦庆旺，俞国良，2009），许多权力的定义都将控制感理解为权力的本质，提出权力是对自己或者他人结果的不对称控制；第二，权力有外显、内隐之分，并且两类权力感都会对行为产生影响（王雪等，2014）。拥有权力者如果正确地使用权力，能提升个体行为效能和决策质量；如果不履行既定的权力，则是不担当、不作为的表现；如果滥用权力，则会忽视和压迫权力小的人，分配给自己更多的利益，滋生腐败心理与行为。随着心理学对权力研究的深入，将权力与接近/抑制系统、抽象认知、目标导向等基本心理与行为过程联系起来，大大拓宽了人们对权力的认识，超越了以往一般社会科学界关于“权力是否产生腐败”这种古老的单一化讨论。已有研究关注权力的概念探讨、权力的理论机制、权力对心理与行为的影响，对不同人群的权力，尤其是社区干部的权力关注较少。社区干部具有一定的权力，表现为对整个社区拥有控制权和影响力。未来研究应该关注以下三个方面：（1）社区干部对权力的感知测量；（2）社区干部权力动机的权变因素，如社区氛围、社区认同、社区活力等；（3）社区干部的权力对社区建设的双向机制，揭示权力的情景性作用。

权力和地位（status）是两个相似但又不同的概念（Fiske，2010）。地位源于个体被他人或组织尊重或敬重的程度，个体对组织的贡献越大，越被组织成员尊重，个体的地位就越高。地位是外在的，与组织成员的评价密不可分，并且随着评价的改变而改变。社区干部的人情、面子、声望等本土性社会资本在地位中的作用更加突出。权力源于对重要资源的不对称控制，是内在的。个体控制了重要资源就会产生权力，它独立于组织成员或组织评价之外，并且不会随着评价的改变而改变，相对独立和稳定（段锦云等，2015）。

第二节　社区干部的情操

情操是构成社区干部价值观的基础，是构成人格和品行的重要因素。虽然目前已有研究对情操的内容做出了一些解读，但是落实到具体的情操行为表现，且将情操行为表现操作化、量化的研究依然缺乏，特别是缺乏针对社区干部的情操研究。因此，有必要开展社区干部的情操研究。

一、为什么要研究社区干部的情操

研究社区干部的情操是传承中华优秀文化、回应党和国家领导人对干部的标准、解决当前社区建设和治理过程中的问题的必要步骤。

（一）中华优秀传统文化对社区干部的要求

几千年传统文化中蕴含着丰富的官员如何为官为民的内容。譬如：（1）人生理想。“诚意、正心、修身、齐家、治国、平天下”（《大学》）。（2）精神境界。“穷则独善其身，达则兼善天下。”（《孟子·尽心上》）（3）道义担当。“为天地立心，为生民立命，为往圣继绝学，为万世开太平。”（《张子全书》第十四卷）（4）修身之方。见贤思齐；知行合一；己所不欲，勿施于人；三省吾身；君子慎独。（5）齐家之略。孝悌忠信，百善孝为先，家和万事兴。（6）治家格言。“一粥一饭，当思来处不易；半丝半缕，恒念物力维艰。”（《朱子治家格言》）（7）廉政之道。“一丝一粒，我之名节；一厘一毫，民之脂膏。宽一分，民受赐不止一分；取一文，我为人不值一文。谁云交际之常，廉耻实伤；倘非不义之财，此物何来？”（张伯行《禁止馈送檄》）（8）民本之道。“水能载舟，亦能覆舟”（《贞观政要·政体》），“民为贵，社稷次之，君为轻”（《孟子·尽心下》），“民惟邦本，本固邦宁”（《尚书·五子之歌》）。（9）法治之道。“法令既行，纪律自正，则无不治之国，无不化之民。”（包拯《上殿札子》）社区干部应该注重学习和铭记中华优秀传统文化中对干部的要求，从中获得精神鼓舞，陶冶道德情操，完善健全人格。

（二）党和国家领导人关于干部标准的论述

中国共产党在领导革命、建设和改革的不同历史时期，由于所处的历史方位和环境、任务不同，在选用干部的具体内涵和要求方面虽有所不同，但其核心都是选贤任能、德才兼备、以德为先。在党的六届六中全会上，毛泽东明确提出，要坚持任人唯贤，反对任人唯亲。1957 年，毛泽东形象地提出，干部要“又红又专”。改革开放之初，邓小平提出了干部队伍建设的“四化”方针。1996 年，江泽民提出了建设高素质干部队伍的基本要求。2008 年，胡锦涛提出，选人用人要坚持德才兼备、以德为先（宋建钢，饶彦久，2013）。2013 年 6 月 28 日，习近平在全国组织工作会议上首次提出了“好干部”标准，“好干部的标准，大的方面说，就是德才兼备”，“概括起来说，好干部要做到信念坚定、为民服务、勤政务实、敢于担当、清正廉洁”（习近平，2014）。这些标准是党和人民对全体党员干部的要求。对于社区干部而言，这些标准为社区干部工作提供了方向上的指引，是高屋建瓴的行动纲领。社区工作更多的是执行，是具体群众工作的完成，社区干部更应把这些标准具体化、操作化，将这些标准以一种更加清楚的方式表达出来。研究社区干部的情操是时代所需，有助于社区干部的精细化管理和激励，也是贯彻执行党和国家政策、转变基层政府职能、为群众做实事的重要保障。

（三）中国社区建设与治理过程中的问题

经过多年的发展，我国社区建设与治理取得了令人瞩目的成就。但是当前中国社区管理过程中存在着一些必须予以重视并加以解决的问题。例如：

（1）政府与非政府组织的关系仍然是依附关系，非政府组织处境“尴尬”，难以发挥其功能；

（2）社区居委会行政化，自治功能难以拓展；

（3）城镇化进程加快导致的社区人群异质性给社区治理带来了难度和挑战；

（4）伴随着社会经济发展，社区居民需求呈多元化和高标准趋势；

（5）居民社区意识不强，社区建设参与积极性不高，执行式被动参与成为主要参与形式；

（6）社区工作者队伍整体素质偏低，甚至还背负着一些社会污名等。

中国社区正在发生着巨大而深刻的变化，努力壮大社区工作者队伍，是加强、改进城市社区建设与治理的人才保障。目前城市社区工作者队伍建设存在着一些问题，如专业性不足，整体素质偏低，缺乏规范化的专业培训，疲于应对行政性事务，难以满足社区居民个性化、多样化社会服务需求，社区留不住人才等（唐斌尧，2013）。并且，公众对社区工作者存在一定的消极认知或刻板印象。社会上普遍认为，社区工作就是解决一些婆婆妈妈的琐事，只要不是坏人，有热心、有耐心，社区工作谁都可以做。除此之外，基层工作人员也被认为是“街头官僚”，以城管、街道管理人员为代表的社区工作人群还背负着一些社会污名。一项研究指出，大学生对社区基层工作人员的社会地位评价处在中等偏下水平，同时对社区基层工作人员的认知评价比较笼统（向敏，毕重增，2017）。这直接影响了社区内群体间的心理联结，阻碍了社区认同感和归属感的培养。社区干部以什么样的情操来面对和处理这些问题关乎社区的发展，研究社区干部的情操是中国当代社区建设与治理的现实要求。

二、社区干部情操的界定

情操（sentiment）是指人对具有一定文化价值的东西（如道德、学问、艺术等）所怀有的带有理性的深沉情感，受个人的生活经验、受教育水平和社会历史条件等因素的制约（黄希庭，郑涌，2015）。情操源于情感，但区别于情感的任何形态，是情感中品质最高的一种，主要包括道德情操、理智情操、审美情操等，分别对应着求善、求真和求美的人生价值取向。情操是社会文明的标志，也是国家和民族整体素养的体现。社区干部的情操是指社区干部在从事社区管理及服务工作中所怀有的带有理性的深沉情感。社区干部的情操体现在他们日常生活、工作中的方方面面，不仅直接反映在他们的言行上，也会对周围的人和环境产生影响。

三、社区干部情操研究的主要主题

（一）道德情操

道德情操（moral sentiment）是指当人们根据一定的道德标准来评价自己或他人的思想、言论和行为时所产生的情感体验，具有高度的组织性、系统性、自觉性和概括性，是道德判断、道德情感体验与道德行为方式的结合。它是客观现实与主体的道德需要之间的关系在人们头脑中的反映。如果自己或他人的行为符合道德规范，个体就会产生肯定的道德体验，如敬佩、爱慕、赞赏、欣慰等，反之便产生否定的道德体验，如厌恶、羞愧、憎恨等，并可能会有相应的认知行为反应。譬如，道德提升感作为一种提升道德情操的积极道德情感，在情感体验上，会让人感到惊讶、感动、被提升，同时还会产生其他积极情感，像尊敬、激励、钦佩、敬畏、感激、快乐、爱；在身体反应上，会让人流泪、打冷战、起鸡皮疙瘩，还会让人喉咙哽咽、肌肉放松、胸口温暖、心跳加快；在认知变化上，一方面会让人产生对自身的积极认知，想成为一个更好的人，另一方面会让人产生对他人的积极认知，对人性更乐观，还会让人对他人的积极品质有新的看法，更喜欢他人，对他人更加开放；在行为动机上，会让人产生帮助他人、与他人亲近等积极动机，还会让人想要效仿他人的道德行为（黄玺等，2018；Algoe & Haidt，2009）。

道德情操是最重要的一种情操，是情操之魂。自觉地培养和提升道德情操是文明社会之举。对于社区干部来说，道德情操是个人修养的体现，也是职业所需。在社区干部身上，道德情操大致可以分为以下三类。（1）政治道德情操，是指社区干部对社会制度、祖国、政党、社区、集体、居民、社会团体等的情感，如爱国主义（对国家、民族的忠诚、热爱）、集体荣誉感、社会主义精神、国家自豪感等。（2）人际道德情操，是指社区干部对社区里的人表现出善意和关怀时所体验到的情感，如人道主义精神、关爱他人、公平正义感等。这类情操与具有广泛社会意义的行动目标一致，是在各种活动中互帮互助的源泉。（3）个人道德情操，是指作为社区干部在进行社区管理服务工作时所体验的情感，表现为对社区的责任感与义务感、职业使命感、同事友谊感等。可见，道德情操不仅概括了许多较具体的道德情感，而且表露出个人对道德要求及其社会意义的深刻认识。实证研究发现，道德领导与员工建言行为存在正相关，并且责任知觉和心理安全感在二者关系中起中介作用（梁建，2014）。

（二）理智情操

理智情操（rational sentiment）是指人们在认识客观世界和追求真理的过程中需要得到满足与否的情感体验，也就是在实践活动中人们总是渴望洞悉事物的究竟，发现事物的秘密，认识事物的本质，这些渴望与需要是否得到满足，会引起某种情感体验，此种情感体验就是理智情操，与人的求知欲、认识兴趣、解决问题的需要相联系。当有新的发现时会产生愉悦或喜悦的情感，在突然遇到与某种规律相矛盾的事实时会产生疑惑或惊讶的情感，在不能做出判断、犹豫不决时会产生疑虑的情感，在做出判断而又感到论据不充分时会产生不安的情感，这些情感都属于理智情操。

实践证明，人们的认知活动越深刻，求知欲望越强烈，追求真理的情趣越浓厚，则理智情操就越深厚。理智情操在人的实践活动中具有不可替代的作用，是推动人们追求真理和扩大知识视野的动力之一，正如列宁所说："没有'人的感情'，就从来没有也不可能有人对于真理的追求。"（中共中央马克思恩格斯列宁斯大林著作编译局，2017）理智情操贯穿于社区干部的学习、工作过程中，表现为学习钻研、主动务实等，具体体现为对上级政策文件的深刻领悟、探究社区工作与实务方法、对社区未来发展方向的思考等。例如，一些社区（村）干部在脱贫攻坚中具有前瞻性思维，在异地搬迁之后，依托区位优势、自然资源、人文资源、特色产业等大力发展旅游产业，并使其他与之相关的产业也蓬勃发展起来了，盘活了整个社区（村），在确保贫困群众搬得出、稳得住、能致富的同时，也让他们更快更好地融入社区，增强了他们的归属感和认同感。

（三）审美情操

审美情操（aesthetic sentiment）是指人在欣赏自然、文学艺术和社会事物时积极正确的审美需要得到满足与否的情感体验，亦即美的情操是人根据美的需要，按照一定的美的评价标准，在审美过程中产生的情感体验。审美情操的源泉是客观事物，美的体验不光取决于事物的外在形象，更取决于事物的内在形象，因为唯有内涵才是事物本质之所在。

审美情操是在社会实践和审美教育中形成与发展的，是与道德情操、理智情操相互交织的结果，与人的精神生活和人文素养密切相关。结合社区干部自身的工作特点，社区干部的审美情操主要表现为以下两个方面。其一，对社区自然环境的保护。环境优美的社区自然环境无论对于社区居民还是对于社区干部而言，都能起到愉悦身心、陶冶情操的作用。然而，生活在杂乱不堪、垃圾乱堆乱放的社区里，居民和干部的身心健康都会大打折扣。因此，社区干部应该加大对社区自然环境保护的宣传，以营造舒适宜人的生活环境，同时对社区不文明行为、陋习等进行批评指正等。其二，对社区人文环境的营造。对于美好的事物和人物的肯定，会使人不断地去欣赏，从而享受美的体验。作为社区软实力的象征，社区人文环境的好坏直接关系到社区居民的幸福感。社区干部要主动学习和宣传道德模范、劳动模范、最美奋斗者、全国脱贫攻坚楷模的先进事迹，以期在多种层面引起人们美的体验，共同打造和谐美好的社区。

［专栏 9–2］与社区干部情操相关的研究主题

1. 胜任特征

胜任特征（competencies）是指能将某一工作（或组织、文化）中卓有成就者与表现平平者区分开来的潜在特征（Spencer & Spencer，1993），包括概念性与程序性知识、技能、行为与策略，态度、信念与价值观，性情与个人特征，自我认识与动机等。王登峰和崔红（2006）采用深度访谈和问卷调查及探索性和验证性因素分析的方法对党政领导干部的胜任特征进行了系统的研究，得到了如图 9–1 所示的结果。孙健敏和张晶（2010）在行为事件访谈的基础上，通过对 1 477 名基层党政领导干部胜任特征数据的因素分析，确立了基层党政领导干部胜任特征模型。该模型的结构包括三个维度：工作态度、成就动机和处世方式。其中，工作态度维度还包括三个次级因素：进取创新、同僚关系和热忱认真。总体而言，与国外研究不同的是，中国文化背景下的党政领导干部的胜任模型突出了人际关系要素。

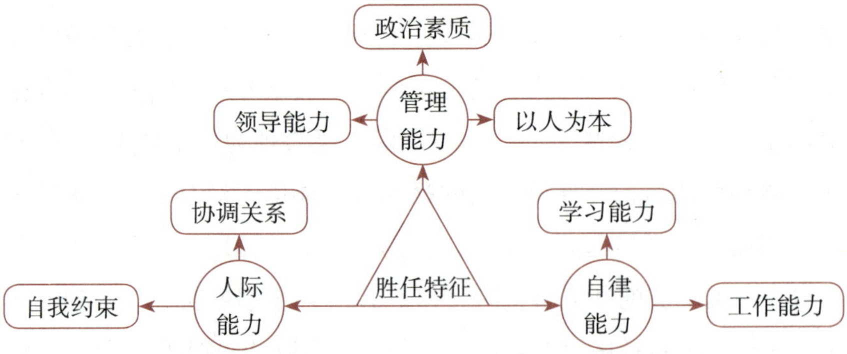

图 9–1　中国党政领导干部胜任特征的构成

2. 治理能力

治理能力是胜任力的次一级概念，是当前治理能力现代化对我国干部能力新要求的一种特殊形式。治理能力的发挥需要科层制的合法化与民主自治空间的有效结合，需要权威主导的多主体合作。王赛男等（2019）采用行为事件访谈法和因素分析发现，基层干部治理能力包含引导与执行力、知识与技能拓展力、公共服务能力、整合资源能力、管理创新能力、信息分享提升力六个维度，并编制了信度和效度良好的测量工具。

3. 人格特质

人格是一个人的才智、情绪、愿望、价值观和习惯化的行为方式的有机整合，它赋予个人适应环境的独特模式，这种知、情、意、行的复杂组织是遗传与环境交互作用的结果，包含着一个受过去影响以及对现在和将来的建构（黄希庭，郑涌，2015）。赵国祥（2002）通过自编量表对河南省185名处级党政领导干部进行测试，得出党政领导干部的个性特质由六个因素组成，分别是责任心、社交性、情绪稳定性、创新性、决断性和自律性。王登峰和崔红（2005）对1 237名基层党政领导干部和419名对照组研究对象的人格特点所做的比较表明，党政领导干部更外向、善良，行事更严谨和自我克制，对人更热情，更注重成功和成就，但同时也更加爽直、优柔寡断，对工作的坚定、认真程度低于对照组，而且党政领导干部中女性的比例远远高于对照组。

第三节 社区干部素质的提升

社区干部在处理众多的社区事务和面对需求各异的社区居民时，其身心也经历着重重考验和挑战，我们不仅要关注他们如何做好“分内之事”，也要思考如何在身体上和心理上关心关爱社区干部，提升其素质，调动其积极性、主动性与创造性，让他们有充足的动力应对各种社区问题和为社区服务。

一、激发社区干部的内生性动力

如何提升社区干部的素质？一靠社区干部自身，二靠改善社区干部所处环境。从社区干部自身来讲，要养成健全人格，这是干部成长的内生性动力（endogenous power），也是决定性因素。

（一）树立正确的价值观

价值观是个体判断是非善恶的信念系统，它能够为过去的行为提供解释，并影响着未来生活的追求方向。价值观浸透于整个人格之中，是人格动力的核心成分，是支配人们行为、态度、观点、信念和理想的一种内心尺度（黄希庭，尹天子，2016）。价值观是人们对社会存在的反映。人们所处的自然环境和社会环境，包括人的社会地位和物质生活条件，决定着人们的价值观念。每个社会都会有一些共同认可的普遍的价值标准，从而形成基本一致的社会行为模式。中华传统文化中蕴含着丰富的优秀价值理念和行为规范，如仁政为民、坚持道义、守礼敬礼、明智能辨、诚实守信、俭约自守、敬业乐群、崇尚美德等，都值得社区干部学习实践。

价值观不仅包含认知范畴，还具有情感和意志的功能，并对行为具有导向作用，亦即，只有那些经过价值判断且被认可的信念，才能转化为行为的动机，并以此为目标引导人们的行为。价值观不仅影响个人的行为，还影响群体的行为和整个组织的行为。在同一客观条件下，对于同一事物，人们的价值观不同，因此会产生不同的行为。在同一单位中，有人注重工作成就，有人看重金钱报酬，有人重视地位权力，这就是因为他们的价值观不同。事实证明：如果树立正确的价值观，人们就可以更好地完善自己的人格，发挥自己的潜能，为社区、社会做出更大的贡献；如果树立错误的价值观，人们就会在错误的道路上越走越远，本领越大，对社区、社会的危害也越大。

（二）养成积极的自我观

自我是一个复杂的系统。首先，自我的概念表现为以自己的身体为界限的“个体我”，这是自我的基础。从这一角度出发，社区干部要形成积极的自我认知，发挥个人的主观能动性，要自爱、自立、自信、自省、自强等。社区干部如果存在自我认知不协调或角色混乱的情况，则难以胜任岗位职责。其次，中国文化中的“人”，并非一个独立的个体，而是包含着与己身相关联的其他的人。离开与他人的交往和关联，人便不成其为人了（杨宜音，2008）。因此，自我的概念以“我”为中心，延伸到与“我”有关联的其他人，如父母、子女、爱人、朋友、同事等。在社区管理过程中，社区干部要处理好群己关系、人际（己）关系、群际关系、他群关系等多种关系。“没有关系的时候，社区中的人各自为政、一盘散沙；有关系的时候，社区中的人就会肝胆相照、共享共担”（杨宜音，2008），这也是社区作为“生活共同体”这个核心概念的重要体现。最后，从更宏观的意义上讲，自我的概念还可以扩展到社群、社区、社会、国家等。自我的价值在为社区、社会、国家的奉献中得以彰显。社区干部要在自己的工作岗位上发光发热，发挥先锋带头作用，自觉地把自我实现的价值融入国家发展和民族复兴大业中去，实现从“小我”到“大我”的转变，以实现“身修而后家齐，家齐而后国治，国治而后天下平”（《大学》）的理想追求。

（三）具备理想追求的品格

随着社会与社区内外环境的变化以及社区居民的需求越来越多样化，社区承载着日益重要的功能。社区干部的主要任务是满足人民日益增长的美好生活需要，增进社区居民的获得感、幸福感和安全感。因此，具备理想追求的品格对于社区干部来说是非常重要的，“志不立，天下无可成之事”（王守仁《教条示龙场诸生》）。具体而言，一方面，社区干部要具备热爱学习、善于实干、团结合作、心胸开阔、清正廉洁、敢于担当、勇于奉献、德才兼备、以德为先等品格，切实地做好社区工作，服务好社区居民，将平凡的工作做出不平凡的业绩。例如，学习是修身之道、能力之基、成事之本，作为一名基层干部，要加强自我学习。无论是书本知识还是社会博学，社区干部要主动吸收借鉴，这样才能不断储备新知识、增长新本领、开阔新视野、适应新形势。另一方面，社区干部要树立远大目标与理想，积极进取，开拓创新，要有“敢为天下先”的勇气和家国情怀的使命感。“保天下者，匹夫之贱，与有责焉耳矣”（《日知录·正始》），在中国人的精神谱系里，民族与家庭、社会与个人都是密不可分的整体。社区干部不仅要脚踏实地，做好“分内之事”，也要有“为天地立心，为生民立命，为往圣继绝学，为万世开太平”（《张子语录》）的志向，努力把城乡社区建设成为和谐有序、绿色文明、创新包容、共建共享的幸福家园。

二、保障社区干部的外源性条件

对于社区干部素质的提升，不仅要激发其内生性动力，而且要改善其外源性条件（exogenous condition）。要为社区干部营造敢担当、敢负责、敢作为的干事环境。

（一）完善激励机制，增强工作效能

激励是指激发人的行为动机的心理过程，即通过各种有效的手段，引发和增强人的行为的内驱力，使人保持一种高昂的情绪和持久的积极状态，发挥潜力，达到预期目标。上级管理者要运用恰当的激励手段，将外部刺激（诱因）转化为内部心理动力，调动社区干部的工作积极性、主动性和创造性。社区干部能否安心在基层踏踏实实做事，与各种激励机制密切相关。按照不同的划分标准，如激励的内容、激励的性质、激励的方式、激励的效用等，激励可分为不同的类型。根据激励的方式，可将激励分为两大类：一类是外在性激励，另一类是内在性激励。

外在性激励是指由组织掌握和分配资源来调动个体的积极性。外在性激励又可分为两类。（1）物质性激励，它通常以工资、奖金、各种福利及晋升等物质性资源来调动个体的积极性。社区干部任务繁重，趋于职业化、脱产化，但待遇不高。可感知和可衡量的物质性激励可以满足社区干部理性经济人的需求，对其行为进行正向强化，有助于提高工作满意度，减少职业倦怠感和离职率。（2）社会情感激励，它通常以荣誉、友谊、信任、认可、表扬、尊重等社会情感资源来调动个体的积极性。与物质性激励相比，这类激

励满足了人们更高层次的需要，通常在社交性、情感性交往中获得（范逢春，2013）。就社区干部而言，社会情感激励表现为：给予他们关注，对表现优秀的社区干部给予表彰和赞赏，对表现失误的社区干部表示宽容与鼓励；对社区干部的付出做出公正的评价；给予社区干部平等的任用机会和晋升空间，增强其被信任与尊重的体验感；等等。社区干部的社会情感激励不仅来源于上级领导，也来源于社区居民。

内在性激励是指通过工作本身所能提供的因素来调动个体的工作积极性。按激励因素的性质，内在性激励也可分为两类。（1）工作活动本身的激励，是指工作活动本身所蕴藏的因素可以满足人的内在需要，如工作的趣味性、挑战性、培养性，工作活动提供的交往机会等。（2）工作任务完成的激励，是指个体在工作任务完成时感受到的满足感，包括成就感、自豪感、贡献感、轻松感，还有自己潜能得到充分发挥后的舒畅感和得意感。内在性激励是一种真正的工作激励，是激励的源泉，不管环境如何变化，都能持续地发挥作用（范逢春，2013）。上级管理者可通过科学合理的工作设计、寻求人与工作的最佳匹配等方式，充分挖掘该种激励手段，满足社区干部的个人及社会情感需要。

（二）落实监督机制，加强廉政教育

近年来，新闻媒体频频报道一些社区干部利用职务之便，贪污、受贿，违法乱纪，“小官巨贪”，给当地人们的生产生活和社区干部形象带来了严重的负面影响。诚然，社会个体是否产生腐败心理和是否实施腐败行为，关键在于其主观因素，和个体心理品质的优劣有着直接关系，同时也和监督机制是否健全完善有着若干联系。如果对社区干部缺乏有效监督，那么就会使得很大部分的权力运作是在没有监督和制约的情况下进行的，从而为权与钱、权、色的交易提供了空间。

落实监督机制是预防腐败心理与行为的有效手段。落实监督机制的重点包括：建立健全社区组织结构体系，使社区干部的隶属关系、职责权限、机构设置和人员匹配等方面的规章制度日臻完善；建立健全财务等管理制度，

针对项目建设、惠民资金等事项，模板化操作、规范化管理，让人们知晓钱从何处来、用到哪里去、打算怎么用、用得怎么样；建立健全公开、公平的干部选拔、任用、考核、晋升等流程，使其更加程序化和制度化；建立健全完善的监督网络，疏通自上而下、自下而上、由内向外、由外向内的监督渠道，既要保证党的领导监督、国家权力机关的行政监督，又要加强群众监督、社会监督和大众媒介等的监督，形成全面的监督体系，让社区干部公开透明地行使权力。

如果说监督机制是从外部对权力进行客观规范的话，那么加强廉政心理教育则是将外部机制转化为内部机制的过程。廉政心理教育是在干部心理上设置防护警戒线，针对干部的从政心理特点开展廉政教育，针对人性的心理弱点进行旁敲侧击，通过引入心理学理论，运用科学的心理教育方式加大廉政健康心理的引导力度，抑制潜在不良从政心理的产生，矫正扭曲的为官心态，引导和帮助干部构筑拒腐防变的心理防线。有关部门可以通过一些现代教育培训方法如演讲法、讨论法、警示教育法、案例分析法、角色扮演法、情境模拟法、腐败心理预测法、体验法等，提升干部廉政心理教育的实效，真正使清正廉洁思想内化于心、外化于行。

（三）关注心理健康，培育积极心态

在新时代社区建设的进程中，社区干部不仅要有健康的体魄，还要有阳光的心态，这样才能在工作中具有充沛的精力和活力，才能高效地履职尽责。社区干部承担着繁重的工作任务和艰巨的社会责任，身体上长期得不到有效的调适和放松，精神上也面临着各种压力、挑战与诱惑。有的干部精神饱满，心理素质高，表现热情友善，这样不仅会让人感受到亲和、自信、阳光、坚定，而且会感染周围同事乃至改善社区居民的心理状态，收获更多支持与信赖；而有的干部精神萎靡、郁郁寡欢、关系紧张、心态消极，这往往会给同事或居民带来畏惧、不安和焦虑，进而造成不思进取、消极作为的社区氛围。

当前从总体上看，我国干部队伍的心理素质是健康良好的。但也要看到，少数领导干部的心理状况存在与当下形势、任务不适应等问题，有的干部出现心理压力过大、情绪不稳定的现象，甚至发生因心理问题导致严重焦虑、抑郁乃至非正常死亡事件。中国科学院心理研究所国家公务员心理健康应用研究中心于2015年至2017年调查了32 436名公务员的压力与心理健康状况，结果发现：公务员群体整体上有10%的人焦虑水平比较高，8.4%的人抑郁水平比较高，15.2%的人压力水平比较高；与省市机关公务员相比，基层公务员心理健康状况更差，压力更大。2018年9月，该中心对河南省某县30位扶贫干部的访谈调研发现，基层扶贫干部普遍存在工作烦琐、检查繁杂、任务繁重、节日加班常态化、家庭关系边缘化、亲子交流微信化的情况，严重缺乏锻炼和休息，不少扶贫干部出现职业倦怠、身心疲惫、情绪压抑，个别干部产生严重的焦虑和抑郁（祝卓宏，2019）。由此可见，我国基层领导干部的心理健康问题需要高度重视，亟待采取相应的干预和保障措施进行改善。

2018年5月20日，中共中央办公厅印发的《关于进一步激励广大干部新时代新担当新作为的意见》指出，“要给基层干部特别是工作在困难艰苦地区和战斗在脱贫攻坚第一线的干部更多理解和支持，主动排忧解难，在政策、待遇等方面给予倾斜，让他们安心、安身、安业，更好履职奉献”，要“满怀热情地关心关爱干部”，要在“心理上关怀”，“关注心理健康”。关注社区干部的心理健康不仅需要“硬件”建设，也需要“软件”建设。现在一些社区积极响应政策文件精神，快速建立了社区心理健康服务中心，建立了咨询室、宣泄室、沙盘室、减压室、心理测评室等，甚至有的社区还配置了VR（虚拟现实）减压系统、生物反馈减压系统、心理测评系统。空间场地、硬件设施很容易配置装备起来，而针对社区干部的专业服务人员队伍、制度机制等却很难配套，浪费了大量公共资源和经费。加强“软件”建设是亟待解决的问题。首先，通过系统内部宣传网站、微信、短信等传播心理健康知识，正确认识心理问题。其次，要建立起服务人员的网络，包括心理专家团队、督导团队、咨询师团队、心理志愿者团队以及由基层工会干部或人事干部经过简短培训组成的心理指导员团队。最后，与当地的心理学研究机构、高校咨询中心、精神卫生中心、心理健康行业协会组织等合作，加强理论突破与方法创新，走中国式发展道路。

（四）开展教育培训，提高治理艺术

开展新时代社区干部的教育培训工作，有重要意义。一方面是对时代发展的回应。当代社会科技发展日新月异，我们正处于一个“知识爆炸”、知识快速更新的时代，社区干部也要学习新知识，了解新动态，跟上社会节奏。另一方面是对社区干部需要的满足。人的需要是无止境的，是多样化的，也存在一定的结构，当已有的需要满足后人们会追求更高层次的需要。开展教育培训可以满足个体的需要，改造个体的动机结构和行为。因此，有必要对社区干部进行教育培训，以建设高素质的社区干部队伍，增强社区干部的本领。

开展教育培训之前，可以通过召开座谈会、征求部门意见和发放调查问卷等形式，了解社区干部对培训方式、培训内容的具体要求。教育培训内容必须是真实的，对社区干部有切实的实际意义。

如何开展社区干部的教育培训？一是针对社区干部的教育培训需设置一定的目标（或称为期望）和规划。目标是个体在动机性活动中努力追求的结果，设置目标是为了引起社区干部的注意，使他们集中精力完成教育培训任务；规划是达成目标的路径，设置规划是为了增强行为的持久性，有条不紊地达成教育培训目标。二是要丰富培训形式和培训内容。既聘请理论水平较高的专家讲授理论课程，又聘请实践经验丰富的专家讲授实践课程；既安排内部经验交流学习，又安排外出参观考察；既组织面对面的交流学习，也通过互联网进行在线交流学习。这样，可以激发社区干部的学习兴趣和求知欲。三是围绕社区干部实际需求设计培训内容。在前期工作的基础上，针对社区干部所提出的实际问题予以针对性的答疑解惑，如社群关系的处理、社区物业的管理、干部心理调适等，做到有的放矢，尽量满足社区干部的知识需求。四是对教育培训效果及时反馈。反馈是双向的，既是培训主体对社区干部学习活动进展的反馈，也是社区干部对培训主体个人、讲授内容、外出参观学习等的反馈。双向的反馈机制保障了信息沟通的平等性和有效性，以便培训主体和社区干部做出及时的调整。

开展社区干部的教育培训是为了让其在自己的岗位上思考如何改进工作思路，将学习到的知识迁移到自己的工作中，“举一隅不以三隅反，则不复也”（《论语·述而》）。一种学习对另一种学习起促进作用，称正迁移；一种学习对另一种学习起干扰抑制作用，称负迁移。对社区干部的教育培训而言，要促进发生正迁移，以保证教育培训的实效性。

社区干部素质的提升不在一朝一夕，也不是专注某个方面就能够有效，需要从干部内生性动力和外源性条件两方面出发。“新的时代要有新担当、新作为”，我国的社区建设仍面临着许多问题，新时代的社区干部要自觉践行社会主义核心价值观，做真善美的追求者和传播者，以深厚的知识修为赢得尊重，以高尚的人格魅力引领风气，在为祖国、为人民立德立言中成就自我、实现自我价值，做人民心中的“好干部”，为实现中华民族伟大复兴的中国梦而努力奋斗。

概要

社区干部是指在社区中担任管理和服务工作，并对社区负有直接责任的人员，是社区意志的集中体现和社区利益的集中代表。研究社区干部的情操是为了传承中华优秀传统文化，回应党和国家对干部的要求，解决当前社区建设和治理过程中的问题。社区干部的情操主要包括道德情操、理智情操、审美情操。除了关注社区干部如何做好“分内之事”，我们也要从内生性动力和外源性条件两个方面提升社区干部的素质，以满足社区居民日益增长的美好生活需要，增进社区居民的获得感、幸福感和安全感。

扩展阅读书目

高鉴国.（2013）. *社区工作*. 济南：山东人民出版社.

习近平.（2013）. *之江新语*. 杭州：浙江人民出版社.

思考题

1. 结合实例说明社区干部对社区建设和发展的重要性。
2. 如何理解社区干部的情操？
3. 请描述一位你曾经遇到过的社区干部，分析一下他的使命担当。
4. 如果你有机会成为一名社区干部，从这一章的学习中你获得哪些启示？

第十章　社区中的家庭

广州市海珠区沙园街道社区家庭综合服务中心的社会工作人员在调研中发现，社区中的家庭存在亲子互动缺乏积极、正向的技巧与方式的问题，表现为父母过多地指责和评判孩子，有28.5%的家庭希望能够提高家庭沟通质量。调查还发现人们较少关注家庭内部文化，同时，家庭的外部互动不足，邻里间的互动较少，社区居民之间的关系大多仅为“认识”状态。对此，社区工作者开展了打造和谐社区系列活动，旨在促进个人及家庭的成长与发展，提升社区的向心力。例如，以家庭为单位，以“一家一故事”为载体，通过“展示全家福照片”“一家三口话家事”等环节促进亲子间积极、良性的沟通和互动。通过志愿服务和家庭故事展示，社区邻里之间的交流增加了，家庭之间互助、共融的氛围得以营造，最终实现了促进家庭向上发展、创建和谐社区的活动目的。（资料来源：李凤娟，2018）

沙园街道社区的“家庭增能”活动为其他地区的基层文化建设树立了榜样。“天下之本在国，国之本在家，家之本在身。”（《孟子·离娄上》）家庭和睦则社区氛围和谐友好，家庭生活的顺利进行以及家庭中个体的健康发展离不开社区的服务与指导。在和谐社区与和谐社会的建设中，家庭是不容忽视的关键一环。下面将介绍家庭的内涵、家庭与社区的关系，以及社区中的和谐家庭建设。

第一节　家庭是社区的细胞

社区是由一个个家庭组成的，家庭就如社区这个有机体的细胞。

一、家庭的内涵及功能

（一）家庭的内涵

对于家庭的研究最早可以追溯到古希腊、古罗马时期。“关系说”认为，家庭是社会关系，以婚姻和血缘为基础；“群体说”或“组织说”认为，家庭是一种特殊的社会群体，是人类社会的最小单位，满足了人类的多种生活需求；“制度说”认为，家庭是由一定的规范所构成的一种专制的社会建构，随着时间的推移，经过人们的自主选择形成的一种固定模式（贾春增，2000）。基于家庭这一稳定的人际联结和社会建构中的固定模式，社区作为更大规模的社会群体得以形成。心理学和社会学领域在研究过程中较为关注家庭关系结构及其与社会环境的联系，主要基于“关系说”的观点，将家庭（family）界定为基于婚姻关系、血缘关系或收养关系而产生的社会生活组织。由此来看，家庭是亲属之间所构成的社会生活单位，也是最亲密的社会群体。如果说家庭是一个个细胞体，那么社区则是由多个细胞体组成的生物体。

家庭是一个历史的范畴。原始社会中并不存在“家庭”这一概念。美国民族学家摩尔根（L. H. Morgan）认为“家庭是一个能动的要素，随着社会从较低阶段向较高阶段的发展，从较低的形式进行到较高的形式”（Trautman & Kabelac，1994）。恩格斯根据摩尔根的观点将家庭形成和发展大致划分为四个阶段，分别是血婚制家庭、伙婚制家庭、偶婚制家庭和专偶制家庭。当代学者认为，专偶制家庭即一夫一妻制家庭的出现，标志着文明时代的最终确立，集中体现为人类道德知识发展到一个相对较高的层次。

（二）家庭的功能

家庭的功能亦称“家庭职能”，主要包括性生活功能、生育功能、抚养与赡养功能、教育功能、经济功能、情感交流功能、休闲娱乐功能等（Rudman & Mescher，2013），对于每种功能的具体解释见表10–1。其中，性生活功能和生育功能是家庭得以形成，并世代延续的生物基础。抚养与赡养功能和教育功能是维系家庭内部代际稳定关系的保障，同时通过亲代与子代间相爱相敬责任的履行，以及代际、家庭成员间传授知识、相互学习的教育过程，家庭世代发展中积累的知识得以传递。子代也在家族中长幼有序、相互体恤的伦理教化下，习得了作为一个具有社会性的个体，应如何与社区、社会中的其他成员进行沟通和交往，可以说，个体在社会交往中的表现是其家庭关系及家庭教养的透视镜。而个体社会化的过程离不开物质、精神和情感多种要素的支撑，家庭的经济功能、休闲娱乐功能和情感交流功能则从上述三方面分别给予个体动力，使其在物质生活保障得以满足的基础上，不乏精神、情感支持，逐渐成为一个全面发展的社会群体中的成员（Rudman & Mescher，2013）。

表 10-1　家庭的功能

类别	解释
性生活	社会通过一定的法律与道德使之规范化，使家庭成为满足两性生活需求的基本单位，这一功能是家庭中婚姻关系的生物学基础
生育	从人类进入单偶婚制以来，家庭作为生育单位进行种族延续
抚养与赡养	表现为家庭代际关系中的双向义务与责任，抚养是上一代对下一代的抚育培养，赡养是下一代对上一代的供养帮助
教育	包括父母教育子女和家庭成员之间相互教育两个方面，其中父母教育子女在家庭教育中占有重要的地位
经济	包括家庭中的生产、分配、交换、消费，是家庭其他功能的物质基础
情感交流	情感交流的密切程度是家庭生活幸福与否的标志，这一功能是家庭精神生活的组成部分，是家庭生活幸福的基础
休闲娱乐	休闲娱乐是家庭利用闲暇时间丰富生活的表现；随着生活条件的改善，休闲娱乐逐渐从单一型向多向型发展，家庭在这方面的功能日益增强

随着时代的不断发展，社会保障功能逐步增强，原有部分家庭功能即将被社会或社区所分担。但总体来看，家庭的多种功能间存在此消彼长的关系，部分功能被分化后，家庭需针对社会、社区忽视的方面进行功能上的强化和代偿。美国学者曾提出，随着社会的发展与进步，现代家庭面临传统功能丧

失或这些功能被其他组织形式取代的问题（邓伟志，徐榕，2004）。但学界一般认为家庭功能具有多样性，笼统地用“功能缩小论”来概括现代家庭功能的变化，理由并不充分。对于家庭的固有功能，如性生活功能、生育功能等，其直接关系到家庭的世代繁衍和家庭关系的维系，因此不易受到外界环境的影响。而教育功能、抚养与赡养功能，将随着社会教育体系、医疗卫生保障体系的建立健全，逐渐由家庭转至社区、学校和社会，即功能执行主体的分离（Larson et al.，2006）。与此同时，由城市化带来的高楼林立的社区、物质生活质量的提升、充满压力的紧张工作节奏，也在一定程度上使个体对精神、情感支持的需求程度不断增强，家庭的情感交流功能、休闲娱乐功能反而日渐增强。

总之，家庭作为社会中稳定的人际纽带、社区中的细胞体，其功能势必受到周围环境发展变化的影响。一方面，社会保障体系的日益完善将在一定程度上弱化家庭原有的功能；另一方面，由于社会发展，个体工作与生活中所面临的问题越来越多，这需要家庭通过强化其功能来解决。

二、家庭结构及我国家庭结构的变迁

（一）家庭结构概述

家庭结构（family structure）是指家庭中成员的构成及相互作用、相互影响的状态，以及由这种状态形成的相对稳定的联系模式。家庭结构包括两个基本方面：一是家庭的人口（规模）；二是家庭的构成模式，即家庭成员之间怎样相互联系。根据家庭的规模，家庭结构可主要划分为七种基本类型（见表 10-2）。随着社会的发展，还有新型家庭出现，如：同性恋家庭（homosexual family），是指由同性伴侣和他们共同养育的子女所组成的家庭（Farr & Patterson，2013）；空巢家庭（empty nest family），是指子女长大成人后因学习或工作等原因离开家庭，只剩下父母一代人独自生活的家庭（Chen et al.，2012）。

表 10-2　家庭结构的类型

类型	组成
核心家庭（nuclear family）	由一对夫妻和他们的亲生子女组成的家庭
混合家庭（blended family）	由一对夫妻、共同的子女以及夫妻其中一方与先前伴侣的亲生子女共同组成的家庭
收养家庭（adoptive family）	由成年人及其自愿、合法、永久地收养的子女组成的家庭
单亲家庭（single-parent family）	由单独的一位父亲或母亲与他们亲生的子女组成的家庭
隔代家庭（grandparent family）	孩子与（外）祖父母生活在一起，而非与父母生活，由此形成的家庭
扩展家庭（extended family）	由三代或三代以上有血缘关系的个体组成的家庭
寄养家庭（foster family）	一名或多名孤儿，受虐待、被忽视或犯罪的儿童，暂时由没有血缘关系的成年人照料，由此形成的家庭

（资料来源：费尔德曼，2017）

（二）我国家庭结构变迁的特点

影响家庭结构变迁的因素众多，如生育水平、死亡水平、人口迁移流动、婚姻变动等，但最为根本的因素是社会经济的发展。根据我国人口普查，以及多部门调查的数据来看，我国的家庭结构变迁呈现出以下显著特点。

1. 家庭结构从核心化转向空巢化

20 世纪 90 年代以来，我国核心家庭占全部家庭的比重一直处于降低态势，1990 年、2000 年和 2010 年该比重分别为 67.3%、56.0% 和 48.8%。与此同时，2010 年夫妇核心家庭比例较 2000 年增加 42.8%，表现出大幅增长的势头，其中 25—30 岁年龄段夫妇核心家庭比重有所上升，体现出一些年轻人选择较晚生育，45 岁以上年龄段夫妇核心家庭比重上升幅度最大，间接反映出家庭结构呈现出空巢化态势。全国老龄工作委员会的数据显示，从 2015 年到 2035 年，我国进入急速老龄化阶段，老年人口占总人口比重将升至 29%，这预示着空巢家庭占比将超过半数，大中城市甚至将超过70%，由此产生的大量老年人的养老问题、照料问题尤为凸显。

2. 多代家庭比重缓慢降低

1990年到2010年，我国三代家庭占比从17.6%缓降至14.2%。四代及以上家庭占家庭户的比重，1990年为0.7%，2010年为0.5%，也呈现下降趋势。从结构复杂的大家庭数量变化趋势来看，四代及以上的大家庭几乎消失，三代家庭的数量逐渐减少。

3. 部分家庭逐渐分解，出现留守家庭和流动家庭

伴随着家庭成员的人口流动，居住在流入地的家庭成员组成的家庭为流动家庭，居住在户籍地的家庭成员则形成了留守家庭（张军华，2018）。1990年，我国人口流动的规模和比率都相对较低，仅占全部人口的1.4%，流动家庭也很少，仅占全国家庭总数的0.8%。但到2010年，我国流动家庭比重已提高了近7.7个百分点，半流动家庭的比重也有所上升。与此相关的是至2010年我国农村留守儿童已达6 102.55万人。2016年全国妇联（中华全国妇女联合会）等多部门联合开展的农村留守儿童摸底排查显示，全国不满16周岁、父母均外出务工的农村留守儿童数量为902万人。

家庭结构反映了家庭成员的构成及成员之间相互影响、联结的状态。而家庭结构随着时代发展所产生的变化也将影响家庭功能。例如，空巢家庭的产生、多代家庭比重的降低可能造成家庭赡养功能、情感交流功能的弱化，随之造成空巢老人晚年生活质量下降、幸福感降低等问题，而流动家庭的产生则可能导致教育功能、抚养功能及休闲娱乐功能的弱化，最终致使留守或流动儿童失去成长所需的良好家庭环境。社区作为与家庭关系最为密切的外界环境，也将受到因家庭结构变化而产生的家庭问题的影响。

三、家庭与社区的联结：个体的双重角色

家庭是构成社区的细胞体，个体通过同时担当“所在家庭中的一员”与“社区的居民”这两个角色，将家庭与社区紧密联系起来。社区的地域、人文

环境和公共设施条件在很大程度上关系到社区内家庭的生活质量。与此同时，家庭对于个体身心健康状态的影响也将表现在他们参与社区活动、融入社区、树立社区感的过程之中。简言之，家庭的问题亦是社区的问题。

（一）被家庭冷落的“社区青少年”

在社区中往往存在这样一个群体，他们的年龄在14—20岁，大多数来自单亲家庭、流动家庭，其父母或因婚姻破裂而放弃了对孩子的管教，或因户籍原因无法使孩子在居住地区入学，因此便成为家长们口中的“社区青少年”。

由“社区青少年”这一称谓不难看出，这是一个缺乏关爱的群体，只能流入社区或社会中度过宝贵的青年时代。青少年阶段自我中心化的“个人神话”心理，使他们大胆尝试违规或冒险行为，以抽烟、酗酒甚至吸毒的方式麻痹自我，排解心中的压抑。还有一些“社区青少年”通过组成暴力欺凌团体，通过辱骂、殴打他人等外化问题行为发泄心中的不满，久而久之，社区中的成员看到他们便绕道而行。这些被家庭冷落的“社区青少年”需要源自社区的帮助，从而使他们重建已受损的社会支持网络。

（二）被“空巢综合征”困扰的老年人

空巢综合征（empty nest syndrome）是指父母在孩子离家后所体验的不快乐、担心、孤单和抑郁的状况。随着我国家庭空巢化趋势日渐明显，空巢老人的数量日渐增多。特别是对于一直在家养育孩子的女性来说，这种失落感与寂寞感更加难以克服。绝大多数考察空巢综合征的研究集中在女性身上，这可能是由于在教养过程中，多数家庭中的男性比女性的投入程度低，孩子离家所带来的心情波动对于男性来说也相对较小。

这种由家庭结构变化带来的困扰并不仅仅体现在个体和家庭层面，也体现在社区这一更加广阔的范围内。空巢老人因家中无人陪伴而产生的孤独感将影响其心理、生活等诸多方面。例如，空巢老人可能因体验到较低的社会支持而出现绝望情绪，增加患抑郁症、精神症等精神疾病的风险。也有研究提示，孤独感体验强烈的老年人更容易受到老化刻板印象威胁

（stereotype threat），集中表现为自我效能感降低。对于这些特殊的老年人，丰富多彩的社区活动、个性化的社会支持服务以及源自社区邻里间的真诚关怀可能是弥补家庭遗憾的最好方式（于晓琳等，2016）。

第二节　家庭与和谐社区

家庭组成了社区。在和谐社区的建设过程中，家庭起到了至关重要的作用。

一、家庭在和谐社区中的桥梁纽带作用

和谐社区的概念来自和谐社会，在党的十六大报告中，全面建设小康社会的目标之一就是要使“社会更加和谐”。和谐社区建设（construction of harmonious community）是指努力把社区建设成为管理有序、服务完善、环境优美、治安良好、生活便利、人际关系和谐的社会生活共同体。将衡量和谐社区的几项标准加以概括，可以将和谐社区的特征分为三个主要方面，分别是“人之和谐”“物之和谐”“心之和谐”。其中“人之和谐”主要指社区人员管理、服务到位，邻里关系融洽等人文气息和谐；“物之和谐”侧重强调社区安保、公共设施等与居民生活质量紧密相关的物理环境和谐；而“心之和谐”则是“人之于物”的和谐，即通过社区发挥能动性作用，集结资源使居民生活的质量不断优化改善。社区由千家万户构成，家庭在和谐社区的构建中发挥着桥梁纽带作用。

布朗芬布伦纳（Bronfenbrenner，1998）提出的生态系统理论（ecological system theory）强调个体嵌套于相互影响的一系列环境系统之中，环境系统与个体相互作用并影响着个体发展。费孝通提出的差序格局理论则认为，人与人之间的关系是以亲属关系为主轴的网络关系，是一种差序格局。每个人都以自己为中心结成关系网络，就像把一块石头扔到湖水里形成一圈一圈的波

纹，波纹距离中心点的远近可以标示社会关系的亲疏（费孝通，2008）。从社区心理学的视角出发，结合中西方理论，可以通过细化个体与环境中的每一层因素，将个体、家庭与社区间的相互作用关系呈现得更为清晰化、层次化。如图 10-1 所示，最内层的系统由个体组成，家庭、学校中的个体都是社会生态系统中最核心的组成部分。这一层次中的每一个体都以直接交流的方式与他人或外周环境产生交互作用。第二个层次为家庭系统，家庭是社区、社会等环境中最为稳定的人际单元。在家庭这一层面，家庭内的因素如家庭结构、家庭环境以及家庭成员之间的关系质量将与家庭外的因素共同影响家庭风尚和家庭习俗的传承。家庭层面的因素也将影响第三个层次，即社区系统，但同时社区系统作为家庭生活的外周环境，也将反作用于家庭生活。最后一个层次为最为宏观的时空、文化系统，特定时代、地域、文化对于个体身体、心理等多方面因素都具有重要的影响，同时家庭风尚、社区和谐程度也将反作用于时空、文化这一宏观系统。

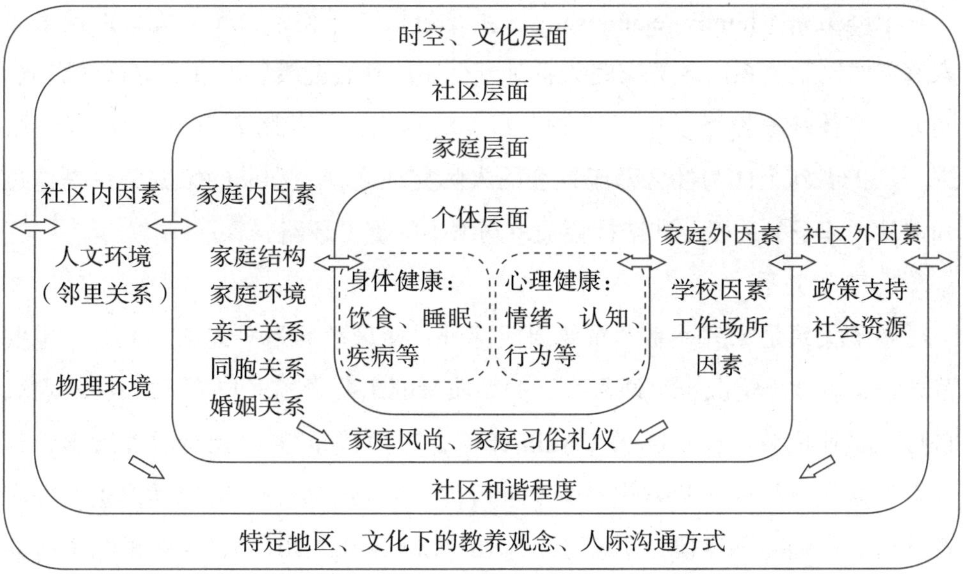

图 10-1　个体、家庭与社区关系示意图

从这一理论框架来看，家庭系统是联结个体系统与社区系统、时空和文化系统等更为宏观环境的关键一环。从构建和谐社区的视角出发，家庭成员间的良性互动、融洽的家庭关系有助于使个体形成积极的人际交互观，将进一步促进和谐邻里关系的形成。此外，家庭中亲子间、同胞间以及夫妻间的互动也将有助于家庭风尚和家庭习俗文化的代际传承，从而对社区氛围产生积极的影响。由此，在和谐社区建设中，可以家庭为着力点，通过优化人文、物理环境，立足家庭存在的实际问题，通过打造和谐家庭实现和谐社区的构建。

二、影响和谐社区构建的家庭因素

家庭是社区中最重要、最稳定的人际纽带联结，家庭成员之间相处是否和睦、家庭风尚是否积极、家庭与家庭间的邻里关系是否和谐都是影响社区文化建设的重要因素。

（一）家庭关系与和谐社区构建

家庭关系（family relationships）主要包括亲子关系、夫妻关系以及多胎家庭中的同胞关系。各类家庭关系对于个体的身心健康发展具有深远的影响，同时，个体在家庭互动中形成的人际互动模式也将伴随着个体的社会活动，进一步扩展到个体与社区乃至社会的人际交往之中。和谐的家庭关系是构建和谐社区邻里关系以及和谐社会关系网络中的重要环路。

1. 亲子关系

亲子关系是家庭关系的重要组成部分。父母教养是研究亲子关系的重要范式，父母教养情况也是衡量亲子关系质量的重要指标，与孩子的自我概念、自尊、学业成绩等密切相关（Attili et al.，2010）。同时，父母教养行为、与子女沟通交流的内容和方式对子女理解他人的心理状态、适应学校生活等有着深远的影响（苏彦捷，覃婷立，2010；Liu et al.，2016），这一影响也将同时反映在儿童与其他个体交往时的表现上。

儿童的社会化发展首先是从家庭开始的。在家庭中，儿童通过父母的影响及指导获得了最初的生活经验、社会知识和行为规范。父母通过教养把自身的价值观念、行为方式、态度体系及社会道德规范传递给儿童，进而影响儿童的社会交往。在教养过程中，父母如果经常对儿童采取威胁、强迫、责骂，甚至殴打等攻击性教养行为，儿童也会具有强烈的攻击性倾向和反社会倾向，与他人交往时缺乏共情（Wilk et al.，2018）。若父母在孩子出错时常常表现出生气、失望等情绪，平时又常常忽略儿童的愿望，儿童出现任性、攻击、挑衅等行为和社会性退缩行为的频率会很高（Botchkovar et al.，2015）。

家庭中父母对儿童的教养方式在某种程度上将成为儿童在社会中与其他人交往模式的缩影。民主的养育方式和积极关爱下成长的儿童受同伴欢迎程度更高（Sosic-Vasic et al.，2017），这可能是因为儿童在社区或学校环境下与同伴玩耍时也表现出了同样的平等与关爱。而在家庭中常常遭受父母暴力责罚的儿童，在社区和学校中也常对同伴表现出更多的攻击行为，陷入同伴排斥困境、师生关系危机等（Garcia et al.，2015）。由此可见，加强对父母教养方式的正确引导，有助于为儿童提供更为健康、积极的身心发展教养环境，以促进儿童社会化的顺利进行，并为儿童以后各阶段的社会性发展奠定良好基础。

2. 多胎子女家庭中的同胞关系

在多胎子女家庭中，兄弟姐妹间的同胞关系对于个体的心理发展和社会化也具有重要作用。具体来说，同胞关系的积极作用主要表现在以下几个方面（Buist & Vermande，2014）。第一，情感支持作用。同胞之间的相互信任、相互保护和安慰是个体发展过程中重要的保护性因素。第二，担当照料者或“小老师”角色。多胎子女家庭中的哥哥姐姐经常是年幼弟弟妹妹的照料者或“小老师”，特别是在父母工作繁忙或外出务工的家庭（如双职工家庭、留守家庭、流动家庭等）中，父母离家期间年长子女对年幼子女的照料以及知识、社交技能的传授可以有效减少因父母照料不足或教育不足而造成的认知和社会化问题（Soysal，2016）。第三，合理人际交往技能和社会规范习得的助推器。多胎子女家庭中同胞之间可通过交谈、合作做家务或游戏娱乐等多种形式促进理解他人情绪情感的共情能力，将心比心、换位思考的心理理论，社会规范的遵守和认同等重要社会认知的发展（Buist et al.，2013）。

积极的同胞关系能对个体发展产生促进作用，但多胎子女家庭中同胞之间的冲突问题也不可小觑。特别是随着2016年我国“全面二孩”政策正式实施，“二胎”家庭的数量持续上升，随着次子女出生，长子女可能因心理落差而产生自卑心理，甚至出现嫉妒、攻击家中次子女的现象。多胎子女家庭中，父母在教养上尤其要注意差别对待和协调同胞关系这两个问题。差别对待具体表现为父母在情感投入或管教等方面更多地指向某一个子女，而忽视其他子女（Jensen & Whiteman，2014）。已有元分析也证明父母的差别对待与子女的各种情绪、行为问题均有密切的关系（Buist et al.，2013）。协调同胞关系是指父母在养育过程中需协调孩子之间的关系，特别是当孩子之间产生冲突时。根据过往研究，我们提倡父母运用引导式的冲突解决方式，给予孩子们自己解决问题的时间和空间，实现“授之以渔”的效果。对处于青少年期的孩子来说，父母引导但不“插手”的方式有利于发挥孩子们的主观能动性，同时能有效避免青春期的逆反心理（陈斌斌，施泽艺，2017）。

3. 夫妻关系

家庭中的大多数关系都是在夫妻关系的基础之上形成的。夫妻关系是婚姻是否幸福的集中体现，与婚姻双方的物质、精神生活质量紧密相关。夫妻婚姻关系的质量也将影响子代的心理健康。夫妻不和，夫妻之间有冲突，会导致亲子关系质量中情感成分的变化，如父母对孩子缺少情感慰藉，对孩子的态度更为恶劣，更可能导致孩子在与他人交往过程中情绪或行为问题的产生。当夫妻婚姻矛盾比较公开且使孩子意识到时，对孩子的负面影响更加剧烈。如果夫妻双方能够建设性地表达婚姻中的冲突并化解矛盾，那么孩子可以从父母身上学到一些有价值的经验，并运用于处理自己的社群关系。

当夫妻关系破裂且难以修复时，便可能出现离婚。离婚意味着家庭形态的变化，对于家庭中的每个成员都将造成巨大的心理影响。很多离婚后的成年人饱受抑郁、焦虑等心理问题的折磨，但因担心离婚的隐私暴露，回避就医，甚至导致自闭，拒绝与朋友、邻里正面交谈等问题。婴幼儿在父母离异后可能形成负性的自我概念，表现出情绪困扰等内化行为问题（Lamela et al.，2017）。对于儿童期个体，父母离婚更多影响孩子的认知和社会化表现，如学业成就、同伴关系等。对于青少年，这一影响主要体现在激发其做出更多冒险行为以宣泄内心的沮丧情绪（Lamela et al.，2017）。一些夫妻离婚后较为注意对孩子情感的弥补，如夫妻双方轮流照管孩子或在节假日共同带孩子娱乐等，这可在一定程度上抵消家庭结构的变化对孩子发展造成的消极影响。

各类家庭关系的质量在很大程度上影响家庭成员的身心健康，进而影响到个体在参与社区生活与社区人际交往活动中的表现。同时，根据差序格局理论，个体的家庭关系处于其人际关系网络的最核心层，个体家庭成员间的互动模式将迁移到个体在社区或社会范围内的沟通交往方式，家庭关系的质量也将“涟漪”般地影响到与个体较远的人际圈层的关系质量。

（二）家风与家庭习俗礼仪：非正式制度在和谐社区建设中的作用

在和谐社区的建设中，法律法规等正式制度的强有力保障作用不容忽视，但一些非正式制度在和谐社区的建设当中同样发挥着举足轻重的作用。非正式制度通常是指人们在家庭交流或社会交往中逐步形成，并得到社会认可的约定俗成、共同恪守的行为准则，包括价值信念、风俗习惯、文化传统、道德伦理、意识形态等。非正式制度虽然没有强制性的约束力，却具有自发性、广泛性和持续性等特点，对于约束社区成员的行为具有坚实的作用。

非正式制度主要表现为两种形式，一种是价值观念和伦理道德，另一种是风俗习惯。具体来说，价值观念虽然属于观念形态的范畴，但它并不仅仅是指导某一单独个体对事物价值的判断与追求，从更大范围看，也是调节人与自然、人与社会关系的重要标尺，影响和决定着人们的行为。伦理道德存在于社会生活的多个层面，相较于正式制度，其覆盖和调节的范围更广泛，调节作用的发挥更依赖于人的内心。内化于心的伦理道德观念通过激发个体对伦理和道德的认同感，自觉调整规范个人行为。风俗习惯（cultural traditions）作为风俗与习惯的合称，通常指由于地理及文化的差异性而形成的人们特定的行为方式与准则，尤为体现在特定的年节庆祝与传统的婚丧嫁娶礼仪等多种形式中（范逢春，2015；韦森，2001）。在建设和谐社区的过程中，非正式制度可发挥其价值导向作用，促使居民维护积极正向的价值观念，表现出符合主流价值导向的预期行为。同时，同一社区内的成员接受反映共同体价值观或当地风俗习惯等非正式制度的约束，也有助于社区成员在交往中构建彼此相互信任的关系系统，凝聚社区内居民的认同感，构建和谐的人文氛围。

家庭是非正式规范传递与承袭的重要载体。城市化前，传统村落通过特定的乡规民约凝聚民心，这些乡规民约既包括长幼有序、尊卑有节、内外有别等宗族伦理观念，又包括婚丧嫁娶仪式和年节文化习俗。它们依托宗族中稳定的血缘关系世代传承，成为教化同宗族家庭成员的家风和增强家族向心力的家庭风俗习惯，最终被个体内化为指导、调节自己行为的准则或礼仪。虽然现代城市社区取代了很大一部分的传统宗族社群，家庭规模也呈现出逐渐缩小的趋势，但家庭依然是社区的细胞，家庭风尚和家族风俗习惯依旧是非正式制度发挥作用的重要载体。

1. 家风的形成及其对和谐社区氛围的促进

家风（family tradition）即家庭风尚，一般指由父母或祖辈提倡，并能身体力行和言传身教，以约束和规范家庭成员的风尚和作风，主要涵盖传承价值观、伦理道德观及基本行为规矩等内容。家风建立在家庭关系的基础之上，是家庭关系世代传承的结果，具有强大的感染力（胡剑，2018）。“家风”一词最早出现在西晋文学家潘岳的《家风诗》中，其字里行间称颂家族传统，为家族歌颂祖德，自我勉励。两晋以后，“家风”一词的使用更为频繁，如“虽优洽未足，而才制可观，见者咸曰‘有家风矣’”（《周书》卷三十八）。这说明人们在一定程度上认为个体的气质、品行等反映其所在家庭或家族的作风。

那么家风是如何形成的呢？从心理学的角度来看，家风的形成反映了家庭成员之间的道德认同、行为的相互影响以及家庭关系、互动方式的代际传承，这种传承通过个体主动观察学习与教养者搭建脚手架促进学习而得以实现。以“坚守诚信”这一道德品质的传承为例，如果儿童长期生活在父母恪守诚信的家庭当中，长期的耳濡目染会使他基于日常观察而产生行为模仿。或许幼时儿童还难以透彻地理解坚守诚信的意义和价值，但随着社会认知的发展，他将在养成行为习惯的基础上逐渐认识到诚信行为和诚实品格的内在价值及其对人际关系维持的重要意义，最终实现知行合一。当儿童犯错时，父母对儿童行为和品行塑造的脚手架作用便尤为重要。诚实守信的家庭中，家长会根据事情的缘由掌握惩罚的轻重。例如，家中无人，不小心打碎了杯子，若儿童能够诚实认错，父母首先应表扬儿童敢于认错的诚实品质，随后再对打碎杯子的错误予以适度批评，但若儿童编造谎言拒不认错，父母便应施以明确的惩罚。随着父母的言传身教以及步入学龄期后源自教师、同辈的反馈，儿童将逐渐形成对“坚守诚信”这一品质的道德认同，并以此为标准，在待人接物中随时规范自身行为。儿童在发现了这一宝贵品质在家族的世代发展中的内在价值后，便会自觉承担起传承家风的重任。

家风的形成不仅取决于有意识的教养与约束，也得益于良好风尚本身无意识的浸润和教化作用。这一教化功能首先体现在对家族成员的教化。对家族中的未成年者而言，家风是一种不必刻意训诫或传授，耳濡目染便能获得并得以内化的精神气质（胡剑，2018）。这一润物无声的教化能使未成年人自然地吸收家长的教育内容，并在不知不觉中展开自我教育，最终使自己的行为活动形成习惯，正所谓“习惯成自然”。

家风不仅仅塑造个体的行为，各家各户的家风作为各个家庭成员履行社区公民义务、评价社邻表现的标尺，直接引领社区的整体氛围。具体来说，家风通过社会学习机制影响着家庭所在社区的邻里关系质量和社区成员间的和谐程度。由社会认知学习理论的观点来看，个体往往会向表现出亲社会行为并获得正强化的榜样学习，从而自身也表现出与榜样一样的道德行为。优良家风教化下成长起来的儿童谦和礼让，社区中其他家长和旁人对其榜样行为的表扬与肯定便是一种强化，其他家庭的孩子由此将亲社会行为与正强化建立联结，从而自身也表现出与榜样一样的亲社会行为。值得关注的一点是，在家庭中形成不良习惯的个体作为“坏榜样”，其行为也有可能被居住于同一环境中的其他个体学习（范艳香，2019）。因此，社区应该树立积极向上的文明观、道德观、价值观，定期表彰家风良好的榜样家庭，以实现正能量的传递，营造和谐积极的社区文化氛围。

家风影响个体与社区邻里共处时的行为表现，是邻里关系的基石。社区的整体氛围与邻里关系密切相关。邻里关系是社区人文环境的重要组成部分，和谐社区的建设有赖于融洽的邻里关系。早在传统农业社会的邻舍礼约中，便含有对各户之间应互帮互助、和谐共处的倡导。《吕氏乡约》一书从“水火之灾”“盗贼之灾”“疾病”“死桑”“家中存有孤弱”“遭遇诬枉”“面临贫乏”七个方面阐述邻里间应做到“患难相恤”。从彼此照料老人和儿童到生活用具的借用，再到婚丧嫁娶的帮助与支持，无不体现着邻里间的互助，而社区居民何以在邻里相处中表现出利他行为，便与敬老爱幼、奉献助人等良好家风家教的承袭密不可分。

[专栏 10-1] 家，给予人砥砺前行的力量

《谢谢了，我的家》是央视中文国际频道推出的一档全球华人家庭文化传承节目，通过分享家庭的温暖故事，弘扬中华家门风范，传播中国家庭智慧。在采访中，这一节目的制片人兼总导演宾芳通过节目中三则感人的故事引发我们思考，家风如何在无形之中塑造后辈的气质、传递祖辈的谆谆教诲，并引导后辈勇担繁荣祖国的大任。

1.“家风真的很神奇，无形间塑造着家庭中每个成员的气质”

《谢谢了，我的家》的制片人兼总导演宾芳在采访中提到了令她感动的嘉宾之一，钟南山院士。虽然他已经 82 岁了，但依然在争分夺秒地工作，将每日的时间表规划得满满当当。钟南山院士提到，他对于工作的热爱、执着和坚持是源于他的父亲，他父亲在 75 岁时，一只眼睛已经坏了，还写出了一本约 40 万字的书。钟先生每次劝父亲应该注意身体多多休息时，他的父亲都语重心长地说：“一个人活着总要

给社会留下点什么！”在家风寄语时，他对着镜头说：“爸爸，我有两件事情还没有做完，完成了这两件事情，我才对得起您。”这便是家风对于一个科学家终身的激励与支持。

2.“家风可能是长辈的一句话、一个动作、一种陪伴，不经意间为后辈点亮了一盏明灯”

家庭有着不同的面貌和家庭文化，每个人心中也都有自己对家的理解。比如物理学界杰出学者、北京大学物理学院教授钱思进，在现场摆了一沙发的信，边念边哭，他这个年龄已经失去父母，但是他看到这些信，就觉得还是和家人离得很近。家的神奇力量就在于此。即使某一天亲人不在了，后辈们通过物件、信件，睹物思人，也能够透过这些珍贵的东西再次体会到前辈的精神气息。很多家庭的继承旧物，就是对“家”的念念不忘。可能你无法形容一个家具体是什么样子，但是当你看到这些老物件时，它们会给你的内心带来温暖，这便是很多人对于家和家风的理解。

3.“家风可以说是党风的‘晴雨表’，修身齐家方能治国平天下，家风正才能党风清”

宾芳提到，节目中他们访谈的时代楷模的家庭之一是因台风中抢救国家重点试验平台而光荣牺牲的全国优秀共产党员黄群的家庭。黄群的母亲，退休后一直在社区做义诊，免费为社区居民看病。深受母亲言谈举止影响的黄群在重大考验面前，爆发出了英雄的气概。所以，家风对于整个社会、整个党、整个国家来讲是重要的基石。

从上述事例中不难看出，家带给人的主要是风貌风尚。风貌是人的精神面貌，比如书香世家长大的孩子，可能天生会有一种读书人的严谨，这其实也是家风对他的一种要求。一些违纪违法干部常说自己是间接被家人拉下了水，当家人、亲戚请求帮助时，自己难以拒绝不合理的要求。但从根本上说，这还是家风不正所造成的，如果其家人都遵守共同的道德信念，就不会提出非分要求。如此看来，家风与廉政紧密相连，家风可以说是党风的“晴雨表”，修身齐家方能治国平天下，家风正才能党风清。

2. 家庭习俗礼仪的传承及其对和谐社区心理认同的促进

社区中居民的习俗礼仪活动是增强社区心理认同的重要途径，而家庭则是这一途径发挥作用的有效组织形式和重要载体。家庭习俗礼仪的传承是增强家庭凝聚力的重要因素，同时也是构建和谐社区，增强居民对所在地域或社区认同感的重要途径。

家庭习俗可分为生活习俗和娱乐性习俗，对于社区建设和治理均具有重要的作用。生活习俗（custom）是居民日常生活中的文化现象，包括生老病死、衣食住行、婚丧嫁娶的习俗等内容。这些习俗能缓解亲人逝世给家人带来的焦虑，或者儿女出嫁后父母的孤独感。通过家庭生活习俗的传承，家庭成员对于生活的情感有所寄托，这有助于调节情绪，使个体在生活中保持乐观向上的心理状态和对所居住区域的认同感。

同时，生活习俗也在祖辈传承中塑造着个体价值观，影响个体为人处世的原则和行为方式，这种影响也将由家庭内部泛化到社区之中，对构建和谐社区，增强积极心理认同发挥作用。以家庭生活习俗中亲人去世后生者为其服丧的丧服制度为例，亲人去世后穿丧服时间的长短体现出生者与死者的亲疏关系。关系的亲疏具体分为五等，包括斩衰（三年）、齐衰（又称“期”或“齐衰期”，一年）、大功（九个月）、小功（五个月）、缌麻（三个月）五种，即世俗所称的“五服”。根据差序格局理论，以某一特定个体为核心，五服的差异象征着家庭中的其他个体与其之间的亲疏远近关系，这类通过服饰而界定关系的形式将引导家庭成员思考自己在家族中的位置，进而形成应如何尊重长辈、照顾亲属、承担家庭责任、履行家庭义务的价值思考。在丧服制度中，还存有“父亲过世，长子为父服斩，而若长子过世，父亲也需为长子服斩”的原则，这便体现了家族责任的传承之意，亦称“慈孝一体”（周飞舟，2017，2018）。家族中的长子身膺为家族延续血脉的重任，长子为父服斩，体现了长子之“孝”和对家族使命的认同；而父为长子服斩，体现了家族中的父辈对家族血脉延续的尊重，是“慈”的表现，“慈”中亦包含对于家族中祖辈的“孝”。由此观之，生活习俗中往往包含个体与个体之间、个体与家庭之间、个体与社会之间关系的内容。传承优良家庭习俗，可以引导和强化人们形成敬畏天地、尊亲敬祖、敬老爱幼、诚实守信、邻里互助等品质，对于构建和谐社区具有积极意义。

娱乐性习俗（entertainment custom）是人们在紧张的工作、琐碎的家务劳动之余缓解、释放压力，获得精神愉悦的重要途径，对于和谐社区的构建亦发挥着不容忽视的作用。从内容来看，娱乐性习俗主要包括贴对联、供财神、迎喜神、放鞭炮等民俗传统和串门聊天、逛庙会、观看地方戏、听民歌、听故事等民俗活动（朱启臻，2018）。社区是娱乐性习俗活动组织开展的主要场所，而家庭则是居民参与这些活动的主要组织单元，个体在以家庭为单位参与娱乐性习俗的过程中，娱乐身心，内化其间传达的重要的文化价值观，促进和谐社区的建设。首先，与家人一起参加贴对联、放鞭炮、逛庙会等娱乐性习俗的过程是个体缓解工作压力、与家人一起感受丰富多彩的社区文化的过程，有助于缓解家庭日常矛盾，促进家庭和睦，并将积极情绪、和谐氛围通过家庭传递到社区，形成和睦友好、积极向上的社区文化。其次，地方戏、地方民歌和民俗故事中通常包含着对于当地好人好事、英雄典范的歌颂赞美，通过以家庭为单位，共同观看地方戏、听民歌、听故事等，家中的长辈可以就地取材，将其中蕴含的典范人物的光辉品质或为人处世的原则和礼仪等传递给子代，实现寓教于乐，充分发挥优秀人物事迹的感化、榜样和鞭策作用。这个过程既有助于良好家风的形成，也有助于优秀的社区文化通过家庭而传承、内化、积淀，使敬老、诚信、互助等传统美德逐渐成为社区文化的主旋律，进而加深居民对社区的归属感和认同感，形成积极和谐的社区氛围。

[专栏 10-2] 共绘家国同心圆

家国情怀作为一种重要的价值观念，如纽带般将每个公民、家庭与社会、国家紧密相连。家国情怀体现着对家庭和国家共同体的归属和认同、热爱和维护、奉献和担当。

1. 家庭风尚和习俗是培养家国情怀的思想之源

家国情怀的培植需要个体将对家庭的“小爱”升华为对社区、社会乃至国家的“大爱”。家庭是个体成长发展的重要场所，家庭风尚和习俗中对“慈”“孝”等积极品质的培育，家庭生活和文化实践中对承担家庭角色、履行角色义务的责任感的培养，以及家庭教育中“先人后己”“舍小家为大家”的奉献意识的根植，都将成为个体长大成人后效忠国家，奉献社会，形成家国情怀的思想源泉。

2. 困难与挑战是体认家国情怀的生动课堂

2020 年初，突如其来的新冠肺炎疫情打乱了人们原本规律的工作、学习和生活节奏，但困难与挑战成为体认家国情怀最为生动的课堂。在党中央的坚强领导下，全国上下纷纷行动起来，以各种方式紧张有序地投入到这场没有硝烟的战役。广大医护人员舍小家为大家，日夜奋战，筑起一道道安全“防疫墙”；平凡而又伟大的社区工作人员和志愿者们从民众需求出发，勇敢肩负起保障生活安全稳定的重任；千千万万名普通公民，简化家庭生活需求，“宅在家中做贡献”，确保了疫情防控工作有效进行。在这场疫情防控阻击战中，涌现出了许许多多舍小为大、舍家为国的感人事迹，中华民族精神里的家国情怀得以充分展现。

以家国情怀凝聚起来的巨大力量为疫情防控提供了坚实的铠甲，在各行各业人士的共同努力下，新冠肺炎疫情在国内逐步得到控制，各省份新增确诊病例数量直线下降，复工复产和家庭正常生活均得到了保障。家是最小国，国是千万家，困难与挑战面前，每个个体更加充分地体认到个人的命运、家庭的幸福和国家的发展同频共振，紧密相连。

三、和谐社区建设对家庭的重要意义

社区是影响家庭生活诸多方面的重要外周环境，家庭关系、家风以及家庭习俗礼仪等诸多因素在和谐社区构建过程中发挥着不容忽视的作用。同时，社区氛围是否和谐，是否具有较强的向心力亦对社区中的家庭产生深刻影响。作为家庭生活的重要场域，以邻里关系为代表的社区人文环境和社区设施景观等物理环境均将影响家庭和家庭生活。

（一）社区人文环境与家庭生活：邻里关系的作用

邻里关系（neighborhood relations）是指地缘相邻、住地毗连的人们，据此形成密切的互动关系，邻里之间往往存在着亲切的认同感和感情联系，是社区人文环境的主要组成部分。中国自古便非常重视邻里关系，《吕氏乡约》中更是在“患难相恤”一节中对于同乡邻里间应遵从的互帮互助原则给予了明确的约定：“凡有当救恤者，其家告于约正，急则同约之近者为之告。约正命直月遍告之，且为之纠集而程督之。凡同约者，财物，器用、车马、人仆，皆有无相假。”邻里关系是构成社区的家庭细胞体之间互动关系质量的集中体现，社区的和谐文化氛围也直接体现在良好融洽、互助互惠的邻里关系上。

和谐的邻里关系将增强积极正性的家庭生活体验，对于增强家庭幸福感具有重要意义。和谐的邻里之间可通过相互帮助、彼此照应、共同面对困境，感受到充分的社会支持，增强人际安全感和信任感。同时，社区中的邻里关系也将成为一种社区文化风尚，久而久之发展成为约定俗成的人际交往规范，影响着民众的生活习惯，调节着人们的互动模式，对社区居民产生一定的道德约束力。生活在邻里间相亲相爱、互帮互助的社区中，一些自私自利的个体为了避免引发社区舆论谴责、被他人所孤立，也将逐渐改变自身的行为和认知，以更好地融入社区。

积极和谐的邻里关系会对家庭产生正面影响，相反，若家庭所在的社区内人情淡薄，邻里冲突频繁，则社区凝聚力会弱化，从而对家庭整体生活体验产生负面影响。社区向心力的产生一方面源于社区邻里之间由相互沟通交流而产生的共同意识，另一方面源自居民通过与社区文化发生共鸣进而产生的地域归属感。当今时代，耸立的高楼和坚固的墙体将家庭与家庭之间分隔成一个个界限分明的群体，从社会心理学的角度看，个体与外群体成员之间的交流与合作能够有效减弱群际的偏见（Ruud et al.，2016）。居民如将其他家庭中的成员视为外群体中的个体，便难以建立信任感，由此导致的偏见将邻里关系引入了“死胡同”。众多研究都证明，长期被人际冲突困扰是居民社区向心力偏低的主要原因（蔡禾，贺霞旭，2014）。

（二）社区物理环境与家庭生活

社区安保系统、社区景观和社区公共设施等物理环境对家庭的影响也不可忽视。社区安保工作是否完善关系到居民是否能够放心居住。研究发现，安保工作相对完善、意外事故发生率较低的社区能够使居民体验到更高的幸福感（汪伟全，陶东，2018）。也有研究发现，与社区所在地域环境风格一致，且山水秀丽、富有层次感的社区景观与居民在社区中的生活满意度呈正相关关系，这提示社区景观建设对于家庭生活体验的重要影响（Lo et al.，2017）。此外，社区公共设施是否齐全、是否符合居民家庭的需求也将影响居民的家庭生活体验。研究显示，社区内是否提供亲子阅读室和聊天室等有助于促进家庭成员之间和家庭之间互动的空间能够显著预测家庭参与社区活动的积极性（Wu et al.，2015）。

第三节　社区中的和谐家庭建设

和谐的社区氛围有利于和谐家庭的建设。在社区中建设和谐家庭，可从社区人文环境、物理环境着手，以家庭生活为抓手，着眼于社会发展，促进家庭、学校、社区三者之间的合作互惠。

一、优化社区人文环境，提升家庭参与和谐社区建设的积极性

和谐的社区需要和谐的人文环境作为依托，家风和谐、邻里关系和睦不容忽视。随着科技的进步与发展，优化社区虚拟网络平台也在和谐人文环境建设中发挥着重要作用。

（一）加强社区人文建设，促进社区成员间和谐互动

和谐的人际氛围是和谐社区建设中的重要一环，和谐人际互动需要家庭内部和家庭之间在互动交往中和谐有序、礼让谦和。社区可通过组织开展家

风家训建设，表彰文明家庭，发挥良好家风对于社区整体文化氛围的浸润和感染作用。社区工作者应深入挖掘社区内优秀家风营造事例，对优良家风进行持续跟踪报道，开展优秀家风进社区、家风建设研讨交流活动，积极推荐家风优良家庭中的成员进入政协等议政参政机构，更大程度发挥优良家风的社会、社区影响力。

家庭间的良性沟通互动，有助于促进和谐邻里关系的形成。居民走向户外，寻求沟通与交流，是邻里关系建立的前提条件。多种形式的社区活动有助于转变邻里交往观念，鼓励家庭间彼此构建社会支持网络，健全家庭的社会功能。社区工作者可以把儿童与老人作为突破点，积极利用亲子游戏或“敬老爱老”等老人照顾活动，为居民以家庭为单位共同参加活动创造契机，拉近家庭之间的距离，进而形成紧密、互助的邻里关系。

（二）优化社区虚拟网络平台，增进家庭参与社区活动的积极性

和谐社区建设应充分利用传媒，拓宽线上、线下的信息共享途径，增进家庭参与社区活动的积极性。为了拉近社区居民之间的人际距离，社区工作者可通过创建微信群、QQ群的方式，增强家庭间的了解与互动。还可设置多个主题不同的社交群，如“学龄儿童妈妈群”共享子女教育信息，“社区信息群”方便老年人随时掌握社区中的实时动态，避免因出行不便与社区其他群体隔离。

和谐社区建设应利用云数据等技术，建立家庭心理健康动态数据库。和谐社区建设离不开居民健康积极的良好心态。社区可建立专门网页，将社区“文明模范家庭”“优秀家风家训示范家庭”的风采通过网页呈现，以使家风优良的家庭成为社区其他家庭学习的榜样。同时，还可以将互联网与云数据平台相结合，建立社区家庭心理健康在线档案，通过在线问题访谈、量表测查等多种方式了解居民的心理现状和需求，以便在开展工作和进行研究时，有据可依。

二、改善社区物理环境，提升社区环境的可融入性

和谐的物理环境有利于增强居民对社区的信任感，提升社区生活满意度，具体可从提升社区安全保障、加强社区景观优化和完善社区公共设施三个方面进行。首先，社区应与物业公司密切配合，建立健全社区安保制度，切实做好陌生人员、车辆出入登记，夜间巡视、社区公共设施故障维修等安全工作，也应定期组织儿童安全知识普及，防偷防骗等人身、财物安全常识普及，以及地震、火灾逃生演练等活动，全面营造安全的社区公共环境。其次，结合地域自然生态特色和地方人文特色，美化社区内的景观。具体可加强绿化建设，栽种适宜当地自然条件的植物，还可巧用绿化植物美化社区内的楼阁建筑，兼顾实用性与艺术性，使社区中的家庭在安全和谐的氛围中增强和谐感的体验。最后，设置公共服务设施，使处于各年龄段的居民都能够体验到社区生活中的乐趣，加强家庭成员间的和谐交流。例如，设置老年人棋牌活动室、幼儿艺术体验馆、儿童活动场，以及亲子阅读室等，以此引导家庭成员间形成和谐的人际关系。

三、立足家庭生活，提升社区服务指导的针对性

社区参与家庭教育指导始于20世纪80年代初期，近年来，在家庭教育工作领域的重要文件中被广泛提及，并得到了充分的体现。全国妇联联合教育部等8部门共同印发的《关于指导推进家庭教育的五年规划（2016—2020年）》提出“普遍建立家长学校或家庭教育指导服务站点，城市社区达到90%，农村社区（村）达到80%”，这表明家庭在和谐社区建设中的重要性已得到政府的认可，同时社区也应立足于家庭养老、教育教养过程中可能存在的问题，搭建平台，整合资源，增强指导的针对性。2019年5月14日，全国妇联、教育部等又联合印发了《全国家庭教育指导大纲（修订）》，其中再次明确要构建家庭教育社区支持体系。

（一）整合资源，探索社区“养老育幼”互助一体的新模式

“养老”和“育幼”两个问题一直是家庭和社区共同关注的问题。因家庭中的中年人工作忙碌，家中幼童难以得到充分的教育和照顾，可能出现心理健康甚至人身安全问题。而老年人则可能因子女长期离家而产生孤独寂寞感，甚至因患病而影响身体健康。但“老”“幼”两类人群自身所具备的优势资源很少被挖掘。一方面，老年人拥有丰富的知识储备、生活经验、“琴棋书画”等多方面的特长与爱好，以及富有耐心、关注后代成长的积极品质，加之离退休后拥有大量的时间可以将人生中所积淀的知识、经验加以传授，这笔宝贵的资源正是幼童成长过程中不可或缺的；另一方面，幼儿自身富有的天真活泼、热情洋溢、富有生机的天性也恰恰是老年人的生活中需要的。心理学研究已经证实，儿童的陪伴能够增强老年人的幸福感，儿童的笑声可调节老年人的情绪，促进其身心健康（Vauclair et al.，2018）。

从地域空间和人员优势两方面考虑，社区无疑是能够巧妙整合上述两方面资源的主体。未来我国社区可对“养老育幼”互助一体的新模式加以探索，尝试将社区养老站与社区幼儿园整合开发，使二者在地理空间和功能组织两方面同时融合。社区幼儿园与住所间绝对的距离优势可在很大程度上解决家长接送幼儿过程中的时间与安全问题，同时幼儿还可享受“养老育幼”一体化园区中来自老年人的关心呵护，知识、特长传授，这些丰富多彩的内容可以在一定程度上弥补传统幼儿园中知识内容和人员的不足。对于老年人而言，社区养老站接近住所，使其在享受养老服务的同时不失踏实与安全感，同时“养老育幼”一体化园区中幼儿的陪伴、欢声笑语、生机与热情也成为他们快乐的源泉，更是他们克服老化自我暗示、调节情绪、寻找快乐源的精神动力。对于中年人而言，这样的模式则可减轻其生活压力，使其将主要精力投入到工作中。期待不久的未来，这一“黄发垂髫，共享其乐”的模式将为众多社区所尝试、采纳，最终发展成为我国和谐社区建设中一道亮丽的风景线。

（二）搭建活动平台，打造特色社区活动

社区中特色活动的开展有助于增强社区成员参与和谐社区建设的积极性，

并通过家庭与家庭之间的相互交流与学习提升家庭生活质量。社区在搭建平台，开展活动过程中可选取两种模式，分别是学习小组介入模式和活动型介入模式（李洪曾，2000）。

学习小组介入模式（study group intervention model）主要是由社区搭建平台，将有共同需求的社区成员组织为一个主题学习小组，在学习中不断提升问题解决能力。根据学习型组织理论（陈江华，2014），个体可在具有共同目标的群体中通过彼此互动达成学习目的。以部分社区针对年轻母亲开展的“年轻妈妈成长班”为例，社区工作人员组织参加成长班的母亲们制订计划并定期自主学习、交流体验，并考察这些母亲在参加学习团体后育儿能力的进步情况。社区扮演的是家庭成长的脚手架，即使撤离脚手架后个体应依旧能够独立应对、解决问题。

社区也可以通过活动型介入模式（active intervention model）开展活动，具体指社区选取居民、社会广泛关注的问题或者以民俗节庆为主题，开展面向社区全体成员的活动，以达成宣传某种先进理念、增强社区成员相互交流的活动目标。活动型介入模式有助于社区充分发挥集结人力、物质资源的优势，实现优质资源共享。以“弘扬优良家风”这一话题为例，社区工作人员在确定主题后可组织社区居民开展“家规家训进万家”活动，挖掘、收集、整理社区中家风优良家庭的家规家训，开展评德立范、家训牌匾馈赠活动，用身边家规家训故事教育居民，使优良家规家训走进千家万户。活动型介入模式的受众更加广泛，对于构建和谐社区具有很强的适用性。

四、着眼于社会发展，增强家庭、学校、社区间的合作互惠

家庭既是组成社区的细胞，也是社会的单元，社会的发展变化深刻地影响着家庭的生活和家庭成员的心理变化。因此，着眼于社会和时代的发展，也是从居民需求出发建设和谐社区的重要体现。以家庭、学校和社区共同关注的教育问题为例，过往研究主要关注家校合作对学生发展的多方面助益（鲁光楠，2019），而社区在教育中的重要主体作用往往被忽视。作为连接家

庭教育和学校教育的纽带，社区教育能够从地域和资源两方面同时惠及学生、家长和学校。比如，有学者提出“放学后四小时计划”，即社区安排空间，组织人员为放学后因父母工作繁忙而无人看管的儿童青少年提供有效的课后辅导与管理，并集结学校或社区志愿者等辅导人员，提升儿童青少年放学后时间的利用效率。家庭、学校、社区三者的合作可以利用社区的资源，使社区成为补充家庭教育与学校教育的资源体，与家庭、学校共担教育职责。教育的主体也应关注并客观评估个体发展资源的客观情况。儿童青少年成长的资源主要包括个体资源与环境资源两个方面。个体资源主要涉及个体发展中所具备的抵抗风险因素的能力，而环境资源则主要指个体对父母教养和学校教育的认知与认同情况。有研究表明，从家长角度评定的孩子发展资源各维度的得分与孩子自我报告的得分之间均不具有显著的相关性，这意味着家庭对孩子成长中的主观体验的觉知往往存在一定偏差（Teuber et al.,2020）。因此，和谐的家庭、学校、社区教育生态圈应建立在了解孩子需求的基础之上。

[专栏 10-3] 北京两会发出倡议，着力打造“教育生态圈”

面对家长寻求优质教育资源的焦虑，以教育集群的方式通过区域内优质资源的扩大、共享，实现区域教育均衡，打造良好的区域教育生态圈是有效且必要的途径。2019 年的北京两会上，北京第二实验小学校长、政协委员芦咏莉向张家明副市长提议，北京要建立社区“教育生态圈”。“教育生态圈”的提议引发了教育界的思考，应如何发挥社区、家庭、学校等多方社会力量的优势，为教师减负，缓解家长焦虑，让孩子更好地发展，是生态均衡的育人格局中至关重要的问题。

1. 为什么要打造社区“教育生态圈”

社区“教育生态圈”是合理减轻学校负担的重要举措。社区内家庭和企事业单位对孩子教育的分担，一方面，可以有效避免对学校“无限责任”的不合理期望，促进实现“专业人专心做专业事”，使校长专心办教育，教师专心教学生；另一方面，可以最大化地实现教育合力，真正实现全民协同创新办教育的育人格局，也能有效避免由教育而引发的各种矛盾与焦虑。

2. 以社区为纽带，统筹多方力量，打造教育“生态均衡”的协同育人格局

由社区发挥平台优势，向辖区内各企事业单位、市民家庭征集“交通疏解社区志愿者”“平安校园社区志愿者”，协助辖区内学校改善周边交通状况，开展校园安全演习或校园安全隐患排查、监察等工作。同时，社区加强家庭教育辅导等工作。由社区统计辖区内各所学校、社区活动站可提供的硬件（场地）、软件（优秀在职或退休教师）资源，再统计辖区内各企事业单位、市民家庭在运动、子女学业、家庭教育等方面的需求，按需输入与输出，进行统筹匹配、集中管理。由此，区域内公共利益相关者之间建立一种相互帮助、相互获益的积极的“互助共生体”，是具有“生态特征”的协同育人格局的雏形。

着眼于时代的发展，社区工作人员还需要积极了解日新月异的科技创新动态，根据时代主题开展工作。随着近年来电子产品普及及其性能的飞速发展，平板电脑、智能手机等已经成为众多家庭丰富娱乐生活、了解时事资讯的必备工具。家长对于儿童或青少年电子产品使用的引导与管控，即数字教养（digital parenting）就显得特别重要。如何帮助孩子科学上网，避免遭受网络欺凌便成了社区、家庭和学校共同关注的问题。一般认为，家长的约束调节和陪伴有助于孩子安全上网，能显著降低其遭受网络欺凌的程度（Ashktorab et al.，2017），但一项针对小学中高年级儿童展开的研究发现，这一假设仅在自我表露程度低的儿童中成立，而对于自我表露程度高的儿童，约束调节反而与遭受网络欺凌的程度呈正相关（沈熙等，2019）。这提示社区专业工作人员应从科学角度正确引导家庭数字教养方式，使家长从孩子自身的特点和需求出发，将信息化时代的科技成果与传统的家风家训有机结合，运用感染、教化等多重方式进行科学合理的教育引导，形成和谐家庭。

概要

家庭是构成社区的细胞。个体既是家庭成员，也是社区中的居民。家庭与社区通过个体的双重角色紧密联结。家庭中的诸多因素与和谐社区建设密不可分，家庭中的亲子关系、婚姻关系以及同胞关系等家庭关系对于家庭成员的身心发展具有重要作用。另外，家庭风尚与家庭习俗的传承也会影响构建和谐社区过程中的居民心理认同，塑造个体与他人进行社会互动时的行为方式，影响着以邻里关系为代表的社区人文环境。作为家庭活动的主要场所，社区的人文环境和物理环境也深刻影响着居民对于社区的归属感和满意度。因此，家庭是构建和谐社区中的重要着力点，社区可通过以下几方面来提升家庭参与和谐社区建设的积极性：优化物理环境，提升安保、设施和景观质量；优化人文环境，打造和谐人际关系；立足于家庭需求和社会问题，集结优势资源开展家校合作，并不断丰富社区活动形式。

扩展阅读书目

费尔德曼.（2017）. *发展心理学——探索人生发展轨迹*（苏彦捷等 译）. 北京：机械工业出版社.

Bond, M. A., Serrano-Garcia, I., & Keys, C. B. (2017). *APA handbook of community psychology*. Washington, DC: American Psychological Association.

思考题

1. 我国现代家庭的变化有哪些特征？
2. 结合实际说明家庭因素如何影响和谐社区建设。
3. 结合理论和实际解释家风是如何形成的，对社区有何影响。

第十一章　社区的民族心理和谐

云南普洱市孟连傣族拉祜族佤族自治县的傣族汉子岩相家有10口人，他家的“宾弄赛嗨”也有10户：拉祜族5户，在回俄村撒拉科大小寨，是20世纪50年代结下的；佤族1户，在回俄村班艾组，是20世纪60年代结下的；汉族4户，在回俄村独固组，是最近四五年新结的。“宾弄赛嗨”系傣语，“宾弄”意为亲戚，“赛嗨”意为朋友，特指传统上傣族与周边其他民族在日常生活中结成的“亲戚一样的朋友”关系。它以家庭为基本单元，基于日常家庭生产生活需要自发结交并代代相承。这一互助模式历史悠久，并沿袭至今。“宾弄赛嗨”在农忙时节会相互帮忙，需要时相互借钱、借粮，每到节日又互相请客，互相品尝民族的佳肴。

“宾弄赛嗨”展现了社区各民族像石榴籽一样紧紧抱在一起，共同团结奋斗、共同繁荣发展的一幕。在“中华民族一家亲，同心共筑中国梦”新篇章的时代背景下，可借鉴类似“宾弄赛嗨”的经验来建构社区中的民族心理和谐，深化民族团结进步，铸牢中华民族共同体意识。探讨社区民族心理和谐的理论与实践是中国社区心理学不可或缺的内容。下面将阐述社区民族心理和谐的内涵、类型和意义，社区民族心理和谐的心理基础和表现，以及社区民族心理和谐的建构。

第一节　社区民族心理和谐概述

社区是社会的基本单元，也是各民族交往、交流、交融的一个重要平台。社区的民族心理和谐（Minzu psychological harmony in community）涉及个体心理和谐以及社区民族群体内部、民族群体之间的心理和谐，但关注个体层面的心理和谐，主要研究民族内群体层面和不同民族群际层面的心理和谐。以下主要阐述社区民族心理和谐的内涵、类型和意义。

一、社区民族心理和谐的内涵

（一）社区中个体的心理和谐

个体的心理和谐是社区民族心理和谐的基础。社区中的个体是社区民族群体的一分子，个体的心理和谐对社区民族群体及群体之间的心理和谐有一定影响。比如，在一个社区中，如果个别人的心态有问题，既不能接纳自己，也不能接纳社会和他人，以偏见或歧视的态度对待其他民族，就可能会因一件小事与他人发生争执甚至斗殴，最终影响社区中民族间的关系。当然，社区中民族群体内部与不同民族群体之间的心理和谐有其自身发展的规律，更多受到相关政策、法律，社区民族群体内部、民族群体之间长期运作的乡规民约、社会习俗的影响。

（二）民族内群体与不同民族群体之间的心理和谐

社区民族内群体或不同民族群体之间的心理和谐，是指某一民族群体成员内部或不同民族群体成员之间，通过遵循社区的规范和规则，达到单一民族群体成员内部或内群体成员与外群体成员之间的彼此接纳、和睦相处、平等互助等。

社区民族群体内、群体间的规范、规则，受制于相关的政策、法律。例如，民族问题在美国通常表现为种族问题。美国早年实行的种族隔离政策既加深了族群之间的偏见，也损害了黑人儿童心理的和谐发展。在心理学家的推动下，美国联邦最高法院对相关案件进行了判决，种族间的教育平等得以推进。但偏见并未因此消失，反而以不同的面貌、更微妙的形式出现（Moritsugu et al.，2013）。因此，美国社区心理学家至今仍在努力开展各种项目以消除种族隔离造成的不良影响。我国宪法中的民族区域自治制度是国家实施培养少数民族干部、帮助少数民族发展经济和文化、保障少数民族使用和发展本民族的语言文字、尊重少数民族的风俗习惯等一系列举措的法律依据；在社会、学校长期不断地开展民族团结进步教育等举措，彻底改变了历史上的民族压迫和民族剥削状况，建立了平等、团结、互助、和谐的社会主义民族关系，使我国的民族关系发生了根本性变化。这些法律规定、政策举措、宣传教育，对各族成年人、青少年的民族团结意识、态度和行为的形成和发展发挥了重要的作用。随着当前工业化、城镇化的快速发展，民族分布和交往格局正在发生重大变化，城市和散杂居地区的少数民族人口不断增加，各民族交错居住在同一社区的现象日益普遍。2011 年国家民委（国家民族事务委员会）和民政部下发了《关于加强新形势下社区民族工作的意见》，提出了促进社区各民族交流交往、互助合作，建成一批民族团结进步模范社区，努力把社区建设成各族群众团结和睦、安居乐业的幸福家园的目标。国家法律、政策的规定，为各族群众的交往、交流定下了基调和行为规范，是社区民族心理和谐在群际交往层面的重要外部保障和条件。

社区民族的心理和谐有其历史文化渊源。同一族群内部自身的风俗习惯、传统文化，以及生活在同一空间范围内的不同族群之间在各个历史阶段由于互通往来而形成的约定俗成的规范、规则，对社区民族心理和谐的形成和发展都发挥着重要作用。

二、社区民族心理和谐的类型

社区的民族心理和谐可以分为农村社区的民族心理和谐与城市社区的民族心理和谐两类。

（一）农村社区的民族心理和谐

农村的民族社区分为农村单一民族社区和农村多民族社区两种，主要以行政村下辖的自然村为隔离边界。

1. 农村单一民族社区的心理和谐

单一民族聚居的农村社区，是最为常见也最为传统的社区，是以传统文化为主导的社区（黄希庭，2015）。民族社区（Minzu community），指以少数民族成员为主体，以民族社会成员的共同地缘和紧密的日常生活联系为基础的民族区域性社会共同体（李亚娟等，2013）。民族社区成员持相同的语言、文化和习俗，在心理与行为方面的认同程度高。农村民族社区成员通过遵循共同的规范和习俗，确保群体成员利益，维持公平正义，从而实现群内成员的心理和谐。

少数民族制度伦理是少数民族在日常公共生活中依据民族成员的利益需求形成的（王茂美，2018）。比如，在云南大理白族聚居区形成的理性规划、公平交换原则就是族内成员利益平衡的产物。在白族妇女组织的“接金姑”活动中，从聚餐收费到分配餐食，无不体现着白族人民的缜密计算和分配理性。又如，白族村落中的人家每逢婚丧宴请，一家一般只派一人出席，参宴代表将宴席上的餐饮按人均分配带回家，与家人一起分享。这样的民族习俗可以避免不必要的食物浪费，主人也可依据所邀请人数来准确预算餐饮支出，被邀请者的家人可一起分享宴请食物。分餐制度保证了人与人、家庭与家庭之间的和睦共处、利益共享。

2. 农村多民族社区的心理和谐

多民族杂居的农村社区在我国也较为常见，这类社区往往有其公共生活规范。公共生活规范以某一民族族群利益为关注点而建立，但也兼具与其他民族的交往需要，具有以下三个特点：一是本民族创建的制度规范主要为协调本民族公共生活秩序服务，一般情况下，非本民族成员不受此约束；二是在某些层面，不绝对禁止非本民族成员参与本民族公共生活，但前提是各民族相互尊重各自的公共生活规范；三是在某些层面则绝对禁止非本民族成员参与本民族公共生活。这些族内与族际的公共规范维护着社区中杂居民族的心理和谐。

比如，云南楚雄彝族自治州A村是回族、彝族杂居村寨（回族人口相对较多），长期以来族际关系较融洽，两族相互尊重对方的民族习惯，族际通婚较为常见。每逢婚丧宴请，两族成员都会充分尊重对方的饮食习惯。两族成员还相互尊重彼此的传统。虽然回族在村寨内的主导性地位较为突出，但其对村内日常公共事务的处理也能获得彝族成员的大致认同，双方没有太多不同意见（王茂美，2018）。

长期生活于同一社区中的不同民族，其文化会在交流互动中相互交融。其共同的地域环境决定了相似的经济生产方式、趋同的文化心理，在利益需求上也会有不少共性，除一些民族禁忌外，其制度效应范围也就不再限于某一民族群体。

（二）城市社区的民族心理和谐

进入 21 世纪以来，随着我国工业化、城镇化的快速发展，人口流动加快，城市中少数民族人口不断增加，族际接触与交往越来越频繁，各民族交错居住在同一社区的现象日益增多。民族分布和交往格局正在发生不可忽视的变化。城市民族社区在社区居委会辖区范围内往往以居民住宅小区为隔离边界，可分为城市单一民族社区和城市多民族社区两种。

1. 城市单一民族社区的心理和谐

城市中少数民族群体的分布，大体可分为两大类型：分散居住、相对分散从业的网状分布，集中居住、相对集中从业的块状分布。后者形成了城市少数民族聚居区，又可分为城市中原本已有的少数民族社区（比如许多城市的回族聚居区）和少数民族进城之后新出现的同族聚居并从事共同职业的少数民族社区。

以后者为例，在云南昆明曾出现的布依巷，是从贵州流动至云南昆明的布依族人以族缘关系为纽带，以共同居住空间和共同职业为载体的社区。布依巷类似一个小村，熟悉的人住在一起，操着共同的语言，有着共同的身份和共同的生活经历。2009 年，以布依巷的形式聚居于昆明五村的布依族达 400 多户，大约 2 500 人。贵州的布依族都知道昆明有个叫“五村”的聚居点，只要家族、亲戚、朋友和同乡中有人到了五村，其他人家就会找来，布依巷奉行的原则是“只要老乡来了都欢迎”。依赖着血缘、地缘和族缘的网络，一家又一家的布依族从贵州各地来到五村。在这里，老乡们提供暂住的居所、工作的信息，甚至给予谋生初期的钱和物，帮助其渡过最初的生活难关。对血缘、地缘和族缘的依赖形成了布依巷的居住格局，老乡关系在布依巷的形成中扮演了重要角色（何明，木薇，2013）。

2. 城市多民族社区的心理和谐

城市多民族社区的心理和谐，是指城市社区内多个民族在场域上交织、在心理上互相接纳和彼此认同的和谐状态。

城市中的多民族杂居社区从形成背景上看大致有三种。第一种是历史上形成且发展至今的社区。其居民一般都具有本市户籍。比如，在四川成都金牛区金泉街道土桥社区，回族是当地的世居民族，在此生活的历史超过300年，大多是清中期从云南、陕西等地迁入，目前居民人数约占社区总人口的十分之一。第二种是由多民族人口常住形成的社区，如四川成都武侯区浆洗街街道洗面桥社区。第三种是因流动人口短暂停留而形成的特色社区。例如，在四川成都武侯区倒桑树街三六三医院，每天藏族住院病人占医院住院病人的40%以上（来仪，马晓玲，2016）。

[专栏11-1] 社区民族心理和谐的探索——民族互嵌式社区

为了维护民族团结，促进民族的交往、交流、交融，一些学者提出了民族互嵌式社区的构想。

1. 什么是民族互嵌式社区

民族互嵌式社区（Minzu embedded community）是指以社区为空间边界而形成的各民族间互为邻居、交错而居，且民族间经济、社会、文化关系彼此交融的一种状态。它包括民族间“居住互嵌”和“关系互嵌”这两个重要方面，前者指一种彼此交错的空间居住类型，后者则涉及经济、社会、文化等方面。互嵌式社区也指居住空间、组织网络、文化接纳和心理认同四个维度的嵌入。

2. 民族互嵌式社区的目标

民族互嵌式社区的理想状态，就是在社会主义特色文化的主导作用下，社区内多个民族群体内凝聚力强、认同感高，群体间互相尊重、互相接纳、彼此包容的和谐状态。本章前面提到的农村和城市中的多民族社区，特别是那些历史悠久的多民族社区，有的本身就已实现了互嵌式社区所追求的民族心理和谐。

国内的民族互嵌式社区建设以法律保障、族际整合、社区自治等为主要手段，以社区内部和外部组织提供的公共资源为支持，以各民族“共居、共学、共事、共乐”的社区环境为目标，引起了政府和学术界的高度关注。

（资料来源：陈纪，2018）

三、社区民族心理和谐的意义

（一）社区的民族心理和谐对国家统一稳定有重要意义

我国是统一的多民族国家，社区的民族心理和谐是中国社区心理研究和实践的重要目标之一。国家统计局第六次人口普查数据显示，31个省、自治区、直辖市和现役军人的人口中，汉族人口12.26亿，少数民族人口1.14亿。其中，少数民族人口在1 000万以上的有壮族、满族、回族和维吾尔族，人口在500万—1 000万的有苗族、彝族、土家族、藏族和蒙古族，人口在100万—500万的有侗族、布依族、瑶族、白族、朝鲜族、哈尼族、黎族、哈萨克族和傣族，人口在10万—100万的有畲族、傈僳族、东乡族、仡佬族、拉祜族、佤族、水族、纳西族、羌族、土族、仫佬族、锡伯族、柯尔克孜族、景颇族、达斡尔族、撒拉族、布朗族和毛南族，人口在10万以下的有塔吉克族、普米族、阿昌族、怒族、鄂温克族、京族、基诺族、德昂族、保安族、俄罗斯族、裕固族、乌孜别克族、门巴族、鄂伦春族、独龙族、赫哲族、高山族、珞巴族和塔塔尔族。除此之外，还有60多万未识别的民族人口。在我国这样的多民族国家中，如何正确认识和处理各民族之间的关系，实现各民族之间的团结，确保各族人民团结、国家的统一和稳定，是一个十分重要的问题。

（二）社区的民族心理和谐对保护文化多样性有重要价值

尊重多样性（respect diversity）是社区心理学的核心价值之一，指承认并尊重各种不同的社会身份，比如对不同性别、民族 / 种族、国籍、身体状况、社会经济地位、收入和年龄的个体或群体都予以尊重（Moritsugu et al.,

2013）。中国实施民族区域自治的行政区域面积占全国总面积的64%，西部和边疆绝大部分地区都是少数民族聚居区，各民族在其所处的自然环境中繁衍生息，创造了丰富灿烂的民族文化，并依靠传统社会的封闭性使其独特的精神文化长期保持相对稳定，心理活动和行为都打上了民族的烙印，形成了各具特色的民族心理。随着改革开放的深入、地缘性关系的发展以及社会经济、交通通信的改善，民族间的交流日益频繁和深入。少数民族地区群众在享受改革开放带来的福祉的同时，也面临着文化变迁过程中的心理不适应带来的问题。社区的民族心理和谐，对尊重各民族文化的多样性，促进个体、群体的幸福生活具有重要价值。

第二节　社区民族心理和谐的心理基础和表现

分析社区民族心理和谐的心理基础和表现，可以为新时代中国社区民族心理和谐建设提供理论依据。

一、社区民族心理和谐的心理基础

和谐是中国各民族的共同追求，中华民族的和谐交往思想源远流长（参见第七章）。和睦相处、和衷共济、和谐发展是社会主义民族关系在平等、团结、互助、和谐的基础上的最新理论概括，也是当前民族关系的核心价值取向。社区各民族居民对中华民族的认同，对各民族和谐相处的价值追求，共同构成了社区民族心理和谐的心理基础。

（一）社区各民族居民对中华民族的认同

中华民族认同与本族认同的和谐统一，是社区民族心理和谐的认同基础。民族认同（Minzu identity）是一种群体认同，是成员对其民族身份知悉和接纳的态度（秦向荣，佐斌，2007）。民族认同是衡量民族关系的一个重要指标，同时也是影响民族关系的重要因素，它关系到国家的政治稳定与长远发展。民族认同与积极的民族间态度具有正向关系。随着时代的发展，民族认同由不成熟逐渐走向成熟。而成熟的民族认同被认为与更开放和积极的群体间态度有关。成熟的民族认同是指个体考虑过并努力去理解民族群体的意义，在这种理解的基础上对自己的民族有清晰的归属感。成熟的民族认同意味着个体对民族群体和群体间关系更高水平的认知，并可能意味着对群体间关系更积极的理解。在少数民族当中，发展成熟的民族认同可以使个体对来自其他民族群体的人更开放和接纳。通过降低威胁感，强烈的民族认同可以激发个体对新鲜刺激的兴趣而与不同族群的人接触（张莹瑞等，2009）。

中国民族认同的意识是多层次的，56 个民族是基层，中华民族是高层（费孝通，1997），中华民族认同与单一民族认同是分不开的。中国人的民族认同不仅包括本族认同，即对自己所属单一民族身份的认同，也包括对中华民族的认同，即对自己作为中国人这一国家民族成员身份的认同。在现实中，中国人能够准确地理解自己既属于某一民族，又是中华民族大家庭的一员。中国人的民族认同由中华民族认同和单一民族身份认同构成这一观点，已为多项实证研究所验证（高承海等，2011；史慧颖等，2007）。

一体多元的民族身份认同是一种成熟的民族认同，它使各族人民在交往过程中，既保持区别于他族的本族身份认同，又能将自己与他族人共同统一在中华民族这一高层认同之下。这样一种既分别又整合的民族认同，使各族人民在交往交际时，既不丧失自我，也不排斥他族，自然能使中华各族人民和谐交往、共同繁荣、共同发展。

［专栏 11–2］中华民族的含义

中华民族是中国各民族的总称。“中华”一词，与“中国”“华夏”相通，兼有族名、国名等多重含义。中华民族起源于中国，在当今世界上，超过 200 多个国家和地区都有中华民族的分布。

中华民族这一概念最早由梁启超提出，现已成为中国近代民族主义及建立国族的重要概念。1902 年，梁启超在《论中国学术思想变迁之大势》一文中，正式提出

> "中华民族"的概念。20世纪初，在梁启超、孙中山等人的话语中，"中华民族"由从最初的强调满汉之辨和排满，到梁启超的"变法必自平满汉之界始"，再到孙中山的"五族共和——将汉族改为中华民族"，终于成为我国56个民族所组成的共同体的代称。但这一概念真正深入人心是抗日战争胜利后，主要原因有三点：一是全民族抗战使大多数中国人有了共同的历史命运与集体记忆，二是抗战使中华民族主义深入人心，三是战争造成的人员迁徙打破了原来的地域隔绝。中华民族发展到今天，已经达到各民族之间你中有我、我中有你，谁也离不开谁的地步，已经形成了一些共同心理特征，形成了一个共同体。
>
> （资料来源：张积家等，2019）

近年来，党和国家十分重视中华民族共同体意识这一问题。2014年9月，习近平总书记在中央民族工作会议上提出"积极培养中华民族共同体意识"。2017年10月，党的十九大报告强调要"铸牢中华民族共同体意识"。2019年10月，中共中央办公厅、国务院办公厅印发《关于全面深入持久开展民族团结进步创建工作铸牢中华民族共同体意识的意见》。2019年，党的十九届四中全会通过的《中共中央关于坚持和完善中国特色社会主义制度、推进国家治理体系和治理能力现代化若干重大问题的决定》中进一步指出，"坚持不懈开展马克思主义祖国观、民族观、文化观、历史观宣传教育，打牢中华民族共同体思想基础"。铸牢中华民族共同体意识，对新时期社区各民族居民加强和巩固中华民族认同、促进民族心理和谐具有重要意义。

（二）社区各民族居民对和谐相处的价值追求

社区的价值追求，是指社区成员所共享的价值观，是有关什么样的社区才是一个好的社区，即好社区的特征是什么的信念，这些信念对社区群体的行为具有指导和评价作用，为社区成员共建一个美好社区描绘出蓝图。少数民族社区的价值追求一方面受到主流文化的影响，另一方面受到社区传统民族文化的影响。各民族居民对社区价值的追求，具体体现为在社会主义核心价值观主导下，对传统民族文化价值观的继承与创新。

1. 社会主义核心价值观的传播与内化

坚持社会主义核心价值体系是新时代中国特色社会主义的基本方略之一。党的十八大提出要倡导“富强、民主、文明、和谐，自由、平等、公正、法治，爱国、敬业、诚信、友善”的社会主义核心价值观。社会主义核心价值观是当代中国精神的集中体现，凝结着全体人民共同的价值追求。社会主义核心价值观是社区民族心理和谐最高的价值追求，通过在各种类型民族社区广泛传播，最终内化为人们的情感认同和行为习惯，体现为社区民族心理与行为的和谐。

2. 传统民族文化价值观的继承与创新

从民族形成的社会文化和历史因素看，价值观反映了某个民族群体的价值偏好。每个民族对于社会秩序中什么是美、什么是丑的偏好及行为表达各具特色，体现在人们的衣食住行、风俗习惯等方面，影响了群体的每个成员。比如，就居住而言，一个社区的建筑以什么为美，以什么为好？这种关于建筑的价值观就具体体现了社区的传统文化特色，并具有维护心理和谐的功能。有研究表明，傣族传统建筑价值观由情感性、神圣性、保护性、民族性、优越性等五方面构成（尹可丽等，2015）。即使是受到当前社会文化变迁与现代化的冲击，在居住建筑环境方面共享的价值观，依然具有维护傣族社区群体心理和谐的作用。

继承与创新传统民族文化价值观，是社区民族心理和谐最根本的价值追求。社区中民族群体所继承的本族优秀传统文化价值观，既与社会主义核心价值体系兼容，又在表现形式和具体内容上与其他民族存在差异，具有独特性，我们应该尊重、继承并发展这种独特性。因为只讲共同性而否定独特性，会有损社区民族群体的自尊心和自信心，有害民族情感，带来心理的不适应、不平衡。

二、社区民族心理和谐的表现

社区各民族居民对中华民族的认同，对不同民族间和谐相处的价值追求，在现实生活中表现为社区各民族居民在语言使用上互相尊重、互相学习，在族际的交流交融中，互通婚姻，建立友谊。

（一）语言和谐

语言是民族的重要特征之一。语言和性别、年龄一样，是独立的社会基本分类维度（Pietraszewski & Schwartz，2014），人们会自动注意到一个人讲话是否使用不同的语言或方言，或者带有特殊口音。在民族冲突背景中，语言是区分内群体、外群体的一个关键标志，可触发对外群体的敌意或内群体的团结一致（Smirnova & Iliev，2016）。

共享语言可被视为识别群体成员的强有力指标，并导致了相同类型的内群体偏好（Livingstone et al.，2011）。群际语言偏差理论认为，人们对内群体完成的积极行为的描述是抽象的，而对外群体完成的积极行为的描述是具体的，对消极行为的描述情况则刚好相反（Maass et al.，1989）。例如，母语为英语者和母语为法语者都采用更多抽象词汇描述内群体的亲社会行为和外群体的反社会行为（Shulman et al.，2011）。

社区的民族心理和谐，首先就表现为语言和谐（languages harmony），即在社区中的人们既持共享语言，又各持自己的母语，甚至互说对方语言，最终消除群际语言偏差，达到语言共享、语言互通下的相互认同。我国民族社区的语言和谐主要表现为在多民族社区中民族语言的使用和谐。

由于历史上各民族互通往来，特别是在多民族杂居的农村社区或互嵌式社区，为了顺畅地沟通和交流，除使用普通话外，许多民族群体之间互学语言，为民族间的友好往来奠定了基础。因此，语言高手在民间的现象在少数民族地方较为常见。比如，在云南丽江宁蒗彝族自治县，普米族人擅长使用多种语言，有的普米族人除掌握普米语、普通话和方言外，还能流利使用彝族、纳西族、藏族、傈僳族的语言（熊永翔，2014）。又如，在河湟地区，汉语已成为当地各民族间的通用语。再如，在某些藏族居住地生活的土族，大多选择用藏语进行日常交流。他们对藏语的掌握程度和藏族相差不多。还有部分地区的民族甚至直接使用其他民族的语言进行日常沟通，如生活在青海化隆县卡力岗地区的回族，大多使用安多藏语方言。在河湟地区不同民族长期交往的过程中，汉语不仅对其他民族语言产生了影响，还大量吸收了其他民族的语言要素，诸如“卡码”（规则、把控）、“阿吾”（哥哥）、“法码”（厉害）、“胡度”（非常）等藏族用语，“胡大”（老天啊）等穆斯林经文用语。此外，在藏语的熏陶下，还出现了诸多的倒置用语，诸如“吃饭了吗”通常被变为“饭吃了吗”，“喝茶”大多变成了“茶喝”（苏雪芹，李琼，2013）。多种语言互相学习、借用，在中国多民族聚居地区较为常见，体现出了从语言认同到心理认同的和谐。

（二）族际交往和谐

社区中族际通婚机会越多，族际友谊越强，则族际冲突越少，这是社区民族心理和谐的一个重要表征。

1. 族际通婚

族际通婚即不同民族或种族之间的通婚联姻。族际通婚在我国源远流长，这主要由我国自古就是多民族国家的基本国情所决定。族际通婚在我国主要包括汉族与少数民族通婚、少数民族相互之间通婚两种基本类型。族际通婚反映了族际关系，是民族之间开放、友好、团结的象征，也是衡量民族间关系和谐的重要因素。

一项依据国家统计局和国家民委的数据进行的研究表明，族际交往、交流、交融的基本模式和族际通婚的演变趋势为：在我国各个族群中，教育水平对族际通婚的正面影响最为显著；非农职业比例高的族群族际通婚率较低；聚居在本族自治地方的人口比例越高，与他族成员通婚的机会越少；使用国家通用语言越不普遍，与他族成员的交往和通婚的机会越少（鲁刚，张禹青，2014）。据此可以推断，在农村单一民族社区，族际通婚机会少，而在农村多民族社区，族际通婚机会多。

2. 族际友谊

族际友谊是友谊的特殊形式，指不同民族间的友谊。族际友谊能促使人们对外群体产生好感，可因对外群体某一个体的好感而增强对整个外群体的认同和接纳。

中国民族众多，族际交友、交往与各民族所处的社会政治、经济及地理环境等有关系。新中国成立后，中国少数民族与汉族、少数民族与少数民族之间交友态度的开放性、包容性等比过去更高，一些民族甚至经历了从封闭到开放的过程。但是，处于城镇和乡村的瑶人以及各个族系的瑶人在族际交往方面的情况有所区别：花蓝瑶人明显对族外交友最有热情；盘瑶人则倾向于与本族人交友，与外族人交友的热情最低，有 44.2% 的盘瑶人表示应多结交外族朋友；坳瑶、茶山瑶、花蓝瑶和山子瑶则分别有 66.2%、69.2%、80.2% 和 58.1% 的人表示应该多与外族人交友（梁茂春，2004）。

多民族聚居地的青少年存在着更愿意与同族小伙伴交友但不排斥与其他民族小伙伴交友的现象（尹可丽等，2018）。这表明，学校环境和民族团结教育促进了不同民族青少年之间的和谐、友好相处。

第三节 建构社区的民族心理和谐

民族政策和法律、优秀风俗等为社区民族心理和谐提供了良好的社会生态环境；历史发展中形成的对中华民族情感上的依恋和认同以及对民族心理和谐的价值追求，为建构社区的民族心理和谐提供了深层次的心理基础。社区心理学家要通过亲身参与社区项目建设活动，提高社区心理学研究成果对建构社区民族心理和谐的指导价值和意义。

一、提高社区民族心理研究的质量

社区民族心理和谐的研究有重要的理论意义和实践指导价值，但当前十分缺乏对这一问题的研究。提高研究的质量和数量，把握社区民族心理的本质问题和诸多特征，用心理学的理论和实践知识指导社区建设，显得尤为迫切。

1. 分类建立衡量社区民族心理和谐的指标

以系统论为指导，根据不同的社区类型——农村和城市的单一民族社区、多民族社区的情况，为各种类型社区的民族心理和谐建立有针对性的、相对较完整的指标体系，其意义在于可以编制评估各类社区民族心理和谐水平的工具，为突发性危机事件提供有效的预警信息，还可以指导民族社区从心理层面开展民族团结工作。具体来说，语言、价值观、族际交往的哪些内容可以列为社区民族心理和谐的支撑指标，哪些指标可用于衡量社区的民族心理和谐程度，都需要进一步研究。

2. 采用科学的研究方法提炼传统社区的组织行为特征及其对民族心理和谐的作用

在农村和城市社区中，一些传统的组织行为模式对促进民族心理和谐发挥了积极作用。比如，傣族村寨组织管理模式的最大优势是对每个参与村寨社会活动的人高效的、有序的组织。因相互依存而产生的互惠互利的利他心理与行为，使傣族人形成了虔诚、温和、善良、易合作、向善、团结互助的人格，使傣族民众的安全感、归属感和自尊心得到了满足，保障了民族内部的心理和谐。而傣族村寨组织行为的特点是：对村寨人群进行合理分层，并通过正式群体实施对非正式群体的管理（尹可丽，2005）。在农村和城市不同类型的社区中，其组织行为对居民的心理和谐发挥了什么样的作用，这种作用的心理与社会机制又是怎样运作的，对这些问题的考察还需要进行广泛而深入的调查、访谈、参与式观察才能完成。

3. 虚拟空间民族社区心理和谐的要素与运作机制

随着互联网的普及，少数民族网民逐年增多，普遍的族际交往成为可能。虚拟空间族际交往逐渐成为族际交往的重要部分，它不仅反映了现实的族际关系，而且正在形成一种新的交往文化。少数民族网民的浏览、互动、发布等各种网络行为背后都可能是直接或间接的族际交往。对这些虚拟空间民族社区的心理和谐问题的研究也是未来需要重点考察的问题。

二、民族社区的心理研究及服务原则

从我国民族社区的实际情况出发，我们提出开展民族心理研究和心理服务工作应遵循以下三项原则。

（一）扎根民族社区的实际

民族社区的研究与心理服务工作是复杂的，如果缺乏有力的思想指导，可能会陷入困境中而无法获得兼具理论意义和实践价值的结果。毛泽东在《实践论》中提出："人们要想得到工作的胜利即得到预想的结果，一定要使自己的思想合于客观外界的规律性，如果不合，就会在实践中失败。""实践、认识、再实践、再认识，这种形式，循环往复以至无穷，而实践和认识之每一循环的内容，都比较地进到了高一级的程度。"在《矛盾论》中提出："研究任何过程，如果是存在着两个以上矛盾的复杂过程的话，就要用全力找出它的主要矛盾。捉住了这个主要矛盾，一切问题就迎刃而解了。……矛盾的主要和非主要的方面互相转化着，事物的性质也就随着起变化。"

毛泽东的《实践论》和《矛盾论》为民族社区的研究与心理服务工作提供了从实际出发思考问题、解决问题的哲学思路和方法。我们应把研究聚焦于中国社区，到现实社区人们的日常生活中去寻找有关心理学的研究主题（黄希庭，2015）。从社区实际出发，才能用发展的眼光看到民族群体的历史与现状及未来的变化。在遵循心理学的科学研究逻辑和方法的过程中，如果发现假设或方案设计没有产生预期效果，就应该考虑预期本身是否不符合社区实际情况。在注重调查研究的同时，要分清主要矛盾和次要矛盾，抓住矛盾的主要方面，使社区心理健康服务得到少数民族社区群体的更多参与和支持。

（二）尊重与理解民族文化的多样性

开展民族社区的心理学研究和行动，不仅要具有文化敏感性，而且应注意文化契合性。文化敏感性，是指研究者和行动者能敏锐地感知到文化的差异性，并充分注意地理、阶层、语言和文化差异给研究和行动造成的障碍。而文化契合性是指，在文化敏感性的基础上，尊重并理解民族文化与习惯行为，在提供心理服务项目时应充分考虑服务对象的文化背景。美国早期的社区心理健康运动认为应该在心理健康系统中为少数民族来访者提供不同的治疗，呼吁为少数民族来访者提供针对性服务。这就要求治疗师具有更强的文化胜任力（具有文化敏感性，注意文化契合性），在制订治疗方案时要保持对来访者文化背景的尊重（Moritsugu et al.，2013）。

（三）鼓励社区成员积极参与

目前，我国社区心理学的服务方式，通常以开展知识讲座、个体心理咨询和团体心理辅导为主。针对某一社区的突出问题，鼓励社区成员积极参与并寻求问题解决的心理干预项目，还需增加。可以想见，短期的心理知识普及，虽能达到宣传、教育的目的，但不能真正解决社区居民关心的问题。例如，假设某农村单一民族社区有较多适龄男性找不到对象，无法建立家庭，当地人对此束手无策。此时，我们去这个社区提供一通心理健康知识方面的教育，对解决该社区的困境有何意义呢？

提升进取心是社区心理学的重要理念（参见第六章）。提升社区居民的进取心并赋予个人学习和参与的机会，最终能导致更高水平的组织和社区转变。就某一个项目而言，借助社区中传统的正式组织机构，或者临时的非正式组织机构的力量，鼓励社区成员积极参与决策、参与行动，使他们在行动中产生受到信任和尊重的感觉，可以促进社区行动的有效开展，并带来个体效能感或群体效能感的提高，有助于积极健康社区的建设。

三、民族心理和谐社区建设的案例

在民族心理和谐的社区建设中，社区心理学家能做些什么？专栏 11-3 介绍的这个案例中，建设民族心理和谐社区的工作由地方政府部门完成，其过程和内容体现了尊重多样性、授权、多层次干预等社区心理学的核心概念。类似的案例在少数民族聚居地还有很多。少数民族聚居地的一些政府官员，多年来在国家的民族理论和政策方针的指导下，积累了许多经验，这些经验值得社区心理学家去研究。

[专栏 11-3] 民族互嵌式社区的民族心理和谐

武侯区浆洗街街道洗面桥社区是四川成都主要的多民族聚居社区之一。为建设以共居、共学、共事、共乐为特征的民族互嵌式社区，为维护民族团结和社会稳定，政府相关部门从以下三个方面开展了工作。

1. 在少数民族流出地和流入地之间进行对接协作机制建设

针对一些少数民族人口进入城市后，在生活、文化、就业等诸多方面存在不适应的现象以及由此产生的一些问题，政府相关部门主动与流出地政府联系，建立起协作机制。比如，在彝族流动人口较多的火车南站街道，相关部门在 20 世纪 90 年代就与凉山彝族自治州建立了协作机制，请当地公安局、政法委员会来成都市协作处理彝族流动人口中出现的问题。在藏族流动人口较多的洗面桥社区，所属浆洗街派出所也较早地与甘孜藏族自治州 18 个县建立联系制度，力争妥善处理涉及少数民族的矛盾纠纷。金牛区分别与甘孜藏族自治州、阿坝藏族羌族自治州的 3 个县及乡（村）建立了对口联系机制，确定了甘孜藏族自治州丹巴县太平桥乡、阿坝藏族羌族自治州黑水县与金泉街道迎宾户社区、郎家社区，阿坝藏族羌族自治州理县与抚琴街道西北街社区之间的工作对接关系。此外，成都市各级政府和相关部门还积极创造条件让少数民族流出地干部到成都市相关社区、街道挂职锻炼，协助解决少数民族在生活、就业中遇到的困难，为本社区的少数民族在外来入户、子女入学、劳动争议、权益维护、交通出行、租房购房等方面做相关的宣传服务。对此，社区工作人员这样评价："我们也想了解少数民族同胞心里到底在想啥，他们有什么需求，但是，语言不通，怎么办？不能交流就谈不上交往，更不要说交融了。挂职的流出地少数民族干部来了就好多了，这些干部懂少数民族同胞的语言，能够和他们交流，能够把国家、政府的政策直接用本民族语言讲给他们听。"

2. 组织丰富多彩的文化活动，促进各民族居民相互了解和交往交流

社区文化活动是促进社区各民族间了解和交流的桥梁，也是成都市民族互嵌式社区普遍采用的方法。这些活动包括民族传统歌舞表演、少数民族日常生活图片展、民族团结主题讲座等。比如在温江区万春镇鱼凫村，为了让藏、羌两个民族的水库移民沿袭传统民族文化，当地成功申报了成都市非物质文化遗产项目"鱼凫传说"，

政府开设了“鱼凫大讲堂”，促进了各民族的相互了解、相互欣赏和相互学习。洗面桥社区除了坚持常年在文化广场举办以传统民族舞蹈和现代交谊舞为主的“激情广场·天天歌舞”活动，还积极组织社区内少数民族参加市、区及街道举办的“劳动者之歌”“感动浆洗”“中华民族一家亲”等民族团结主题活动，充分展现各民族风采。正如洗面桥社区一位参加藏族锅庄舞蹈的汉族居民所述：“好处很多啊！首先是跳舞锻炼了身体，以前平时没事情就坐着打麻将，身体非常僵硬。现在晚上都来跳舞，心情非常放松、非常愉快，精神状态很好。通过跳舞，我还认识了几个藏族同胞。她们不仅跳舞跳得好，人也很善良友好。”

3. 依托社区内各类人力资源，探索多元主体参与民族互嵌式社区建设

温江区万春镇鱼凫村在探索民族互嵌式社区建设的过程中，发动少数民族群众主体参与。该村制定并完善了《鱼凫村移民小组公约》，强化了村中各民族自我管理、自我教育和自我监督的意识；建立了以院落、楼栋党支部为核心，以院落自治管理小组和院落议事会为主体的院落治理模式。洗面桥社区则聘请了 7 名有一定知名度的少数民族骨干和一些普通群众担任“民情专递员”和“特约调解员”，在让他们参与社区自我管理的同时，也调动了他们参与社区建设的积极性和主动性。该社区还依托西南民族大学的专家智库资源和学生实践资源参与构建和谐民族互嵌式社区，包括与该校民族工作领域的专家教授合作开展城市民族互嵌式社区治理专题研究，和该校管理学院、法学院、藏学学院、社会学与心理学学院等定期结对开展大学生进社区的社会实践活动。

（资料来源：来仪，马晓玲，2016）

上述案例提示，社区心理学家在服务民族社区心理方面，可以考虑进行以下工作：

- 参与到政府的民族社区工作中，提供更专业的心理评估服务；
- 从现有的经验中提炼我国民族社区涉及的各种心理问题的范围及产生原因；
- 分析诸多民族社区成功的项目实践中的心理要素，提炼其中的心理现

象和规律；

- 根据不同的民族社区类型，研究各类型社区的心理学问题；
- 进一步提出民族社区心理研究及行动的原则、方法。

概要

社区的民族心理和谐包括个体心理和谐、民族内心理和谐和民族间心理和谐，并建立在相应的规范和规则之上。社区的民族心理和谐具有认知基础、认同基础和人际基础，并表现为语言和谐、族际和谐，具有维护国家统一和民族团结、尊重和保护各民族文化多样性的重要作用。民族社区的心理研究及服务，原则上要扎根民族社区的实际，尊重与理解民族文化的多样性，鼓励社区成员积极参与。

扩展阅读书目

费孝通.（1999）. *中华民族多元一体格局*. 北京：中央民族大学出版社.

Moritsugu, J., Vera, E., Wong, F. Y., & Duffy, K. G. (2015). *Community psychology*. New York: Psychology Press.

思考题

1. 从实现中华民族伟大复兴的中国梦的角度，阐述社区民族心理和谐的意义。
2. 结合本章理论和社区实际，分析民族社区的心理研究及服务的基本原则。

第十二章　网络虚拟社区

2016 年，一款名叫“抖音”的软件火遍了大江南北。截至 2020 年 4 月，抖音已成为拥有 5.18 亿用户的短视频网络社区。抖音软件的使用者互称“抖友”，“抖友”们在网络虚拟社区中分享自己的生活，乐此不疲。人们为什么会热衷于“抖友”活动，这对人的心理与行为会产生什么影响呢？

1993 年，《纽约客》(*The New Yorker*) 杂志登出一幅漫画，标题为“在互联网上，没人知道你是一条狗”，这句话后来成为网络常用语。一个人在网络虚拟社区中可以对身份进行更改和修饰，男性可以通过网络装扮成女性，现实生活中彬彬有礼者在虚拟社区中可能是“网络喷子”或“键盘侠”，而虚拟网络中的百万富豪可能是普通工薪阶层。人们为什么在网络虚拟社区中构建这样的身份？它意味着什么呢？这些问题在社区心理学中均值得探索和思考。

近年来，中国网民规模呈持续快速发展的趋势，截至 2020 年 12 月，我国网民规模达 9.89 亿，互联网普及率为 70.4%。网络虚拟社区为人们提供了更高效、资源更丰富的信息交流平台。网络虚拟世界成为日常生活的重要组成部分，并不同程度地影响人们的思想、情感和行为，对有关问题的探讨已成为社区心理学中一个崭新的研究领域。以下将概述网络虚拟社区，阐述其主要研究领域以及网络虚拟社区的建设与应用。

第一节　网络虚拟社区概述

网络社会存在的一个重要标志是网络虚拟社区的形成。当今社会，现实社区和虚拟社区相互交融，相得益彰。在现实和虚拟的双重社区中，人类社会的生产方式、生活方式以及社会交往方式发生历史性巨变。网络虚拟社区已成为社区心理学研究中不可忽视的社会现实。

一、什么是网络虚拟社区

（一）网络虚拟社区的由来

网络虚拟社区随着互联网的产生和发展而逐渐形成，其雏形可追溯到1985年布兰德（S. Brand）和布里连特（L. Brilliant）创建的全球电子讨论链（用于“虚拟邻里关系”的交互式讨论和协商）。1990年，全球电子讨论链引进网络空间（cyberspace）的名称，网络虚拟社区逐渐进入人们的视野。随着网络信息技术的发展，各种社交软件得到广泛应用，为用户提供了丰富的信息交流平台。根据各平台空间信息交流主题的不同，用户自发聚集在一起形成具有稳定关系的网络群体，成员之间实现沟通、交流，分享信息和知识，这种交互式平台便称为网络虚拟社区（cyber virtual community）。最初的网络虚拟社区以电子公告板（bulletin board system，BBS）、新闻组、网上聊天室、论坛等形式出现，随着虚拟社区的成熟，人们开始大规模在网上分享文件、交流、聊天，以此获得社交意义上的网络传播的乐趣。1993年，美国教师、批评家和作家莱因戈尔德（H. Rheingold）在其经典著作《虚拟社区：电子疆域的家园》中最早提出虚拟社区的概念。

中国的网络虚拟社区起源于BBS和新闻组。网民通过BBS和新闻组实现一对多或多对多的交流。1997年，“网易”在国内首次创建了网络虚拟社区服务，随后“新浪”也开启了此服务模式。成规模的网络虚拟社区应用有两个标志：一是1998年大型个人社区网站“西祠胡同”的创办，后发展为以讨论版组群为主导的社区模式；二是1999年创办于美国硅谷的Chinaren“全球华人虚拟社区”，首次以聊天室为核心，开发了游戏、邮件、主页、日志等一系列以用户为中心的服务内容。网络虚拟社区的表现形式多种多样，如各种论坛、即时通信工具、博客平台、维基（Wiki）等，网络虚拟社区帮助人们在网络上构建了一个超越时空的虚拟生活空间（贾二鹏，陈建新，2011）。

[专栏 12-1] 不同时期网络虚拟社区的表现形式及特点

网络虚拟社区的发展经历了多个阶段，各时期的名称、互动方式、表现形式和特点见表 12-1。

表 12-1 不同时期的网络虚拟社区

时期	互动方式	表现形式	特点
Web 1.0 时代	文本	论坛、聊天室、贴吧、群、新闻组	（1）参与者主要以匿名的方式存在； （2）内容上侧重于编辑以及对频道内容的整合。
Web 2.0 时代	文本、图片、视频	博客、日志、微博、SNS 社区	（1）通常借助于真实的人际关系； （2）每个参与者都有一个独立展示空间。
Web 3.0 时代	文本、3D（三维）图形、语音、影像	3D 虚拟社区	（1）3D 仿真世界具有深度沉浸感； （2）基于 UGC（user generated content）概念，用户自创角色、场景与物品。

1. Web 1.0 时代

最早的网络虚拟社区是随着 20 世纪 80 年代 BBS 的出现而形成的。BBS 是社区成员交流信息、探讨共同话题、建立新型互动关系的场所。用户可以在 BBS 中各特定主题的讨论区内，针对主题提出相关的意见或问题，寻求他人的答复或帮助，并借此引起讨论或激发他人参与。每个 BBS 都有很多不同的讨论区。从社会互动的角度看，BBS 上的活动在很大程度上可以视为目前网络虚拟社区生活的缩影。

20 世纪 90 年代中期，万维网开始出现聊天室、贴吧、新闻组等各种社区形式，这些网上社区在某种程度上可以看成 BBS 功能的分离，进而形成独立的互联网应用。聊天室是一种在线交谈的网络工具，同一聊天室的人通过广播消息进行实时交谈，包括文本、语音和视频。新闻组本质上是一个全交互式网络论坛。在新闻组上，每个人都可以自由发布消息，与成千上万的人进行讨论。

2. Web 2.0 时代

21 世纪初，博客、SNS 社区的出现把网络虚拟社区的发展推向 Web 2.0 时代。

从表现形式看，图形化社区是主流的网络虚拟社区，继承了第一代文字社区的特点，加入了社会性网络服务的概念。博客是 Web 2.0 发展的早期产物，它是一种由个人管理、不定期张贴新文章的信息发布方式。有相同兴趣、爱好的用户群体通过博客形成“博客圈子”。SNS，全称 social networking services，即社会性网络服务，指旨在帮助人们建立社会性网络的互联网应用服务。SNS 也指 social network site，即社交网站。SNS 社区是 Web 2.0 时代的产物，目前已经成熟，改变了传统的网络虚拟社区形式。

3. Web 3.0 时代

随着计算机技术的进步以及显卡性能的大幅提升，网络虚拟社区已经逐步从 2D（二维）演化为 3D，进入到 Web 3.0 时代。3D 网络虚拟社区可以构建一个可见的社区空间，非常具体和实质化地模拟整个现实社区生活。用户可以通过下载客户端进入这些网络虚拟社区，完全可以和在现实世界里一样进行面对面交流、游戏甚至交易，极大增强了网络虚拟社区的真实感和亲切感。这类网络虚拟社区通过 3D 引擎增强了画面的真实度与现场感，满足了人类的感官需求。3D 网络虚拟社区代表着虚拟社会的一个发展方向。

（资料来源：陈俐燕，胡辉，2013）

（二）网络虚拟社区的定义

网络虚拟社区，也称虚拟社区（virtual community），目前尚未达成统一的概念界定。最早提出此概念的莱因戈尔德（1993）将虚拟社区界定为：一群人借助网络彼此沟通、共同分享知识和资讯，并在网络空间形成人际关系网络的社会集合体。有人（Fernback & Thompson，1995）认为网络虚拟社区是通过既定领域内的不断联系，在虚拟空间中形成的社会关系。还有人（Balasubramanian & Mahajan，2001）把网络虚拟社区理解为具备四大特性的任何实体，即人的聚合体、合理的成员、虚拟空间的相互作用和社会交流过程。尽管研究者对网络虚拟社区界定的侧重点各不相同，但均同意使用“虚拟空间”这个关键要素来界定网络虚拟社区。

国内学者也从不同角度对网络虚拟社区进行了多种界定。王欢和郭玉锦（2003）认为，网络虚拟社区是由网上相邻或相互关联的若干社会群体或社会组织构成的网民共同体；甘永成（2005）认为，网络虚拟社区是具有共同兴趣及需要的人通过网上相互交流、沟通与互动，为满足自身需要构筑的新型生存与生活空间；徐小龙和王方华（2007）认为，网络虚拟社区是人们为了满足某种需要，在网络空间中相互交流而形成的具有共同目标的群体关系的总和；贾二鹏和陈建新（2011）指出，网络虚拟社区实质上是网络环境下的一种微观区域或空间，通过各种社会性网站平台把具有共同需求、志趣的人聚集起来而构成的网上用户共同体。在综合众人观点的基础上，王新月和雷雳（2018）认为，网络虚拟社区是借助计算机和信息技术，一群具有相同的兴趣、目标或者实践互动的人在共同的网络空间中进行人际和信息互动，从而形成的人群和人际关系的集合体。

总之，网络虚拟社区的概念界定具有多样性和复杂性，通常包括四个要素（陈树公，陈俐俐，2012）。（1）群体，网络虚拟社区是由具有共同需要和爱好的成员借助互联网，超越时空的限制而聚集在一起的集合体。网络虚拟社区群体通过发出和接收信息相互作用、相互影响。（2）网络空间，由通信线路和通信设备、有独立功能的计算机、网络软件以及实现数据通信与资源共享的物质技术要素构成，是一个数字化信息流动和存储的空间，为群体成员之间、群体与网络虚拟社区外部环境之间的相互交流提供物质载体和平台。（3）互动，指处在信息传递两端的行为主体（个人或组织）相互联系、相互影响和相互作用的动态信息交流过程，包含两个因素：一是双向，即信息的流动是双向的；二是平等，信息的发送双方具有平等的发送信息的权利，也即传受双方的地位可以相互转化。（4）共同话题，指由网络虚拟社区某一用户提出，能引起其他众多用户的兴趣，使他们产生共鸣并主动参与讨论、交流的话题。共同话题是网络用户愿意加入网络虚拟社区、参加互动的驱动力。

从心理学的角度讲，网络虚拟社区是指在网络环境下由相互作用和相互依赖的群体，通过网络空间、互动和共同话题结合而成且能够满足用户需要的网民共同体。

二、网络虚拟社区的类型

根据不同的研究视角，我们可以把网络虚拟社区分为如下几种类型。

（一）按组织结构划分

网络虚拟社区按照组织结构可以分为圈式结构的网络虚拟社区和链式结构的网络虚拟社区（彭兰，2009）。

1. 圈式结构的网络虚拟社区

圈式结构的网络虚拟社区（如图 12−1 所示）最重要的特征是有一个明确的边界，如微信群、QQ 群等。人们在这种社区的互动通过明确的话题来进行。圈式结构更有利于社会学意义的群体的形成，因为圈式结构使社区边界明确，社区成员有较明确的身份意识，社区成员相互交往较多，对社区的归属感更容易形成（彭兰，2009）。因此，在圈式结构的网络虚拟社区中，虚拟社群结构更稳定，存在时间更长，对个体的心理与行为的影响也更明显。

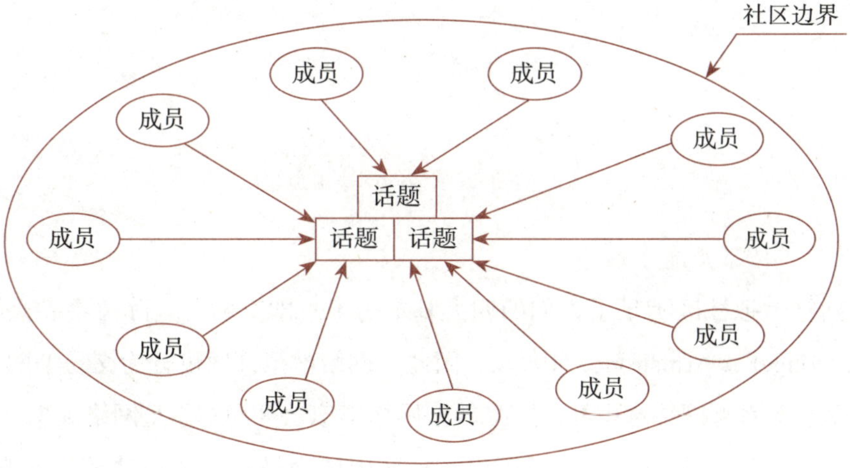

图 12−1　圈式结构的网络虚拟社区

2. 链式结构的网络虚拟社区

在链式结构的网络虚拟社区（如图 12−2 所示）中，“人们的互动往往不需要话题，而只需要通过某种方式所形成的关系链条，如‘标签’功能、‘好友’功能等，‘标签’建立在内容的联系上，‘好友’建立在人际关系的认同上。社区靠这些关系‘链条’或‘纽带’产生，最终编织出复杂的成员关系网络”（彭兰，2009）。微博、SNS 社区等属于链式结构的网络虚拟社区。在链式结构的网络虚拟社区中，虚拟社群往往没有明确的边界，且结构松散，存在时间短，群体意识较模糊。链式结构的网络虚拟社区可以通过裂变式的人际传播链条，使某些信息的传播在很短的时间内呈几何级数增长，传播速度更快，辐射范围更广，可以在短时间内产生很大的社会影响。

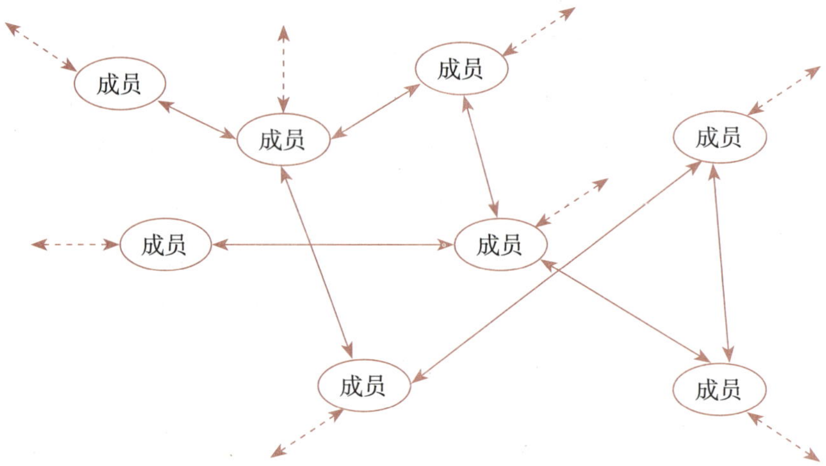

图 12-2　链式结构的网络虚拟社区

（二）按基本需求划分

网络虚拟社区满足了人们的四大基本需求，即交易、人际关系、兴趣和幻想（Hagel & Armstrong，1997）。因此，网络虚拟社区可分为交易型网络虚拟社区、关系型网络虚拟社区、兴趣型网络虚拟社区和幻想型网络虚拟社区。

交易型网络虚拟社区，指用户在社区内以交易信息或消费信息的交流、交易为主，如消费社区、虚拟品牌社区等。消费社区基于对某类消费活动的共同兴趣、消费体验或信息掌握而建立。虚拟品牌社区是消费社区的再细分，是基于对某一品牌的兴趣和该品牌相关消费活动而形成的群体。

关系型网络虚拟社区，强调社区内人际互动，是人们维持旧关系、开拓新关系的平台。关系型网络虚拟社区也称 SNS 社区，包括匿名的网络虚拟社区，如 BBS，以及公开身份、以真实人际关系为主的社区，如人人网、微博、Facebook（脸书，脸谱网）等。

兴趣型网络虚拟社区，更关注用户的信息需求，社区以有关话题的信息资讯、内容储备为核心。有些兴趣型网络虚拟社区也可称为内容型网络虚拟社区。内容型网络虚拟社区提供某些话题信息和专题讨论供用户分享、交流，通过丰富、持续的内容更新和输出来维持稳定的用户关系。

幻想型网络虚拟社区，满足人们无限的想象空间，让网友扮演不同的角色，在虚拟世界中探险并可即时聊天。在网络虚拟社区中扮演的角色有别于现实生活的角色，满足了人们对于幻想的渴望。

（三）按互动方式划分

网络虚拟社区的核心是内部人际互动的方式以及形成的社会关系。根据互动方式，网络虚拟社区可分为群体型网络虚拟社区和网络型网络虚拟社区（Dholakia et al.，2004）。

群体型网络虚拟社区由具有密切关系的个体组成，这些个体为了实现一系列共同的目标和维持现有关系而结成群体，通过互联网在线交流。网络型网络虚拟社区是指以结构化的动态关系网络为基础，参与者具有共同关注的某个焦点，在地理上是分散的专门化社区。例如，用户在京东平台获得消费者的评价信息，但不需要和消费者发生互动。显然，网络型网络虚拟社区更关注用户的共同兴趣、偏好，以提供用户需要的信息内容为主，而群体型网络虚拟社区更偏向于关系维护。

（四）按交流实时性划分

根据沟通交流的实时性，网络虚拟社区可以分为即时性网络虚拟社区和非即时性网络虚拟社区。即时性网络虚拟社区，包括 QQ 群和网络聊天室等形式。此类社区支持显示成员在线信息、即时传送信息、即时交谈、即时发送文件和传送语音等。非即时性网络虚拟社区是指人们之间的交流讨论不要求立即得到回复或不用回复，只是说出自己的观点和感受，如BBS、博客等。

（五）按时间长短划分

根据存在的时间长短，网络虚拟社区可以分为长期性网络虚拟社区和短期性网络虚拟社区。长期性网络虚拟社区是围绕着一个较长期存在的客体对象而形成的网络虚拟社区，如校友微信群、名人博客等。短期性网络虚拟社区则是围绕短时间或临时的事物而出现的网络虚拟社区，一般在短时期内特别火爆，但也很容易湮没在茫茫网络中。

总之，网络虚拟社区的形式越来越多样化，类型划分也日趋复杂。目前较一致的看法是把网络虚拟社区分为内容导向和社交导向两大类。内容导向侧重于内容、资讯的产出，社交导向更重视人际互动和人际关系。上述各种类型不是孤立的，彼此之间可能存在关联和重叠。例如，关系型网络虚拟社区、即时性网络虚拟社区和圈式结构的网络虚拟社区之间存在某些重叠，也可能会相互转化和相互影响。

[专栏12-2] 网民的含义及中国网民状况

“网民”（netizen）一词最早由哥伦比亚大学教授迈克尔·豪本（Michael Hauben）于1997年提出，是指不以地理区域为依据所形成的具有社区意识的一群网络使用者。网民有两种含义：一是泛指任何一位网络使用者，不管该使用者使用网络的意图是什么；二是必须具有一定特征的网络使用者，才可称为网民，特别是指对网络社会（或环境）具有强烈的关怀意识，愿意与其他具有网络关怀意识的使用者共同合作，以集体努力的方式建构一个对大家都有好处的网络社会的网络使用者。中国互联网络信息中心以时间为指标，把网民定义为：平均每周使用互联网至少1小时的公民。

根据《第47次中国互联网络发展状况统计报告》，截至2020年12月，我国网民规模为9.89亿。从城乡网民结构看，农村网民规模为3.09亿，占网民整体的31.3%，城镇网民规模为6.80亿，占网民整体的68.7%。从性别结构看，网民男女比例为51.0∶49.0。从年龄结构看，20—29岁、30—39岁网民占比分别为17.8%、20.5%，

40—49 岁网民占比为 18.8%，50 岁及以上网民占比为 26.3%，互联网持续向中老年群体渗透。从学历结构看，网民以中等教育水平的群体为主，初中、高中 / 中专 / 技校学历的网民占比分别为 40.3% 和 20.6%。从职业结构看，网民群体中，学生最多，占比达 21.0%，其次是个体户 / 自由职业者，占比为 16.9%。

三、网络虚拟社区的特征

共同命运感、归属感及自我价值实现构成的网络维系力（赵捧未等，2013）将网民培养成稳定、忠实的虚拟社区成员，这种维系力体现了网络虚拟社区的如下特征。

（一）时空特殊性

网络虚拟社区借助计算机网络技术和远程通信技术建立数字化空间，使社区成员可以随时随地会集于不同的网络空间进行交流互动。网络无国界，网络虚拟社区的成员是跨地域的，其交流互动不受地理空间和时间限制，使网络虚拟社区呈现出鲜明的时空特殊性。

（二）主体开放性

主体开放性指网络虚拟社区具有不断地与外界进行物质、能量、信息交换的性质和功能。通过持续不断地与外部环境进行交换，网络虚拟社区引入有利于自己发展的法律法规、社会主流价值观、各种知识信息等。这种动态开放性是网络虚拟社区存在的基础，体现为网络虚拟社区成员信息来源广泛，信息共享范围广泛。

（三）身份虚实性

在网络虚拟社区中，成员可以是实名的，也可以是匿名的。成员以实名身份在网络虚拟社区交流互动时，会顾及自己的名声，或者考虑到现实社会制度等对自己言行的规范、约束，而以匿名身份出现在网络虚拟社区时，由于成员之间并不知道对方的真实身份，更容易放开思想、畅所欲言。因此，网络虚拟社区中的成员呈现出“虚”“实”身份相结合的特征。

（四）交流互动性

网络虚拟社区为人们交流互动提供了载体。相对于传统的沟通媒介，网络虚拟社区沟通所能表达的知识编码形式更丰富，除了文字内容之外，还能以视频、音频等多媒体形式进行知识的转移，具有良好的互动性。

（五）关系松散性

网络虚拟社区成员的现实地理分布可能位于世界各地，每个成员都可以自由选择自己的身份、立场和交流方法，建立的关系可能会维持，也可能会消失。同时，现实世界强大的社会性力量又不可能对网络虚拟社区成员进行制约，因此维系网络虚拟社区的组织和制度的力量相对较弱，社区成员之间的人际关系较为松散。

[专栏 12-3] 微信朋友圈：关系维度与功能维度

微信朋友圈是一个以强关系为主、弱关系为辅的虚拟社区。社会学家马克·格兰诺维特（Mark Granovetter）用“强连带”和“弱连带”两个概念来指称不同的社会关系，通过“互动频率”“情感强度”“亲密关系”“互惠交换”四个维度来衡量关系的强弱。“弱连带”就是上述四个维度都偏低的关系，而“强连带”正好与此相反。微信朋友圈既有成员间以高度信任、忠诚、团结、互惠和自利为纽带的“圈子”关系，也有联系松散因而可以获得更多的信息流动和交换的社群。从功能结构来看，微信朋友圈可分为三个层次，呈金字塔形（如图 12-3 所示）。

图 12-3　虚拟社区的功能结构

第一层可称为基础层。成员身份是关键要素，决定了个体的归属感强度及其为之投入的意愿程度，具体表现为安全感（情绪和生理上的）、归属和身份感（对群体身份的感知强度）和个人投入（参与程度）。

第二层是信息交换与分享。个体间形成的不同强度的关系，依赖于可交换的信息。在微信朋友圈中，绝大多数沟通基于文本和图片。微信朋友圈里的各种分享，加强了人们之间的联系。人们分享得越多，文化就越开放，对于他人的生活和观点的理解也就越深。分享能够创造更多、更强的人际关系，并帮助人们接触到更多不同的观点。

第三层是基于合作的集体行动。合作比单纯的分享更复杂，它牵涉到改变个人行为以便与他人同步，而他人也在改变自身行为与你同步。微信朋友圈是形成群体交流的平台，个人作为群体的一员，在群体中与他人分享、合作、协调一致地行动。

（资料来源：聂磊等，2013）

第二节　网络虚拟社区心理学的主要研究领域

虚拟网络的出现无疑使社区心理学面临着新的挑战和机遇。现实世界和虚拟世界的对称性，使个体在现实世界和虚拟世界的心理与行为产生相互影响。当前，网络虚拟社区心理学主要关注以下研究领域。

一、网络虚拟社区的自我

自我是一个复杂的动态性概念，会随着环境的变化而改变。由于虚拟世界与现实世界的差异，个人在虚拟的网络环境中可以自由地创建新的个人身份，这种依赖于网络环境的自我称为网络自我（network self）。根据研究自我的典型主题，网络自我又可以区分为虚拟自我、网络自我表现、虚拟自我认同等领域（雷雳，2016）。

在网络虚拟环境中，个人会选择不同的网络工具和网络平台来表现各种网络自我。网络自我的表现工具包括：第一，用户信息，如昵称、个人资料等信息。其中，昵称是网络自我主要的表现形式之一，是构建网络身份的基础，积极的昵称有助于个人融入群体，而消极的昵称有可能损害个体的自我形象。第二，网络化身，是指个体在虚拟网络环境中选用的形象。网络化身是个体按照自己的喜好塑造和构建的。首先，网络化身可以反映自我的不同方面，如真实自我或可能自我等；其次，网络化身允许塑造多个自我，可以呈现任何类型的自我；最后，网络化身影响自我的塑造，其自身的角色特点引起相应的角色预期，而持续的角色扮演会加强心理认同感，个体便会参照这些期待将角色与自我等同起来。第三，影像资料。互联网技术的迅猛发展，使照片、视频等影像资料成为自我表现的主要工具。在社交网站、聊天平台、网络游戏等虚拟环境中，影像资料不仅是重要的内隐交流线索，也是协助网民建立网络关系的重要展示工具。

个人网站和社交网络是网络自我表现的主要平台。网络自我的诸多表现会影响个体对内部自我世界的探索和对外部社会环境的适应。网络自我的表现对心理自我的发展具有积极影响。例如，沟通互动等网络活动有助于个体建立对虚拟团队的归属感，提升个体被需求的积极感受。但是，网络自我也可能产生某些消极作用。例如：网络自我认同会因为网络人际关系缺乏连续性而脱节；一些人在网络环境中表现出“虚假”和“欺骗”，这种虚假自我的构建在一定程度上模糊了人们对自己身份的真实评价。在对社会适应的影响方面，符明秋和校嘉柠（2014）的研究表明，手机依赖和孤独感呈显著的正相关，手机依赖性越高，孤独感越强，还可能影响个体的社会交往和互动能力。

二、网络虚拟社区的社会交往

在虚拟网络背景下，网络活动主要有网络交往、信息获取、网络娱乐和商务交易四类，其中网络交往是普及率最高的网络行为之一（周宗奎，

2017）。网络虚拟社区的社会交往是基于网络媒介进行的交往活动，具有匿名性、互动性、去抑制性、开放性、自主性等特点。

（一）网络交往的心理基础

1. 网络信任

网络信任（online trust）分为三个层次（鲁兴虎，2003）：一是技术上的信任，即信任的客体是技术；二是电子商务活动中的用户信赖，取决于网络商家（人际信任）、网络交易环境（制度信任）及消费者的信任倾向；三是网络人际交往过程中的信任，即网民之间的相互认同。网络人际信任的概念界定尚未统一，一般可以理解为在具有风险的网络人际互动过程中，个体基于交往对象的言辞、承诺以及书面或口头陈述，对其可靠程度形成的一种概括化期望（赵竞等，2013）。

研究者对网络信任的产生和维持机制进行了研究，归纳了网络人际信任产生的过程（胡蓉，邓小昭，2005）：以预设性信任为前提，随着知识的积累，个体对网络交往对象进行主观判断，进而产生信任或信任中断（如图 12-4 所示）。

丁道群（2003）分析了网络人际信任建立的过程，认为在网络交往中，最初双方的隔离取代了信任，只有交往进行到一定程度，互动双方之间的信任程度逐渐增强，进而由陌生人变成熟人（如图 12-5 所示）。总之，网络信任的发展是一个持续、动态的过程，并受信任双方持续交互的影响，如个体因素、网络环境因素和社会文化因素等。

2. 网络安全感

网络安全感（cyber psychological security）是指个体对网络中可能出现的危险或风险的预感，以及在应对网络风险时的有力或无力感，主要表现为确定感和可控制感（吕玲等，2010）。有研究显示，我国青年的网络安全感处于中等水平，公共参与、居住地域、网络行政治理、经济收入和媒介使用是影响我国青年网络安全感的重要因素（卢家银，2018）。

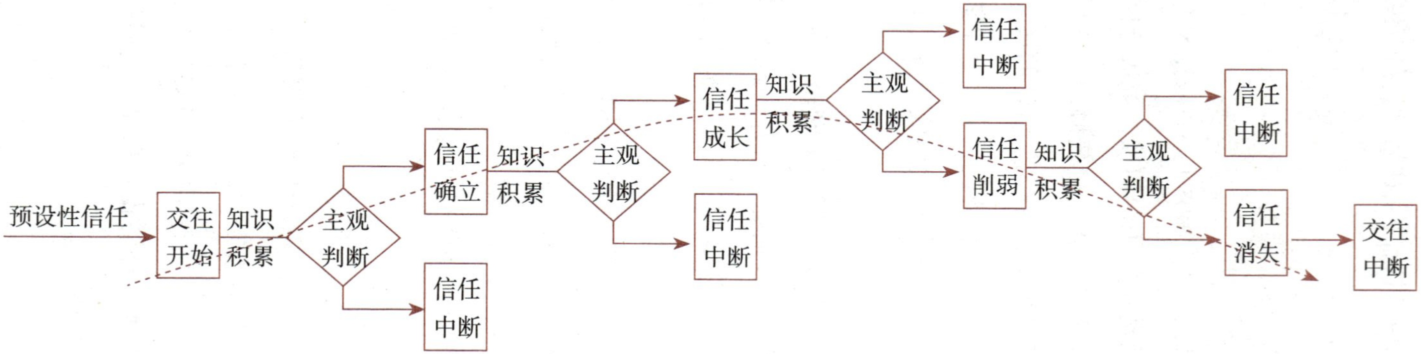

图 12-4　网络人际信任的动态模型

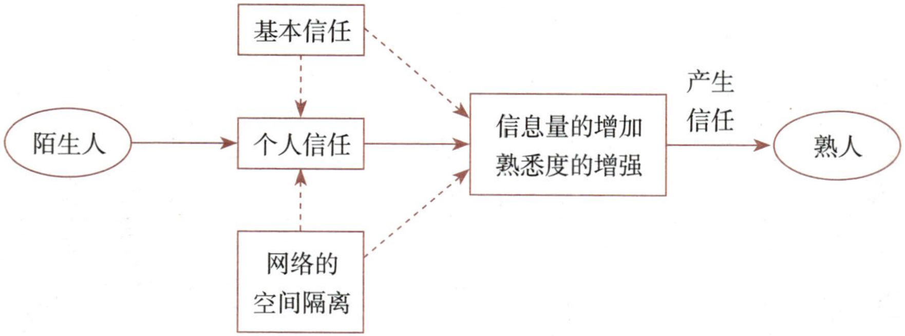

图 12-5　网络人际信任的建立过程

（二）网络虚拟社区的亲密关系

1. 网恋

网恋（online romantic relationship）是网络关系中的常见现象。在网络约会中，双方必须通过自我简介和网络的帮助相互了解，然后才能面对面约会；由期望现在或将来会面而引起互动的现象很常见，这种期望会影响其自我表现和自我信息泄露。与潜在约会对象的互动通常会使用同步和实时媒介（如微信或QQ），以达到与对方进一步发展关系的目的。为了发展这种关系，参与者必须将个人身份信息透露给对方，这种现象被称为自我披露。自我披露是个人关系发展中的关键构成部分，因为它提升了人与人之间关系的亲密程度。例如，个人信息的高度披露是建立浪漫关系的重要组成部分。自我披露已成为促进人际关系发展的积极因素。同时，自我身份信息披露策略非常重要。例如，过分抬高自己会造成不真实感，过分贬低自己会造成自卑感，均会失去可能的约会机会。

2. 网络友谊

友谊是青少年心理发展过程中必需的人际关系形式之一。对于网络友谊（online friendship），一些心理学家将其描绘成一种弱关系，因为它缺少相互依存、理解、承诺和自我披露，也具有较少的社会网络和反馈。而另外一些研究者支持网络友谊，认为这是一种发展积极体验和有益关系的替代空间。研究者（Buote et al.，2009）调查了网络沟通媒介与建立友谊的关系以及四种依恋风格在网络友谊上的差异，发现网络友谊和现实友谊在友谊质量、亲密度、自我披露等方面相同性很高。网络友谊是现实友谊的一种积极、有益的补充。另外，社交技能低的社会群体很容易向网络朋友透露更多的个人身份信息，网络友谊对他们来说可能更有益。因此，这种类型的关系可能让他们感到更安全，导致更多的自我披露，从而促进友谊的发展。

三、网络虚拟社区的群体行为

（一）网络社会支持

网络社会支持（online social support）是指在网络虚拟空间的交往中，人们在情感、信息交流和物质交换的过程中被理解、尊重时获得的认同感和归属感，具有易得性、便利性、匿名性等特征，比传统的现实社会支持更具吸引力（梁晓燕，魏岚，2008）。依据内容特点，网络社会支持可以划分为友伴支持、信息支持、情感支持和工具性支持（梁晓燕，刘华山，2010）。

网络社会支持会影响个体的身心健康和心理社会性发展。人们通过访问健康主题论坛和社交网站可以获得所需的健康保健、卫生医疗等方面的知识，也可以通过社会支持网站或网络互助团体表达或宣泄情绪，寻求问题解决的策略，从而有利于降低心理压力、缓解抑郁并改善不良的应对方式。一项对香港青少年的研究发现，网络社会支持可以有效缓解负性生活事件的消极影响（Leung，2007）；也有研究表明，网络社会支持可以通过影响大学生网络使用的非适应性认知，间接影响其生活满意度、自尊和孤独感（梁晓燕，魏岚，2008）。

通过社会支持网站寻求帮助有利于个体增强对网站的虚拟认同感，并维持与网站中其他个体的人际关系和信任水平（周宗奎，2017）。例如：网络社会支持可以增强个体的网络人际信任，人格特质还可通过网络社会支持（主要是网络主观支持）间接影响网络人际信任（丁道群，沈模卫，2005）；网络社会支持越高的大学生，网络利他水平也越高（赵欢欢等，2012）。

（二）网络集群行为

2018 年 10 月 28 日，重庆市万州区一辆公交车在万州长江二桥发生事故后坠入江中。事件发生后，网民在网络社区大量留言、评论、转贴，这种现象被称为网络集群行为。网络集群行为（cyber collective behavior）是指一定数量的、相对无组织的网民针对某一共同影响或刺激，在网络环境中或受网络传播影响的群体性努力（乐国安等，2010）。此概念既包含网络上的言语或行为表达，也包含涉及现实行为的群体活动，后者也称为网络群体性事件，包括那些因网络传播引发、发展或恶化，或是通过网络传播动员或组织起来的现实集群行为。

网络集群行为可分为三大类：第一类，基于共同关注点的网络集群行为，其特点是网民针对一定事件刺激形成各自的潜在态度、意见或说法。这是网络集群行为发展的初期阶段。典型例子是各种网络流言、谣言和网络舆情。第二类，基于共同信念的网络集群行为，主要特点是网民针对特定事件或关注点达成一定的共识，但仅限于形成统一的信念或语言表达，并没有涉及实际行动，如网络舆论、网络舆论暴力、网络审判等。第三类，基于共同行动目标的网络集群行为，可以进一步分为仅限于网络上的行动和涉及现实行为的行动。

网络集群行为的社会功能主要体现在话语的作用上，包括三个方面（路俊卫，秦志希，2011）：第一，就公众话语权来看，网络话语传播的开放性和多元性打破了传统媒体话语资源垄断的局面，成为普通民众自我赋权的重要途径，公民获取信息的成本大大降低，对于社会事务的知情能力大大提高，公民通过直接介入信息的生产，进行意见诉求和情感表达，甚至主动设置公共议题议程，实现着话语的表达权。第二，网络构筑了公民对公共问题展开讨论的公共领域。第三，网络群体性事件对公民基本权利的满足，促使公民素养和公民意识的提高。

但是，在关注网络集群行为的积极功能的同时，也要避免网络集群行为的消极影响，如“街头政治”“网络大字报”等网络现象。应警惕网络集群行为被不法分子或敌对势力利用，避免对社会秩序和国家安全造成威胁和破坏。

四、网络虚拟社区的偏差行为

网络虚拟社区的偏差行为又称网络偏差行为（online deviant behavior），是网民在使用网络过程中发生的不能适应正常的网络生活，有违甚至破坏网络规范的偏差行为的总称，包括网络过激行为、网络欺骗、网络色情、网络侵犯、网络盗窃等（罗伏生等，2011）。

（一）网络过激行为

网络过激行为（online flaming）是网络偏差行为中广受关注的一种，是指在互联网环境下，个体或团体通过语言激怒、侮辱或伤害他人的行为。从特征上看，网络过激行为表现为:（1）非理性，网络过激行为往往受制于低级情感和消极情绪，非理性的情绪化表征突出;（2）爆发性，网络过激行为具有极强的情感爆发力;（3）伤害性，网络过激行为容易给他人身体和心理造成伤害;（4）反复性，网络过激行为易受不良情绪诱发。从类型上看，网络过激行为主要包括网络骚扰、网络欺负和网络暴力（罗伏生等，2011；杨继平等，2014）。

网络骚扰（online harassment）是指通过网络威胁他人，或在网上发布他人的信息，从而引发极端的网络探讨或极端的行为。其主要危害是产生网络骚扰事件以及导致受害人不安或恐惧。例如，在公共信息论坛上张贴私人信息，从而导致各种网上或实际生活中的骚扰。

网络欺负（cyber bullying）是在网络环境下具有相对优势的个体或群体对特定对象有意实施的一系列侵犯行为的总称，也称网络霸凌。人肉搜索、网络诋毁是网络欺负的典型表现。网络欺负在青少年群体中普遍存在，可能导致青少年出现各种认知问题（如注意涣散、自尊下降）、情绪问题（如焦虑、抑郁）和行为问题（如逃学、烟酒滥用）。在一些极端情况下，网络欺负甚至会引发受欺负者的自杀行为。因此，青少年群体的网络欺负已成为世界范围内广受关注的公共健康问题。当前，我国关于网络欺负的研究刚刚起步，在中国文化背景下防控网络欺负的研究还有很长的路要走。

网络暴力（cyber violence）是个体对他人或社会团体有害的暴力网络活动；是一种通过网络行为沉重打击他人精神的软暴力，即通过网络语言，对一种事件、现象或对某个人、某个部门进行攻击，或发布信息制造轰动效应，达到诋毁的目的，从而引起无数人的追随与围观，引发众人参与网络事件（戚鸣，2011）。网络暴力的产生虽然时间不长，但危害大，影响范围广，且蔓延趋势严重。

（二）网络欺骗

网络欺骗（network cheating）是网络偏差行为之一，其基本策略是掩饰和模拟，表现为用伪造的信息诱骗受害人。网络交往的匿名性，为人们选择性地呈现自我身份提供了机会，从而导致网络欺骗行为的增多。网络欺骗行为分为隐瞒身份、类别型欺骗、扮演他人、恶作剧四种类型（黄少华等，2011）。隐瞒身份是有意地隐瞒、省略个人身份信息的行为，如使用匿名或假名；类别型欺骗指提供虚假的某种特定类型的形象，如转换性别；扮演他人是把自己装扮成另外一个用户；恶作剧则是提出挑衅性问题或发表无意义的言论来干扰谈话。在虚拟网络世界中，网络欺骗行为非常普遍。例如，男性多在社会经济地位话题上说谎，而女性说谎则更多出于安全考虑。

（三）网络成瘾

网络成瘾（internet addiction，IA），又称网络成瘾症（internet addiction disorder，IAD）或病态网络使用（pathological internet use，PIU）。美国心理学会于 1997 年正式承认网络成瘾研究的学术价值，随后网络成瘾很快引起临床心理学家和医学界的关注。格里菲思（Griffiths, 1996）在《自然》（*Nature*）杂志上提出成瘾的六个共同的核心特点，即突显性、心境改变、耐受性、戒断症状、冲突性和复发性，网络成瘾也包括这几个特点。

网络成瘾的概念最早由戈德堡（I. Goldberg）于 1995 年提出。阿姆斯特朗（Armstrong，2001）对网络成瘾的概念做了较全面的描述，认为网络成瘾是一个很广泛的概念，成瘾者表现出大量的行为和冲动控制方面的问题，如：（1）网络性成瘾，指沉迷于成人话题的聊天室和网络色情文学；（2）网络关系成瘾，指沉溺于通过网上聊天或色情网站结识朋友；（3）网络强迫行为，指以一种难以抵抗的冲动，着迷于在线赌博、网上贸易或拍卖、购物；（4）信息收集成瘾，指强迫性地浏览网页以查找和收集信息；（5）电脑成瘾，指强迫性地沉溺于电脑游戏或编写程序。国内研究者倾向于认为，网络成瘾与药物成瘾既有相似之处，又有很大差别，是一种在心理上对网络的依赖（陈侠等，2003）。

网络成瘾主要受网络使用特点、环境因素和个体因素的影响。网络成瘾形成后，具有很大的危害性（姚玉红等，2007），主要包括身体健康损害、认知障碍、逃避现实及社会适应困难、严重的学业困扰、人际关系恶化、严重的心理冲突等。因此，需要从个体、团体和家庭几个方面进行干预和预防（徐碧波等，2018）。

（四）网络色情

网络色情属于网络偏差行为（雷雳，2016）。网络色情信息会严重误导青少年，使其产生错误的性观念和行为，甚至导致性犯罪。首先，网络中不恰当的性暴露会对个体的性观念产生不良影响，进而影响青少年的恋爱观和价值观，也给传统的婚恋观和性道德带来强烈冲击。其次，网络中不恰当的性暴露会对个体的生理产生消极影响。青少年易被激发起过度的性需求，可能陷入性梦幻、手淫的困顿，从而干扰正常学习和生活，也容易导致性疾病传播、未婚先孕等（周宗奎，2017）。最后，网络色情与一些违法犯罪行为关系密切。网络色情犯罪极易与传统的犯罪，如诈骗、敲诈勒索、卖淫嫖娼等相结合。尤其对青少年而言，网络色情容易诱发其性冲动，使其既可能成为侵害者，也可能成为受害者。此外，网络色情还可能带来严重的社会问题，轻则破坏家庭，重则败坏社会风气。

除上述研究领域外，网络虚拟社区心理学还涉及网络亲社会行为、网络社会认同、网络游戏、网络心理咨询、网络购物、网络学习等主题，均能影响人们的工作和生活，值得深入研究。

［专栏 12-4］“双 11”购物狂欢：谁玩弄了你的大脑？

“双 11”购物节，消费者纷纷走进电商网站捡便宜，但过后又后悔直想“剁手”。明摆着就是商家设的局，但网民就像上瘾的吸毒者一样无法自制。对大脑进行扫描研究证实，购物可能通过多巴胺等神经化学机制成瘾，人类有限的理性不一定能抵御物欲的快感。

神经科学家用功能性核磁共振对人类的大脑进行实时扫描，观察人们在决定是否花 20 美元购买商品时的反应，发现他们看到想要的商品之后，大脑的奖赏中枢和学习新知的部分——伏隔核兴奋了。这说明期待得到一个东西本身就是很快乐的事情，可以引起购物冲动。顾客看到商品价格后，大脑负责高级决策功能的内侧前额叶皮质兴奋了。大脑有一套理性决策机制，能够抑制购物的冲动。购物还与大脑的杏仁核有关，这个部分负责情绪活动以及应对外界的威胁，人们看到商品的价格越高，杏仁核就会越活跃。在最后做决定时，与消极情绪有关的大脑岛叶兴奋，如果决定不买，岛叶会更加兴奋。

优惠折扣容易令大脑染上“购物成瘾”。证据显示，行为成瘾可以影响多巴胺的分泌而产生快感，还可改变大脑皮质的神经联系，从而影响自制力。购物是可以成瘾的行为，虽然刺激强度比不上烟草，但这种行为容易频繁发生，后果也可能很严重。

为了自我保护，大脑对消极的信号特别敏感，例如支付会让你感到“肉痛”，于是商家想方设法降低这种痛苦的感受，把购物流程越缩越短，信用卡等银行卡的卡号可预留在网站上，购物时只要轻松一点就支付了。而且，信用卡可以让消费者延迟支付，不用付现钱就能立刻购买，这就绕开了大脑的预警机制。

由此看来，“双11”购物节其实是商家跟消费者的大脑玩了一个游戏。

第三节　网络虚拟社区的建设与应用

在互联网时代，积极发挥虚拟网络的优势，降低其消极影响，是建设健康网络虚拟社区的基本原则。建设健康的网络虚拟社区，要从法律和制度层面、社区运营层面、社区居民层面进行。同时，促进网络虚拟社区有效应用于实体社区的文化建设、管理建设、服务建设中，具有十分重要的现实意义。

一、建设健康的网络虚拟社区

（一）政府管理：法律和制度层面

我国对网络虚拟社区的管理，有法律和制度层面上的充分保障，主要体现为：根据全国统一标准，对互联网内容实行有效监管。相关部门必须依据我国现行有关网络法规，严格执行专项管理制度，对虚拟社区网站（特别是个人网站）的申办，严格履行审批手续，重点放在审查开办网络虚拟社区的具体内容上。同时，对网站的运作进行必要的、合理的监控，对组织网民参与不健康活动的网站，可暂时查封，限期整改。对触犯法律的网站，坚决予以取缔，并根据情节的轻重，对涉案人员依法惩处。

为了确保网络安全或在线安全，我国颁布了《中华人民共和国网络安全法》。网络安全主要涉及两个方面：第一，信息安全。信息安全出现问题的原因包括网络钓鱼、网络欺骗等。第二，个人安全。与个人安全相联系的威胁通常包括网络跟踪、网络欺负等。儿童的网络安全是父母尤为关心的问题。

（二）网络虚拟社区管理者：社区运营层面

网络虚拟社区管理者是指利用信息技术建立虚拟社区网站，提供虚拟聚集空间，并且制定最初的管理规范、监控社区总体运营的网站管理者，是政府和虚拟社区成员间的纽带。他们在符合国家法律法规的基础上，结合社区本身特征来设定虚拟社区的准入门槛，采集用户注册信息，审查社区内容，跟踪用户行为，一方面帮助国家监控网民行为，一方面切实考察社区成员需求，拓展社区功能。因此，网络虚拟社区管理者需要同时考虑到政府的要求和社区成员对于自由交流的需求。

具体来说，网络虚拟社区管理者要为社区网民制定一般网络安全指南，保护网络连接的安全。例如，使用反病毒程序、反间谍程序及防火墙，保障无线路由器的安全，确保公共无线网络的安全，定期查看安全交易信息，提醒网民从值得信任的来源下载文件、不打开可疑的电子邮件附件等。另外，网络虚拟社区管理者可以结合本社区网民的情况，开展针对性的培训服务，引导他们理性上网，充分发挥网络的积极功能。

（三）网络虚拟社区成员管理：社区居民层面

网络虚拟社区成员的自治管理是对社区管理的补充。网络虚拟社区自治要求全体成员自觉遵守社区规范并采取措施惩戒犯规成员，从而保障社区稳定运行。

1. 自觉遵守全国网络道德体系的建设标准

由于网络虚拟社区成员身份的匿名性和信息传播的无向性，对其行为监管难度较大，在很大程度上靠网民自身的道德约束。政府在网络道德规范建设中起着至关重要的作用。除了制定网络道德规范，网民的道德自律意识培养也是网络道德体系建设中重要的一环。网络虚拟社区成员要积极响应政府网络道德规范和网络道德行为建设号召，做到自觉、自律、文明。

2. 自觉培养高度的网络虚拟社区责任感

在网络虚拟社区中活动的成员，本身具有在现实社会中培养的社会责任感，但在网络虚拟社区属性的影响下，成员缺乏将现实社会责任感带到网络虚拟社区中的意识。因此，网络虚拟社区要培养高度的社区责任感，在活动及主题讨论中增强成员的归属感，强调成员共建对社区存在的重要性，呼吁全员尊重和善待所有互动对象，自觉履行社区义务，共同维护社区环境。

3. 自觉参与制定高效的管理规范和流程

网络虚拟社区成员自治在很大程度上依靠成员共同制定的管理规范。共同参与有助于增强成员对规范的认同感，提升成员自觉遵守规范的意识。网络虚拟社区自治规范需要在符合法律法规和社区运行规范的基础上制定。这些规范由于出自成员最真实的个人体验和社区参与实践，具有很强的可操作性。另外，在网络虚拟社区自治情境下，每个成员都有监督自我和他人言行的义务，对违反社区自治规范或其他造成不良影响的行为要及时揭发和投诉，使社区自治规范落到实处。

4. 熟练掌握网络安全技能

网络风险无处不在，在线理财、购物和社交均关乎个人信息和安全。要保障网络安全，必须熟练掌握网络安全技能。

（1）保护身份信息。主要包括：选择牢靠的网络用户密码，同意使用条款时要留心，不要把个人信息给陌生人，提防落入网络钓鱼的陷阱，小心在线欺诈，限制在社交媒体上分享的信息，拥有多个电子邮件账号，等等。

（2）保护儿童的网络安全。父母要了解儿童在网上与人交往时使用的技术，确保自己和儿童最安全地享受互联网带来的好处。要及时掌握儿童的即时通信、电子邮件、聊天室、社交网站、搜索引擎、在线游戏等方面的情况。为了保护儿童，父母还要注意以下问题：一是匿名性。要让儿童知晓正在与自己交流的人未必就是看到的那样，要谨慎小心地对待与人交流的方式以及披露的信息。二是安全问题。防止儿童在社交平台上放置大量个人信息，这些信息可能使儿童置于被他人冒用进行欺骗性使用的风险。三是网络欺负。父母要意识到有人可能出于欺负的目的，使儿童置于被欺负的境地。

如果存在上述潜在的风险，父母要做到以下几点：一是主动介入，尽可能多地了解儿童在网上干些什么。二是主动沟通，向他们解释潜在的风险。三是设定规矩，例如，什么时候上网，持续多长时间，发帖类型等，鼓励他们对其他用户报以同样的尊重。四是巧用资源，对网络中的不当内容，可以使用“过滤”“屏蔽”“父母控制系统”等选项。五是小心盯紧，把计算机放在可以看得见的地方，时刻注意儿童正在访问的网站，确保安全。

总之，要充分利用法律和制度、社区运营以及社区居民三方的力量，防止在网络虚拟社区中出现不良行为，发挥网络虚拟社区的积极功能和作用。

二、网络虚拟社区在实体社区建设中的应用

网络虚拟社区在促进实体社区的人际交往、知识共享、加强居民联结等方面发挥着重要作用。有效应用网络虚拟社区平台，促进和谐实体社区建设，是社区心理学的一个重要议题。

（一）网络虚拟社区在社区文化建设中的应用

社区文化是培养社区居民自我教育和自我管理能力，建设“社会生活共同体”的最好途径。培育与建设社区文化，应从完善社区文化体系、重塑和培育现代社区精神、建立社区文化的共建共享机制等方面着手，引导社区居民广泛参与。在社区文化建设中，文化活动是社区居民日常生活中不可或缺的重要内容，因此，要以各种文化活动为载体吸引广大居民积极参与，进行社区文化的共建共享。由于互联网信息具有资源丰富、传播速度快、覆盖面

广的特点，社区网络平台越来越成为社区文化建设的一种主要形式（陈伟东，2013）。

（二）网络虚拟社区在社区管理建设中的应用

社区管理是指各个社区主体对社区的各项公共事务和公益事业进行计划、组织、协调和控制活动，以期维护社区正常秩序，促进社区繁荣发展。随着政府权力的下沉，社区功能日益增多，地位愈加增强。社区管理的水平直接影响社区建设的各项任务，搞好社区管理是社区建设的内在要求，也是社区建设的重中之重（张平，雷洁琼，2017）。网络虚拟社区具有信息传播内容广泛、传播速度快等特点，可以吸引广大社区居民参与交流讨论，有助于促进社区居民自治，促进社区管理自动化、现代化。各社区管理主体应建立好、维护好、发展好网络虚拟社区，引导居民积极参与社区重要问题讨论，促进人际交往，加强居民联结和社区信任；在网络虚拟社区开通民意调查功能，定期整合民意，并进行及时、有效的处理，加强居民政治参与有序化；通过网络虚拟社区加强与公众的互动，促进多元主体参与社区治理模式的形成；通过网络虚拟社区完善特殊人群调查、登记、管理和帮教工作机制；加强对联网单位的备案管理，以及对信息发布单位的监管。总之，要突出网络虚拟社区管理的重点，为社区居民提供健康的网络虚拟社区环境，以此助推和谐实体社区的建设。

（三）网络虚拟社区在社区服务建设中的应用

社区服务最早出现于西方国家，但一般使用“社会服务”“社会福利服务”“社区照顾”等词语。我国提出了社区服务的概念，其内涵一般包含以下层面：第一，社区服务的主体是多元的，包括政府及其单位、社会组织、个体等；第二，社区服务的对象是多元的，涵盖本社区的全体成员；第三，社区服务的内容是多样的，包括公共服务、便民利民服务、志愿服务等；第四，社区服务注重社会效益，以为民服务为出发点和落脚点，不以营利为目的；第五，社区服务以社区成员自助和互助服务为基础。社区服务在社区建设中居首要地位，社区服务的好坏很大程度上决定着社区建设、社区管理和社区治理的实际成果。因此，必须将社区服务寓于社区建设、社区管理和社区治理之中，通过良好的社区服务实现“管控型社区管理”向“服务型社区治理”的转变（杨敏，杨玉宏，2013）。

网络虚拟社区为丰富社区服务内容、创新社区服务方式、提升社区服务供给能力提供了机会和便利。社区服务主体应切实保障好社区通信质量，为社区居民提供良好的网络虚拟社区环境，提高其社区信任感；充分运用网络虚拟社区的知识共享功能，保证信息公开、透明，切实维护社区居民的知情权；根据实际情况，提供便民网络服务，为居民信息咨询、办理事务等提供便利。在提供网络虚拟社区服务的过程中，要树立公民导向，避免网络虚拟社区服务出现行政化、慈善化倾向。同时，要鼓励和引导市场主体参与网络虚拟社区服务，在保证网络虚拟社区服务“福利性”的同时，不排斥其“市场性”（向德平，华汛子，2019）。

总之，网络虚拟社区建设是一个持久的过程，在未来的发展中，应积极应对“个体化”“异质性”以及网民需求“多样化”带来的挑战，以重塑网络虚拟社区公共性为目标，推动网民自治，完善网络虚拟社区服务。

概要

网络虚拟社区源于互联网的产生和发展，是在网络环境下由相互作用和相互依赖的群体，通过网络空间、互动和共同话题结合而成且能够满足用户需要的网民共同体。网络虚拟社区的类型多样，具有时空特殊性、主体开放性、身份虚实性、交流互动性和关系松散性等特征。网络虚拟社区心理学的主要研究领域包括网络虚拟社区的自我、网络虚拟社区的社会交往、网络虚拟社区的群体行为、网络虚拟社区的偏差行为等。构建健康的网络虚拟社区，需要从法律和制度层面、社区运营层面、社区居民层面进行。此外，网络虚拟社区可以有效应用于实体社区的文化建设、管理建设和服务建设中。

扩展阅读书目

雷雳.（2016）. *互联网心理学：新心理与行为研究的兴起*. 北京：北京师范大学出版社.

周宗奎.（2017）. *网络心理学*. 上海：华东师范大学出版社.

阿尔弗雷德·格罗塞.（2010）. *身份认同的困境*（王琨 译）. 北京：社会科学文献出版社.

思考题

1. 阐述网络虚拟社区的概念及其由来。
2. 举例说明网络虚拟社区的类型和特征。
3. 试设计一个有关网络虚拟社区的心理学研究课题。
4. 如何构建健康的网络虚拟社区？

第十三章　社区心理咨询实践纲要

为了更好地发挥社区功能，深入推进留守儿童心理健康教育，营造社区留守儿童身心健康发展的良好氛围，2018 年 1 月 16 日，安徽芜湖鸠江区沈巷镇沈巷社区组织志愿者开展关爱留守儿童心理健康辅导活动。活动中，有趣的童话故事让留守儿童知道勇敢面对、独立自强的重要性；好玩的互动游戏，让他们体验到合作互助、信任与被信任的乐趣，使他们感受到身边不缺少爱。此次活动的开展，使孩子们充分感受到了社区所带来的温暖。

安徽芜湖鸠江区沈巷镇沈巷社区组织志愿者与社区留守儿童进行了一次“亲密”接触，用辅导、讲故事和互动游戏的方式将孩子们和社区紧密联系在一起，让留守儿童感受到社区的温暖和爱护，增强了他们的归属感和认同感，发挥了社区的作用，体现了社区心理咨询的作用。社区心理咨询作为运用专业知识与方法协助服务对象舒缓心理压力、提升发展能力、增强社会功能等方面的专业性社会服务工作，在开展社区心理健康服务中发挥着重要作用。下面将分别从社区心理咨询概述、社区心理咨询的条件以及社区心理咨询的实践三个方面进行探讨。

第一节　社区心理咨询概述

要做好中国特色社区心理咨询工作，除了要了解社区心理咨询的定义外，还需要了解当前我国已制定的与社区心理咨询相关的各项政策与法规，了解我国社区心理咨询的现状和发展。

一、社区心理咨询

（一）什么是社区心理咨询

开展社区心理健康服务对于缓解社区居民压力、促进社区居民健康成长和发展有着重要的作用。社区心理咨询（psychological counseling of community）是在心理学理论的指导下，利用一定的方法与技术，解决一定时期或一定人口的心理问题的过程，其服务对象为全体居民，既包括心理正常者，也包括心理异常者。与社会或医疗机构提供的心理咨询相比，社区心理咨询可以惠及更广大的普通民众。在社区中建立和完善心理健康服务体系，可以有效提升心理卫生工作的覆盖面，使有限的心理卫生资源得到最充分合理的利用（张曼华等，2018）。

（二）社区心理咨询的特点

社区心理咨询与常规的心理咨询有着非常相似的理论渊源，然而在具体实践中，社区心理咨询与常规的心理咨询又有很多不同之处。

第一，从服务对象的角度来看，心理咨询的服务对象大多是受心理问题困扰而主动寻求帮助的来访者，而社区心理咨询的服务对象既包括自愿求助、解决问题愿望比较强烈的人，也包括非自愿求助的人，比如家庭暴力中的施暴者、虐待儿童者、失足青少年等等。有研究表明，在社区心理咨询中约三分之一的来访者是代为咨询的，而真正需要心理咨询的人可能没有求助愿望或不认为自身存在问题（张康顺，2012）。这就需要社区心理咨询师主动与其建立关系并开展工作。

第二，从服务的过程来看，非自愿接受服务的人往往对咨询师带有排斥或抵触情绪，这对接下来工作中咨访关系的建立有非常大的阻碍，在开展工作的过程中也会有较多的阻抗。咨询师需要主动与他们形成良好的合作关系，促成他们积极地转变。

第三，从服务的地点来看，传统心理咨询的开展往往有固定的地点，一般来说是规范化的心理咨询室。然而对于社区心理咨询来说，除了社区机构中的办公室、接待室以外，咨询师还需要充分考虑来访者的特殊情况，必要时应主动到来访者家中或在医院、监狱等地开展工作。

第四，从服务的内容来看，社区心理咨询作为社区工作的一部分，不仅需要给来访者提供咨询和教育，也需要帮助来访者解决一些实际的困难，如帮助来访者寻找工作、医疗、培训等方面的社会资源，这与常规心理咨询的思路也不相同。

总的来说，社区心理咨询师必须积极主动，其工作内容充满挑战，而不是简单机械重复，每天都要应对不同的问题、来访者和情景。我国社区复杂多样，社区中居民的生活方式和生活态度也有着很大的差异，不同的因素交互作用可能会呈现出错综复杂的矛盾。在社区心理咨询的实践中，咨询师往往要面临多种多样的问题，如家庭暴力、儿童行为问题、青少年自杀、女性产后抑郁、老年人孤独感以及重大灾难后的心理危机等。咨询师需要利用自身所拥有的专业知识和技巧去主动开展工作，帮助来访者解决心理上和实际生活中的困难，与来访者一起营造和谐美好的社区生活环境。

二、社区心理工作的关注点

依据心理功能受损程度，不健康的心理状态可以分为心理问题、心理障碍和心理疾病三种类型。总体来说，根据目标人群的不同特点，社区心理工作的内容主要包括对社区居民的心理健康教育、心理咨询及心理治疗三个部分。

（一）心理健康教育

心理健康教育（mental health education）主要针对心理正常的人群。社区心理健康教育主要是通过教育途径，使居民增加心理健康意识，了解心理咨询的常识，培养良好的生活习惯，养成正确的价值观念，学习为人处世之道以及适应环境的技能，从而维护身心健康，享受幸福安康的人生。具体可以通过组织观看与心理健康有关的专题纪录片、心理剧表演等活动来实现。

（二）心理咨询

心理咨询（psychological counseling）是在心理学理论指导下，通过专业人员的帮助，建立良好的咨访关系，缓解或消除心理压力和困扰，以确保心理健康和促进自我发展的过程。心理咨询主要针对在生活适应方面暂时有困难的人，帮助他们了解自己进而改变自己，以适应生活。

（三）心理治疗

心理治疗（psychotherapy）是运用心理学为主的多学科理论与技术，必要时由精神科医生诊断开处方，帮助当事人消除或缓解较严重的心理障碍，恢复心理健康的过程。心理治疗的对象主要是有较严重心理障碍的个体，目标在于矫正心理与行为失常，恢复心理健康。需要注意的是，对于精神疾病，社区心理治疗发挥的作用非常有限，工作重点是营造良好的社区氛围，给予社会支持，并及早将来访者转介至精神卫生中心等正规医疗机构。

三、我国社区心理咨询的政策与现状

（一）我国社区心理咨询的有关政策

1. 针对社区未成年人的相关政策

2013 年 5 月 14 日，民政部发布《关于开展未成年人社会保护试点工作的通知》，指出要在城乡基层建立社区儿童服务中心，为有需求的未成年人及其家庭提供心理疏导等服务。

2016 年 3 月，十二届全国人大四次会议通过了《中华人民共和国国民经济和社会发展第十三个五年规划纲要》，提出加强未成年人心理健康引导，预防未成年人犯罪，鼓励青少年更多参与志愿服务和社会公益活动。

2. 针对社区居民的相关政策

2016 年，国家卫生计生委等 22 个部门共同印发《关于加强心理健康服务的指导意见》，提出将心理健康服务作为城乡社区服务的重要内容，依托社区综合服务设施或基层综治中心建立心理咨询（辅导）室或社会工作室（站），配备心理辅导人员或社会工作者，对社区居民开展心理健康宣传教育和心理疏导。随着社区服务的进一步发展，党的十九大报告提出了“加强社会心理服务体系建设，培育自尊自信、理性平和、积极向上的社会心态”的要求。

2018 年 11 月 16 日，国家卫生健康委员会等 10 个部门在《关于印发全国社会心理服务体系建设试点工作方案的通知》中，提出将心理健康服务纳入健康城市评价指标体系，要求在试点地区逐步建立健全社会心理服务体系，将心理健康服务融入社会治理体系、精神文明建设，融入平安中国、健康中国的建设。

3. 针对社区特殊人群的相关政策

2012 年通过的《中华人民共和国精神卫生法》明确要求社区康复机构要为需要康复的精神障碍患者提供生活自理能力和社会适应能力等方面的康复训练。

2016 年 10 月 25 日，中共中央、国务院印发并实施《“健康中国 2030”规划纲要》，提出要加强常见精神障碍和心理问题的干预，推进精神障碍社区康复服务。

2016 年 10 月 26 日，司法部等 4 个部门联合制定下发《关于社会组织参与帮教刑满释放人员工作的意见》，鼓励、引导和支持社会组织参与帮教刑满释放人员工作，明确提出社会组织可以开展人际关系指导、社区公益活动等社会适应性教育和训练，开展社会适应性帮扶。

2018 年，国家卫生健康委员会在《关于印发严重精神障碍管理治疗工作规范（2018 年版）的通知》中，再次强调由社会工作者及心理咨询、康复专业人员和志愿者等在专业技术人员指导下，向社区康复患者提供社交能力训练以及职业康复训练。

4. 针对社区其他人群的相关政策

2015 年 12 月 27 日通过的《中华人民共和国反家庭暴力法》明确了家庭暴力的性质以及法律责任。居民、村民委员会及社会工作服务机构有义务协助相关部门开展心理健康咨询、家庭关系指导、家庭暴力预防等教育服务。

加强心理健康服务是建设健康中国、平安中国、法治中国的重要内容，是培养良好道德风尚、培育和践行社会主义核心价值观的内在要求，也是实现国家长治久安的一项源头性、基础性工作。心理健康服务工作由点（社区未成年人保护试点工作）到面（社区基层心理服务平台），将心理健康服务建设纳入国家治理体系，是国家政策的进一步完善和发展。这从更广泛的层面拓展了心理健康服务工作，为发展心理健康服务提供了新的指导思想，为发展社区心理健康服务提供了有力保障。

（二）我国社区心理咨询的现状

1. 居民对心理咨询的需求与日俱增，但认识有偏差，参与率低

越来越多的人能够认识到心理健康的重要性，对于心理健康和心理咨询，社区居民有比较客观的认识，也希望在出现心理问题时能够得到专业人士的帮助和指导。对于社区设置专门的服务机构并提供专业咨询服务，居民也认为非常有必要。而且，在心理咨询服务中，情绪、婚姻、亲子关系、人际关系等方面的需求较多，大部分社区居民认为求助专业人员有助于了解自己的心理问题。心理咨询服务已经成为居民生活中的刚性需求，他们需要也希望获得专业心理咨询服务，并支持心理咨询服务的发展。

虽然大部分居民能够认识到心理咨询的益处，但是仍然有部分居民对面对面咨询抱有较大疑虑，对咨询过程和咨询费用也存在很大误解，即使出现心理问题，更愿意通过网络途径了解和接受咨询服务。还有部分居民认为心理咨询并不能解决自己的问题，遇到心理问题不会求助于心理咨询。

2. 心理健康服务体系不完善及专业人员不足

社区心理健康服务的资金仍主要来源于地方政府的财政补贴，目前我国对社区心理健康服务无专项资金投入，尚未建立起完善的社区心理健康服务的物质保障机制。

心理健康服务工作是一项专业性较强的工作，对从业人员的要求较高，并非具有专业知识、资格证书就能够从业，还需要一定年限的工作经验。截至 2015 年底，我国有 2.77 万名精神科医师、5 000 余名心理治疗师，能够提

供专业服务的心理咨询师不到 3 万人，专业心理服务人才极度缺乏（王君平，刘琛，2017）。

目前，社区心理健康服务人员缺口更大，且大多数是兼职的，流动性大，远远不能满足居民的需求。因此，我国需要完善高等院校心理健康专业学科建设和学历教育体系，革新人才培养模式，大力培养能从事社区心理健康服务的专业人员。

3. 缺乏中国化心理咨询理论、方法和技术

心理咨询是服务人、解决人的心理问题的工作，但目前我国绝大多数心理咨询理论、方法和技术是从西方引入的，缺乏中国特色的理论、方法和技术。虽然学者们翻译了大量国外社区心理咨询的著述，分析介绍了国外社区心理咨询的模式或体系，但我们面对的是中国人，中国人的性格特点不同于西方人，处理心理问题的方法也不同，因此做好心理咨询工作必须从中国的实际出发。当前这项工作处于起步阶段，在实践探索中，一些各具特色的社区心理咨询模式正在形成，如新疆建立了多层次、立体化的社区心理服务模式（杨凤池，高新义，2008），山东济南在各街道办事处、社区和楼院建立了三级心理健康服务网络（魏淑华，2013）。

为了更好地开展社区心理服务，构建有效的社区心理服务模式，我们需要吸取他国先进经验，借鉴前人社区心理服务的理论研究成果，同时更应立足我国国情并从社区居民的实际需求出发，大力发展有关心理咨询的理论、方法和技术，创建我国社区心理服务体系，形成中国社区心理服务规范。

四、我国社区心理咨询的展望

2018 年 11 月，国家卫生健康委员会、中央政法委、中宣部等 10 个部门联合印发《全国社会心理服务体系建设试点工作方案》，这对我国社区心理咨询的未来发展具有重要指导意义，简述如下。

（一）建立健全社会心理服务网络

（1）搭建基层心理服务平台。健全政府、社会、家庭“三位一体”的帮

扶体系，加强人文关怀，促进社会融入。

（2）完善教育系统心理服务网络。将心理健康教育纳入当地教育事业发展规划和年度工作计划，统筹经费渠道，为教师和学生提供发展性心理辅导和心理支持。

（3）健全机关和企事业单位心理服务网络。依托党团、工会、人力资源部门、卫生室，设立心理咨询室，建立心理健康服务团队。普及心理健康知识，提供心理健康评估、心理咨询等服务。

（4）规范发展社会心理服务机构。社会心理服务机构要加大服务技能和伦理道德培训的力度，提升对心理与行为问题的服务能力和常见精神障碍的识别能力。

（5）提升医疗机构心理健康服务能力。推动综合医院普遍开设精神（心理）科，精神卫生医疗机构开设心理门诊，妇幼保健机构将心理健康服务融入各年龄段的保健服务当中。鼓励各级医疗机构开设心理科室，提供心理健康诊疗、咨询和干预等。

（6）建立健全心理援助服务平台。通过热线、App、公众号等建立提供公益服务的心理援助平台。将心理危机干预和心理援助纳入各类突发事件应急预案和技术方案。

（7）健全心理健康科普宣传网络。通过传统媒体和新媒体广泛宣传“每个人是自己心理健康第一责任人”“心身同健康”等健康常识。积极组织开展心理健康进学校、进企业、进村（社区）、进机关等活动。

（二）不断加强社区心理服务人才队伍建设

（1）发展心理健康领域社会工作专业队伍。对社会工作专业人员开展心理学和精神卫生知识的普及教育和培训，提高心理健康领域社会工作专业人员的职业素质和专业水平。

（2）培育心理咨询人员队伍。通过设置相关工作岗位、研究制定相关政策，吸引心理学专业背景人员和经过培训的心理咨询人员从事心理健康服务。

（3）发展医疗机构心理健康服务队伍。提升精神科专业住院医师数量和服务水平；综合医院（含中医院）要对全体医务人员进行临床心理知识培训；精神科医师、心理治疗师对心理咨询师、社会工作者等给予技术指导，对常见精神障碍和心理与行为问题进行治疗和心理干预等。

（4）组建心理健康服务志愿者队伍。要对志愿者开展心理健康相关培训，健全奖励表彰机制，支持其开展科普宣传、心理支持、心理疏导等志愿服务。特别是鼓励和引导医务人员、高校心理教师、心理专业学生等加入社区心理健康服务志愿者队伍。

（5）健全行业组织并加强管理。加强心理健康数据安全的保护意识，建立健全数据安全保护机制，防范因违反伦理、安全意识不足等造成的信息泄露，保护个人隐私。

（三）强而有力的保障措施

（1）加强组织领导。各地区将社会心理服务体系建设作为平安中国、健康中国、文明城市建设的重要内容，纳入当地经济和社会发展规划，并作为政府目标管理和绩效考核内容，制订实施方案和年度计划。

（2）加强政策扶持。通过政策引导和项目支持，培育医疗机构、社会心理服务机构和心理健康支援组织，为公众提供专业化、规范化服务。

（3）加强经费保障。鼓励各地区建立多元化资金筹措机制，积极开拓公益性服务的筹资渠道，探索社会资本投入心理健康服务领域的政策措施。探索加强社会心理服务体系建设的保障政策和激励措施，推动各项任务有效落实。

（4）加强督导评估。各省级卫生健康行政部门、政法委要会同有关部门，定期对本省份情况进行督导。国家卫生健康委员会将会同有关部门每年进行抽查。

总之，社区心理服务的制度化具有跨时代的重大意义，必将推动我国社区心理服务事业的快速发展，适应构建和谐社会、健康社区、幸福家庭的迫切需要。

第二节　社区心理咨询的条件

开展社区心理咨询需要一定的基本条件。

一、开展社区心理咨询的“硬件条件”

（一）社区心理咨询中心

社区心理咨询中心应处于安静、方便的地方，避开热闹场所，但也不能太偏僻。周围环境应当整洁、幽雅；内部环境要宽敞明亮、舒适宜人，采用柔和的色彩。标准的社区心理咨询中心设接待室、咨询室和活动室三部分。接待室不小于20平方米，供1~6名社区心理工作者办公，用于接待前来咨询的人员，主要有两方面用途：一是为来访人员登记，预约咨询时间；二是为前来咨询的人员提供等候空间。咨询室一般为10~15平方米，是正式进行心理咨询的场所。活动室一般用于团体咨询或者开展心理讲座，不小于40平方米，可供30人左右活动。

咨询室一般以暖色调（如米黄色）为主，避免过于刺激的颜色或过于灰暗的颜色。咨询室里摆放的沙发要与整个房间相协调，质地柔软舒适，有扶手。咨询室里要有钟表，最好是无声钟表。钟表要放在咨询师容易看见的地方，帮助其合理掌握时间。另外，钟表还应在来访者的背后，咨询师看时间的行为若被来访者注意到，容易使来访者不能平静地谈话，无法集中注意力。咨询室里可摆放一些装饰品，如生长良好的植物、优美且富有意境的心理挂图、工艺品等。

（二）常用的心理咨询工具

开展社区心理咨询工作至少应准备如下几类心理咨询工具。

1. 沙盘

沙盘是一个自由、受保护的空间，来访者通过在沙盘上摆放各种模型、玩具来表达自己的无意识。这种表达可促进激活、恢复、转化、治愈、新生的力量，对来访者心理健康的维护、想象力和创造力的培养、人格的发展都有促进作用。

2. 宣泄器材

宣泄器材的作用是释放内心压力。在安全可控的环境下，个体借助器具可以宣泄负面情绪和压力，体验宣泄带来的舒畅感觉，从而放松身心，提高心理健康水平。

3. 团体活动器材

团体活动器材包括团体辅导箱、团体活动桌以及其他辅助类器材。团体内的人际交互作用，可以促使个体在交往中观察、学习、体验，认识自我、探索自我，调整、改善与他人的关系，学习新的态度与行为方式，从而实现良好的适应与发展。

二、开展社区心理咨询的“软件条件”

（一）社区心理咨询师的从业要求

下面从心理咨询师的从业参考标准、专业道德素质以及自我成长三个方面说明社区心理咨询师的从业要求。

1. 心理咨询师的从业参考标准

2018 年，中国心理学会发布了《中国心理学会临床与咨询心理学专业机构和专业人员注册标准》（第二版），其中规定了心理师的定义及注册条件，可以作为心理咨询师从业标准的参考。心理师指掌握临床或咨询心理学的专业知识、接受过系统的心理治疗与咨询专业技能培训和实践督导，正在从事心理咨询或心理治疗工作，且达到心理师注册条件，并在中国心理学会有效注册登记者。

2. 心理咨询师的专业道德素质

作为心理咨询师，应当以善行、责任、诚信、公正、尊重的价值标准要求自己，保障来访者的权益，维护专业信誉，诚实守信、公平公正，并承担相应的社会责任。2018 年，中国心理学会发布的《中国心理学会临床与咨询心理学工作伦理守则》（第二版）对于心理师的职业伦理规定主要有以下内容。

（1）专业关系。心理师应以促进来访者的成长和发展为目的，按照专业伦理规范与来访者建立良好的专业工作关系，在工作中秉承客观、中立、公正、尊重的原则开展服务，在结束心理咨询或治疗关系后至少三年内，不得与来访者或其家庭成员发生任何形式的性或亲密关系。

（2）知情同意。来访者可以自由选择是否开始或维持一段咨访关系，且有权充分了解关于专业工作的过程和心理师的专业资质及理论取向。心理师在正式开展工作之前应确保来访者了解心理咨询双方的权利和责任，明确介绍收费设置，告知来访者享有的保密权利和保密界限，保护来访者依法享有的隐私权。

（3）隐私权和保密性。心理师在开展工作时应保护来访者的隐私权并清楚地告知来访者保密原则及其限度。当发现来访者有伤害他人或自伤的严重倾向时，心理师应告知其合法监护人或潜在的受害者。当未成年人来访者受到性侵或虐待时，应按照法律规定向相关部门以最低限度原则披露信息。对于记录工作过程的档案应规范创建、保存和使用。如需使用其进行教学、科研或培训，需隐去可以辨认出来访者身份的信息。

此外，还包含专业胜任力和专业责任，心理测量与评估，教学、培训和督导，研究和发表，远程专业工作，媒体沟通与合作，伦理问题处理等方面的要求。

[专栏 13-1] 关于心理咨询伦理中的“知情同意”

心理咨询中的知情同意执行起来往往十分复杂，下面列举五种情形，试考虑如何应对。

（1）你在一所医院从事心理咨询工作，医院要求在心理咨询前必须得到所有患者的书面同意。一天，内科医生介绍了一例只会讲闽南语的患者，而你只会讲普通话。首次会谈发现，患者在春节期间被鞭炮炸成永久性失明，需要治疗帮助他度过缺乏信任感的特殊生活阶段。

试问：① 你的感觉如何？② 你认为知情同意的首要问题是什么？③ 知情同意的过程应该明确介绍哪些治疗方法，尤其对盲人？④ 如果你闽南语不流利，如何征得患者的书面同意？⑤ 如果患者问你计划应用的干预对盲人是否有效，你的反应如何？⑥ 如果患者询问你的培训及督导经历中是否包括对无视力患者的治疗，也就是你能否胜任对这种人群的治疗，你的反应如何？

（2）你在一所心理治疗服务机构工作，被允许在聘期内对门诊患者提供不多于8次会谈的心理治疗。一例初诊患者在会谈中讲述了令人吃惊的童年期被其父性侵的经历，并担心作恶的父亲目前可能会对外孙女进行性虐待。

试问：① 你的感觉如何？② 如果你在首次会谈期间对患者做正式评估，在治疗知情同意和拒绝方面有什么问题？③ 如果在首次会谈中你已做出临床干预计划，在治疗知情同意和拒绝方面的问题是什么？④ 如果治疗预期超过8次，而你不会再续聘，你如何处理或向患者说明？

（3）你去大学的心理咨询中心报到，即将开始咨询员的工作。第一天与咨询中心主任见面时，你询问他们是否有知情同意治疗的书面通知。主任回答："我非常高兴你能到来，我们已经有这个设想，需要一个对每一个来访者都适用的书面通知。我看了你的档案，认为你是设计这个通知的最佳人选。请你起草于下周四前交给我。"

试问：① 你的感觉如何？② 假设你不可能拒绝这个任务，你将怎样设计这个通知？③ 你认为这个通知应该说明什么问题或因素？

（4）你为一个酗酒、厌学的青少年做心理治疗。为了符合你的伦理责任，其父母同意你对与患者的会谈内容保密。然而，有一天其父母认为该患者可能在吸毒，要求查看治疗记录。

试问：① 你的感觉如何？② 你认为你的法律和伦理责任是什么？③ 你可能会对其父母说什么？④ 你可能会对患者说什么？⑤ 你的知情同意治疗书面通知中是否包括这种问题？

（5）你在某咨询机构工作，该机构要求如需要增加治疗会谈，事前必须提出申请，并经过复审。在治疗一例有生活作风问题的患者过程中，你发现性取向是该患者的关键问题，需要修订原有的治疗方案和知情同意书，但你没有提出申请和提供相关新的资料给复审人员。

试问：① 你的感觉如何？② 这种情况的书面治疗通知应包括什么内容？③ 在处理这种问题时，你认为可行的方法是什么？④ 有关复审、同事讨论及相关治疗总结应包括什么内容？

3. 心理咨询师的自我成长

（1）理论积淀。为了更好地在社区环境中开展心理咨询，咨询师首先要掌握基础的心理学系统知识，这是开展专业性服务的基础和前提。在此基础上，还要了解心理咨询与治疗理论与实务的内容，掌握一些常规疗法的基本原理，以及社会工作的基础知识。

（2）实践经验。在实践的过程中，咨询师将会逐渐发现自己擅长的咨询技术，形成自己的咨询风格，这是一个很重要的过程。在我国，心理咨询师培养的学历教育中，临床与咨询心理学相关专业及方向对本科生、硕士生和博士生的实习时间均有一定的要求。

（3）寻求和接受行业督导。心理督导是指心理健康服务从业者在有经验、有资质的督导师指导帮助下，实践咨询技巧，监控咨询服务质量，改进咨询工作，提高自身专业水平的过程。督导制度是培训合格咨询师过程中以及成为咨询师后必不可少的（梁毅等，2009）。《中国心理学会临床与咨询心理学专业机构和专业人员注册标准》（第二版）中要求：临床与咨询心理学专业本科培养方案中，学生接受督导时间不少于 50 小时；硕士培养方案中，学生接受督导时间不少于 100 小时（其中接受个体督导时间不少于 30 小时）；博士培养方案中，接受集体督导时间不少于 100 小时，接受个体督导时间不少于 60 小时。在注册成为助理心理师或心理师后，个人根据情况的不同，仍需要继续接受督导达到一定的标准。

（二）社区心理咨询制度

完善的社区心理咨询制度是顺利开展心理咨询工作的必要保证。社区心理咨询制度主要包括两方面内容：一是社区心理咨询管理章程，二是社区心理咨询中心的日常管理章程。社区心理咨询管理章程应着眼于从宏观的角度规范社区心理咨询工作，如社区心理咨询中心工作制度、保密原则、转介流程、来访者须知等。社区心理咨询中心的日常管理章程需着眼于从微观角度规划社区的心理咨询工作，如规定社区心理咨询中心的开放时间、安排值班人员、制定工作条例等。

（三）心理测量工具

1. 家庭功能量表

家庭功能量表所测定的家庭功能的范围与临床关系较密切，可帮助咨询师对来访者的家庭功能进行较客观的评定，具体包括家庭的问题解决能力、沟通能力、角色分配、情感反应能力等。常用的家庭功能量表包括家庭功能APGAR（Adaptation，Partnership，Growth，Affection，Resolve）评估问卷、家庭功能评定量表（Family Assessment Device，FAD）等。

2. 人格量表

人格测查可以帮助来访者了解自己的个性特点与性格类型，判断自己个性发展的长处与不足。常用的人格量表有十六种人格因素问卷（Sixteen Personality Factor Questionnaire，16PF）、艾森克人格问卷（Eysenck Personality Questionnaire，EPQ）等。王孟成等（2011）编制的中文大五人格问卷简式版，共40个条目，5个维度，分别为外向性、神经质、宜人性、严谨性和开放性。

3. 职业测评量表

职业测评量表可以帮助来访者确定自己的职业兴趣和能力特长，从而更好地做出求职择业的决策。常用的有霍兰德职业兴趣量表、一般能力倾向成套测验（General Aptitude Test Battery，GATB）等。方俐洛等（1996）以霍兰德职业兴趣理论为依据，结合我国国情和职业分类体系特点，编制了包含活动、潜能、职业和自我评判四个分量表组成的霍氏中国职业倾向量表。该量表经过优化，共有138个测试项目。

4. 心理健康测查量表

心理健康测查量表可以帮助来访者了解自己心理与行为问题的具体表现和严重程度，方便咨询师制订有针对性的咨询策略。常用的心理健康测查量表有：抑郁自评量表（Self-rating Depression Scale，SDS）、焦虑自评量表（Self-rating Anxiety Scale，SAS）、症状自评量表（SCL-90）等。黄希庭和杨雄（1998）编制的青年学生自我价值感量表，能够较全面、准确地评价青年学生自我价值感的特点和水平。李娟等（2009）编制的老年人心理健康量表，能有效评估城市老年人的心理健康状况。

第三节　社区心理咨询的实践

下面介绍各地社区针对常见心理问题开展的心理咨询实践。

一、特殊心理问题的青少年群体

（一）介入青少年网络成瘾问题

随着网络的迅速普及，网络依赖现象日益严重，尤其是青少年网络成瘾问题逐渐引起社会普遍关注。社区工作采用个案咨询、团体咨询等形式介入青少年网络成瘾问题，具有一定的可行性和独特的优势。

1. 个案咨询

（1）提供各种咨询和辅导。网络成瘾者的成因各异，需要区别对待。咨询师要与来访者建立专业关系，取得他们的信任，让其认识到咨询师与他们是平等的，并且与他们共同面对和解决问题。在此基础上，咨询师为网络成瘾青少年提供咨询和辅导，协助他们摆脱困惑，做出改变。

（2）协助解决各种压力。由于家庭环境、教育理念、文化传统等因素，网络成瘾青少年会面临来自各方面的压力，如果能解除这些压力，将有助于增强适应社会的信心。对于咨询师来说，要站在平等的立场上，协助青少年网络成瘾者积极面对并解除各种压力，提高他们适应社会生活的能力。

（3）提供健康的休闲娱乐方式。休闲娱乐是青少年的合理需要，对其社会化具有重要意义，也和青少年的身心健康息息相关。咨询师需要正确引导并提供给青少年一些健康的休闲娱乐方式，为他们创造一个健康的外部环境。

2. 团体咨询

（1）建立兴趣小组。网络成瘾者大多具有不合群、喜欢独来独往的特征，社区心理咨询团队可以组织一些兴趣小组，诸如才艺班、运动队等，培养和提高网络成瘾者的兴趣，鼓励他们参加各种有益身心健康的集体活动，从而逐步减少或有意识地去控制他们的上网时间，直到帮助他们最终摆脱对网络的依赖。在咨询过程中，咨询师可以加强来访者在现实人际关系方面的沟通能力，以防止他们过度迷恋于虚拟的网络人际关系。

（2）建立互助团体。把成功戒除网络成瘾症的青少年与来访者组成互助团体，并以多种形式鼓励他们积极互动，尤其是让那些已经摆脱网络成瘾者向来访者传授成功的经验，共同探讨解决问题的方法，以此激发和增强来访者的信心。

3. 家庭和社区参与

网络虽然已经不再新奇，但在青少年中流行的事物对于其他年龄层的人尤其是家长来说依然是隔山望海。咨询师可以开设讲座，帮助网络成瘾青少年的家长以及社区其他成员明白网络带给青少年的不只是沉迷。

（二）介入青少年社交焦虑问题

青少年社交焦虑是一种较常见的心理问题，其发生原因和干扰途径多种多样，团体咨询是一种简单高效的介入方式。江苏某学校以美国霍夫曼（S. G. Hofmann）的社交焦虑认知行为团体干预方案为基础，根据我国文化背景进行改编，形成了在学校中对社交焦虑青少年进行团体干预的方案（李迪，2019）。

（1）第一次：熟悉团体，心理教育，家庭作业。介绍咨询师和小组成员，让小组成员相互熟悉；让每个小组成员讲述自己的问题及对团体干预的期望；

介绍参与团体的原则与要求；介绍社交焦虑的基本知识并讨论；激发小组成员的治疗动机；布置家庭作业，让小组成员阅读有关社交焦虑本质的资料并复习。

（2）第二次：首次演讲暴露，心理教育，认知重建。设置日程表，解决上周阅读时遇到的问题；进行组内演讲暴露并录像，其他成员观看和反馈；在每次暴露行为的前后讨论中，重建认知，以巩固和强化暴露的成果；布置家庭作业，让小组成员每天对着镜子演讲，将第一次演讲录音，每天重复收听。

（3）第三、四次：继续演讲暴露，心理教育，认知重建。从日程表开始，讨论家庭作业并给予积极反馈；不断加大组内演讲暴露的难度；认知重建方式不变；每次会谈结束时，安排家庭作业。

（4）第五、六、七次：个人化的组外现实暴露练习，心理教育，认知重建。基于来访者社交恐惧和回避的等级，带领来访者进行相对简单、直接的组外暴露，然后逐渐加大难度；在暴露前和暴露后都与小组成员讨论目标和预期结果，帮助来访者学习新的认知和行为；每次会谈结束时，安排下周家庭作业。

（5）第八次：预防复发。讨论家庭作业，认可每个小组成员的进步；明确引起复发的可能刺激并帮助小组成员掌握识别这些刺激的方法，学习应对复发的策略；将问题解决策略拓展应用于其他问题领域，鼓励小组成员继续练习和巩固。

二、健康方面可能存在弱势的群体

（一）介入产前综合征

产前综合征是指女性在分娩前2~3周的时间内出现的头痛、失眠、焦虑、抑郁、易激惹等症状。其成因既有生理上的，也有社会上的。社区心理服务可以帮助产妇缓解心理上的不适，顺利度过压力期。

（1）调查与评估。社区心理工作者需要定期对孕妇进行调查与评估，内容包括人口学变量、焦虑自评、抑郁自评等等。

（2）个体咨询与团体活动相结合。生活压力、多胎、消极生活事件、童年时期与母亲分离的经历等消极事件均可诱发孕产妇的心理问题（Righetti-Veltema et al., 1998）。在开展社区心理工作的过程中，咨询师需要充分考虑个体的实际情况，有针对性地开展工作。同时也可以在社区范围内针对孕妇开展经验交流会、孕期知识讲座等活动，将个体活动与团体活动相结合，巧妙解决问题。

（3）重视家庭与社会的力量。从女性主义的视角看，女性的心理健康与社会是否肯定她们的价值有直接关系。良好的家庭氛围与和谐的社会关系是缓解产前综合征的关键。在社区心理工作中，咨询师需要与孕妇家属进行积极沟通，为孕妇营造一个良好的家庭氛围。同时也需要帮助孕妇消除一些不合理的社会观念带来的压力，如对孕妇的职场歧视、对胎儿性别不合理的期待等。

（4）总结与反思工作。在工作过程中，咨询师应及时进行阶段性的总结与反思，为以后的产前综合征介入工作的开展提供可行的经验。

（二）介入老年安养问题

2006 年 2 月，全国第二次老龄工作会议提出了要建设以居家养老为基础、以社区服务为依托、以机构养老为补充的具有中国特色的养老服务体系。为落实这一政策，社区要发展出日渐完善的照顾养老模式。当社区在服务上趋于专业化和规范化时，就能够为社区老年人的居家养老提供坚实有力的实际支持。

现有的模式是由全科医师、公共卫生医生、社区护士等人员组成社区卫生服务团队，以“五心——放心、安心、省心、称心、全心”为服务理念，以社区居民居住地为中心进行管理，建立家庭健康档案，形成“社区卫生服务中心—社区卫生服务站点—居民家庭”三站式的公共卫生和基本医疗服务，这样就能够使各种常见多发病和已有明确诊断的慢性病的门诊下沉到社区，便医便民。引申到老年安养上，这一模式也能够形成“医院—社区护理—家庭护理”的一条龙服务系统，包括疾病护理、预防保健、生活照顾等为一体的功能。

1. 健康评估

全科服务模式对社区老年人的健康评估包括两种：定期评估和随访动态评估。定期评估是指社区护士定期到户，对行动不方便的高龄老年人进行一般资料和心理健康状况的评估，分为干预前、干预3个月以及干预6个月三个时间点。随访动态评估则是指在对老年人身心状况干预的过程中对干预的效果、新出现的健康问题、可能存在的心理问题进行评估，无固定时间。

除了评估，团队成员还需要根据老年人的个人需求进行家访服务，督促其亲属关注老年人的心理问题；对于独居老人，则要增加访视时间，多陪伴，多鼓励表达，多倾听，体验老年人的内心世界，减少他们的孤独感；鼓励老年人多与邻居交流，与其他老年人相互陪伴，强化他们的社会支持系统；做好高龄老年人的病情治疗、用药监督、居家安全宣传等工作。

2. 干预方式

全科团队对社区高龄老年人的干预采用面对面的心理疏导和沟通方式，同时对他们进行一些身心健康和居家安全问题的宣传教育。初次评估后前三周每周进行一次干预，第四到第六周每两周进行一次干预，上门访视每人每次30分钟左右，电话随访贯穿干预始终。护士每次进行定期评估以及随访动态评估后，要在团队讨论时提出需要注意的问题，并告知团队的医生和心理专家对高龄老年人需要进行的疾病诊治、心理治疗以及用药调整情况，安排针对性的到户服务。

三、特殊家庭中的成员及易产生问题的家庭关系

（一）介入留守儿童

留守儿童的生活状况、学习和成长情况、心理发展状况，迫切需要从社区心理服务的角度去研究并提出科学合理的建议和对策。

1. 个案咨询

咨询师可采用多种途径和方式介入。第一，可以先从班主任或者监护人

方面着手，与留守儿童建立关系，一起探讨他们的心理感受。第二，用理性情绪分析法去理清他们的感受，帮助他们摒弃不合理的感受和认知，重新建构新的认知。第三，在个案咨询的过程中，善于挖掘他们的潜能，激发他们的正能量，并对他们进行增强自理能力的培训。

2. 互助支持小组活动

（1）社会交往与支持小组。留守儿童的社会交往和社会支持网络比较薄弱，他们的朋友圈大多数局限在学校里。咨询师可以通过拓展留守儿童的社会交往领域，扩大其社会支持网络。通过小组的形式把留守儿童集合起来，让留守儿童在小组中分享和交流彼此的社会交往经验，共同探讨怎样才能更好地进行社会交往，提升他们的社会交往能力；让留守儿童认识到，即使父母不在身边，还有很多朋友的支持和帮助，从而消除他们的孤独感和寂寞感。

（2）认识自我与重塑信心小组。留守儿童自我认同度比较低，他们对自己信心不足，有的是由于家境，有的是由于学习成绩。咨询师很有必要针对具体原因介入到留守儿童服务中去，让他们从不同的角度重新认识自己，提升他们的信心和自我认同。

（3）职业发展规划小组。针对不清楚自己的职业生涯以及如何发展的留守儿童，咨询师帮助他们对未来进行规划。鼓励留守儿童进行个人的职业规划，满足其努力进取的需要。

3. 家庭的亲子沟通

咨询师除了加强社区亲子之间的沟通外，还要改善社区留守儿童与监护人及其家庭成员之间的关系。通过开展相关活动，向留守儿童的父母传授一些亲子沟通的技巧和方法，提高他们的亲子沟通能力，让他们走进孩子的世界，也让留守儿童了解父母的打工生活，做到有效沟通，从而改善亲子关系，加深亲子感情。

（二）介入多代家庭中的婆媳关系问题

在家庭生活中，婆媳关系是一个既古老又复杂的问题，在不同的时代具有不同的特点及表现形式。解决婆媳关系问题可以从宏观和微观介入，并需要社区心理工作者提供有针对性的家庭关系经营理念与方法。

1. 宏观层面

家庭是社会的基本细胞，家庭和谐是社会和谐的必要条件。社区心理学的家庭社会工作可以在这个层面做出应有的努力和贡献。事实上，社区心理工作者在宏观层面的作用主要体现在资源联动和促进，是一种从点到面的形式。

2. 微观层面

社区心理工作者可以直接干预和帮助有婆媳关系问题的家庭。除了以社区为基础的宣传工作或与家庭有关的服务外，社区心理工作者还可以以研讨会的形式开展活动，讲解更有效的技能，提高婆媳双方解决家庭问题的能力。

概要

社区心理咨询是在心理学理论的指导下，利用一定的方法与技术，解决一定时期或特定人口心理问题的过程。在社区中，根据目标人群的特点，社区心理咨询的内容主要包括对社区居民的心理健康教育、心理咨询及心理治疗三个部分。开展社区心理咨询，除了需要硬件、软件设施和基本条件的支持外，社区心理咨询师应对不同年龄段人群的常见心理问题有系统认知，针对有特殊心理问题的青少年群体、健康方面可能存在弱势的群体、特殊家庭中的成员及易产生问题的家庭关系等方面，评估问题，制订个性化的咨询方案并进行干预，发挥社区心理咨询在社区工作中的建设性作用。

扩展阅读书目

岳晓东，刘义林.（2017）. *社区心理咨询*. 北京：清华大学出版社.

张雄.（1988）. *个案社会工作*. 上海：华东理工大学出版社.

朱眉华.（2006）. *社会工作实务手册*. 北京：社会科学文献出版社.

戈登堡.（2005）. *家庭治疗概论*（李正云 译）. 西安：陕西师范大学出版社.

思考题

1. 试述社区心理咨询与其他社区工作的关系。
2. 基于我国社区心理咨询的政策与现状，试述心理工作者如何规划成长为社区心理咨询专业人员。
3. 试述你对社区心理咨询师专业道德素质要求的理解。
4. 试述你了解到的社区心理咨询工作方案并思考其优点与不足。

第十四章　社区冲突及其治理

江苏南京某小区共五栋高层建筑（均为32层），2层以上居民的生活用水均由楼顶水箱提供。水箱年久失修，存在严重的卫生隐患。业主对此忧心忡忡，不断向居委会和街道办反映问题，但一直得不到解决。2018年，市政府将免费实施直供水改造项目纳入惠民工程，为事件带来了转机。绝大多数业主支持实施直供水改造，但也有部分业主反对。有的业主反对在楼板上打洞，担心会影响建筑的整体安全；有的业主忌讳改造后楼道里会冒出很多明线明管，影响环境的整洁美观；还有个别业主坚决不允许管线从自家门头上穿过，据说那样会"破坏风水，带来霉运"。五栋楼中，有一栋楼的业主在几位热心公益的楼层长的积极沟通、劝导和推动下，很快消解了冲突，改造工程进展顺利，当年国庆节已经喝上了直供水。其他四栋楼的业主则由于意见难统一，截至2019年5月，仍处在冲突和争吵的过程中。

类似上述案例的冲突在社区中层出不穷。建立和完善新形势下正确处理社区冲突的有效机制，既有助于满足人民群众对美好生活的向往和期待，也是维护改革发展稳定大局的迫切需要，有助于达成人、社区、社会的和谐。和谐与冲突是人类社会的永恒话题，第七章对社区和谐进行了细致的论述，本章将围绕社区冲突的性质、社区冲突的过程及影响因素和社区冲突的治理三个方面展开论述。

第一节　社区冲突的性质

欲分析社区冲突的过程、影响因素、治理路径，首先应了解社区冲突的性质。下面将主要讨论社区冲突的概念、类型及社区冲突的建设性与危害性。

一、社区冲突的概念

（一）什么是冲突

中文语境中，冲突的静态含义可引申为意见参差，相互抵触，隐含“紧张”之意；其动态引申义为“冲杀奔突”，即相互对立、互不相容的事物或力量（如观念、利益、意志）之间发生争执。总之，冲突意味着两种力量之间相互对立、抵触而不合的紧张状态，乃至发展成相互攻击、争斗的外显过程（黄囇莉，2007）。

心理学中，冲突（conflict）意味着感知到的利益分歧（perceived divergence of interest）。利益与价值、需要有关。冲突是指一方感知到自己的愿望与另一方存在矛盾（狄恩·普鲁特，金盛熙，2013）。换言之，冲突涉及一种零和思维：若涉事一方得偿所愿，另一方（或其他各方）就只能蒙受损失。之所以强调“感知到的”而不是“客观存在的”利益分歧，是因为“感知到的”利益分歧更能有效预测人的行为，而“客观存在的”利益分歧只起间接作用。若仅有一方感知到分歧，另一方未感知到，冲突往往不会马上发生。

（二）什么是社区冲突

社区冲突（community conflict）是指构成社区生活主体的居民及相关群体、组织在面临资源竞争或对社区基本设施进行管理和使用过程中所产生的矛盾和分歧。科尔曼（J. S. Coleman）最早提出社区冲突的三个判断标准：一是冲突事件涉及社区生活的某一重要方面，二是冲突事件对不同的社区成员有不同程度的影响，三是冲突事件让社区成员感觉到有必要采取行动（Coleman，1957）。

社区的各种构成要素内部都隐含着潜在的冲突。以文化及生活方式为例，不同社区的居民在价值诉求、日常观念、处事原则等方面往往存在明显差异；即使在同一社区内部，也往往是不同文化背景和生活方式的人混居一地。文化和生活方式差异是社区冲突发生的重要原因。

此外，社区内部以及与社区相关的正式群体或组织机构包括业委会、居委会、街道办事处、物业公司及各类居民自治性组织等，同样可能成为社区冲突的主体。社区冲突发生在社区居民、群体或组织机构之间，发生在社区的各种构成要素相互作用的过程中，本质上是拥有不同利益和目标的个人和群体之间的相互抗争（蔡禾，2005）。

二、社区冲突的类型

社区冲突可以分为社区内部冲突和社区外部冲突。

（一）社区内部冲突

社区内部冲突包括社区内部人际冲突和社区内部群际冲突。

社区内部人际冲突主要表现为家庭冲突和邻里冲突两种类型。家庭冲突表现为夫妻冲突、亲子冲突和多胎家庭中同胞之间的冲突等多种形式（参见第十章）。邻里冲突是指邻里关系各方在主张权利、承担义务的过程中相互之间发生的分歧或矛盾，是社区生活中较常发生的冲突。邻里冲突的发生多数与缺乏物权法意识或邻里之间权利义务的模糊性有关。

社区内部群际冲突则表现为居民自治性团体或组织之间的冲突，以及业主和业委会之间发生的冲突等。业主和业委会之间发生冲突的常见原因有：（1）业委会的成立不符合法定程序，或业委会运营不规范；（2）业委会的工作流程不透明，财务收支不公开；（3）业委会个别成员与业主之间的私人恩怨上升到公开层面；（4）业主对业委会部分成员不信任。

（二）社区外部冲突

社区外部冲突同样既有小规模的人际冲突，也有发生在业主、业委会与街道办事处、居委会及物业公司等各类社区外部群体或组织之间的群际冲突。其中，最为频繁发生的社区外部群际冲突是业主（或业委会）与物业公司的冲突、社区居民与街道/居委会之间的冲突两种类型。

城市小区业主群体和物业公司之间的冲突十分普遍。2010年，一项针对北京、深圳、南京、沈阳和西宁等地城市社区的调查显示：有84.3%的受访居民反映，自己居住的社区近三年发生过冲突事件；在问卷提供的9项社区冲突成因中，排在前五位的分别是物业管理不善、治安问题、环境污染、邻里纠纷和拆迁问题（闵学勤，2010）。

居委会是居民自我管理、自我教育、自我服务的基层群众性自治组织。居委会接受街道办事处的领导，作为政府与居民之间的桥梁，是社区工作的实操者和执行者。据统计，居委会实际承担的工作仅可以列出名称的就有 100 多项，从环境治理、治安保卫、居民教育、文娱体育、消防卫生、人民调解到就业安置等。社区居民与街道和居委会之间的冲突主要表现为广大居民对于社区管理和服务的需要与街道和居委会满足这些需要的能力之间的矛盾。例如，社区业主和物业公司常常发生矛盾，需要街道和居委会出面仲裁调解。街道和居委会工作人员往往习惯于运用公权力来管理或处置，对冲突的解决浮于表面，只是暂时掩盖和压制了矛盾，甚至可能进一步加剧矛盾，形成所谓的“积怨冲突”，引发社区居民的强烈不满（原珂，2015）。

由于在居民心目中，街道和居委会是代表政府出面工作的，因此，这种不满情绪很容易将矛头指向政府。另有极少数街道和居委会工作人员在与物业公司或其他地方企业长期接洽的过程中形成利益勾连，社区居民很容易把少数或极个别公务人员的腐败转嫁于政府，由此造成官民冲突。

[专栏 14-1] 别让“邻避运动”变成“邻避冲突”

2014 年 4 月 12 日，广东化州市丽岗镇及附近部分群众聚集，反对在该镇建设殡仪馆。为了安抚群众情绪，化州市政府通过当地网站、电视台等发布公告，决定停止该项目建设。尽管项目已被叫停，14 日当地群众仍再次聚集，担心事后殡仪馆项目会重新启动，他们希望把该项目彻底取消。

与最近各地爆发的反 PX（对二甲苯）项目事件类似，广东化州的反殡仪馆运动也是一场“邻避运动”。“邻避”源自英语“not in my back yard”，直译是“别在我家后院”。该短语缩写为“NIMBY”，读音接近“邻避”。虽然每场邻避运动都以反对有潜在危害的公共项目建设为表现特征，但是公众邻避的多数项目都是社会经济中难以避免的必需项目。无论是 PX、垃圾焚烧场还是殡仪馆，多数反对者并不否认其存在的合理性，只是不希望建在自己的居住地附近而已。

邻避运动最初出现时，学者普遍对这种公民运动抱以良好期望，认为是社会力量生成并影响公共政策制定的新趋势。但是，在国内发生的若干邻避运动大多以激烈对抗为呈现方式，往往抱以“群体性事件爆发后，政府迅速承诺项目下马”的期待。邻避虽然成功，但运动最终能否给当地居民带来最大化的利益，其实是存疑的。以化州殡仪馆事件为例，若殡仪馆最终建设不成，当地死者遗体还是要运到远在茂名的殡仪馆火化，最远距离达130千米，很难说这样的邻避是一种理性选择。

邻避运动的意义不在于对抗和冲突，而在于争取与政府、企业的议价权。运动的结果应当是双方坐下来谈问题，找到一个妥协的方案。当然，一切议价还要建立在基本常识普及的基础上。前不久清华大学化工系学生捍卫PX词条事件，就是在做一件基本常识普及的重要工作。当这些知识性问题有了明确答案，并形成了邻避双方的共识之后，邻避才谈得上是理性的行动。邻避运动如果只遵循冲突路径，难免染上“邻避综合征”而两败俱伤。

（资料来源：王钟的，2014）

三、社区冲突的建设性与危害性

一般而言，睦邻友好是社区生活的主旋律，但冲突同样也是人类社会的普遍现象。达尔文的进化论以“物竞天择，适者生存”描述物种内部的冲突与竞争，马克思则以“冲突在社会生活中不可避免”为基础假设发展出一套政治经济学理论（狄恩·普鲁特，金盛熙，2013）。毛泽东的政治和哲学思想也离不开矛盾和变化。冲突是自然界和人类社会普遍存在的现象，于人类社会有利亦有弊。社区冲突同样具有两面性。

（一）建设性

第一，矛盾冲突的出现和解决能够促进社区发展与社会变革。业主与物业公司之间发生的大量冲突已经让人们认识到合理规范和健全社区管理制度的重要性，由此启动了一系列程序，促进社区实现自治，并进一步促进公民社会的生长。第二，冲突可以促进社区内部各类人群之间的利益协调。社区成员的身份复杂，各自都有自己的利益，对社区管理和发展有不同的意见。社区冲突在一定程度上发挥了“安全阀”的作用，有助于释放社区内部的对抗性力量，同时还能提高居民在维权博弈过程中的集体行动水平（陈文，黄卫平，2009）。以宠物主人和不喜欢猫狗的邻居之间的关系为例，他们之间的冲突最终会对宠物主人的行为形成某种限制，从而维持两个群体之间的平衡。第三，群体之间的冲突可以促进群体内部团结。当居民个体力量难以与其他主体抗衡时，居民就会联合起来动员各种资源，寻求组织化渠道进行维权抗争，因而冲突对社区内的组织建设起到了一定的推动作用（张卫，刘艳敏，2013）。一旦某个或某些社区居民的利益受损，他们很容易形成群体认同，社区意识也会不断增强。

（二）危害性

大多数社区冲突都会在一定时间内以适当方式化解，不至于发展成严重的对抗或仇恨。但只要是冲突，就会干扰人的生活，给人造成烦恼，消耗人的时间、精力，影响正常工作的进行。在社区冲突严重的情况下，一旦冲突一方采取极端策略，很可能严重破坏社区居民的基本生活秩序。

人在陷入剧烈冲突时所承受的紧张、焦虑和心理压力会造成各种心理和生理问题，如免疫力急剧下降，情绪愤怒、抑郁或沮丧，酗酒，发生攻击行为等。这种危害性影响不仅局限于冲突双方，还会影响周围很多人。例如，孩子是婚姻冲突中最大的受害者，冲突给孩子造成的身心问题甚至比父母更多、更严重，很可能造成创伤性应激障碍，形成难以愈合的心理创伤。这些孩子在未来的婚姻中比在幸福家庭长大的孩子更容易发生冲突（狄恩·普鲁特，金盛熙，2013）。

总之，社区冲突既有积极的一面，也有消极的一面，既有建设性，又有危害性。冲突总是会有的，只要能以适当的方式解决，就不是问题，甚至会促进社区发展。但如果解决得不好，也可能爆发大规模的群体冲突，甚至引发刑事犯罪，演化成恶性社会事件，造成严重的破坏性后果。最终结果如何，取决于应对和解决冲突的策略和方式。

第二节 社区冲突的过程及影响因素

近二十年来，社区冲突问题的研究虽然取得了一定的进展，但研究的问题或焦点比较分散，而且明显缺乏理论支撑。社区冲突是常见现象，从心理学的角度研究社区冲突的发生过程、影响因素等很有必要。

一、社区冲突的过程

任何冲突的发生总是有原因的，从社区冲突的爆发到最终解决需要经历一个过程。这个过程有时候不长，有时候则可能历经数月、数年，甚至几年、几十年。

［专栏 14-2］小区业主与物业公司的物业费冲突

2016 年秋，南京 Y 小区的一位业主交物业费时发现物业费涨价了。她跟周围邻居谈论此事，其中一位恰好是刚刚从某单位书记岗位上退休的老同志。老书记思想觉悟高，热心公益事业，敏感地意识到这里面可能有问题，因此特意去查阅了小区的物业管理合同文本。物业公司擅自提高物业费的问题因此曝光，冲突爆发。该小区的物业长期被委托给 X 物业公司管理。小区业委会上一次与 X 物业公司续签物业管理合同是在 2015 年 6 月，合同有效期限一年。其中明确规定小区内物业费收取标准为每平方米 0.65 元，一年内不得涨价。但在合同续签次月，X 物业公司就暗中涨价，每平方米实际收取 0.70 元。2015 年 12 月，在未征求广大业主同意的情况下，物业费再次涨为每平方米 0.75 元。从违反合同涨价到冲突爆发，X 物业公司在一年半的时间内向业主多收取物业费共计约 21 万元。实际上，该小区业主与 X 物业公司的冲突在正式爆发之前已酝酿许久。早就有业主反映 X 物业公司存在很多侵权行为，如长期侵吞原本属于业主所有的小区停车费，将物业管理用房出租给外单位保安，物业用房偷水偷电，在针对业主进行民意调查时弄虚作假，等等。但在冲突正式爆发之前，指责和不满仅局限于少数业主自发的零散行为。而在冲突爆发之后，业主们开始组织起来集体维权，与 X 物业公司做斗争。

首先觉醒的部分业主开始自发组织会议，商讨对策。他们向小区全体居民发布公开信，使邻居们周知 X 物业公司的侵权事实，号召集体拒交涨价的物业费，同时向所在街道反映情况，要求政府行政介入，出面制止 X 物业公司的侵权行为，在合同框架内维护小区业主的正当利益。

X 物业公司也向街道反映了业主不交物业费的情况，并且向法院提起诉讼，诉某业主代表自 2016 年 1 月开始拒不缴纳物业费。法院先后两次开庭，被诉业主代表以充分的理由和证据，列举 X 物业公司“篡改合同、弄虚作假、擅自涨价、拒收合法物业费、未签合同强行服务”等违法违约行为。业主代表的答辩状获得法院采纳认可。X 物业公司无奈于 2017 年 7 月 17 日撤诉。但同时又以随时准备撤场让小区陷入瘫痪作为威胁，坚持要求业主缴纳涨价后的物业费。

此后，冲突在很长一段时间内陷入僵持。大部分业主愿意按照原有合同标准缴纳物业费，但 X 物业公司不同意，坚持按新标准收取。一部分业主按涨价后的标准缴纳了，另一部分业主坚持反抗 X 物业公司的违规行为。在此过程中又暴露出了其他问题，如小区业委会并不具备合法的组织身份。作为有着二十余年历史的老小区，当年业主初次入住时，业委会成员皆由原单位直接指派，未经过业主选举程序，按现行的《南京市住宅物业管理条例》，现有的业委会成员都不具备合法身份，不能代表业主行使权利。因此，必须首先按照规定的程序，重新选举成立业委会，再由业委会代表业主行使权利，处理和 X 物业公司的合同纠纷。成立新的业委会的过程中又遇到很多阻碍，但在街道、居委会的帮助和《南京市住宅物业管理条例》的指导下，事件在朝着积极的方向发展。

新的业委会依照法律程序正式成立后，立刻着手选聘新的物业公司，同时通知 X 物业公司准备进入解聘和物业管理移交程序。2018 年 10 月 1 日，X 物业公司从该小区撤场，新的物业公司入驻，业主和 X 物业公司持续了两年的冲突终于结束。

社区冲突的发生和发展具有明显的阶段性特点，通常表现为潜伏、爆发、升级、僵持和解决等五个阶段。下面将专栏 14-2 中 Y 小区业主与 X 物业公司之间的物业费冲突作为典型案例，对社区冲突发生和发展的过程做具体分析。

（一）潜伏

冲突在爆发之前往往经历了很长时间的潜伏期。Y 小区建设于 20 世纪 90 年代末，近二十年来一直由 X 物业公司提供物业服务。对 Y 小区的业主们而言，X 物业公司是服务了近二十年的老管家，业主和物业公司员工是有感情的。门口的保安帮助管理各栋楼的快递并及时提醒各家业主来取，搀扶腿脚不便的老人，帮助业主搬运重物进出电梯。业主们出门或回家习惯了像老朋友一样跟值班的保安寒暄、打招呼。物业公司的保洁员每天在小区打扫卫生，业余时间还兼职为部分业主提供有偿家政服务。业主和物业公司的员工之间没有发生过明显冲突。然而，在整体和谐的同时，也不断有业主质疑和批评物业公司对小区的管理问题。例如：在小区车位极其紧张的情况下，却有不明身份人员长期占据车位；业主的自行车等财物在小区内被盗的现象时有发生；电梯和消防设备因物业公司疏于维护管理而损坏严重；小区内到处都是商业广告，而物业公司将广告费全部据为己有……。有些业主连续几年在有关物业服务满意度调查中表达不满，也不赞成与 X 物业公司续约。但是，这些声音在当时相当零散而微弱，没有引起大的波澜。总之，在很长一段时间内，小区业主和物业公司之间的关系看起来是和谐的，或者说是表面平静的。但是，相安无事并不代表没有冲突，只是暂时还处于潜伏状态，没有上升为主要矛盾。

（二）爆发

由于小区业主普遍缺乏社区感和物业所有权意识，对 X 物业公司长期缺乏监督，因此该物业公司的领导人胆子越来越大，行为严重失范，竟至于公然违反物业管理合同条款，擅自提高物业费，冲突由此爆发。部分业主自发组织召开业主代表会议，相互沟通信息，商讨对策，然后以部分业主的名义向全体业主发布公开信，通过“扫楼式”发散，送达每户业主家里，使信息快速传播，也让业主在短时间内迅速团结。冲突的爆发实际上是一方对另一方长期缺乏制衡的结果。试想，X 物业公司如果始终处于严格监督之下，就不会擅自提高物业费，也就不会面临被业委会强行解聘的局面。

（三）升级

冲突升级通常是指冲突在强度上的增大或加剧，即冲突达到某一临界点而发生“质变”（原珂，2017a）。Y 小区业主和 X 物业公司的冲突爆发不久便迅速升级。业主们开始频繁召集代表开会，号召大家拒缴违规涨价的物业费，强烈要求仍按物业管理合同规定缴纳，X 物业公司则坚持按照涨价后的价格收取物业费。双方各自向街道反映情况，要求政府出面帮助解决问题，继而发展到对簿公堂。X 物业公司上诉到法院，诉业主代表不按期缴纳物业费。法院两次开庭，最终业主一方赢了官司。至此，冲突进入白热化。很多业主甚至提醒业主代表注意安全，担心物业公司实施非理性的报复。

（四）僵持

接下来冲突进入僵持阶段。业主希望在物业管理合同期满后与 X 物业公司解约，重新选聘新的物业公司。然而，他们突然发现，原先代表业主利益的业委会并不具有合法性，要想解聘 X 物业公司，必须首先依法重新成立业委会。业委会重建过程历时数月，充满曲折。新业委会正式成立后，代表全体业主和 X 物业公司谈判。该过程中，X 物业公司一方面以多种方式催促业主缴纳物业费，另一方面利用部分业主对该公司保安人员、保洁人员的私人情感，煽动他们以写公开信、打横幅等方式挽留自己。在冲突僵持阶段，双方都耗费了大量时间和精力。

（五）解决

Y 小区业主和 X 物业公司的冲突从爆发开始，持续了两年时间。新业委会正式成立后，召开业主大会，征求全体业主的意愿，着手选聘新物业公司，并通知 X 物业公司进入解聘程序。最终，新物业公司正式入驻，接替 X 物业公司为该小区提供物业管理服务，X 物业公司办理交接，从该小区撤场。Y 小区业主和 X 物业公司因物业费引发的严重冲突终告结束。

业主与物业公司之间因物业费发生纠纷是现阶段最为频发的社区冲突之一。专栏 14-2 为我们呈现了一次完整的冲突过程。该案例反映了中国城市社区居民公民意识、社区意识的觉醒。从以前完全依赖单位，到在冲突中渐渐意识到自己的权责义务，这一过程唤醒了公民的社区参与意识，培育了公共精神，锻炼了集体行动的能力。这种社区冲突过程正是“公民社会的逻辑起点”（闵学勤，2010）；代表了中国市民社会中间阶层的社会运动；重建了“法律与社会”的关系，并推动着中国社会作为公民社会的生长（刘子曦，2010）。案例分析让我们再次意识到，社区冲突并不完全是坏事。

二、冲突双方的心理策略

社区冲突有小规模的家庭冲突、邻里冲突，也有大规模的群体冲突、组织冲突等。在不同类型的冲突中，卷入者的心理特点及惯常采取的心理策略也不一样。了解这些心理特点和心理策略，有助于社区心理学家对社区冲突进行有效干预。

（一）四种常见的冲突应对策略

一般而言，冲突卷入者有四种常见的心理策略，即争斗、让步、回避和协商（狄恩·普鲁特，金盛熙，2013）。

1. 争斗

争斗是指冲突各方在解决问题的过程中，坚持自己的主张，完全不考虑对方利益。争斗的目的是迫使对方做出让步。争斗的方式（或称具体战术）包括：为己方立场或解决方案辩护；下通牒威胁对方，例如，“若不马上停止侵权，一切后果由贵方负责”等；实施某种惩罚，直到对方让步为止；提出更多要求以表明己方立场坚定，不存在任何讨价还价的余地；诉诸法律；等等。

2. 让步

让步是指冲突一方适当降低自己的欲求或期望。比如，放弃自己的部分目标或次要目标。让步并不意味着投降或者放弃自己的立场，而是希望以自己的牺牲为条件，促使对方同样做出让步，最终解决问题。让步大多是基于对长期合作的期待，先选择这种策略的一方内心多半有着更大的格局。

3. 回避

回避是指刻意避免、不参与冲突。通俗地讲，即“不理睬”。回避有两种方式：不作为和撤退。不作为是指冲突一方与另一方仍保持联系，但避而不谈冲突，寄希望于维持现状，让时间去解决或淡化问题。撤退是指曾经做过努力和尝试，但解决不了问题，于是选择抽身而退。由于双方在冲突中所处的地位不同，回避策略的意义也不一样。对于相对有利的冲突一方而言，回避的作用相当于争斗或对抗。而对于受到严重挑战而处境不利的一方而言，回避更像是让步或放弃。这样我们就容易理解，为什么那些冲突中的既得利益者普遍喜欢采取回避策略。

4. 协商

协商是指积极寻找冲突各方的分歧所在，试图合作解决问题。选择该策略的一方通常会在坚持自己愿望的同时，兼顾对方的感受和利益。多数情况下，该策略由双方共同实施，但有时也可能由单方首先做出选择。在后一种情况下，率先做出选择的一方需要承担一定的风险。因为他们需要先行让步，等待对方做出回应，这很有可能陷己方于被动。因此，多数情况下，冲突双方选择这种方案都会比较谨慎。例如，委托与冲突没有利害关系的第三方从中斡旋，协商可能的妥协性方案，待双方基本确认之后再由一方开始率先实施。

仍以专栏 14–2 中 Y 小区业主与 X 物业公司的物业费冲突事件为例，各种策略在其中都有反映。首先，争斗不言而喻。冲突爆发后，业主一方坚持按原有合同标准缴费，而物业公司则要求按照涨价后的标准收取，否则就不收。很多业主因此在 X 物业公司从小区撤离之前，长期拒缴物业费。X 物业公司走法律程序提起诉讼、业主应诉等，都具有争斗的性质。其次，由于 X 物业公司希望与 Y 小区续签物业管理合同（留在该小区为业主继续提供服务），且街道办事处的行政调解也在不断施压，X 物业公司在一定程度上使用了让步策略：在很多业主拒缴物业费的情况下，仍然维持对小区的物业管理，直到与新的物业公司办理完交接手续。其间 X 物业公司也曾多次扬言撤场，威胁让小区陷入瘫痪，但最终还是坚持服务到合同终止，办完移交手续后才有序撤场。再次，业主一方在冲突过程中明显使用了回避策略。在重建业委会的过程中，对于 X 物业公司的不满和提出的任何要求，业主一方采取了不予理睬的回避态度，直到新的业委会正式成立（该过程持续约一年）。最后，双方共同使用了协商策略。Y 小区业主和 X 物业公司的冲突从正式爆发到 X 物业公司撤场历时两年，但其潜伏期长达几年甚至十几年，最终在物业管理条例和各项相关法律法规的约束下双方协商解决。其中，街道、居委会和人民法院的调解发挥了重要作用。在中国文化背景下的社区冲突，单靠冲突双方协商解决的较为少见，大多需要第三方——政府力量的介入。

（二）冲突双方对应对策略的选择

在冲突过程中，当事双方通常会在四种不同的应对策略之间做出取舍。至于如何选择，存在几种不同的解释，即双重关注模型、感知到的可行性理论和归因方向理论（狄恩·普鲁特，金盛熙，2013）。

1. 双重关注模型

双重关注模型认为，冲突当事人有两个关注点（如图 14-1 所示）：一是对于自己可能获得结果的关注，称为“己方关注”；二是对于对方可能获得结果的关注，称为“他方关注”。

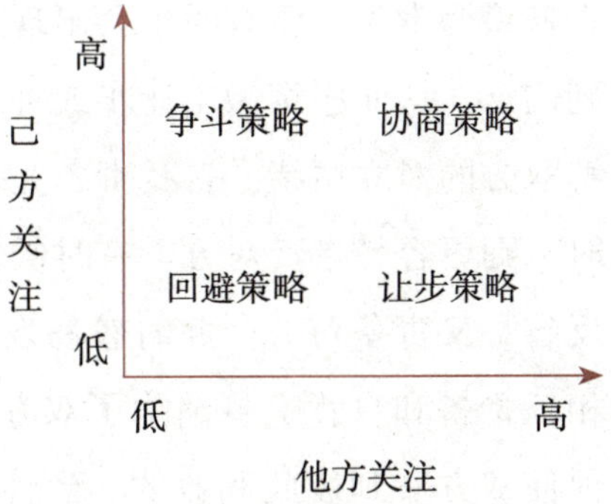

图 14-1　双重关注模型

双重关注模型预测：若冲突一方只关注自我利益，即强烈关注己方所获结果，则大多会选择争斗策略；若冲突一方不仅关注自己所得，同时也关注对方的利益和需求，通常会采取协商策略；若冲突一方更多关注对方所获得的结果，则倾向于选择让步策略；在对己方和他方所获结果都不太关注的情况下，可能选择回避策略。研究表明，当事人对冲突策略的选择具有相对稳定的倾向性，有些人倾向于关注双方或多方利益，有些人倾向于只关注己方利益。

2. 感知到的可行性理论

对任何策略的选择都需要考虑其可行性问题，即所选择的策略在多大程度上能够被对方接受。尽管某种策略（如不做任何让步，选择全力争斗）非常符合自己的利益，但若对方坚决不接受，同样还以抗争，最终只会拖延时间，让冲突升级。这种情况下，个体往往会放弃争斗策略，转而选择协商策略。冲突双方谈判过程中常见的两步连环策略就属于这种情况，即：第一步，冲突双方起初都选择争斗策略，各自提供大量证据，努力推动对己方有利的那些方案通过；第二步，在第一步行不通的情况下，双方不得不退而求其次，回到协商策略，试图找到一种能够兼顾双方利益的方案。

3. 归因方向理论

冲突者对引发冲突的事件通常存在三种不同的归因：归因于对方，归因于己方，归因于双方。冲突双方归因方向不同会影响对冲突策略的选择。

最常见的情形是双方都将问题归因于对方，认为都是对方的错。在这种情况下，受责备的一方很容易立刻进入防御状态，开启争斗模式。尽管互相责备最为常见，但有时也会出现自我责备的现象。自我责备一方面令己方感到内疚，从而愿意做出让步或补偿；另一方面让对方感受到诚意，有利于缓解双方的对立情绪。自我责备大多发生在冲突不太严重的场合，当冲突激烈时，则更容易指责对方。有时候冲突双方认为自己和对方都有责任，既自我反省，又责备对方，此时较易发展出积极的协商策略。原因有二：一方面，相互责备和自我责备消除了双方的心理戒备，避免了非输即赢的零和思维，促使双方看到彼此利益的一致性，从而寻求共赢的立场或方案；另一方面，相互责备有助于避免任何一方产生不公平感、愤怒感和内疚感，有时往往正是这些不公平感、愤怒感和内疚感导致冲突者不愿尝试更为积极的协商策略。

三、社区冲突的影响因素

冲突总是与利益分歧或对愿望的满足有关。社区冲突发生在至少一方的愿望得不到满足（或完全满足）的情况下。社区冲突是否发生及其强度受到很多因素的影响，分析和认识这些因素为解决社区冲突问题提供了思路。

（一）利益受损

每个人都有自己的需要，不同群体同样有各自不同的利益。对于这些需要和利益，每个人或群体都有一个内在的价值序列表。有些需要是人的基本需要，如生存需要、安全需要等。与这些基本需要相关的利益涉及个体或群体的根本利益。利益受损是社区冲突的第一位原因，而根本利益受损容易引发激烈冲突。

以前在“单位制”时期，社区冲突主要表现为邻里冲突，较多源于感情和性格因素，大多可以通过协商和劝服使双方相互妥协，最终达成一致。而住房制度改革后，由利益引发的社区冲突逐渐占据主导地位。利益冲突主要是指在社区公共资源、社区公共服务、社区公共空间等的分配和使用过程中因为分配不合理、分配不公平、使用不均等引发的居民和其他主体间的纠纷。随着住房体制改革的深入，房屋成为人们的私有财产，同一个商品房小区内的居民在一定程度上成为利益共同体。社区居民和其他相关主体具有各自不同的利益诉求，往往很难通过协商、劝服、妥协来达成一致意见。近几年大量发生的业主和物业公司之间的纠纷（参见专栏 14–2）大多是典型的利益冲突。

除了直接以经济利益为目标的社区冲突之外，社区权利冲突在本质上也是一种利益冲突。“权利”是法学基本范畴之一，与“义务”相对应，是指法律赋予人实现其利益的一种力量。在社区生活中，因社区居委会主任、业委会代表选举程序不合规范，社区居民参与社区公共事务与决策的渠道不畅通等引发的纠纷，以及同一社区中外来务工人员与市民阶层之间、社区居民与各级管理者之间的冲突等，往往都是由于权利供需之间的矛盾或权利边界模糊而引发的。此外，如专栏 14–1 中所描述的那类邻避冲突，表面上看是由水土污染、空气污染等生态环境问题而导致的环境冲突，实质上乃是一种权利冲突或权利运动，需要引起政府相关部门和全社会的高度关注。

（二）零和思维

相信他人所得即为自己所失，反之亦然，这种思维方式被称为零和思维（zero-sum thinking），也称总量固定（fixed-pie）假设。有时资源确实有限，可选择的方案符合“全或无”的法则，即只能满足单方面的需求，非此即彼，这种情况下易发生冲突。但更多时候，零和性并非事实，冲突双方的利益可以通过协商，以某种方式兼顾，只是当事人主观上看不见共赢的可能性。即便是那些真正具有零和性的问题，大多也可以转化为非零和性的等价问题（狄恩·普鲁特，金盛熙，2013）。

以专栏 14–1 探讨的邻避运动为例，美国和中国台湾地区处理邻避问题已有一些经验。如美国弗吉尼亚州查尔斯市在建造固体废弃物填埋场时，向当地居民提供降低财产税、完善教育系统、免费收取垃圾等补偿措施。在中国台湾地区，如果要建设一个可能危害环境的项目，项目实施者也会在当地配套设立公园、图书馆、运动中心、温水游泳池等，供附近民众免费（或打折）使用。此外，还可以出台减免电费、减免土地相关税赋、给予奖学金等措施。总之，赋予各方利益卷入者以议价权，将零和思维转化为共赢思维，是解决社区冲突的一条重要思路（王钟的，2014）。

（三）相对剥夺感

有时当事人一方与对方或周围其他人比较，认为自己付出的多而得到的少，这种情况也容易酿成冲突。这种基于相互比较而产生的相对剥夺感，也是冲突发生的重要原因之一。例如，有些业主与物业公司的纠纷就是业主将自己缴纳的物业费及物业公司提供的服务与周围其他小区相比，觉得自己吃亏了，内心不满而引起的。有些离婚事件也是因为夫妻单方或双方将自己的配偶与其他人做比较，产生了相对剥夺感而引发的。与“应该”相比较而产生的被剥夺感，容易导致严重沮丧，同时激起强烈愤怒，由此引起的对抗性后果往往很严重。自杀式袭击大多与当事人内心强烈的被剥夺感有关。对那些抱定必死信念以求公平的人来说，没有什么困难可以阻止他们的复仇行为。我国当前社会上的仇富心态也与相对剥夺感有关。

组织内部为了避免成员因相互比较而产生相对剥夺感，通常采取三种方式，这对于解决社区冲突问题有一定的启发性。第一种是采取无差别分配，就是通俗说的平均主义，或吃大锅饭。第二种是隐匿分配信息，即对各种薪酬一概保密。第三种是制定一套相对完善的规范体系，将薪酬与某些可以度量的标准相结合。每种方式各有利弊。无差别分配最易操作，但难以调动积极性。隐匿分配信息容易造成相互猜忌，破坏团体气氛，继而发生冲突。况且现今已是信息社会，想完全隐匿信息难度很大。而尽可能完善制度，让所有人（至少多数人）对资源和权利分配感到公平，相对而言是目前认可度最高的方式。但最后一种方式的操作难度很大，难点在于人的主观价值各异，人们看重的方面不尽相同。

相对剥夺感与各种管理制度的完善或某些规范性共识有关。如果社区各类成员或组织机构各自有着明确的角色定义和责任、权利、义务划分，人们对于交互行为有适当的预期，则既可以约束当事人的行为，又可以避免过高期望，从而减少不公平感和相对剥夺感。

作为社区心理学研究者，我们可以通过测量社区成员的公平感和相对剥夺感，进而预测社区冲突。也可以深入研究社区成员的相对剥夺感产生和发挥作用的心理机制，进而通过削弱或强化其中的某些影响因素，有效降低社区冲突发生的可能性。

（四）群体认同

群体认同（group identity）也是社区冲突的重要影响因素。群体认同是指群体成员将群体的目标、规范、行为作为自己追求的目标和行为标准。群体认同反映了成员对于群体生存及其独特文化的关注，以及获得其他群体认可和尊重的需要。群体认同感越强，人们对于群体中其他成员所遭受的境遇和痛苦越能感同身受，在内群体偏见和群体极化的作用下，越容易卷入群体冲突（狄恩·普鲁特，金盛熙，2013）。社区中那些拥有某种共同身份或标签的人（比如老乡）很容易因彼此认同而结成帮派，一旦该群体中某些成员的利益受损，则可能以此为触发事件，迅速集结、动员该群体中其他成员，最终激起大规模的群际冲突。很多群体领袖熟谙此道，善于利用群体认同诱发冲突，从而对群体斗争起到动员和鼓动作用。

群体认同与社区文化冲突密切相关，后者是指社区内不同亚群体之间由于价值观念、宗教信仰、生活习俗等方面不同甚至对立而产生的矛盾冲突及社会互动行为（Siegel，2017）。1998 年之前，绝大多数中国城市居民居住的社区与单位联系密切，而现在，不同经济、社会和职业背景的人同住在一个社区，文化冲突在所难免。实际上，业主、物业公司和政府既是不同的利益共同体，也代表了不同文化。现实生活中，多民族聚居社区内的民族文化冲突、社区农民工与原住民之间的城乡文化冲突以及社区不同群体之间的群体认同冲突等，都属于社区文化冲突的范畴。特别是城市低收入群体和外来流动人员，他们常常把自己定位于“社会底层”或“外来人”，从而陷入自我和群体认同的困境，容易滋生较强的群体冲突意识（原珂，2015）。

第三节　社区冲突的治理

进入 21 世纪的人类面临五大冲突和危机：人与自然的冲突及生态危机、人与社会的冲突及人文危机、人与人的冲突及道德危机、人的心灵冲突及信仰危机、文明之间的冲突及价值危机（张立文，2016）。社区冲突是人类五大冲突和危机在社区中的反映。对社区冲突的消解不应止步于处理和解决好某些孤立的冲突事件，头痛医头，脚痛医脚，而应该以文化建设为先导，以健全机制作保障，以冲突解决为宗旨，系统性地开展冲突治理工作。

一、固本清源，以社区文化建设为先导

文化就像周围的空气，无处不在，对人的心理与行为有着广泛而深刻的影响，乃至决定着人的思维方式和行为模式。中国的社会、历史、文化脉络不同于西方，我们完全可以挖掘中华文化中的和谐智慧，走别具一格的现代化之路（即具有中国特色的社会主义现代化道路），以习近平（2018）“构建人类命运共同体”的思想为指导，通过中庸实践思维引导社区文化建设。

第七章探讨了内外和谐、恰如其分、择善固执等中庸理念对社区和谐的促进作用。其实，在化解社区冲突的实践中，也应充分发挥中庸的作用。

中庸实践思维（杨中芳，2009）是一种以人际和谐为目标，注重自己行动后果的思维方式，可以广泛应用于中国人的社区生活。中庸实践思维具有以下四个特点。第一，适中性。做任何事都要适中。中庸实践思维强调实事求是、不走极端、兼顾情理、灵活应变，针对社区冲突的具体情况寻求最恰当的平衡点。第二，整体性。充分认识万事万物互联一体，“你我”命运紧密相连，相互影响，彼此成就。中庸实践思维强调顾全大局，将社区冲突所涉人、事进行通盘考虑，注意自己的行动对他人、社区和社会的影响，以多方的和谐共生、共同发展为目标。第三，克己性。充分认识自身局限性，避免情绪化和冲动行事。中庸实践思维强调自我约束和自我超越，面临社区冲突时，不主观臆断，不绝对肯定，不固执己见，不自以为是（“子绝四：毋意，毋必，毋固，毋我”，见《论语·子罕》）。第四，诚己性。仰无愧于天，俯无愧于地，行无愧于人，止无愧于心。中庸实践思维强调在应对社区冲突时，要坦然面对自己的内心，时时自我反省，综合考虑行动的短期和长期后果，确保行事结果无愧天地良心，既对得起自己，也对得起别人。显然，中庸实践思维既不同于自我中心的个人主义思维，也不同于片面的集体主义思维。

以适中性、整体性、克己性和诚己性为特征的中庸实践思维，是“无过无不及”的中庸之道在当代实践中的具体延伸，并与习近平“坚持推进构建人类命运共同体”的思想相呼应。中庸实践思维对于社区冲突治理意义重大，

有助于形成真正意义上的共同体观念，引导居民从“零和思维”转变为“共赢思维”。通过开展社区教育、宣传及多种形式的群众性文化活动，改变社区心理氛围（参见第三章），以中庸实践思维逐渐取代以自我为中心的个人主义（包括“放大了的个人主义”）思维，引导人们通过合作性对话凝聚力量，作为真正的“共同体”面对人类共同的命运，是对社区冲突进行源头治理的根本之策。

二、内外联动，以健全冲突治理机制作保障

社区冲突治理最重要的是要建立并完善切实可行的社区冲突消解机制。原珂（2017b）提出了一个模型（如图 14–2 所示），具有一定的可操作性。

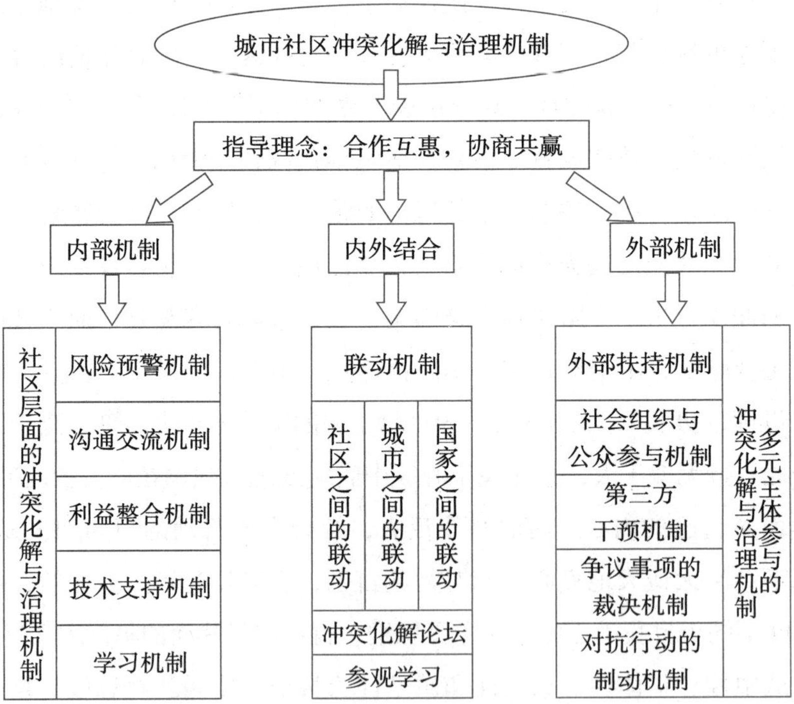

图 14–2　城市社区冲突化解与治理机制模型

该模型将理念视为一切行动的先导，要求冲突各方首先树立“合作互惠，协商共赢”的冲突化解与治理理念，从“排斥性争斗”走向“整合性共赢”。在此基础上，该模型着力从内部机制建设、外部机制建设以及内外联动机制建设三个方面系统构建城市社区冲突治理的机制。

第一，内部机制建设包括风险预警机制、沟通交流机制、利益整合机制、技术支持机制、学习机制的建设，目的在于强化社区内部或自身的冲突治理功能，优化社区层面的冲突治理机制。其中，风险预警机制旨在对社区潜在冲突进行信息收集、风险评估以及监测预报等，以便在冲突发展的早期阶段就能发出预警，防患于未然。沟通交流机制涉及不同主张的表达和对立观点之间的交流。一旦出现预警，或冲突真实发生，冲突各方的诉求必须尽快得到表达或有发泄的机会，这就需要建立有序的沟通和对话交流平台。对立观点的表达与交流虽可消除误解、缓和冲突，但无法从根本上消除利益的对立，这就需要利益整合机制。利益整合机制旨在通过适当的流程为冲突各方提供和创造满足其需求的各种适宜条件。冲突预防与化解是一项技术性很强的实务性工作，需要在各级政府层面建立冲突预防与化解的技术支持机制，以便调动各领域的相关力量（如相关社会组织、专业人员、人民调解员及志愿者等）参与社区冲突的化解与治理，如提供一些可替代性的社区纠纷或冲突化解“策略工具箱”等。学习机制旨在强化与冲突治理相关的社区教育及培训活动，不断支持和提升冲突各方的学习能力，以及协作解决冲突的能力。

第二，外部机制建设是指构建多元主体参与的社区冲突治理机制，具体包括外部扶持机制、社会组织与公众参与机制、第三方干预机制、争议事项的裁决机制、对抗行动的制动机制等。其中，外部扶持机制是指通过完善相关法律法规、提供持续性的人力财力支持及优化专业技能与设备等方面的相关配套，构筑起社区冲突化解与治理的保障体系。具体包括建立和健全与社区治理相关的各项法律法规，拓宽筹资渠道，加强相关信息技术与专业技能方面的支持，完善社区心理预防及干预的保障机制等。无论是提供社区心理健康服务，还是培育社区居民的公共精神与责任意识、营造理想和谐的社区氛围，都需要各种类型的社会组织和社会公众的积极参与，这些属于社会组织与公众参与机制建设。第三方干预机制是指在冲突双方希望取得进展但又无法自己解决问题时，由外部力量介入，帮助寻找途径，解决陷入僵局的冲突。争议事项的裁决机制是指当社区冲突难以化解或无法有效解决时，为防止其进一步恶化或升级，有必要通过中立的第三方如行政机构、仲裁机构、司法机构等，对一直持有异议的冲突事项进行裁决，要求各方必须接受与执行该解决方案。对抗行动的制动机制是指在争议事项的裁决机制仍然无效，或冲突已经升级到对抗的情况下，通过合法的强制手段或“暴力”阻止影响较为恶劣的冲突对抗行为，从大局出发减少或降低不必要的社会损失或危害。

第三，内外联动机制聚焦于对纵横层面的协同整合，涉及不同社区、城市甚至国家之间的互动机制，是保障整个冲突治理机制体系正常运行并发挥作用的重要前提。内外联动机制建设要求有规律性地开展一些不同社会组织、团体与专业冲突治理研究或咨询机构之间的交流与学习活动，如定期举办社区冲突化解论坛等，以期在横向层面建立起更为宏观的联系，切实提高对社区冲突的化解能力与治理水平。

三、创新模式，以化解现实冲突为宗旨

有效预防和化解社区冲突，既需要辩证思维的指导，也需要可以实践的技术与方法。中国特色社区心理学刚刚开始建设，在社区实践方面还缺乏系统、成熟的经验，需要一方面借鉴国外的成果，另一方面挖掘中国优秀传统文化中的资源，努力创新，以建立和完善社区冲突治理的中国模式。

社区冲突治理需要区分不同性质的冲突分而治之。本章第一节曾按冲突涉及的主体将社区冲突分为社区内部冲突和社区外部冲突。下面基于冲突发生的原因，将社区冲突大致分为利益冲突、认知冲突、情绪冲突和文化信念冲突，并提出相应的预防和化解措施。

（一）基于合同文本及契约精神化解利益冲突

社区冲突很多是利益冲突。预防和解决利益冲突的最佳途径是从合同入手，完善和有效利用各种合同文本，强化契约精神。合同条款模糊不清，或者执行过程中存在某些漏洞，很容易成为一方或双方挑起争端的理由。仍以最常见的业主与物业公司之间的冲突为例。如果业主作为委托人与受托物业公司之间能够签署详细、完备的合同文本，在其中明确双方在物业管理过程中的责、权、利划分，将有利于规范双方行为，减少不合理的期待，避免不公平感和相对剥夺感，从而减少利益纷争，创造和谐社区。

契约精神对避免利益冲突至关重要。两个人分瓜，谁手里有刀，都可能给自己分大一点儿，给对方分小一点儿。如果规定一个人有权分瓜，对方有权挑选，问题很可能就解决了。业委会在选聘物业公司之初应充分开展调研，将物业管理合同尽可能细化，形成规范化的合同文本。这是避免后期冲突的前提条件。目前来看，无论是业主、业委会还是物业公司，都尚需时日积累经验，以保护各自的利益。只有在周全完备的物业管理合同框架内开展合作，才能有效减少或避免各种利益冲突。

（二）认知冲突的化解与“假设之梯”

发生认知冲突通常有两种原因。一种是信息沟通不畅，导致人们了解和掌握的信息不同。部分人不了解信息或了解的信息不全，双方掌握的信息不对等，都可能导致意见不一致。这种情况下的冲突治理策略应充分利用社区网格员和各种宣传渠道，如小区宣传栏或电梯间的电视广告等，加强社区信息传播和沟通，提高社区管理的透明度。必要时，可以组织志愿者采取最原始的“扫楼”方式，确保信息传达到每一户居民。另一种常见的原因是习惯性思维。我们从小习得了很多成见，包括很多模式化的刻板印象。遇到人和事的时候，往往根据习惯性思维快速做出判断，而对于这种习惯性思维的逻辑，我们往往并不觉知。因为它们是在毫无意识的状态下形成的，是从小建立起来的笼统的分类系统的产物（杰克·汉密尔顿等，2018）。成见可能蕴含少许事实，但它远非眼前的真相。它们往往基于极少或根本没有现实依据的武断说法，让我们做出一系列毫无根据的假设。对他人和事物做出判断时，没有根据，缺乏思考，只有一连串毫无根据的假设，这便是“假设之梯”（如图 14-3 所示）。

图 14-3　假设之梯

“假设之梯”从最底端的现实场景或背景到最高端的行为反应之间存在四级阶梯。第一阶是观察到的事实。实际上人们的观察是有选择性的，当下的认知受到过去的影响。所以，人们常常会扭曲地看待目前发生的事物。第二阶是解读，即对自己看到的“事实”进行解读，其结果是形成意见或“看法”。第三阶是推测动机，如“他是想……”“他之所以这样是因为……”，这是一个归因的过程。多数时候我们倾向于把不良动机强加给触怒或者得罪我们的人。第四阶是归类，即将对方迅速归类于我们习得的分类系统中的某一类人。“假设之梯”的顶端是相应的行为反应。这一串的连锁思维反应往往是人们在不知不觉中下意识地完成的。

意识到事情也许并非自己想象的那样，有助于让冲突双方保持开放的态度。每个人都可能受到先入为主的成见的影响，因此需要暂时先从自己的“假设之梯”上撤退下来，倾听对方的观点，接受别样的可能性。但是这还不够。化解由思维方式导致的冲突需要双方各自说出自己的假设，倾听对方的假设，通过沟通相互澄清，重构意义，化解愤怒，直到达成和解。

（三）情绪冲突与欣赏型探究

情绪冲突可能是个人情绪管理不当造成的，也可能是长期积怨造成的。适当的心理辅导或咨询有助于这类冲突的化解。在此引入欣赏型探究模式。欣赏型探究（appreciative inquiry）最早是一种组织和团体发展模式，后来被广泛应用于解决各类冲突问题。专栏 14-3 提供了一个成功案例。

欣赏型探究不仅可以用来减少冲突，目前还被各种组织用于鼓励参与者朝积极的方向发展。无论政府还是社团，都能从这种方法训练中获得潜能。有学者基于研究数据将社区区分为松散型社区和关系型社区（Johnston & Lane，2018）。社区和组织内部冲突不断，如果我们总是忙着为各种冲突诊断原因，忙着解决冲突，我们就是生活在松散型社区。关系型社区对于冲突具有更有效的预防作用，而欣赏型探究作为一种组织发展模式，为建设关系型社区铺就了一条道路。

[专栏 14-3] 欣赏型探究案例

美国爱可米农机设备公司内部发生了性别冲突。公司里的女员工感觉受到男性同事的歧视。按照她们的描述，自己在工作环境中很少被肯定，经常被安排加班，工资待遇很低，有时还会受到性骚扰，她们对此感到强烈愤怒。与此同时，那些男同事则认为女同胞的指责不公平，抱怨她们过于敏感，有敌对心理。公司内部同事相互之间的不信任感不断蔓延。公司高管向欣赏型探究项目专家库珀里德（D. Cooperrider）和他的团队求助。有公司高管提出，应该制定一份员工行为守则，规定对所有人而言哪些是适当的行为，并对不当行为进行处罚。他们认为，尽管男性员工普遍不承认，但仍有必要针对性骚扰问题安排工作坊。而库珀里德却认为，那样做只会把问题客观化，这种解决方案并不能有效解决同事之间的信任问题。

因此，员工们被召集起来，共同开展欣赏型探究。他们两两一对或几人一组开展讨论，给他们的任务是回忆男女员工在一起工作的故事，其中有没有一些互相尊重、高效合作的案例呢？有没有男同事和女同事彼此受益于对方贡献的时候呢？这些经历是怎么发生的呢？员工们积极回应这一任务，回忆了在过去相处过程中经历过的很多美好故事。然后，故事在小组之间分享。在他们这么做的时候，变化发生了：愤怒开始消解，坚冰开始融化，同事之间开始有了说笑、赞美和相互尊重。

在这种积极的团体氛围中，库珀里德邀请员工们开始畅想公司的未来：怎样才能共同创造出他们认为最理想的公司？怎样才能让公司成为给自己带来快乐的地方？当员工们参与讨论未来计划时，他们开始思考新的政策、实践，充满乐观，士气高昂。当积极计划开始运行时，戏剧性的变化发生了："问题"不见了，消失得无影无踪。

（资料来源：肯尼思 · J. 格根，2017）

（四）文化信念冲突与合作性对话

本质上讲，文化信念冲突也是一种认知冲突。认知冲突有不同的层次，微观层次上表现为对某个具体事物的看法不一样，中观层次上表现为彼此看待问题的方式不一样，宏观层次上表现为对人生和世界的看法不一样。其中，中观和宏观层次的冲突可以理解为文化信念冲突。相比于微观层次对具体事物的看法不一致，文化信念冲突要深刻得多，也更难化解。

合作性对话（collaborative dialogue）是后现代心理学倡导的一种新的理念（肯尼思·J. 格根，玛丽·格根，2019），并已发展出一系列的操作技术。其核心观点是：在多元文化、多元价值的时代，各种现实（包括冲突）都是很多人、很多因素共同参与建构出来的，同样也可以被解构和重构，而合作性对话正是解构和重构现实的有效方式。

概要

社区冲突是社区内的居民及群体、组织在资源竞争或对社区基本设施进行管理或使用过程中所产生的矛盾分歧。社区冲突包括社区内部冲突和社区外部冲突。社区或相关组织部分成员的利益受损、零和思维、不公平感和相对剥夺感、群体认同差异等因素都可能导致冲突。社区冲突通常经历潜伏、爆发、升级、僵持、解决等几个阶段。常见的应对冲突的策略有争斗、让步、回避和协商等。系统性地解决社区冲突问题需要以社区文化建设为引导，以机制建设作保障，并最终落实到对利益冲突、认知冲突、情绪冲突和文化信念冲突的解决上。

扩展阅读书目

黄囇莉.（2007）. *华人人际和谐与冲突：本土化的理论与研究*. 重庆：重庆大学出版社.

狄恩·普鲁特，金盛熙.（2013）. *社会冲突：升级、僵局及解决*（第 3 版）（王

凡姝 译）. 北京：人民邮电出版社.
杰克·汉密尔顿，伊丽莎白·西曼，夏琳娜·吉.（2018）. *关系突围——如何高效化解人际冲突*（沈洁 译）. 成都：天地出版社.

思考题

1. 选择一个身边发生的（或新闻报道的）案例，分析社区冲突的发生和发展过程。
2. 试用实例说明社区冲突的影响因素。
3. 结合实例思考社区冲突治理的中国模式。

第十五章　社区老年人的健康促进与失能预防

“咏年楼”是上海市黄浦区外滩街道的社区生活中心。这座三层小楼的第一层为日间照料中心，为衰弱和失能老年人服务；第二层为社区老年志愿者活动场所，也为家庭照料者提供支持；第三层为年龄博物馆，是年龄教育基地。“咏年楼”以日间照料为中心，覆盖社区，深入家庭。日间照料主要为重症慢性病、认知障碍以及残疾老年人提供营养餐食、常规检测、辅助洗澡、配药及递送、体能锻炼、记忆康复、失能康复、药物管理等服务。除开展社区失能老年人照护需求和家庭照料负担调查外，工作人员还把各居民区自愿报名的老年志愿者组织起来，成立“咏年楼”健康大使团队，定期联络失能老人家庭，开展家庭访视和志愿服务，并有针对性地提供上门医疗服务、上门护理、家政服务以及家庭照护技能培训等。此外，“咏年楼”还开展了一系列预防性干预项目，如针对社区的健康老年人，开展老年失智知识普及、脑保健训练课程等。

“咏年楼”是社区应对老龄化挑战，圆晚年“幸福梦”的有效事例。面对加速到来的老龄化社会，党的十九大报告提出“积极应对人口老龄化，构建养老、孝老、敬老政策体系和社会环境，推进医养结合，加快老龄事业和产业发展”，这是实施健康中国战略的重要内容。以下将分别阐述社区老年人的身心健康现状、健康促进与失能预防。

第一节　社区老年人的身心健康

中国已成为世界上老年人口最多的国家，也是人口老龄化最快的国家之一，老年人的身心健康状况日益受到重视。

一、老年人口的总体现状

我国自1999年成为老龄化国家以来，60岁或65岁以上的老年（the elderly）人口数量增长速度迅猛。按照全国老龄办（全国老龄工作委员会办公室）的统计，截至2019年底，我国60岁及以上的老年人口已达2.54亿，占总人口的18.1%，约为全球60岁及以上老年人口的25%。65岁及以上的老年人口有1.6亿，接近总人口的12%。80岁及以上的高龄老人正在以每年100万人的速度递增。全国老龄办、民政部、财政部于2016年10月9日在北京共同发布了第四次中国城乡老年人生活状况抽样调查结果。调查结果显示，我国失能、半失能老年人约为4 063万人，占老年人口的18.3%。而且随着人口老龄化的加速发展，65岁及以上失能老年人口将持续增长，到2020年可能会增长到1 867万，2050年将达到5 205万（王金营，李天然，2020）。

伴随老龄化的是家庭模式发生较大变化，三四代同堂的传统家庭减少，核心家庭增多。加之生活节奏加快，家庭养老功能趋弱，空巢、独居老年人数量急速增多。现阶段中国老年人口中有近一半是空巢老人，总量已经突破1亿。其中单独一人居住的老年人占老年人口总数的10%（翟振武，2019）。

二、老年人的身心健康现状

老年人的身心健康（physical and mental health）主要受老化和疾病的影响。

（一）老年人的生理健康现状

判断老年人生理健康状况的指标有两种：主观指标和客观指标。主观指标是指自己对自己身体健康状况的评价，客观指标有慢性病状况、生活自理能力等。老年人最渴望健康，但老年群体又是疾病尤其是慢性病的高发群体。同时，老年群体的健康素养低于其他群体。据世界卫生组织统计，发达国家60岁以上老年人口中身体健康的比例超过60%，而我国只有43%左右。下面介绍老年人最常见的两类疾病。

1. 与正常老化相关的视听觉疾病

伴随增龄，老年人的视听觉器官会出现功能衰退，视听觉疾病也随之而来。一方面，年纪增大导致眼球结构逐渐发生变化，玻璃体发生退行性病变，晶状体内液体的含量减少，可溶性蛋白（晶状体蛋白）含量增加等，因而老年人会产生很多眼睛疾病，如年龄相关性黄斑变性、老年飞蚊症、白内障、青光眼等。视觉疾病会降低老年人生活中各种姿势和动作的稳定性，增加了跌倒和骨折的风险，也在一定程度上妨碍老年人的社会活动，出现或加剧抑郁症、社交孤独症。

另一方面，年龄增长也会带来听觉器官衰老、退变，由此造成老年性耳聋。老年性耳聋者长时间连续处于听力障碍状态，并且随着时间的推移，患者与人的言语沟通会变得越来越困难，进而表现为社会适应能力下降、心理状态改变、生活质量下降等。

2. 与病理性老化相关的慢性疾病

老年人由于身体机能的下降，记忆力、体力均减退，呼吸、循环、消化、代谢、免疫等功能均明显降低，易感染各种疾病，且病程周期长，康复缓慢，并发症多，容易发展为慢性病。

（1）心血管疾病。高血压、心脏病等心血管疾病在老年群体中流行度高而又相对受累严重。目前，我国心血管疾病患病率及死亡率仍处于上升阶段，心血管疾病死亡占城乡居民总死亡原因的首位，农村为 45.5%，城市为 43.2%（胡盛寿等，2019）。心血管疾病的危险因素包括高血压、吸烟、血脂异常、糖尿病、身体活动不足、超重与肥胖、不合理膳食、大气污染等等。

（2）糖尿病。糖尿病是一种与增龄相关的疾病，伴随着年龄的增加，其患病率显著上升。有关数据表明，我国成人糖尿病的加权患病率为 11.2%（全国估算糖尿病患者达到 1.56 亿人），50 岁以后患病率急剧上升。2013 年发表的一项全国范围的调查显示，老年人、城市居民、经济发达地区、超重和肥胖者的糖尿病患病率较高，糖尿病前期检出率为 35.7%，老年人、超重和肥胖人群以及农村居民的糖尿病前期检出率较高。糖尿病知晓率为 36.5%，治疗率 32.2%，治疗控制率 49.2%；老年人、女性和城市居民的糖尿病知晓率和治疗率较高，相对年轻的患者和城市居民的糖尿病治疗控制率较高（Xu et al.，2013）。

（3）关节炎。关节炎是导致老年人丧失独立生活能力的疾病之一。其中，最常见的是骨性关节炎和类风湿性关节炎。国内外的调查显示，骨性关节炎的总患病率约为 15%，40 岁人群的患病率为 10%~17%，60 岁以上达到 50%。75 岁以上的人群中，80% 的人患有骨性关节炎，而在 80 岁的人群中，90% 以上的人患有骨性关节炎。

（4）脑卒中。脑卒中是多种脑血管疾病的严重表现形式。根据《中国脑卒中防治报告（2019）》，卒中患者平均发病年龄在 65 岁左右，卒中性别特征表现为男性高于女性，2012—2013 年我国男女卒中患者的平均发病年龄分别为 65.5 岁和 67.6 岁。

（5）睡眠障碍。睡眠障碍是影响老年人身心健康的另一大难题。老年人睡眠障碍可导致免疫能力降低而诱发神经衰弱、胃肠疾病等多种疾患，甚至会增加心脏病、高血压、肥胖、老年失智、自杀行为等疾患的风险。刘芸等（2014）的元分析表明，我国 60 岁以上老年人群睡眠障碍患病率为 47.2%，60 岁以上老年女性人群睡眠障碍患病率高于男性（分别为 58.2% 和 49.2%）。研究还发现，年龄越大，睡眠障碍的患病率也越高，60 岁、70 岁、80 岁年龄组老年人睡眠障碍患病率分别为 35.3%、41.5%、51.0%。

（二）老年人的心理健康现状

进入老年期后，伴随着生理功能的逐渐衰退、社会角色的改变，以及疾病、丧偶等生活事件的出现，老年人心理上也会出现不同程度、不同症状的疾病，如抑郁、孤独、失智等，有的还会出现严重的精神障碍。

1. 老年抑郁

抑郁（depression）是老年人群中常见的一种情绪和精神障碍。躯体功能的逐渐衰退，社会角色、经济地位等的改变，个人心理负担的加重，身体疾病的增多，对环境适应能力的下降等都会影响老年人抑郁症状的发生和发展。韩布新和李娟（2013）调查发现，中国城市老年人抑郁情绪问题检出率为 39.9%，而且随着年龄的增长，老年组（80 岁及以上）较之其他年龄组的抑郁情绪更严重。

2. 老年孤独

孤独（loneliness）是在老年人中普遍存在的一种主观自觉与社会隔离而产生的孤单、寂寞、不愉快的情感，它是老年人在人际交往中因交流的需要没有得到满足而产生的一种消极心理体验。孤独心理严重损害老年人的心理健康，降低老年人的生活质量和主观幸福感。有的老年人缺乏足够的家庭支持，再加上挚友相继离世，社交能力下降，因而内心产生巨大的孤独感。赵丹和余林（2016）通过采用横断历史研究发现，我国老年人孤独感水平随年代的变迁呈上升趋势。老年人孤独感水平有婚姻状况的差异，但不受性别影响。

3. 老年失智

老年失智（senile dementia），旧称痴呆，是一种以高级认知功能障碍为特征的综合病，可分为阿尔茨海默病、血管性痴呆以及两者并存的混合型。国家卫健委和众多的独立研究均表明，近年老年失智患病率随时间推移逐渐升高。欧阳雁玲和尹尚菁（2019）对北京大学中国老年健康和影响因素跟踪调查所得数据分析发现，2014 年我国老年失智患病率为 6.39%。性别、居住地和年龄对老年失智患病率均有影响：男性患病率为 16.5%，女性患病率为 29.0%；居住地为城镇的老人患病率为 20.7%，居住地为农村的老年人患病率为 25.3%；随着年龄的增长，患病率有所升高，60～69 岁组的患病率为 3.8%，百岁及以上组的患病率为 61.2%。

（三）影响老年人心理健康的社会性因素

生理老化、疾病是影响老年人心理健康的基础因素，但更多的心理健康问题来自社会适应、社会支持和社会参与等有关的社会性因素。

1. 社会适应

老年期社会适应对心理健康有着直接的影响，主要包括退休适应、家庭适应（如空巢）、丧偶适应等。

离退休老人的生活内容、生活节奏、社会地位、人际交往等方面都会发生很大变化，由于不适应环境的突然改变，出现寂寞、失落、焦虑、抑郁和烦躁等负性情绪，这种情绪上的消沉和偏离常态的行为，被称为“离退休综合征”。退休也改变了老年人的收入，而经济能力与老年人的家庭地位、子女关系、精神状态都有关系（解登峰等，2011）。

许多老年人子女不在身边，情感慰藉、健康医护、生活照护等方面缺失，存在着空巢综合征，主要表现为失落感、孤独感、衰老感、痛苦、不适、焦虑和抑郁等，且自我评价偏低。孤独是空巢综合征最严重的负性情绪之一，独居老人则是空巢老人中最为孤独的一部分老人。空巢老人由于家庭功能受损，社会功能又未能及时发挥替代作用，是社会交往能力受损的易感人群；随子女迁移的“漂族老人”，身处陌生的环境，社交范围狭小，缺乏足够的社会支持，产生强烈的孤独感（吴金晏，2012）。社会支持，尤其是来自成年子女的社会支持是影响空巢老人心理健康最为重要的因素之一。社会支持越多，他们的孤独感越少，自信心、幸福感等受到损害的趋势越低（彭华茂，尹述飞，2010）。

婚姻状况会显著影响老年人的心理健康状态，独自居住的男性老年人抑郁程度比较严重，未婚或者没有生育子女的女性老年人抑郁程度也比较严重，而已婚可以有效降低抑郁程度。

2. 社会网络

社会网络是指个体保持的社会关系结构，包括与家人和朋友的亲密关系，以及与其他个人和团体的正式关系。在缺乏直系亲属和朋友的情况下，远亲也为中国老年人提供支持（Cheng et al.，2009）。

个体的社会关系密度反映了其社会网络规模，而社会网络规模对老年人的认知功能起着保护作用。拥有较大社会网络规模的个体更不可能经历有害的认知变化，能够保持良好的认知功能（Crooks et al.，2008）。社会网络的复杂性以及个体社会关系的质量与其认知功能关系密切（赵丹，余林，2016）。个人真实地参与社会交往可以保护其认知功能，如果一个人在社会交往中不积极参与，再庞大的社会网络规模也无法对他的认知功能产生益处（Green，2008）。

3. 社会支持

社会支持是指重要他人如家人、朋友等给予个体精神和物质资源上的帮助和支持（Barrera，1986），通常代表的是个体社会关系的功能或行为内容（House，1987）。对社会支持的研究涉及工具性支持、情感支持、觉察到的社会支持和对社会支持的满意度等方面。

工具性支持（如金钱、生病照料等）与某些特定的认知能力有关。工具性支持的减少能够预测老年人一年后言语工作记忆和执行功能上的认知衰退（Dickinson et al.，2011）。实际支持与执行功能中的抑制和转换能力显著相关，可能是因为工具性支持对于接收者来说包含着情感意义，正是这种情感成分使其对个体的生理和心理健康产生影响（Sims et al.，2011）。

情感支持（如倾听、抚慰等）能够保护认知功能，延缓其衰退速度。研究者（Seeman et al.，2001）将情感支持定义为有亲人和朋友使自己感到爱和关心，以及有能够倾诉烦恼的对象，并发现获得高频率情感支持的老年人，其综合认知能力表现更佳。

针对觉察到的社会支持的研究发现，朋友支持对老年人的认知能力产生的影响最为重要。相比家人提供的社会支持，朋友的社会支持能使老年人保持更好的认知功能（Brown et al.，2009）。不过由于中西方文化差异，中国的孝道文化使得老年人视家庭成员为主要的社会支持提供者；与朋友支持和重要他人支持相比较，家庭支持才是认知功能最重要的预测指标，拥有更多家庭支持和更高教育水平的老年人能够保持更好的认知功能（Zhu et al.，2012）。

对社会支持的满意度也同样影响老年人的认知老化。对社会支持较高的满意度与更好的一般认知能力、注意力以及较少的情景记忆衰退有关。相反，对社会支持的不满会增加抑郁和认知损伤并发症的风险（Hughes et al.，2008）。

4. 社会参与

社会参与是指个体参与社会角色和关系的程度（Avison et al.，2007）。

老年人的社会参与与其身体和认知健康密切相关，高水平的社会参与不仅是老年人维持正常身体功能、降低死亡率的重要因素（Bath & Deeg，2005），还能够延缓记忆丧失（Ertel et al.，2008），并降低失智患病风险（Paillard-Borg et al.，2009）。

社会参与的类别对老年人认知健康的作用不同。研究者（Haslam et al.，2014）将个体的社会参与分为团体参与（即参与文化活动、社区活动和团体组织）和个体参与（即与配偶、子女、朋友或亲属的交往）。团体参与能够对认知功能产生显著的、持续的、独特的保护作用，并且这种效果随着年龄的增长而增加。共同的社会认同感会让个体产生一种与未知他人（例如，同一个社区的人）的联系感，这将使得个体与他人的社会交往变得更安全、更有益，且个体参与多个社会团体会使得这种作用最大化。

老年人参与的团体活动主要包括认知活动、身体活动、社会活动三种类型，不同的活动类型作用于不同的认知领域。高水平的社会活动有利于总体认知功能和记忆的保持（James et al.，2011；Mousavi-Nasab et al.，2014）；而非社会活动不仅作用于总体认知功能和记忆，还能够预防执行功能和语言功能的衰退，降低失智转换率（Blasko et al.，2014；Small et al.，2012）。同样，李旭等（2014）发现非社会活动对认知功能的影响具有选择性。此外，有氧锻炼对执行控制类的能力改善最大，短期的锻炼也有效。但是，一些非社会活动，如观看电视对老年人的执行功能有负面影响，所以研究者将其视为消极的休闲活动（Blasko et al.，2014）。一项研究显示，老年人比年轻人花更多的时间观看电视，但从中获得的乐趣比从其他活动中得到的少（Depp et al.，2010）。将大量时间用于看电视不仅会降低生活满意度，还会造成社会交往的减少，进而对老年人的身体和认知健康产生较大的损害。

5. 自我与健康观念

黄希庭等（1998）的研究表明，老年人的心理健康状况显著地受自我概念性质的影响：消极的自我概念使老年人对自己持否定怀疑的态度，自我接纳程度降低，并产生低自尊、自卑等不良情绪；相反，积极的自我概念会使老年人更加乐观地看待问题，对待生活和工作也更热情，能更好地调整、控制自己的不良情绪。

[专栏15-1] 老年人的心理护理

老年人的心理健康是可以维护的，正确的维护方式能有效预防或减缓心理疾病的发生，也可促进心理健康的恢复。老年人的心理健康可以通过下列途径维护。

1. 保持良好的人际关系

人际关系的形成包括认知、情感、行为三个方面的心理因素。情感方面的联系是人际关系的主要特征。在人际关系中，有积极关系，也有消极关系，而人际关系的协调对老年人的心理健康有很大促进作用。

2. 与外界环境保持接触

与外界环境的接触包括三个方面，即与自然、社会和人的接触。老年人离退休居家，往往易产生抑郁或焦虑情绪。要鼓励老年人从社会生活中寻找生活动力，在身体状况允许的情况下，参加适当的活动，例如唱歌、跳舞等，或参加一些力所能及的工作。这样既可以丰富老年人的精神生活，同时又可以及时调整老年人的行为，以便更好地适应环境。

3. 维持一个和睦的家庭

家庭和睦是老年人身心健康的基础。老年人常会感到孤独，希望得到家人的关心、爱护和照顾。做子女的应经常与老年人沟通，遇事与老年人商量，使老年人得到应有的尊重。丧偶的老年人独自生活，会感到寂寞，做子女的应理解老年人的求偶需求，支持老年人的求偶行为，满足老年人的心愿。

4. 掌握一定的自我护理知识

掌握常用的健康护理知识，例如合理饮食、注意出行、防暑措施、穴位拍打功效，这样既锻炼了智力，又学会了自我保健和自我照顾的技能。学习有关疾病的基础知识和有效的防治方法等，既能帮助老年人正确认识疾病，也能增强自我保健和自我照顾的能力。

5. 生活规律，适度脑体劳动

老年人要学会安排规律的生活和合理的作息时间，根据自己的兴趣爱好和体质状况有选择、有规律地进行运动，如跑步、打球、爬山、打太极拳等体力运动，下棋、打牌等脑力运动。这些运动不仅能增强体质，而且可以有效地延缓认知能力和思维能力等的衰退。

第二节　社区老年人的健康促进

健康促进（health promotion）是指个人、社区和国家一起采取措施，鼓励健康的行为，改善和解决个人的健康问题。

一、社区老年人的生理健康促进

社区卫生服务站更多是承担预防保健任务。在日常工作中，社区医护人员能给予老年人多种形式、全方位的健康指导。

（一）社区老年人的日常健康指导

1. 日常膳食指导

老年人因胃酸分泌减少，消化能力下降，饮食宜松软。另外，老年人的脏器功能有不同程度的下降，饮食要体现个体化。每日膳食要包括谷类、豆类、奶类、鱼类、肉类、禽类、蛋类，以及蔬菜、水果，做到均衡膳食。饮食要摄入一定的热能，维持生理活动；蛋白质要优质适量，以增强机体抵抗力；脂肪要控制并选用不饱和脂肪，以减轻动脉硬化；适当摄入粗粮，以减轻便秘。

2. 遵医用药指导

老年人由于记忆力减退，经常忘记服药，所以要按时提醒。医生在开处方时应尽量使用长效药物，如缓释片或控释片，以减少老年人服药次数；要叮嘱老年人定期复诊，以了解用药效果；告知老年人家属把药物放在固定显眼位置。

3. 运动锻炼指导

适当的体育锻炼可以改善老年人的心理状态，使其精神饱满，心情愉快。但需注意老年人心、肺功能有不同程度的下降，不宜做剧烈运动。适宜的运动为做体操、练气功、散步、快步走、慢跑、骑自行车等，锻炼应注意因人而异，循序渐进。

（二）社区老年人的生理健康管理

社区对老年人的生理健康管理包括以下内容。

1. 建立社区老年人健康档案

社区将老年人的个人信息登记入册，为老年慢性病患者建立电子病历，实行信息化、动态化管理，并开展健康管理服务。

2. 进行社区老年人健康体检

社区对老年人定期开展健康体检，可使许多老年疾病在无症状期内被发现，以便及早治疗，也能促使老年人了解、关心自身健康，改善和提高生活质量，达到预防疾病的目的。

3. 加强随访，开展健康教育

社区根据老年人的健康状况，制订个性化随访计划，组织医疗团队主动、连续地随访，提供医疗护理、康复保健、健康指导、不良生活干预及精神安慰治疗等服务。社区还可以开展多种形式的健康教育，内容包括疾病预防、自我保健、自救和他救等。

4. 开展家庭医生签约服务

在双方自愿、自由选择的基础上，社区组织家庭医生与居民家庭签订协议，由家庭医生为居民家庭，尤其是家庭中的老年人提供个性化服务。

（三）社区老年人的慢性病综合干预

老年慢性病患者身体机能虚弱，病程长，病情进展缓慢，因此社区为他们提供较长期有效的护理服务，改善他们的健康状况、生活质量，是一项重要的工作。

缪琴（2013）的研究以社区营养工作室为平台，应用膳食与营养干预手段，进行了老年慢性病社区综合干预的实践。研究结果发现，干预后社区老年人膳食知识得分有显著提升，干预人群中体重超重、肥胖所占比重有明显下降，并且与膳食营养因素相关的高血压、高血糖、高甘油三酯和高胆固醇等生化指标也有明显的改善。杨金侠和马青连（2011）构建了一种基于社区健康管理的慢性病综合防控战略框架，以社区健康管理为立足点，以对电子健康档案的管理、分析和利用为切入点，以提高慢性病防控主体与受体的主动性和积极性为落脚点，实施分阶段、分人群干预，从而提高了人们的健康素养，推迟了慢性病的发病年龄，减少了疾病给病患带来的痛苦，提高了生命质量。

二、社区老年人的心理健康促进

社区老年人的心理健康促进主要是指维护老年人心理功能的正常发挥，关注老年人不良情绪的处理，提供社会心理支持和心理障碍的早期预防和识别，并实现快速转介和防止意外。老年人的心理健康促进可分为社区硬件建设和人性化的社区心理健康服务。

（一）社区老年人心理健康促进的有关设施

社区老年人心理健康服务强调预防为主、治疗为辅的观点，包括：开展社区老年人心理健康的宣传服务和教育讲座，开展社区老年人的心理普查，建立心理健康档案；对存在心理问题的老年人进行定期观察和检查；开通老年人心理咨询热线，或开展个体或团体心理辅导。

1. 社区老年人心理健康教育的设施

要让社区老年人知晓心理卫生的知识，现实可行的方法是利用宣传栏、宣传板报等，或编印和散发心理保健知识宣传资料；有条件的社区可以通过社区有线电视、广播或网络等进行心理健康教育。

2. 社区老年人心理健康档案的建立

对老年人进行心理普查，建立他们的心理健康档案，有助于掌握和了解他们的心理发展规律及特点。发放社区心理健康服务联系卡，有助于老年人在第一时间获得帮助。

3. 社区心理服务机构的建立

为了提升社区心理健康服务能力，可在社区设立心理健康教育活动室以及心理咨询与治疗室，并招聘培养专职心理健康工作人员，开展形式多样的心理健康知识普及与教育活动。还可以利用服务网络、热线等方式，为社区老年人提供心理援助，解答老年人提出的心理健康问题，对有心理困扰或心理问题的老年人实施针对性的心理辅导及治疗，以及心理健康干预服务。

4. 定期上门寻访、转介等制度的建立

上门寻访等服务，其重点是为空巢老人、留守老人、失独老人等提供心理问题的筛检、心理辅导、精神慰藉等服务。如果社区老年人出现较为严重的心理问题，则需要转介到专业机构治疗。

（二）社区老年人心理健康咨询

社区老年人心理健康咨询可分为团体咨询和个体咨询。

1. 团体咨询

团体咨询可分为团体参与行动及团体释疑排解。空巢老人、留守老人、丧偶老人等容易产生孤独感，下面以排解孤独感为例加以说明。组织老年人参与社区行动，促进他们的自治性组织的形成和运作，如组织他们跳广场舞，或组织他们集体旅游等，以满足老年人的自主需要、关系需要和胜任需要，来排除孤独感。还可以组织以释疑排解为主题的团体心理辅导，促使老年人学习并尝试排解孤独感、增强积极情感的方法。

2. 个体咨询

个体咨询可以在评估老年人孤独感等情绪状态的同时，了解老年人的身体健康状况、日常生活能力和社会功能情况，特别有助于下列几种特殊情况的处理。

（1）心理支持。心理咨询人员通过陪伴出现心理困扰或问题的老年人，给予他们无条件的支持，提高他们的安全感，增强他们生活的信心。倾听与交谈也能使老年人有“吐苦水”的机会，抒发释放他们压抑在心头的情绪，从而摆脱不良情绪的困扰。

（2）心理疏导。有些老年人比较固执、偏激，容易出现认知偏差，听不进别人的意见和建议。心理咨询人员可通过普及相关心理知识，帮助他们走出认知误区，客观而全面地看待问题。

（3）心理问题防范。个别老年人在心理危机时期，可能做出极端之事，如自杀、伤人或自伤等。心理咨询人员在咨询过程中，要善于发现一些危险信号，及时开导与排遣，防患于未然。

[专栏 15-2] 认知与行为训练对社区老年人的健康促进

下列认知与行为训练有助于促进社区老年人的身心健康，提高老年人的生活质量。

1. 整合性训练有助于改善大脑皮质的完整性和认知功能

有氧运动不仅能改善机体的心肺系统和消化系统的功能，而且能改善大脑皮质的完整性，进而改善认知功能。将认知干预、有氧运动等相结合，对有轻度认知障碍的老年人进行整合性训练，结果发现研究对象的认知功能得到了改善。

2. 视频游戏有助于延缓认知衰老

视频游戏中认知功能的训练能有效延缓认知老化，游戏中的积极情绪体验、玩家互动均可以提高心理健康水平。视频游戏还能扩大老年人的社交网络。此外，互动式视频游戏还能使老年人进行更多的身体锻炼。

3. 音乐训练有助于延缓言语感知衰老

在日常生活中，老年人经常发出一种看似矛盾的抱怨：我可以听到你在说话，但是我无法听清楚你在说什么。老年人似乎面临一种与听力无关，表现为言语感知能力下降的听觉老龄化的困扰。音乐训练有助于听觉加工能力的提高，进而延缓老年人言语感知能力的衰退。

4. 双语训练增加认知储备，有助于延缓衰老

双语者在社会交往中比单语者享有更大的活动和发展空间。双语经验不仅有助

于改善人类认知能力，而且还会增加认知储备，延缓衰老，甚至可能抵御老年失智。双语经验能影响大脑的功能和活动方式甚至结构，在一定程度上抵御老年化疾病。

第三节　社区老年人的失能预防

失能预防（disability prevention）是老年人社区心理服务、心理健康促进工作的必然要求。评估失能风险、构筑预防机制，可有效延缓失能进程，降低失能发生率，有助于提升老年人的生活质量。

一、我国老年人失能的现状及成因

（一）我国老年人失能的现状

贾格尔等（Jagger et al.，2001）认为失能（disability）是不能正常执行日常生活功能，主要参考六项指标：走动、洗澡、穿衣、上下床、如厕、进食。如果能轻松完成上述六项，说明基本生活能力正常；如有 1—2 项不能完成，即为轻度失能；3—4 项不能完成，即为中度失能；5—6 项不能完成，则为重度失能。目前我国研究者多采用这个定义开展失能相关研究。

丁华和严洁（2018）基于中国健康与养老追踪调查所得的数据，从日常生活活动能力方面对中国老年人的失能率进行测算，结果表明，2011 年为 11.1%，2013 年为 10.6%，2015 年为 10.3%，呈微弱下降趋势。根据国家卫健委的报告，截至 2018 年底，我国 60 岁及以上的老年人约 2.49 亿人，患有慢性病的老年人近 1.8 亿人，失能、半失能老年人约 4 000 万人。

总的来说，我国老年人失能呈现出以下几个特点。

（1）失能老年人口规模大。虽然老年人失能率近年来变化不大，甚至有所下降，但由于我国老年人口基数巨大，所以失能老年人绝对数量众多。

（2）老年人失能有城乡差异。根据第六次全国人口普查数据分析（潘金洪等，2012），农村老年人的失能率高于城市老年人，其中农村女性老年人的失能率最高。

（3）老年人失能有性别差异。无论城乡，女性老年人的失能率均高于男性老年人。

（4）老年人失能有年龄差异。多数研究表明，无论城乡、性别，老年人失能率随着年龄的增长而递增，失能在80岁及以上的高龄老年人中表现得更为突出。

（5）老年人失能有地域分布差异。总的来说，经济发达、医疗资源良好的东部地区的老年人失能率最低，其次是西部和中部地区，失能率最高的是我国东北地区。

失能对老年人个人、家庭及社会造成多种不良影响。对老年人而言，失能会加速其身体功能的衰退或丧失，增加疾病易感性；失能会引起活动受限，导致居住及养老方式改变、人际互动改变、缺乏自信，甚至出现抑郁、焦虑等情绪问题（杜鹏，武超，2006）。对老年人的家庭来说，失能会增加老年人的医疗和照护支出，提升家庭生活成本，加重家庭照护和经济负担。对整个社会来说，老年人失能会使疾病的再发生率升高，给社会带来沉重的医疗负担，这也是对国家政治、经济、保障等方面政策及制度的严峻考验。

（二）老年人失能的成因

根据生物—心理—社会医学模式的观点，失能是多因素综合作用的结果。老年人失能的高风险因素主要有慢性疾病、认知损害、抑郁、身体质量指数过高或过低、下肢功能受限、社会交往少、身体锻炼少、吸烟、视觉损害等。

1. 生理因素

（1）高龄女性。一般认为高龄女性老年人有更高的失能风险。

（2）慢性疾病。老年人失能主要与慢性疾病有关。2002年、2005年、2008年和2011年中国纵向健康和长寿调查的数据表明，心血管疾病、骨骼疾病以及感官疾病是导致失能的主要慢性疾病。

（3）衰弱。伴随着高龄，老年人容易出现衰弱。衰弱主要是指老年人身体功能老化，导致体能储备下降，对外界压力的抵抗力减弱，从而引起跌倒、疾病等，增加失能风险，甚至死亡。衰弱通常被认为是老年人失能前的表现，有重要的预测作用。

（4）跌倒伤害。老化使老年人的骨骼肌肉质量与力量下降，导致他们的下肢功能受限，跌倒概率增大。目前跌倒是导致我国老年人意外伤害的主要原因，位列引起我国老年人住院护理不良事件的前三位。同时也是老年人群残疾、失能和死亡的主要原因，对老年人的健康和独立生活的威胁甚大。

（5）身体质量指数（body mass index，BMI）过高或过低。徐小凤等（2018）对我国西部居家老年人的调查发现，BMI 正常（BMI＝18.5～23.9）的老年人，其生活自理的比例高于肥胖（BMI ≥ 28）或消瘦（BMI < 18.5）者。因为肥胖加重骨骼系统的负担，增大跌倒风险，而消瘦者多有营养不良的表现，进而影响生活自理能力，导致失能。

2. 心理与行为因素

（1）抑郁。研究发现，抑郁与老年人失能密切相关。随着老年人抑郁程度的加深，其失能率呈上升趋势，重度抑郁老年人的失能率是无抑郁老年人的 4.69 倍（杨付英等，2016）。

（2）认知功能障碍。研究认为，认知功能障碍与老年失能相关，甚至是失能的独立危险因素（杨永学等，2015）。

（3）健康行为。有健康行为习惯，如运动锻炼（包括做家务）、不吸烟、不喝酒的老年人，其失能风险较低。

（4）营养状况。老年人不良的营养状况和失能紧密联系，也许不良的营养状况与老年人的咀嚼能力降低有关，进而增加失能风险。因此，预防牙齿损伤，鼓励老年人佩戴假牙，可以保证老年人摄入充足的营养。

3. 社会环境因素

（1）婚姻状况。没有配偶的陪伴、照顾、交流的老年人，出现失能的风险较高（林红等，2002）。

（2）经济状况。经济状况是影响老年人生活自理能力的重要影响因素。因为经济状况与其营养状况、社会参与有关。

（3）社会参与状况。林红等（2002）发现，社会参与度高、有信赖的朋友、愿沟通的老年人，失能损害程度不明显。

（4）医疗保障服务状况。乐章和刘二鹏（2016）的研究发现，农村老年人是否参加新型农村合作医疗、距医疗点的距离、医疗费用分担方式、生病能否得到及时救治以及社区医疗服务质量，均会对他们的失能状况产生显著的影响。

二、老年人失能的评估

对老年人失能的评估主要是评估其日常生活活动能力，可通过量表，并结合访谈、观察等方法。日常生活活动能力主要分为工具性日常生活活动能力和基本日常生活活动能力。目前，最常用的是巴氏指数量表（Barthel Index，BI）、劳顿和布罗迪（Lawton & Brody）的工具性日常生活活动能力量表（Instrumental Activities of Daily Living Scale，IADL）（杨茗等，2014）。

基于《国际功能、残疾和健康分类》（International Classification of Functioning Disability and Health，ICF）理论框架，采用系统评价和德尔菲法，杨茗等（2014）开发了适用于中国老年人的失能评估量表（Elderly Disability Assessment Scale，EDAS）。经过检测，EDAS 有较高的信度和效度、良好的可行性和反应度，是测评老年人失能的可靠工具。EADS 量表共 28 个题项，包括“身体功能”和“活动和参与”两大领域的 7 个维度，7 级记分。总分越低，表明失能程度越高。EDAS 量表总分低于 196 分即认为存在失能的情况。总分 168～195 分，表明存在功能受损或需要借助药物维持，但不需要他人帮助，为轻度失能；总分 140～167 分，表明需要他人监护、提示、劝告或准备必需品，可能存在中度失能；总分 84～139 分，表明需要他人身体接触性帮助，可能存在重度失能；总分 28～83 分，表明至少超过 1/2 的时间需要他人帮助，可能存在极重度失能。

EDAS 评估内容全面，但题项较多，耗时较长。因此林秀芳等（2017）对 EADS 进行了修订，发展了老年失能评估量表简版（EDAS-SF）（见表 15-

1)。EDAS-SF 共有 7 个题项，每个题项对应 1 个维度，效度良好。记分方式不再是 7 级记分，而是分成 4 级：0 分表示被试无法完成活动，1 分表示可在他人帮助下完成，2 分表示需要借助辅助设备或药物才能完成，3 分表示可独立完成活动。各题项得分相加即为量表总分。总分 0~6 分提示重度失能，7~13 分提示中度失能，14~20 分提示轻度失能，21 分提示无失能。

表 15-1　老年失能评估量表简版

所属维度	条目	评分
精神功能	是否能对自身和周围环境正确定向？	3　2　1　0
器官功能	是否能够自己解大便？	3　2　1　0
交流	是否能表达自己的想法？	3　2　1　0
活动	是否能够在平地步行？	3　2　1　0
自理	是否能够自己洗澡？	3　2　1　0
家庭生活	是否能够自己做家务？	3　2　1　0
经济和社会生活	是否能够自己管理财务？	3　2　1　0

（资料来源：林秀芳等，2017）

三、社区老年人失能的预防策略

（一）科学评估筛查，建立老年人健康档案

社区可以依托医院，设立社区卫生服务中心，通过建立老年人健康档案进行老年人失能预防管理。通过对传统服务模式和行政服务方式进行改革，用大数据对决策和管理提供支持，建立动态的老年人健康档案。根据老年人健康或失能动态状况，社区提供分级照护服务，包括医疗、专业护理、中医理疗、康复训练、营养配餐、心理咨询、生活照料、家庭及社会交往支持等。医疗系统与社区无缝对接，可以使失能老年人享受紧急绿色就医通道。对于农村失能老年人，尤其是需要长期照顾的群体，在建立健康档案的基础上，政府应适当补贴一部分费用，缓解失能老年人长期照护的经济压力。

（二）评估确定老年人失能预防模式

原则上社区失能的防控人群应该是社区所有的人，不过老年人的失能预防更易受人关注。社区老年人失能预防可以参照三级模式进行。

1. 初级预防

初级预防通常针对失能的危险因素予以教育干预，以避免失能的发生。因此主要预防对象是目前在社区生活独立自主，但希望维持或改善自己身心状态的老年人。其目标是健康促进：可以对老年人开展失能预防的知识教育，修正他们的不良行为习惯，营造健康的生活方式，增强自我照顾能力，进而提升其生活质量。

2. 次级预防

次级预防是通过定期的社区筛检，发现虽然目前生活能够自理，但处于失能临床前期或无症状表现时期的老年人。也就是说，他们是失能高危老年人，也就是衰弱老年人，是失能预防的重点人群。次级预防的目标是开展积极的早期诊治和干预，以延缓他们失能的发生。

3. 三级预防

三级预防是对有一定失能问题的老年人进行功能康复，通过积极的健康照护，减少老年人相关并发症的发生，改善或恢复残存的功能，以延缓失能的进一步发展，并维持或改善其身心状况。

在社区健康促进和健康教育的基础上，社区失能预防的重心应该放在次级预防和三级预防人群，尤其是次级预防中的衰弱老年人。由于衰弱老年人数量众多，目前许多国家已经把衰弱筛查和干预作为优先考虑的策略，为衰弱老年人提供整合照护。

（三）社区失能老年人干预护理的具体方式

我国社区老年人失能预防工作，健康促进做得较多，而针对衰弱老年人和出现失能问题的老年人开展的工作较少。这里将分析对衰弱或失能老年人社区干预护理的具体方式。

1. 社区失能老年人的干预方式

我国近期才开展社区衰弱老年人的失能预防和干预工作，主要是结合我国国情，对社区衰弱老年人开展健康教育、运动训练和营养指导等活动。

（1）健康教育。通过电视、展板、讲座、微信公众号、QQ群等，向社区里衰弱的老年人宣传健康知识，帮助他们了解失能的发展趋势以及影响因素，引导他们选择健康的生活方式，预防失能的发生和发展。

（2）运动训练。研究者注重探讨我国传统保健方式对衰弱老年人的改善作用。如采用八段锦训练能有效改善老年人的衰弱状况，增强基本日常生活活动能力，缓解抑郁情绪，改善认知状况和生活质量。而且八段锦安全性高，可以在老年人中推广和应用。不过也有研究者认为八段锦有一些动作对衰弱老年人来说太难，因此探讨气功对衰弱老年人的作用，结果发现，衰弱老年人经过12周的气功锻炼后，其握力提升，静息心率降低，抑郁水平降低，思维能力增强。

（3）营养指导。衰弱会导致营养不良，营养不良会进一步加重衰弱，二者互为因果。研究者用健脾益肾药膳雌鸡粥对社区老年衰弱患者的衰弱状态及营养状况进行干预，发现他们服用健脾益肾药膳雌鸡粥8周（两个疗程）后，其衰弱总分及疲劳感、步速缓慢、握力下降、低体力活动指标显著低于对照组（贺恋词等，2018）。可见，健脾益肾药膳雌鸡粥可有效改善社区老年人的衰弱及营养状况，提高其生活质量。

（4）运动干预。科学的运动干预能够延缓甚至逆转失能老年人身体活动能力的衰退，提升他们的生活质量，并减轻他们给家庭、社会带来的照料负担。在对失能老年人进行运动干预时，应注意考量运动类型、运动时间和频率、运动依从性和干预周期等方面，以达到最佳的干预效果（曹培叶，万巧琴，2018）。

2. 社区老年人的失能照护模式

（1）社区医疗照护模式。与住院服务相比，老年人更偏好社区或居家医护服务。为了给失能老年人提供便利的集医疗、护理、康复、健康教育、心理疏导于一体的连续性服务，我国实施了社区家庭病床服务。

家庭病床是在患者家中设立的病床，为他们提供上门服务，是社区卫生服务的主要内容（徐言民等，2017）。团队以医务人员为核心，包括营养师、康复师、心理咨询师、患者家属及照护者等。研究发现，每周1次的家庭病床照护，使失能老年人日常生活活动能力有显著提升，同时增强和提高了失能老年人及其照顾者的主观幸福感和生活质量。

家庭访视是最直接有效的延续性护理方式，是指社区护士深入家庭，对患者进行具体护理和指导。社区护士通常每周上门访视1次，内容包括全面评估、确定问题、制订康复计划与措施、访视跟踪指导、督察反馈等。朱雅萍等（2016）对居家失能老年人实施了3个月的跟踪式家庭访视，发现与实施常规社区居家护理的对照组失能老年人相比，实施跟踪式家庭访视的失能老年人的日常生活活动能力有显著提升，说明家庭访视有利于提高失能老年人的自理能力，从而提升其生活质量。

（2）社区居家照护模式。失能老年人多为居家养老，而社区为居家养老提供服务方面有着无可比拟的优势，是辅助居家养老的最佳载体。与发达国家相比，我国社区居家照护服务工作起步较晚，近年来主要通过日托服务、上门服务、小型社区养老院等多种方式，为社区失能老年人提供生活照料、日常陪护、送餐助餐、家政服务、医疗康复、精神慰藉和社会参与等多元化的服务，基本形成了以家庭为核心，以社会化服务为支撑，无偿、低偿和有偿等服务方式并存的社区居家照护服务工作雏形。

研究发现，送餐上门、排药服务这类社区居家照护服务能改善失能老年人的生活质量（安美娟，黄煊，2014）。但就目前社区提供的居家照护服务来看，失能老年人的满意度还比较低，可能与其服务需求不完全一致有关。失能老年人最希望获得的社区居家照护服务主要有生活照料、健康照护、心理慰藉等（陈颖等，2016），这些需求目前尚未得到充分满足。

（3）社区整合照护模式。老年人失能原因复杂，从各国经验来看，需要联合医疗、民政、社工、保险等多个部门，给予老年人主动的、整合性的照护，这有助于预防社区老年人身心状况的进一步恶化，减少失能的发生，或延缓失能发展的程度。整合照护即整合疾病诊断、治疗、护理、康复和健康促进等相关的健康服务，并全面管理和协调各项服务，以提高健康服务的可及性、公平性、效率和被照护者的满意度。

整合照护是多个学科或部门对个体的多方面需求或问题，或者对具有相似需求或问题的一类人提供的一种精心策划和组织的合作性的、全面的照护服务过程。通过定期对社区老年人开展失能筛查和评估，快而准确地鉴别失能或半失能老年人，然后根据需要通过多学科和多部门的专业人士合作，提供预防、治疗、护理、居住、福利等多领域的照护（Gröne & Garcia-Barbero，2001；Kodner & Kyriacou，2000），逐渐被视为重构社区衰弱老年人照护的一种方式。

社区整合照护模式需要一个复杂的服务网络，使老年人的照护需求能够在社区里得到满足，并尽可能延长他们在社区健康、独立、自主的生活时间。美国、加拿大、荷兰、日本等国家均建构了社区整合照护模式，许多国家支持建构社区整合照护模式。我国在北京、上海、广州等经济发达的城市，通过政府主导试点、机构积极实践探索，已经摸索出适合我国医养结合特色的社区整合照护模式雏形，主要有以下两种类型。

一是医疗机构与社区养老或托养机构合作模式。医院、社区卫生服务中心为社区老年人建立健康档案，建构有关上门巡诊、康复护理、转诊的制度，或家庭医生、家庭病床工作制度，提供医疗、康复等服务。社区日间照护中心提供生活照顾等服务。比如，安徽合肥第一人民医院开展了“互联网＋四元联动延续护理整合照护模式”的探索，基于三级预防制度，利用互联网，建立社区、医院、家庭、养老机构的四元联动机制，将社区老年人按需分级，实现全人全程的整合照护（唐志红等，2017）。不过由于机构隶属于不同部门，部门之间因权责界定不清，管理难度较大，容易出现责任推诿和利益纠纷，不利于资源整合和服务的开展；加之机构之间缺乏有效的约束和利益协调机制，容易影响合作的持久性。

二是机构嵌入社区模式。在国家和地区政策引导下，养老机构或社会组织嵌入到社区，设立照护中心，配备全科医生、全科护士、营养师、心理医生/社工、康复医师/康复师、护理员等多学科专业团队，结合社会以及社区的养老服务资源，为社区老年人提供医疗保健、慢性病管理、康复理疗、认知干预、餐饮沐浴、临终关怀等多方面的服务。这种模式推动了机构—社区—居家养老服务的一体化，比如上海的智汇坊、长者照护之家，北京的随园之家，江苏常州的整合照护中心，以及本章开头案例中的“咏年楼”等。机构嵌入社区模式有政府购买服务和老年人购买服务两种形式。政府购买服务是政府采购，政府和社区全权负责运营，社会组织或机构嵌入合作，老年人免费享受服务。但采用此类形式的多数为小型机构，专业化水平较低，偏重于生活照顾，对于医疗护理、心理慰藉等方面的照护偏少，难以满足社区老年人的照护需求。老年人购买服务则是政府补贴，机构出资运营，自负盈亏，社区参与协调与管理。采用此类形式的机构专业化水平较高，能够开展整合照护，但收费不菲，很多老年人及其家庭难以承担。

总的来看，社区整合照护模式的探索主要来自我国经济发达地区，进展比较顺利。在经济欠发达地区，社区整合照护模式的探索较为困难，如何解决这个问题需要进一步思考。

概要

我国是世界上老年人口最多的国家、人口老龄化最快的国家之一，社区老年人的身心健康状况日益受到重视。老年人的生理、心理和社会健康水平会直接影响他们的生活质量。开展老年健康促进行动，对于提高老年人的健康水平、改善老年人生活质量、实现健康老龄化具有重要意义。了解老年人失能的现状和成因，以及老年人失能的评估筛查，是预防社区老年人失能的基础。社区老年人失能预防可通过三级模式进行，现有的社区老年人失能照护模式有社区医疗照护模式、社区居家照护模式和社区整合照护模式。

扩展阅读书目

蔡林海.（2012）. *老化预防、老年康复与居家养老*. 上海：上海科技教育出版社.

郑晓瑛等.（2008）*中国残疾预防对策研究*. 北京：北京大学出版社.

K. W. 夏埃，S. L. 威里斯.（2003）. *成人发展与老龄化*（第五版）（乐国安等 译）. 上海：华东师范大学出版社.

思考题

1. 寻访居住在社区的失能老年人，分析其失能的原因。
2. 向社区工作人员进行访谈，总结社区老年人失能预防的有效策略。
3. 建立社区整合照护模式会遇到些什么问题？如何解决？

第十六章　社区矫正与社区戒毒康复

2015年12月11日，孟某因犯诈骗罪被山西省灵石县人民法院判处有期徒刑三年，缓刑三年。29日，某局某中心接收孟某进行社区矫正，矫正期限为三年。2017年2月20日，孟某在未向司法所履行请假审批手续的情况下，乘坐火车去往甘肃省嘉峪关市并于当年5月又再次犯罪。

2019年12月4日，歌手陈某某被认定吸毒成瘾，被责令接受社区戒毒三年。在接受社区戒毒三年期间，必须不定期到社区进行尿检和谈话，如果在三年内复吸，将被执行强制戒毒。

以上案例分别涉及社区矫正与社区戒毒康复。这两大问题如果在社区治理中得到有效解决，将对维护社区安全起重要作用；如果执行不力又疏忽大意，则会导致再次犯罪或再次吸毒，严重危害公共安全。做好、做实社区矫正与社区戒毒康复工作对构建和谐社会具有重要意义。国内毒品与犯罪的形势如何？什么是社区矫正与社区戒毒康复？如何在社区中开展对罪犯的矫正工作和对吸毒人员的戒毒康复工作？下面将逐一解答这些问题。

第一节　犯罪与毒品问题的社区治理

犯罪与毒品问题是政府和学界关注的社会公害，在社区中开展对罪犯的矫正工作和对吸毒人员的戒毒康复工作是我国犯罪与毒品治理的重要举措。以下将简述犯罪与毒品问题的严峻形势、心理成因及在社区治理中的相应对策。

一、犯罪与毒品问题的形势

一直以来，犯罪与毒品问题是两大公害，二者之间关联紧密。在急剧变革的时代背景下，犯罪与毒品问题凸显出复杂性和多变性，形势相当严峻。

（一）犯罪问题的形势

据公安部公安发展战略研究所的报告，2016 年到 2017 年，国内犯罪类型结构逐渐发生变化，传统的暴力犯罪、财产犯罪逐步减少，以电信、互联网等为媒介的非接触性犯罪逐步增多。电信诈骗、职务犯罪、环境犯罪、网络犯罪等已成为社会较多发犯罪类型，毒品犯罪问题愈发严重，未成年人暴力犯罪及吸毒成瘾问题引起诸多社会问题。社交网络平台、App、二维码等成为电信网络诈骗的新途径。非法集资、网络传销等涉众经济犯罪严重扰乱经济秩序，食品药品犯罪、环境污染犯罪案件数量增长明显（靳高风等，2018）。

（二）毒品问题的形势

毒品问题本身也属于违法犯罪问题。《2018 年中国毒品形势报告》指出：2018 年全国共破获毒品犯罪案件 10.96 万起，抓获犯罪嫌疑人 13.74 万名，缴获各类毒品 67.9 吨；查处吸毒人员 71.7 万人次，处置强制隔离戒毒 27.9 万人次，责令社区戒毒、社区康复 24.2 万人次。截至 2018 年底，全国有吸毒人员 240.4 万名，占全国人口总数的 0.18%，同比下降 5.8%，首次出现下降。尽管中国治理毒品滥用取得一定成效，但合成毒品滥用仍呈蔓延态势，滥用毒品种类和结构发生新变化：（1）以海洛因为代表的第一代毒品呈扼制之势，涉毒人群稳中有降；（2）以苯丙胺类兴奋剂为代表的第二代毒品加速蔓延；（3）以卡西酮和合成大麻素为代表的新精神活性物质（第三代毒品）形成新的严重威胁，呈现上升趋势，在华外籍人员、有境外学习或工作经历人员及娱乐圈演艺工作者滥用出现增多的趋势。

毒品问题还会诱发其他各类犯罪。第二代毒品和第三代毒品主要以兴奋及致幻为特点，长期吸食会出现药物所致的精神病状，尤以妄想和幻觉为主要特征，从而产生毒驾、攻击等违法犯罪行为。在这样的形势下，毒品与犯罪的关联更加紧密，相应的社区安全隐患也更为凸显。

［专栏 16–1］吸毒与犯罪的关系：三种可能的解释

对于吸毒与犯罪的关系的看法，主要有以下三种。

一是毒品滥用导致犯罪。无论是毒品的药理作用还是吸毒带来的高额经济负担，都是触发吸毒犯罪的直接诱因。调查显示，毒品滥用者的犯罪次数与其成瘾程度直接相关（Bradford & Payne，2012），成瘾者每多花 100 美元消费毒品，其财产犯罪的可能性就提高 3%。许多女性涉毒罪犯在接触毒品前并无任何违法犯罪经历（Gowin et al.，2013），是毒品成瘾直接引发了她们的犯罪行为。

二是犯罪之后的毒品滥用。相当部分的吸毒者在使用毒品之前已经有明显的违法犯罪记录（Gaffney et al.，2010），犯罪亚文化支持毒品滥用。越轨青少年可能会把尝试毒品作为在同伴中塑造权威的一种方式（Fagan & Wilkinson，1998）。很难说犯罪行为直接导致了毒品滥用，但是不良社会同伴或者入狱经历都是个体使用毒品的重要诱因。

三是共同原因论。吸毒和犯罪行为本质上都是反社会的生活方式，某些特定人格特质或个人创伤经历对于解读吸毒与犯罪的关系有重要意义，这一思路在对毒品滥用者的暴力犯罪讨论中得到了很好的印证。研究者认为，童年受虐经历和品行障碍才是解释成瘾者暴力行为的关键（Torok et al.，2012）。研究者对有暴力犯罪史的毒品使用者进行分类比较和回归分析，发现有严重暴力犯罪史的吸毒者，其童年受虐、高冲动性、高攻击性、注意缺陷多动障碍和品行障碍史的检出率更高（Torok et al.，2014）。因此，吸毒者的暴力行为会因为毒品滥用变得更加严重。

二、犯罪与毒品问题的心理成因

犯罪与毒品问题的成因很复杂，是生物、心理、社会因素交互作用的结果，下面主要阐述其心理成因。

（一）犯罪问题的心理成因

犯罪问题的心理成因主要有三个方面，即犯罪动机与信念、人格障碍类型与犯罪相关人格特质、认知缺陷。

1. 犯罪动机与信念

犯罪可能和犯罪人的动机与信念有关。（1）犯罪动机（criminal motive）是推动犯罪人实施犯罪行为的直接内部动因，它作为犯罪人的一种内部状态，大多数情况下是通过事后的犯罪行为及犯罪现场痕迹等信息分析推断出来的。例如，有研究者把强奸犯分为五种类型：证明能力型、权力自信型、愤怒报复型、性虐待狂型和机会型（Burnstein et al.，1995）。（2）犯罪人的非理性信念（criminal irrational beliefs），如他们认为犯罪来钱快、很刺激，对犯罪行为有一种亲近的态度，这样的信念支撑着犯罪人实施犯罪行为，牟取非法利益。（3）攻击合法化信念（legitimizing aggression beliefs）是指个体认为攻击行为是对挑衅的合法反应，认为攻击能带来收益，却不能认识到它的消极结果（Zelli et al.，1999）。这是犯罪人典型的非理性信念。研究表明，与学校内的青少年相比，青少年暴力犯具有更多的攻击合法化信念，高攻击性儿童也比低攻击性儿童具有更多的攻击合法化信念（Slaby & Guerra，1988）。

2. 人格障碍类型与犯罪相关人格特质

从人格障碍与犯罪的关系看，与犯罪关联最为密切的是反社会型人格障碍，其在犯罪人群中达到 50% 以上的检出率，这可能与反社会人格者的高冲动性、冷酷无情、缺乏罪恶感有关。边缘型人格障碍也是一种与犯罪关联很高的人格障碍，在犯罪人群中的检出率达 30%，且多与反社会型人格障碍、被动攻击型人格障碍和表演型人格障碍等多种人格障碍共病（杜妍等，2017）。边缘型人格障碍对暴力攻击和犯罪有很好的预测作用，患者具有强烈的身体攻击行为倾向。

与犯罪关联的人格特质主要有冷酷无情、冲动性。冷酷无情特质（callous unemotional trait）是对他人冷漠、缺乏罪责感、低共情的一种人格倾向，是与暴力犯罪密切相关的人格特质（肖玉琴等，2014）。高冷酷无情特质的儿童和青少年均表现出更严重、更稳定、更高攻击倾向的反社会行为（Munoz & Frick，2012）。冲动性（impulsivity）指个体通常会对内部或外部刺激做出快速的、没有计划的反应，而不考虑这些反应对自身或他人是否会产生负面影响

（Moeller et al.，2001）。许多实证性研究表明，冲动性人格量表得分较高的个体具有更强的反社会性，这在青少年样本中更加突出。

3. 认知缺陷

犯罪人的认知功能也存在一定的缺陷，主要表现为思维方式的偏差。所有犯罪人都具有独特的犯罪思维模式（criminal thinking patterns），包括不合逻辑、短视、邪恶的人生价值观等（Yochelson & Samenow，1976）。犯罪人至少存在 52 种错误的思维，包括凝固的思维、不能对他人产生共情、缺乏时间感、不负责任的决策以及认为自己是受害人等（Ross & Fabiano，1985）。沃尔特斯（Walters，2002）在前人研究基础上，提出 8 种犯罪思维，分别为：（1）自我安慰，指为犯罪行为寻找借口，进行合理化，或者将行为责任归于他人和环境，而排除自己应负的责任；（2）切除斩断，指迅速地利用各种手段消除那些阻止其从事犯罪活动的各种威慑因素，如利用饮酒来壮胆，帮助其免于恐惧、增加胆量；（3）特权化，指认为自己具有特权，可以免受一般人所遵从的规范的约束，从而去从事违法犯罪活动；（4）权力倾向，指渴望获得权力，控制他人；（5）虚情假意，指通过做好事来补偿其犯罪行为的负面后果，如利用非法获得的钱财购买礼物给家人、朋友，或者积极参加公益活动等；（6）过分乐观，指不切实际地认为自己一定能够避免自己所从事的犯罪活动所带来的不良后果；（7）认知怠惰，指喜欢寻求捷径来达到目标，忽视走捷径可能带来的负面后果，对犯罪行为的利益得失缺乏批判性思考；（8）半途而废，指思维和活动缺乏连续性，常常忽略长远目标而去追求即刻的满足，对自己的承诺、计划、目标往往无法完成，不能专注于一个目标。

[专栏 16-2] 青少年的犯罪问题

近年来，我国青少年犯罪形势日趋严重，呈现出低龄化、暴力化等特点。20 世纪 50 年代，我国青少年犯罪仅占总体犯罪的 20% 左右，而自 21 世纪以来，青少年犯罪的比例已达到整个刑事犯罪一半以上。青少年严重暴力行为和职业化、专业化违法犯罪已成为当前社会治安的一个难点和焦点。

莫菲特（Moffitt，1993）认为青少年犯罪人可以区分为两种，即终生持续型犯罪人和青春期犯罪人。终生持续型犯罪人仅占罪犯总体的3%～5%，他们的反社会行为表现出从“摇篮”到“坟墓”的特点，具有跨时间的持续性和跨情境的稳定性。在童年早期具有反社会行为的个体，约有一半会在童年中期出现偷窃或逃课等越轨行为，在青春期表现出更严重的违法行为并持续终生。而青春期犯罪人在青少年罪犯总体中约占70%。他们在生命早期和成年期均表现正常，其行为问题始于青春期，出现包括偷盗、破坏公物、暴力攻击等违法犯罪行为。但进入成年期后，可能会“悬崖勒马，一改前非”，步入正轨。

目前评估青少年犯罪最具代表性的工具有青少年服务等级/个案管理量表（Youth Level of Service/Case Management Inventory，YLS/CMI）、青少年精神病态检核表（Psychopathy Checklist-Youth Version，PCL-YV）、青少年暴力风险结构化评估量表（Structured Assessment of Violence Risk in Youth，SAVRY）及暴力风险评估量表（青少年版）（Violence Risk Scale-Youth Version，VRS-YV）等。

循证矫正倡导在评估的基础上，遵循最佳证据对罪犯进行矫正（肖玉琴，杨波，2014）。2016年，司法部预防犯罪研究所、中国政法大学和我国某未成年犯管教所共同开展了对青少年暴力犯的循证矫正研究与实践。结果表明，心智化团体疗法和认知行为团体疗法对于降低青少年暴力犯的暴力风险水平效果显著（杨波等，2018）。

（二）毒品问题的心理成因

毒品成瘾（drug addiction）是指个体不能自制地反复滥用某一种或多种毒品的病态心理，主要有三个显著特征：（1）对毒品已经形成强迫性行为，毒瘾发作时非吸毒不可，失去了自我控制能力；（2）吸食毒品的量越来越多，否则不能解除毒瘾发作时的痛苦；（3）既有生理依赖，又有心理渴求，发作时还会伴随身体的发抖、出汗等。毒品成瘾与个体的身心发展、人格及认知等因素有关。

1. 身心发展因素

毒品成瘾的易感期和发作期与个体身心发展有关。相比成年人和新生儿的大脑，青少年的大脑对成瘾的精神刺激药物（如可卡因和安非他命等）更具敏感性。国内外的毒品报告表明，随着新型毒品的盛行，吸毒也呈现低龄化的趋势，这与青少年大脑发育不完善、心智不成熟、易冲动、敢冒险等特点有关。

2. 人格因素

在影响毒品成瘾的人格特质中，感觉寻求被认为是与成瘾行为关系最为紧密的社会心理因素（Zuckerman & Kuhlman，2000）。这是一种寻求变化、奇异和复杂的感觉或体验的人格特质。研究表明，高感觉寻求者更容易在早年开始毒品使用并且更容易成为毒品滥用者（White et al.，1985）。80% 的青少年毒品使用者都是高感觉寻求者（Donohew et al.，1990）。

3. 认知因素

毒品成瘾者的认知问题，主要是信息加工缺陷和认知方式偏差，前者会使成瘾者产生注意偏向，后者会使成瘾者形成独特的成瘾思维和记忆。诸多研究表明，吸毒者对毒品相关线索存在自动化的注意偏向，这也是他们容易复吸的一个重要原因。《成瘾思维：解析自我欺骗》一书中讨论了成瘾者错误的思维模式，包括及时行乐、短时距时间概念、基于耻辱感的思维模式等（Twerski，2009）。近年来，有关吸毒难戒的一个重要发现是长期吸毒使大脑的相关区域发生了结构与功能的改变，并形成了成瘾记忆，它是一种潜意识加工的情景记忆。因此，戒毒的关键点就是要力求消除吸毒者难以磨灭的成瘾记忆（Monfils et al.，2009）。

三、犯罪与毒品问题在社区中的治理

（一）社区中罪犯矫正与戒毒康复的举措

在社区中治理犯罪与毒品问题，是有效防控这两大公害的重要举措。犯罪与毒品问题的社区治理有环境治理、社区文化建设、预防教育与宣传等多种渠道和方法，但最重要的举措是社区矫正与社区戒毒康复。

1. 缘起

在我国，罪犯服刑和吸毒人员戒毒主要在监管场所（即监狱和强制隔离戒毒所）实施。监管机构作为国家机器，为维护国家的公共安全做出了重要贡献，但监管机构都有重管理轻矫治、改造成本高而矫正效果不佳、罪犯再犯率和吸毒人员复吸率居高不下等问题。因此，近年来政府部门连续出台了多个相关文件，强调监狱系统要加大减刑假释的比例，让更多的罪犯在社区中服刑改造。从未成年人权益保护的角度出发，青少年犯更多适用缓刑，也更适合在社区服刑。在戒毒模式中，除了强制隔离戒毒和自愿戒毒以外，国家禁毒办也发文要求加强社区戒毒与社区康复，深化共建共治共享的犯罪与毒品治理模式。

2. 成效

我国的社区矫正工作已取得一定成效。2003 年 7 月 10 日，最高人民法院、最高人民检察院、公安部、司法部（简称“两院两部”）联合下发了《关于开展社区矫正试点工作的通知》（司法〔2003〕12 号），确定在北京、天津、江苏等省份开展全国社区矫正试点工作，社区矫正发展进入全国试行阶段。在我国近二十年的社区矫正实践中，涌现了一批示范型社区。

3. 展望

社区戒毒和社区康复是《中华人民共和国禁毒法》规定的在社区里面开展的戒毒康复措施。但由于缺乏专业执行机构，经费投入不足，缺少专业队伍，与强制隔离戒毒衔接不畅等原因，实实在在的推进和执行还很不到位。未来要着力打造行之有效的戒毒社工服务方案，构建以社会稳定为目标的社会矛盾风险综合防控体系，推动形成在社区开展犯罪与毒品治理的新格局。

在犯罪与毒品问题的社区治理中，我们应该充分考虑社区矫正对象和社区戒毒人员心理与行为的复杂性，大力加强社区心理服务，在心理评估的基础上，全面实施行之有效的分类矫正与循证戒治，降低社区服刑人员的再犯率和社区戒毒康复人员的复吸率。

（二）循证矫正及其在社区治理中的应用

1. 循证矫正的理念

循证矫正（evidence-based correction）以风险原则、需求原则、反应性原则为理论基础，其理念和方法可以为社区矫正和社区戒毒康复的风险评估、矫正项目的设计与实施等方面提供依据。循证矫正在社区中的运用有助于推进我国司法文明建设，全面提升社区治理质量，降低再犯率和复吸率，对维护社会和谐稳定具有积极意义。

循证矫正研究包含三项原则：（1）风险原则（risk principle）是指个体的风险水平与再犯可能性成正比，矫正的力度应该与风险水平相适应。风险水平越高，说明越需要得到矫正；风险水平低，则矫正力度应该降低或者不需要得到矫正（Andrews et al.，2006）。（2）需求原则（need principle）是指矫正的直接目标是为了降低犯因性需求。犯因性需求（criminogenic need）是指导致个体表现出违背社会规则或犯罪行为的生理—心理—社会因素，如与犯罪行为相关的价值观、态度、心理、环境等因素。（3）反应性原则（responsivity principle）是指矫正项目应该根据罪犯的能力和学习方式来设计和实施。

循证矫正实践追求以实证为基础，根据最佳证据对矫正对象实施矫正活动。按最佳证据的等级，随机对照组实验研究获取的证据最好，准实验研究次之，专家意见和他人的经验观察可靠性最低。

2. 循证矫正在社区治理中的应用

目前的循证矫正研究与实践主要包括三个方面：一是在监狱系统探索和实施对各类罪犯的循证矫正方案，二是在强制隔离戒毒机构研究和推行循证戒治体系，三是在社区中贯彻实行循证矫正的理念和方法。根据国外的研究，将循证矫正运用到社区的犯罪与毒品治理中比在监管场所能达到更好的效果。

将循证矫正运用到社区的犯罪与毒品治理，其对象包括社区矫正服刑人员和社区戒毒康复人员。戒毒有治疗的成分，故采用循证矫正理念的戒毒活动亦称循证戒治（evidence-based correction in rehabilitation）。在社区中进行的循证戒治，也叫循证社区戒治。在社区中践行循证矫正理念，针对社区服刑人员的矫正活动可称为循证社区矫正（evidence-based community correction）。循证社区戒治、循证社区矫正以降低社会成本和提高矫正效率为目的，最终为了降低再犯率和复吸率。

目前，我国社区矫正与社区戒毒虽然在规章制度、人员配置、经费筹备等方面有一定的改善，但矫正内容和方法存在一定的缺陷，如矫正内容偏形式化，矫正过程偏流程化，得出的矫正效果也没有经过系统的检验。借助循证矫正的理念和做法，可以在社区矫正对象的评估和筛选、矫正内容的选择和优化、矫正方法的科学实证等方面为社区矫正与社区戒毒康复注入新的血液，为社区治理提供科学有效的保障。

第二节　社区矫正中的心理评估与心理矫治

社区矫正（community corrections）是依法在社区中对罪犯实施惩罚和提供帮助，以促进其过上守法生活的非监禁刑执行制度，其主要内容包括监督管理、教育矫正和帮困扶助（吴宗宪，2011a）。从心理学的视角看，循证矫正以其科学的理念、精确的方法、实用的措施和显著的效果，给社区矫正的实践工作带来了深层的变革与创新（刘强，姜爱东，2014）。在社区矫正中应贯彻执行循证矫正的理念与方法，科学地开展心理评估与心理矫治。

一、社区矫正的发展

社区矫正源于西方国家，是相对于监禁刑罚而言的一种新型刑事执法模式。2003 年，社区矫正的概念被正式引入中国，“两院两部”颁布的《关于开展社区矫正试点工作的通知》规定将社区矫正作为与监禁矫正相对的行刑方式，并正式在部分省份的社区开展矫正试点工作。2005 年，“两院两部”在肯定第一批社区矫正试点工作取得良好成效后，进一步增加了 12 个省份的社区为第二批试点。2009 年，“两院两部”下发《关于在全国试行社区矫正工作的意见》，社区矫正在全国范围内展开试行。2011 年，《中华人民共和国刑法修正案（八）》首次正式确定了社区矫正制度，标志着我国社区矫正制度的正式确立。2012 年，“两院两部”颁布的《社区矫正实施办法》规定了社区矫正的内容、流程。2014 年，社区矫正工作在全国范围内推进，完成了由试行到全面实施的变革。2016 年，国务院法制办公室发布《中华人民共和国社区矫正法（征求意见稿）》，向全社会公开征集修改意见；2017 年，全国人大常委会公布了立法工作计划，将社区矫正法的立法列为落实党中央关于全面深化司法改革、推进依法治国、实施“十三五”规划等部署需要适时安排审议的法律案，加快了社区矫正立法的进程；2019 年 12 月 28 日，《中华人民共和国社区矫正法》正式颁布，自 2020 年 7 月 1 日起施行。

[专栏 16-3] 社区中的矫正与矫治

矫正与矫治是两个有着密切联系，但略有区别的概念。据《汉语大词典》《现代汉语词典》等辞书，矫正是指纠正、改正，矫治则是指矫正并医治，实为矫正治疗之缩略。可见，二者的联系和区别是：(1) 矫治从属于矫正；(2) 矫治中既有矫正之意，又有治疗的成分。

在我国犯罪心理学和社区心理学的实务工作中，矫正与矫治的使用亦有此区分，矫正的概念更大，矫治的概念相对较小。下面以社区矫正与心理矫治为例：

根据“两院两部”于 2003 年发布的《关于开展社区矫正试点工作的通知》，社区矫正是与监禁矫正相对的行刑方式，是指将符合社区矫正条件的罪犯置于社区内，由专门的国家机关在相关社会团体和民间组织以及社会志愿者的协助下，在判决、裁定或决定确定的期限内，矫正其犯罪心理和行为恶习，并促进其顺利回归社会的非监禁刑罚执行活动。

心理矫治是社区矫正中的重要工作之一，社区中的心理矫治就是对社区矫正对象的心理治疗。具体而言，是指运用心理学的理论与技术，对社区矫正对象进行的心理治疗。

二、社区服刑人员的心理评估

社区矫正的有效开展，有赖于对社区矫正适用对象的科学评估。社区矫正的对象主要是社区服刑人员，具体包括管制犯、缓刑犯、假释犯、暂予监外执行犯以及剥夺政治权利犯五大类（吴宗宪，2011b）。科学的心理评估是对社区服刑人员进行个性化管理和矫正的重要基础，主要包括需要评估和风险评估。

（一）社区服刑人员的需要评估

社区服刑人员的需要评估（needs assessment）是指对社区服刑人员的问题以及个人需要进行系统性的评估，其目的是帮助社区服刑人员更好地适应社会和融入社会，成为遵纪守法的好公民（刘强，2011）。对社区服刑人员进行需要评估时，有以下两点需要注意。

1. 明确评估的内容

社区矫正中需要评估的内容是指需要评估过程中涉及的具体目标和对象，一般包括社区服刑人员的基本生活需要和其他影响正常生活的特殊需要。在循证社区矫正中，还需要对社区服刑人员做有针对性的社会心理评估。张丹丹等（2019）的研究表明，社区矫正人员的心理需求具有阶段性，并提出“明白事、接纳人、好发展”的矫正策略，这有助于针对矫正需求设计并实施个性化的矫正方案。

2. 选择恰当的评估方法

社区矫正中需要评估的方法包括观察法、晤谈法、问卷调查法等，其中问卷调查法是最具代表性且最为有效的方法。国内外学者开发了一系列针对社区服刑人员的需要评估量表，比如，当事人需要评估量表（Assessment of Client Needs，ACN）（Latessa & Allen，2003），张金武（2011）修订编制的未成年社区矫正对象需求水平调查问卷等。

（二）社区服刑人员的风险评估

社区服刑人员的风险评估（risk assessment）是指对社区服刑人员再次进

行犯罪的可能性进行的系统性评价（吴宗宪，2011b），其目的在于准确了解社区服刑人员的情况，对社区服刑人员做出恰当的监督管理，进而预防其再次犯罪。风险评估的内容包含社区服刑人员的过往史、基本情况、人格特征、社会关系、休闲娱乐方式，以及对自己犯罪行为和结果的态度与评价等。

国内外已编制了多种具有良好信度和效度的风险评估量表。国外最具代表性的有服务水平 / 个案管理量表（Level of Service/Case Management Inventory，LS/CMI）、精神病态检核清单修订版（Psychopathy Checklist-Revised，PCL-R）、历史—临床风险评估量表（Historical Clinical Risk-20，HCR-20）和暴力风险量表（Violence Risk Scale，VRS）等。中国的研究者也编制了一些风险评估量表，如：北京市司法局与高校合作研制的北京市社区服刑人员综合状态评估指标体系，包括三套量表并适用于不同类型的社区服刑人员；上海政法学院社区矫正研究中心编制的社区服刑人员矫正风险测评表，根据危险程度将社区服刑人员分为 3 类或 4 类；江苏省司法厅研发的江苏省社区矫正风险评估系统；浙江省杭州市余杭区司法局与高校合作研发的社区矫正人员再犯风险评估软件系统；曹允猛和刘邦惠（2013）编制的犯罪危险性评估问卷。

三、社区服刑人员的心理矫治

针对社区服刑人员的常见心理矫治措施包括团体心理辅导和危机干预。

（一）社区矫正中的团体心理辅导

将团体心理辅导引入社区矫正，是矫正犯罪人的犯罪心理和不良行为习惯，帮助其更好地适应社会的有效途径。

刘丹福和李芳（2015）结合国内社区矫正实践经验，对团体心理辅导带领者在团体心理辅导不同阶段的任务进行了有效的设计。第一，创始阶段。带领者需先完成整个团体设计和计划，带领团体成员相互认识，建立信任感，帮助团体成员了解小组目标、过程和规范，激发动机。第二，过渡阶段。带领者需引导团体成员建立和谐的人际关系，承认、表达并处理负面的情绪，提高自我调节情绪的意识和能力，帮助其学习建设性的方法，并与他人进行互动。第三，工作阶段。带领者需围绕团体目标开展工作，带领团体成员完成主要的工作内容，如思考和构建良好的自我人生规划、学习沟通技巧和提高处理人与人之间关系的能力。第四，终结阶段。该阶段的主要目标是回顾和总结收获，重拾希望、展望未来，处理离别情绪，相互祝福。

（二）社区矫正中的危机干预

社区服刑人员的心理危机（psychological crisis）是指其在服刑期间，因人格缺陷或意外事件的压力，产生严重的负面情绪，而有可能产生自杀、攻击等危害行为，或存在潜在危险的应激状态（刘丹福，李芳，2015）。社区矫正中的危机干预是社区矫正工作的重点和难点，是以社区服刑人员为干预对象，以急诊访问或劝导为形式，消除导致心理危机体验的各种条件。危机干预的重点在于帮助社区服刑人员稳定情绪，度过危机的冲击期，并恢复心理平衡，掌握解决问题的技能。

危机干预可分为三个阶段（董强利等，2012）。第一阶段，建立支持阶段。建立物质、情感和医疗方面的社会支持系统。第二阶段，认知行为干预阶段。根据“ABC”理论，即消极情绪并非由事件“A”导致，而是由非理性信念“B”所致，结果“C”就产生了不合理认知，通过认知行为干预改善和打破不合理认知信念，建立合理认知观念，从而减轻症状，恢复社会功能。第三阶段，危机干预网络建立阶段。电话门诊、教育网站和评估中心等形成干预网络，分工明确且合作密切，使心理危机评估和干预系统化。

四、社区矫正的展望

从2003年的试点到2009年全国试行，再到2014年全面推进，社区矫正制度在我国迅速完善和发展。然而，社区矫正工作仍然面临诸多困难和挑战，在未来的研究和实践中，应加强社区矫正的法治化、社会化、专业化和中国化。

第一，推动社区矫正法治化。社区矫正应定位为刑罚执行活动，对社区服刑人员的社区矫正应在满足惩罚的前提下，尽可能对其进行教育矫正和帮困扶助，将惩罚与人文关怀有机结合。因此，需完善对社区服刑人员的惩罚机制，明确执法人员的法律地位及采用必要强制措施的权力（刘强，2007）。同时，将执法主体和工作主体合二为一，将执法权交由司法系统专业的社区矫正机构行使，并通过立法适当扩大社区矫正的适用范围。在实践中，为保障社区矫正工作依法进行，必须建立统一、严谨、科学的工作程序，明确社区矫正工作应包括入矫前评估、接收建档、矫治教育、监督管理、解除矫正等几个步骤，而更具体的程序细则可由地方根据情况自行拟定。

第二，推动社区矫正社会化。社会组织是社区矫正的重要支持力量。在推进社区矫正社会化方面，还可以考虑在一定范围内吸纳社会力量，参与志愿服务。上海、广东等地已通过政府购买服务等形式，发挥社会组织在社区矫正中的积极作用，取得良好成效。

第三，推动社区矫正专业化。建立一支结构合理、素质过硬、专业性强、工作尽责的社区矫正工作队伍，综合运用社会学、心理学、教育学、法学、社会工作等专业知识，实现对社区服刑人员的科学矫正。我国刑事执行机构应当与时俱进，努力引进和推广各种先进的矫正方法和手段，如再犯风险评估、罪犯分类矫治、循证社区矫正等，以促进矫正质量的提高。

第四，推动社区矫正中国化。充分发掘中华优秀文化，结合当下的中国社会生活实际，开发适用于中国人的心理矫治方法。例如，《黄帝内经》中的以情胜情观（汪凤炎，2015），即利用情志之间相互制约的关系进行治疗，可作为心理矫治的一个理论基础。

第三节　社区戒毒康复中的心理评估与心理矫治

社区戒毒康复的作用在我国戒毒工作中越来越凸显。在社区戒毒与康复中践行循证的理念与方法，科学开展社区戒毒与社区康复的心理评估与心理矫治，是社区毒品治理应坚持的方向。

一、社区戒毒康复的发展

社区戒毒与社区康复是我国戒毒工作体系中的重要组成部分。2008 年 6 月 1 日，《中华人民共和国禁毒法》正式施行，在“戒毒措施”部分对我国今后的戒毒模式做出了规定。2011 年通过的《戒毒条例》进一步明确戒毒工作体系，包括自愿戒毒、强制隔离戒毒、社区戒毒和社区康复等多种措施。两部法律法规明确了各种戒毒模式的适用对象、主管机关和实施程序。自此，在自愿戒毒和强制隔离戒毒等传统戒毒模式的基础上，社会力量参与戒毒工作的体制也依法建立起来。

（一）社区戒毒和社区康复的概念

1. 社区戒毒和社区康复的界定

根据《中华人民共和国禁毒法》和《戒毒条例》的规定，社区戒毒（community detoxification）是由公安机关决定的，对吸毒成瘾但不符合强制隔离戒毒条件的吸毒人员采取的戒治措施，通过戒毒知识辅导、教育劝诫、职业技能培训与指导、就学、就业、就医援助以及其他途径，由社区戒毒专职工作人员、社区民警、社区医务人员、社区戒毒人员的家庭成员以及禁毒志愿者共同组成社区戒毒工作小组具体实施，期限为三年。社区康复（community-based rehabilitation）是由强制隔离戒毒的决定机关决定的，对解除强制隔离戒毒的人员责令采取的戒治措施，负责社区康复工作的人员应当为社区康复人员提供必要的心理治疗和辅导、职业技能培训与指导以及就学、就业、就医援助等，期限不超过三年。

2. 社区戒毒和社区康复的联系

社区戒毒和社区康复是在司法机关的指导下，以城市街道办事处或乡镇人民政府为基础，由公安机关、卫生部门和民政部门相互协作，以社区为单位的新型戒毒模式。两种措施均不限制接受戒毒人员的人身自由，要求在其居住的社区戒毒，但需要签订戒毒协议，遵守相应规定，接受监督和管理，体现出尊重吸毒者人格，重视就业安置、心理康复、回归社会的再社会化过程。

3. 社区戒毒和社区康复的区别

社区戒毒和社区康复的区别主要体现在以下几个方面：（1）决定机关不同。社区戒毒的决定机关是县级、设区的市级人民政府公安机关，社区康复的决定机关是强制隔离戒毒所，属处级单位。（2）适用人群不同。社区戒毒适用于公安机关首次查获的吸毒成瘾人员、主动登记且不符合强制隔离戒毒条件的吸毒成瘾人员，以及依法不适用强制隔离戒毒的吸毒成瘾人员（谢川豫，2013）；社区康复适用于解除强制隔离戒毒的人员。（3）戒毒阶段不同。接受社区戒毒的人员多处在戒毒治疗的脱毒阶段，接受社区康复的人员多处在戒毒后续跟进阶段。（4）预期目的不同。社区戒毒的首要目的是通过相关戒治措施，使吸毒人员至少在一定期限内保持良好操守；社区康复的主要目的是使吸毒人员的生理、心理及社会功能得到恢复，顺利回归社会。

（二）我国社区戒毒康复工作的现状

近年来，国家禁毒办协调 11 个部门制定全国社区戒毒和社区康复工作五年规划，大力推进禁毒社会工作专门人才队伍建设。全国共建立乡镇（街道）社区戒毒和社区康复工作领导小组 3.5 万个、工作办公室 3.3 万个、工作站点 9.2 万个，配备专职禁毒社工 4.8 万名，社区戒毒、社区康复覆盖面达到 80% 以上（姜天骄，2018）。

珠江三角地区的禁毒社会工作发展态势良好，对社区戒毒康复工作具有引领示范作用。例如，2011 年，广州市荔湾区海龙街设立了政府购买社区矫正项目的试点，社工进驻街道后与相关部门合作，通过外展、电话沟通、家访、个案会诊等途径开展社区戒毒康复服务。广东联众戒毒社会工作服务中心主要从事社区戒毒康复工作，服务内容涉及毒品知识、法律法规以及相关政策的宣传、吸毒人员的心理与行为评估、心理康复治疗、就业帮扶等。从发展趋势来看，社区戒毒康复工作的运作应该是一种综合发展模式，即政府层面给予支持，司法部门予以配合，社工资源加以整合，非政府组织实际运作，社会和家庭进行协助。

社区戒毒康复实务工作也面临一些困难。第一，禁毒社工自身存在的问题。禁毒专职社工基本上以大专学历为主，而且只有少数来自社会工作相关专业，开展工作大多停留在管控方面，其他帮扶服务很难深入进行。帮扶救助吸毒人员戒除毒瘾，恢复社会功能，实现回归正常社会生活的价值理念面临巨大困难。第二，社区戒毒康复人员的管控问题。对于一些患有传染性疾病且不配合社区戒毒工作的高风险人员，社工很难对其进行实时动态管控；禁毒社工及社区管理人员在管理方法以及安全防范措施上有欠缺，很难深入开展帮扶服务工作。拆迁和异地搬迁导致部分吸毒人员人户分离，这极大地增加了管控的难度，严重时还会出现脱失。第三，就业帮扶难以开展的问题。很多吸毒人员没有就业意愿，只想享受低保，害怕工作之后就没有了低保待遇。另外，禁毒社工很难对吸毒人员提供就业培训，并帮助他们找到合适的就业岗位，很多机构比较排斥吸毒人群，即便能找到工作，也存在着吸毒人员不满意工资待遇而不愿就业的现象。

二、社区戒毒康复人员的心理评估

2016 年，国家禁毒办、中央综治办、公安部等 7 个部门出台了《社会面吸毒人员风险分类评估管控办法》，以进一步规范和加强社会面吸毒人员的动态管控，预防和减少吸毒人员带来的社会危害。其相关经验可以为社区戒毒康复人员的心理评估提供参考。

（一）社区戒毒康复人员的分类评估

有研究者提出与吸毒有关的五个维度需要进行评估（杨波等，2015），这五个维度包括：（1）人格特质，包括外倾内倾、精神质、神经质、感觉寻求等；（2）行为方式，包括自我控制、应对方式等；（3）家庭社会因素，主要是吸毒者的社会支持情况；（4）吸毒心理，包括对毒品的渴求度、为戒毒而改变的动机、对毒品的非理性信念等；（5）基本信息，包括年龄、婚姻状况、文化程度、工作状况、吸食毒品的类型等。

还可以根据各维度的关键变量对戒毒人员进行分类评估。吸毒心理这一维度，是与吸毒直接相关的维度，最能体现戒毒人员的心理与行为特征。在接受社区戒毒和社区康复的过程中，降低戒毒人员对毒品的渴求度，矫正其非理性信念，增强戒毒动机和信心是开展心理治疗的靶目标。杨波等（2015）认为，戒毒人员可划分为三类：（1）具有中等程度的毒品渴求和非理性信念以及较低的戒毒动机；（2）具有强烈的毒品渴求和非理性信念以及中等程度的戒毒动机；（3）具有强烈的戒毒动机及较低水平的毒品渴求和非理性信念。实务工作者可在此分类的基础上，进行个性化的分类戒治工作。

（二）社区戒毒康复人员的风险评估

《社会面吸毒人员风险分类评估管控办法》明确规定了社会面吸毒人员的高、中、低风险评估原则，主要是从行为表现层面对其进行评估，如高风险社会面吸毒人员包括以下五类：（1）拒绝接受社区戒毒、社区康复或者严重违反社区戒毒、社区康复协议的；（2）因吞食异物、自杀自残或者因严重病残暂时无法收押、收戒的；（3）有精神障碍诊断或有精神异常、行为失控表现的；（4）有因吸毒引发肇事肇祸前科或扬言报复他人、报复社会的；（5）其他具有现实社会危害性，或者有肇事肇祸可能，需要纳入高风险类管控的。这类评估原则有很强的可操作性，从个体的外显行为就能加以甄别，可用于吸毒人员的分类管控。但从提高社会面吸毒人员戒治效果的层面考虑，风险评估还应包括对该群体复吸风险和犯罪风险的评估，找到造成其复吸和犯罪的风险因子。

1. 复吸风险评估

社会面吸毒人员的主要复吸风险因子有四个：成瘾行为史、成瘾的人格倾向、对成瘾的错误认知以及成瘾同伴。（1）成瘾行为史是指早期药物成瘾、酒精成瘾等不良行为以及被强制隔离戒毒、社区戒毒、社区康复以及自愿戒毒的戒毒经历。该因子是静态因子，是不可能被改变的。（2）成瘾的人格倾向表现为较高的感觉寻求倾向、较低的自我效能感、较差的控制能力、较低的自我价值感、冒险、任性及固执等。该因子是动态因子，可以通过戒治手段加以改善。（3）对成瘾的错误认知表现为对法律和司法系统的负性认知，认为成瘾行为能够获得快感并危害不大，寻找各种理由将成瘾行为合理化，即个体存在对成瘾行为的非理性信念。（4）成瘾同伴也被称为“成瘾行为的社会支持系统”，指具有成瘾行为或倾向的同伴群体对个体成瘾行为产生诱发作用。可以减少其与成瘾同伴的联系，建立起良性的社会支持网络。

对风险因子评定的过程，一方面可以确定戒毒人员的风险水平，另一方面可以通过明确复吸风险因子锚定戒治的靶目标，结合个体的特点制订相应的个性化戒治方案。循证戒治的风险原则认为个体的风险水平与复吸可能性成正比，为保证戒治资源的利用效率最大化，戒治力度应该根据风险水平做相应调整。对于复吸风险水平较高的吸毒人员，戒治力度应该减弱；对于复吸风险水平较低的吸毒人员，戒治力度应该增强。因为毒品存在一定的药理作用，高复吸风险的个体戒治难度极大，将戒治资源倾注在他们身上，很有可能效果甚微，而复吸风险处于中低水平的个体则可能充分利用这些资源达到彻底戒治的目的。

2. 犯罪风险评估

社会面吸毒人员的风险评估还应考察其犯罪风险。根据毒品与犯罪之间的关联路径，物质滥用是社会面吸毒人员出现犯罪行为的主要风险因子。因此，复吸风险评估是该群体犯罪风险评估体系的首要元素。研究者（Andrews & Bonta，2010）以人格与社会认知理论为基础，提出了导致个体再犯的“中心八风险/需求”因子，包括反社会行为史、反社会认知、反社会人格、反社会联结、家庭/婚姻、教育/工作、休闲/娱乐、物质滥用。这一框架同样也适用于吸毒人群的犯罪风险评估。但需要注意的是，对于社会面吸毒人员，对前述因子的评估应侧重物质滥用对这些因子的影响程度，如长期吸毒可能会导致出现反社会行为的频率增大、人格发生变化（Gossop & Eysenck，1980）、认知功能受损（Zhong at el.，2016）、结交不良同伴（Gogineni et al.，2001）、家庭关系受损（Copello et al.，2000）、工作表现不良（Konovsky & Cropanzano，1991）、娱乐生活混乱（Kounenou，2010）等。

三、社区戒毒康复人员的心理矫治

社区戒毒康复中，主要的心理类戒治措施是辅导、咨询和治疗。国内外的循证社区戒治实践证明，动机晤谈法、认知行为疗法、家庭治疗、个案管理等是行之有效的社区戒毒康复方法。

（一）动机晤谈法

动机晤谈法（motivational interviewing，MI）的倡导者是挪威心理学家米勒（W. Miller）。二十多年来，该方法已经被众多国外学者运用于各种成瘾行为的戒治，并取得了很好的成效。MI 旨在帮助成瘾者建立改变的动机并使其做出承诺与行动，该方法直接对成瘾行为的动机进行干预，协助成瘾者认识到现有的或是潜在的问题，并着手加以处理。它对不情愿或对改变感到犹豫不决的人最为有效。

MI 有五个基本原则。一是表达共情。基本态度即接纳，但并不意味着一味地赞成。在这一原则的前提下，再应用共情、回应式倾听等技巧。二是创设不一致，即一个人现在所处情境与他所想要的情境之间的落差。当一个人意识到并体验到这种落差时，改变动机由此被激发。所以 MI 要求治疗师创设或是引发这种已有的认知失调，然后帮助来访者建立改变动机。三是避免发生争辩。MI 具有当面质问的性质，增加对问题的察觉，并针对问题开始设法解决。但是 MI 是一种软性的面质法，倡导来访者的自主性和自知性，不同于面质—否认策略，也不会给来访者贴标签。四是与阻抗作战。MI 允许阻抗或否认行为的出现，化阻力为动力、承认认知的可变性、重视来访者的力量等都是 MI 与阻抗作战的主要方法。五是建立自我效能感。自我效能感是指一个人相信自己的能力，认为自己可以成功地执行某项工作或任务。自我效能感是引发改变动机的关键性成分，也是预测治疗效果的有效指标。治疗师要在坚持前述四个原则的基础上，激发成瘾者的内在动力，提升来访者的自我效能感（曾垂峰，2019）。

（二）认知行为疗法

认知行为疗法（cognitive behavioral therapy，CBT）将成瘾者的行为与其感知、思想、信念以及大脑中正在进行的合理思维相联系，是一种把认知和行为理论相结合的心理疗法。认知行为疗法认为个人有能力去收集、组织、记忆以及使用信息来指导其行为，聚焦认知如何影响和指导个人的行为（Beck，1970）。人们在做任何事情之前，需要花时间去思考，如果思维中的症结和怪想能够被纠正，则随后的行为就会被改变。

成瘾者错误的思维模式主要有:（1）过度概括化，即个体从有限的信息中做出笼统推断的倾向;（2）个人化，个体相信自己就是问题所在的倾向;（3）“全或无”的、两极的、“只能二选一”的思想。采用认知行为取向的治疗师要帮助成瘾者重组他们的思维模式，帮助他们摆脱不合理的错误信念。

认知行为疗法在戒治不同类型成瘾者的实践中效果显著。它以个体咨询或团体辅导的方式重塑成瘾者扭曲的认知，并引导其做出健康的行为。这种疗法具体包括使用替代性现实、对消极面的积极思考以及制订一种行动计划等策略。

（三）家庭治疗

家庭治疗（family therapy）建立在系统理论的基础上，将家庭作为一个单元或整体来对待，认为家庭系统、抚养以及家庭关系对一个人的生活来说是最重要的。该疗法假定，个体的越轨行为是家庭中存在某些不健康和不正常问题的征兆。一个不正常的家庭可以是“经历身体、情绪或性虐待的家庭，或主要照顾者由于身体疾病、精神疾病或药物滥用而不能承担责任的家庭，或抚养方式不一致的家庭，或父母—儿童互动关系不良的家庭”（Hadley et al.，1993）。

在家庭治疗中，功能不良的家庭有一些可以辨别的特征，表现为贫乏的沟通模式、严苛的角色、封闭、需要不被满足、界限问题、纠缠、被抑制的情感、缺乏自由与权利等。家庭咨询的过程包括帮助成瘾者家庭认识到家庭中出现的问题和压力，将问题公开给所有家庭成员来反省，帮助他们承认和接受他们否认的情感，学习适当地与每一个家庭成员分享情感的技能，做出决定来建设性地解决家庭问题，接纳自己的家庭并继续成长。

（四）个案管理

个案管理是20世纪80年代出现的一种侧重于整合性服务的社会工作模式，是一种行之有效的心理矫治方法。个案管理主要是指由社会工作专业人员帮助某一服务对象或某一社会人群协调整合社会资源，为其建立一个社会支持网络，同时整合多种助人方法，增进服务对象使用与链接社会资源的知识与技巧，提升服务对象获得及运用资源的能力（隋玉杰，2008）。这种模式适用于那些同时面临多重问题，且自身寻求帮助、链接资源能力差的服务对象，特别是那些因吸毒而引发多重问题与需求，并在获取及使用资源上有困难的吸毒者及其家庭。在以角色为本的个案管理模式中，社会工作者扮演着多重角色，他们在为服务对象制订实施服务方案的过程中，扮演评估者、辅导者、协调者、策划者、资源链接者、政策倡导者、研究者等角色。

个案管理模式有一套科学系统的工作程序，可以概括为八大步骤：（1）寻找与确认需要帮助的服务对象；（2）建立专业关系，评估服务对象个人与家庭的需求与问题，以及可用资源与使用资源的障碍；（3）确定服务目标与具体计划；（4）与相关资源提供者进行沟通，将资源与服务对象进行链接；（5）与资源提供方进行沟通与协调，执行服务计划；（6）监督服务的传送，确认服务对象对所链接资源的获得；（7）培育服务对象自己获取资源的能力；（8）评估效果、结案与跟踪。

四、社区戒毒康复的展望

社区戒毒康复是多元化戒毒的一种实践探索，体现了戒毒由政府行为转变为社会共同参与的趋势，但实践过程中存在一系列问题。首先，投入产出失衡。社区戒毒康复存在人力、财力投入过大但收效甚微的问题，如何在节省社会资源的前提下有效降低复吸率是戒毒实践工作的一大挑战。其次，理论支撑薄弱。为何需要戒治和如何开展戒治都应有坚实的理论基础，但目前的社区戒毒康复工作缺乏循证理论的系统指导，更缺乏从中华优秀文化的角度去思考以获得理论指导。最后，专业人员不足。戒毒康复艰难，需要加强队伍建设和培训，使社区相关戒毒工作人员掌握服务对象戒毒心理的变化过程、戒毒规律等专业知识。

鉴于上述问题，应将循证戒治的理念引入社区戒毒康复的工作当中，遵循循证戒治的基本原则，并探索社区环境下的循证工作模式，完善社区戒毒康复体制。

概要

社区矫正和社区戒毒康复主要聚焦于社区中的犯罪与毒品问题，旨在研究和评估社区服刑人员和社区戒毒人员的特殊心理与行为，并以此为依据设计和实施有针对性的干预方案。在引入循证的理念和方法后，社区矫正和社区戒毒康复工作得以有序进行。对社区服刑人员和社区戒毒人员做分类评估及循证矫正包括：评估社区服刑人员的再犯风险、社区戒毒康复人员的复吸与再犯风险，并根据评估结果明确矫治对象的再犯特征 / 复吸因子，制定相应的矫正 / 戒治 / 预防策略，在社区中开展行之有效的犯罪与毒品治理，从而保障社区的安全与稳定。

扩展阅读书目

杨波，戴建海，张卓，赵辉.（2015）. *毒品成瘾与心理康复*. 北京：中国政法大学出版社.

张苏军.（2016）. *循证矫正在中国的实践探索——以山东省任城监狱的暴力犯矫正为例*. 北京：法律出版社.

Andrews, D. A., & Bonta, J. (2010). *The psychology of criminal conduct* (5th ed.). New York: Routledge.

Donovan, D. M., & Marlatt, G. A. (Eds.). (2005). *Assessment of addictive behaviors* (2nd ed.). New York: The Guilford Press.

思考题

1. 试述循证矫正的核心理念，并结合实例讨论如何开展循证社区矫正和循证社区戒治。
2. 试设计一个适用于我国的社区戒毒矫正方案。
3. 社区戒毒和社区康复有何联系和区别？心理学在社区戒毒和社区康复中能起到什么作用？

第十七章　社区突发事件及其应对

2017年6月22日，浙江杭州某小区发生了一起全国关注的保姆纵火案。当日凌晨4时55分，莫某在客厅用打火机点燃茶几上的一本书，扔在布艺沙发上导致火势失控，后逃离现场。5时5分，杭州119指挥中心接到户主朱女士的报警。消防车到达小区正门后，保安上车带路。随后消防车遇阻，6名消防员下车，破拆铁门锁后进入着火建筑底部，消防车掉头从另一小区大门进入。5时17分，6名消防员携带灭火救援装备进入着火建筑。5时40分，由于室内消火栓压力不足，无法对火势进行有效打击，随后指挥员下令沿楼梯蜿蜒铺设水带。6时8分，因烟气集聚、温度升高，屋内回燃。6时15分，消防员沿楼梯蜿蜒铺设水带至18楼出水才逐渐压制火势。7时5分，现场抢救出的4人——朱女士及其3名子女吸入一氧化碳中毒，抢救无效死亡。

杭州保姆纵火案是一件典型的社区突发事件。除了谴责保姆莫某的纵火罪行，我们同样应该反思社区应急管理体系是否完善，以及如何安抚受害者家属和其他小区居民，使突发事件的负面影响降到最低。建立健全社区突发事件预防、应对、善后等体系，提升突发事件应对能力，可为居民提供最大程度的人身安全保障和心理健康支持。下面将讨论社区突发事件的性质、分类、特点，社区突发事件中的心理应激，以及社区突发事件的应对。

第一节　社区突发事件概述

社区在社会治理中发挥着越来越重要的作用。面对突发事件，社区如何帮助居民渡过难关，如何尽可能减少其对居民日常生活的不良影响，如何安抚灾难过后居民的心理创伤，是社区服务中的一个重要议题。

一、社区突发事件的性质

（一）突发事件的界定

《中华人民共和国突发事件应对法》指出，突发事件是指“突然发生，造成或者可能造成严重社会危害，需要采取应急处置措施予以应对的自然灾害、事故灾难、公共卫生事件和社会安全事件”。

在学界，研究者们对突发事件的界定不一，大体有广义与狭义之分。广义的突发事件指的是在组织或个人原定计划之外或者在其认识范围之外突然发生，对其利益具有损伤性或潜在危害性的一切事件；狭义的突发事件为在一定区域内突然发生，规模较大且对社会产生广泛负面影响，对生命和财产构成严重威胁的事件或灾难（应对突发事件课题研究组，2012）。

（二）社区突发事件的界定

社区突发事件是指对社区居民的生命、财产、安全、心理造成或可能造成威胁与危害的突发事件。这类事件在短时间内突然发生，难以进行预测和预报，受影响者不仅是个体，而且是有一定规模的群体，并且会产生一些后续的负面影响，可能造成严重社会危害，因此需要采取相应措施予以应对。

二、社区突发事件的分类

社区突发事件可以从不同的角度进行划分。从宏观、中观、微观的角度，社区突发事件可以分为宏观层面的社会性突发事件、中观层面的社区性突发事件以及微观层面的家庭突发事件。其中，社区性突发事件实质上就是突发的社区冲突事件，第十四章已有详述。此处只讨论社会性突发事件和家庭突发事件。

（一）社会性突发事件

1. 自然灾害

自然灾害是指由自然原因引起的突发事件，包括：气象灾害，比如洪涝、台风等；地质灾害，比如地震、滑坡、泥石流等；海洋灾害，比如海啸、风暴潮等；生物灾害，比如森林火灾、虫灾等。由于社区所在位置的地形、地势以及气候的差异，不同社区所面临和应对的自然灾害有所不用。如果社区所在地区为地震频发带，则该社区需要重点预防应对的自然灾害就是地震，对社区内的房屋抗震性以及其他一些设施应有相应要求；如果社区处于沿海地区，则需要在应对飓风等气象灾害上制订应对计划，同时投入更多人力、物力用于抵抗气象灾害的基础设施建设。

2. 事故灾害

事故灾害是指事故的行为人违反治安管理法规和有关安全管理的规章制度，造成物质损失或者人员伤亡，并在一定程度上对社会或居民社区的治安秩序和公共安全造成危害的突发事件。社区内常见的事故灾害包括他杀或自杀行为、煤气爆炸和高空坠物砸伤人等。例如，2020 年 3 月 7 日，福建省泉州市某酒店因违章改造发生坍塌事故，致使多人受伤或死亡，并造成巨大经济损失。

3. 公共卫生事件

公共卫生事件主要是指由细菌、病毒等引起的大面积的流行疾病，包括重大传染性疾病、重大食物中毒等，以及其他危害公共健康的突发事件。例如，暴发于 2003 年的非典型肺炎（SARS）、2020 年的新冠肺炎疫情等都属于公共卫生事件。

4. 社会安全事件

社会安全事件主要是指由人为因素造成或者可能造成重大人员伤亡、财产损失、生态环境破坏和严重社会危害的突发事件。一般包括重大刑事案件、重特大火灾事件、恐怖袭击事件、涉外突发事件、金融安全事件、民族宗教突发群体事件、学校安全事件等。

有研究者对 21 世纪以来中国城市社区的突发事件进行了分析，发现在城市社区，社会安全事件和事故灾难在数量上占绝大多数，并且主要集中在直辖市、省会城市和东南沿海发达地区重要城市（张永理，2018）。

（二）家庭突发事件

一个社区是由许多个家庭组成的，家庭是构成社区的最小功能单位。家庭突发事件主要包括家庭变故、家庭冲突。

1. 家庭变故

家庭变故是指家庭发生一些比较严重的、意外的、不幸的事件，包括家庭人员死亡、身患重病，家庭离异等。家庭变故使得一家人生活在极大的生活和心理压力之中，是社区应当关注和关爱的对象。

2. 家庭冲突

家庭冲突是指家庭成员之间因关系不和睦而产生的矛盾和对立现象。家庭冲突表现为夫妻冲突、亲子冲突和家庭中同胞之间的冲突等多种形式。其中，以亲子冲突和夫妻冲突为主，表现为言语冲突和肢体冲突，甚至在冲突中家庭成员可能做出自伤、自残或伤人等行为。例如，2019 年 4 月 17 日，一个 17 岁的男孩在卢浦大桥跳桥身亡。据视频显示，男孩在与母亲发生争执后，拉开车门不顾母亲阻拦毅然决然地结束了自己的生命。社区应该关注家庭矛盾，努力帮助每一个家庭。

三、社区突发事件的特点

当社区突发事件降临时，社区居民可能面临着生命威胁、财产损失等局面。只有了解社区突发事件的特点（见表 17–1），才能更好地应对它。

表 17–1　社区突发事件的特点

特征	解释
突发性	社区突发事件通常是突然发生的，且发生的时间、地点、规模、态势和影响不可预测。
变化性	社区突发事件的发生带有很强的随机性，蔓延迅速，始终处于急速变化之中，容易引发连锁反应。

续表

特征	解释
危机性	不管社区突发事件的规模大小，都会造成不同程度的争执、经济上的破坏、生命财产的损失，甚至可能威胁社会稳定。许多社区突发事件还具有远期效应。
扩散性	随着社会的进步和现代交通与通信技术的发展，地区之间的依赖性更为突出，使得社区突发事件造成的影响不再局限于发生地，会波及其他地域，形成更为广泛的影响。
连锁性	社区突发事件发生后，常常会与其他事件联系起来。如果处理不当，则会产生一系列负面效应。
状态失衡性	如果将社会正常秩序作为均衡状态，那么社区突发事件则使社会出现失衡。社区突发事件的产生使人们的生活处于不稳定状态，常规工作遭到破坏。

（资料来源：姚广宜，2016）

总之，由于社区突发事件发生的时间、地点具有不可预见性，因此当事件发生后，人们往往措手不及，造成生活和工作的失序，甚至影响社会稳定和经济发展。此外，社区突发事件可能会引发群众的不满和愤怒，如果国家和政府不能及时给予群众安全感和战胜灾难的信心，就会导致群众心理失衡，加重恐惧和焦虑；还容易让不法分子乘虚而入，煽动群众情绪，给社会和谐带来负面影响。

虽然社区突发事件具有不可预见性，但是各社区应根据自己的特点采取预防措施。例如：建筑主体为木质的社区存在较突出的火灾隐患，在平时应该加强居民的防火意识和火灾逃生教育，同时加大消防设施的投入；某些夫妻关系不和睦的家庭应该成为社区家庭教育的重点关注对象，把疏导和教育工作放在平时，避免家庭暴力事件发生。总之，社区作为社会的基层组织，应该正确识别本社区内存在的风险因素，有针对性提高应对突发事件的能力，完善整个社区的公共危机管理体系。

第二节 社区突发事件中的心理应激

任何类型的社区突发事件都会使居民产生相应的心理变化，严重者甚至会出现心理危机。本节重点介绍社区突发事件中的居民心理应激，以及如何进行援助。

一、社区突发事件的心理应激表现

心理应激（psychological stress）是有机体在某种环境刺激作用下，由于客观要求和应对能力不平衡所产生的一种适应环境的紧张反应状态（宁维卫，2011），如恐惧、焦虑和紧张等情绪反应，具体可分为个体和群体两个层面。

（一）个体心理应激表现

个体心理应激表现在个体的认知、情绪、行为等方面。

第一，人们的注意、记忆等认知活动会受到影响，表现为注意力难以集中、效率低下、缺乏自信、不能把思想从危机事件中转移等（孙宏伟等，2018）。例如，在应激状态下，人们更容易关注负性刺激。暴力事件后，很多施暴者回忆当时在脑海里不断重复着对方对自己的谩骂或背叛等行为，平静下来之后，自己也无法理解当时的冲动行为。

第二，突发事件往往会引发个体恐惧、震惊、愤怒、抑郁、紧张、焦虑等消极情绪体验，这是应激的典型特征。当消极情绪占据主导地位时，个体会形成不良心境，感觉无论做什么都像是笼罩在消极情绪的阴云之下。有时，消极情绪会在人与人之间扩散。消极情绪还会引发头痛、失眠、腹泻等躯体问题。

第三，应激在行为上的表现通常为攻击、逃避、变相依赖、反常动作增加等（见表 17-2）。认知受损、负面情绪、消极行为在应激发展过程中会相互作用，相互影响。情绪异常会引发生理或行为异常，生理以及行为异常又会使心理上的应激反应恶化。

表 17–2　应激行为表现

应激行为	表现
攻击	直接攻击：指向造成应激状态的人或事，其方式可为嘲笑、谩骂、打人、杀人等。
	间接攻击：当造成应激状态的人或事物过分强大，个体感觉自己惹不起或不能攻击时，就会把愤怒情绪发泄在"替罪羊"身上，或者指向自身，如自我惩罚、自残，甚至自杀。
逃避	一种与抑郁和恐惧等情绪有关的行为反应，表现为沉默寡言、表情呆滞、行为退缩、逃避现实、自我封闭等。
变相依赖	个体在应激状态下通常依靠吸烟、饮酒或过量饮食、疯狂购物等方式来应对环境。
反常动作增加	个体在应激状态下有步履加快、讲话急促等迫不及待的行为倾向，往往引起颠三倒四或顾此失彼。

（资料来源：吕国香，2002；伍志臻，2005）

（二）群体心理应激表现

社区突发事件的影响十分广泛，既包括事件的直接相关者，也包括事件的关注者。因此，其诱发的心理应激不是个别现象，通常还表现出群体性现象。在群体心理应激的情况下，极易发生自发的或有组织的聚众，如群体上访、请愿静坐、集会游行等。这类群体应激以信息传播和社会互动为基础，具体表现为以下三个特点。

第一，信息变异导致社会风险加大。信息变异指在传播过程中，信息因传播主体的不同而发生意义变化。社区突发事件发生后，群众渴望尽可能多地掌握事件信息。新闻媒体的报道、学者专家的剖析解读、相关部门的信息披露，以及坊间口耳相传的各种"真相"，使信息掺入了很多主观因素。现代社会已经全面进入信息化时代，互联网技术的广泛应用，使信息能够更快速、更广泛地传播。在网络信息传播过程中，每个人既是信息的接收者，也是信息的传播者。由于网络具有匿名、自由等特点，人们不必担心网上发表言论需要承担责任，这会带来更大的信息变异。随着信息在群体中传播，信息变异不断增大，导致非理性群体行为，增大了社会风险。

第二，情绪传染导致群体情绪激化。情绪传染是人与人之间通过相互刺激、相互感染、相互强化而发生的情绪交互影响。社区突发事件引发的恐惧、焦虑、愤怒等情绪，经过人际传播，很容易扩大为群体情绪。个人情绪倾向于维护自身利益，本身并不完全是理性的，其在传播过程中还会受到暗示、感染、群体压力等复杂心理因素的影响，因此形成的群体情绪同样不能保持理性。在非理性群体情绪中，个体的判断能力下降，人们会被动地模仿群体成员的行为，群体行为发生的概率增大。

第三，群体行为导致社会反应过度。在危机状态下，一种行为模式在人群中传播，多个行为主体表现出一致性行为，即行为个体对他人的行为有明显的模仿或跟从（佘廉，沈照磊，2011）。在社区突发事件中，个体容易受到他人行为的影响，也就是说，个体的行为选择是对多数人的模仿。如果群体中绝大多数人选择做出某种行为决策，那么就会强化这种行为表现。但这种行为决策可能是错误的，由此引起的群体行为会导致社会反应过度。

二、社区突发事件的心理援助

社区突发事件发生后，居民们常会处在精神高度紧张的状态，生活失衡，容易产生过度恐惧、焦虑或抑郁的情绪，甚至出现心理崩溃、行为失常。因此，开展心理援助（psychological assistance），从情绪调节、人际互助、行为适应等方面进行心理干预，有助于居民调整状态、树立信心、发挥潜能，从而顺利渡过难关，携手走向美好的未来。

（一）社区突发事件的心理援助原则

社区突发事件的心理援助需遵循一定的原则，这既是对社区心理工作者本身的要求，也是对援助对象的支持和保护。

1. 针对性原则

社区突发事件发生后，个体可能会产生多种心理问题。社区心理工作者需要根据援助对象的实际情况，迅速找准其心理应激问题，以当前出现的问题为主，实施援助。例如，某社区发生入室抢劫，被抢户主和其他居民产生的心理问题可能并不一致，援助方向和方案也不尽一致，需要有针对性地进行心理援助。

2. 持续性原则

重大突发事件发生后，大部分亲历者仍会处于亚健康状态，更容易出现心理创伤且难以消除。例如，研究发现，1998 年在我国发生的张北—尚义地震的受灾群体中，急性应激障碍（acute stress disorder，ASD）的发生率为 6.1%，三个月内创伤后应激障碍（posttraumatic stress disorder，PTSD）的发生率为 18.8%，震后三个月的现患率为 7.2%（汪向东等，1999）。对汶川大地震重灾区幸存的 203 名青少年的调查发现：地震半年后，21.2% 的青少年可能罹患 PTSD；地震一年后，19.2% 的青少年可能罹患 PTSD（陈纬等，2010）。重大突发事件后，持续的心理恢复方案的执行对确保有效的心理援助很重要。

（二）社区突发事件的心理援助方案

社区突发事件发生后，心理援助方案的设计应注意以下几个方面（宁维卫，2011）。

第一，面向全体，迅速开展心理应激的疏导工作。社区突发事件发生后，要对居民进行心理健康教育宣讲，引导他们正确认识社区突发事件，了解常见的心理问题，掌握心理调节方法，维护和促进身心健康；同时建立心理辅导绿色通道，在社区内设置多个咨询点，对社区居民进行大型露天现场咨询，为居民答疑解惑，疏导他们的恐惧、焦虑情绪；开展团体心理辅导，提升居民的危机应对能力。

第二，重点关注，细致做好危机易感群体的心理援助。对与社区突发事件相关的居民的心理状态进行评估与分级，针对具体情况进行不同方式的疏导。部分居民应激能力较弱，应密切关注他们的心理需要，及时给予危机干预。对一些特殊群体需采用特殊的方式进行心理疏导，对儿童可以采用游戏疗法、音乐疗法、绘画疗法、沙盘疗法等方法，对老年人则需要关注其基本生理状况和长期慢性疾病的潜在影响。

第三，密切跟踪，认真做好危机干预的后续心理维护工作。拥有一套完整的心理应激援助系统可以使应激个体更好地恢复正常状态。建立心理危机阻控体系，及时阻断会引发心理危机的人、事、物等刺激，消除对应激个体的持续不良刺激；建立心理危机治疗康复体系，社区可与专业的心理咨询机构及医院进行合作，帮助应激个体得到治疗和康复；可根据心理应激程度建立不同的心理监护体系，对处于治疗或康复过程中的心理应激者进行监护，防止发生意外。

（三）社区突发事件的心理援助措施

居民心理应激程度不同，具体的援助措施也不同，包括心理健康教育宣讲、个人自助、集体互助和专业干预等形式。

1. 心理健康教育宣讲

心理健康教育宣讲是根据当前社区突发事件的性质及其对居民可能产生的具体心理困扰或心理问题，进行耐心的解释、劝导，引导居民对所关心的问题有全面、正确的理解，最终达到疏导群众心理、维护群众心理健康的目的。心理健康教育宣讲的方式、方法应充分考虑居民的接受程度。具体而言，心理健康教育宣讲的内容包括：第一，提供全面、及时、准确的信息，以稳定居民情绪，使他们减少恐慌，自觉配合社区的统一指挥行动；第二，让居民学会自我管理情绪、调节行为的方法，以控制好突发事件状况下的情绪和行为，最大程度提升自我心理管理能力；第三，肯定居民在社区突发事件中的一些过度反应的合理性，以增强居民对个人反应的接纳程度，引导居民将关注点转向发展更为积极的应对方式；第四，提供寻求心理援助的途径和联系方式，将其作为积极救助的可靠资源。

2. 个人自助

在社区突发事件发生后，居民极易产生紧张、焦虑等情绪，主观上会有不舒适感，生理上表现为心率上升、肌肉紧张等。由于心理专业人员数量有限，因此居民有必要主动学习和应用个人心理自助的方法，提升自我心理管理能力，预防心身问题向严重化方向发展，可参考以下两种方法。

（1）渐进式肌肉放松练习。渐进式肌肉放松是一种使肌肉先紧张后放松的训练方法，强调放松要循序渐进地进行。

（2）正念练习。很多时候，人们的情绪会受对人或事的看法和态度的影响，尤其是深陷在社区突发事件中时，脑海中会一直重复过去和现在的遭遇、想象未来的困难等，更容易让自己沉浸在悲观、失望的情绪中不能自拔。如果此时可以停顿下来，对引发自己消极情绪的不合理认知进行观察与了解，觉察到这些不良认知对改善情境没有任何实际效用，就可将它们放置到一边不予关注，从而避免过度悲观。

3. 集体互助

社区突发事件发生后，社区居民是面对共同问题的一个群体，处于这个群体中的每个个体都可能从其他人那里获得同情与理解、支持与帮助。每个居民都要有意识地融入团体之中，并且有信心建构起与他人彼此扶持的互助关系，因为每个人在社会上都离不开与他人的相互配合。人与人之间的亲密互动、相互支持是社会支持的本质，会在帮助他人的过程中产生，而与他人积极关系的建立、正向的情感联结可以使个体处在一个良好的社会支持系统中，从而有助于个体心理健康的维护。

（1）互助放松。人际互动的过程是有趣的，个体在群体中可以获得安全感和愉悦感。互助放松的方式很多，比如互相倾诉、共同运动等。即使是简单的肢体接触活动，也可以给居民带来亲密和温暖的感觉。例如，居民之间互相敲打背部，或者按摩肩部，让彼此身体放松和舒服的同时，人与人之间的间隙也变小了。即使是无声的互动，也能给人们带来美好的感受。一个简单的活动，可以让参与其中的居民体验到来自他人的关爱，意识到可以通过彼此互助式的活动，来缓解紧张、愉悦身心。

（2）团体心理辅导。团体心理辅导是根据团体特点专门设计的团体辅导活动，既是一种心理辅导活动，也是一种促进人格发展和预防心理困扰的有效教育活动。一方面，团体心理辅导可以为存在同一类型心理困扰的居民提供心理治疗；另一方面，团体心理辅导还是一种方便可行的自助式集体活动，借助参与成员之间的交流互动，最大限度地利用人际资源，相互鼓励、彼此帮助，缓解紧张情绪，促进有效行动。

4. 专业干预

当居民亲历社区突发事件而受伤或目睹社区突发事件造成人员伤亡的惨状时，可能会出现急性应激障碍。患者通常在受刺激后立刻（1 小时之内）发病，表现出强烈恐惧体验的精神运动性兴奋，行为有一定的盲目性，或为精神运动性抑制，甚至木僵（时勘等，2010）。此时需要进行及时的心理危机干预，以最大限度地促进个体急性应激症状的快速缓解，降低其发展为慢性精神障碍的可能。心理咨询是心理危机干预常用方式之一。心理咨询是来访者就自身存在的心理不适或心理障碍，通过语言文字等交流媒介，向有专业技术的心理咨询人员进行诉说、询问与商讨，在其支持和帮助下，通过共同的讨论找出引起心理问题的原因，分析问题的症结所在，进而寻求摆脱困境、解决问题的条件和对策，以便恢复心理平衡、提高对环境的适应能力、增进身心健康的过程（见第十三章）。专业的心理危机干预能及时甄别和处置出现的应激障碍，帮助受到社区突发事件心理应激问题困扰的人员恢复心理平衡，提升心理健康水平。

[专栏 17–1] 涟漪效应和心理台风眼效应

不妨想象一下，若将突发事件比喻为石块，将民众心理比喻为湖面，突发事件对民众心理的影响正如在平静的湖面上投入一块石头，必将引起涟漪：（1）石块越重，水波越深，涟漪范围越广；（2）砸中的中心水域波动最大，外围水域的波动程度逐层减小。风险认知研究领域的学者将这一现象称为涟漪效应（Kasperson et al., 1988）。

在气象学中距离台风中心直径大约 10 千米的圆面积，通常称为台风眼。由于台风眼外围的空气旋转剧烈，在离心力的作用下，外面的空气不易进入到台风的中心区内，因此台风眼区就像由云墙包围的孤立的管子，它里面的空气几乎是不旋转的，风力相对微弱。李纾等（2009）提出心理台风眼效应，即：在时间维度上，越接近高风险时段，心理越平静；在空间维度上，越接近高风险地点，心理越平静。

1. 源自汶川大地震灾情的数据及启示

李纾等（2009）以汶川大地震为例，调查了灾区人民和非灾区人民对受灾严重程度的评估。结果表明，非灾区居民对受灾严重程度的估计反而高于灾区人民，这反映出非灾区人民对灾情的担忧超过了灾区人民，支持了心理台风眼效应的存在。

在心理台风眼效应的作用下，心理援助工作者可能难以在社区突发事件发生的第一时间精准识别急需帮扶的对象，或者直接受害者无法正确看待自己的心理反应，从而拒绝心理援助，导致灾后三个月至半年内发生反弹式的应激心理，严重影响身心健康和正常生活。作为社区心理学工作者，应该在学习和工作中思考如何解决上述问题，以期为社区突发事件中的直接受害者给予恰当的心理援助。

2. 源自新冠肺炎疫情的数据及启示

温芳芳等（2020）以新冠肺炎疫情为例，从当事人视角和旁观者视角切入，在武汉因防控新冠肺炎疫情而“封城”的一个半月内，在全国范围调查了不同疫情程度地区民众的风险认知和焦虑水平。结果表明：（1）当事人视角的数据支持涟漪效应（疫情严重地区民众的风险认知和焦虑水平高于其他地区）；（2）旁观者视角的数据主要支持心理台风眼效应（疫情严重地区民众对重灾区武汉人的焦虑程度和所需心理援助数量的评估低于其他地区），部分支持涟漪效应（低风险地区民众对武汉居民的风险评估显著低于高、中高及中风险地区）。此外，根据研究结果，温芳芳等还提出了边缘带效应，即：中风险地区民众的风险认知低于重灾区和低风险地区。

上述结果启示我们：一方面，考虑到心理台风眼效应的影响，心理援助工作者在评估和报告类似新冠肺炎疫情的社区突发事件的真实情况及其对民众的影响时，应始终保持审慎的态度；另一方面，考虑到涟漪效应和边缘带效应，在应对此类社区突发事件时，心理援助工作者需要充分综合当事人和旁观者的主观评价以及客观行为后果，将其作为援助工作的依据。

第三节　社区突发事件的应对

在认识社区突发事件的特征和规律的基础上，我们应树立起“以人为本，预防为先”的理念，采取分级分类应对的综合措施。下面从社区突发事件不同发展阶段的应对措施、不同社区类型突发事件应对预案以及构建安全—智慧—幸福的新时代和谐社区等三个方面阐述如何应对社区突发事件。

一、社区突发事件不同发展阶段的应对措施

我国的社会制度和文化传统决定了我国在社区突发事件的应急管理中具有独特的优势。随着中国特色社会主义进入新时代，为了实现人民对美好生活的向往，建构新时代社区应急管理体系需要结合中国特色。那么，社区突发事件发生后，有哪些具体的应对措施？总体来说，应以减轻伤害、降低损失为工作重心，阻止伤害的蔓延，尽快弥补已发生的损失。具体方案要因事制宜、因时制宜。

社区突发事件的发展可分为五个阶段，即潜伏期、爆发期、高潮期、缓解期、消退期（秦启文，2008）。不同阶段应采取不同的应对措施。

（一）潜伏期：平战结合

潜伏期属于突发事件的起始阶段。在该阶段，事物处于由量变到质变的过程中或刚发生质变的过程中。此时，一些突发事件可以觉察和预警，如地震、海啸等自然灾害；而另一些突发事件则难以觉察，如恶意报复社会的事件。因此，社区应根据平战结合原则，做好应对准备工作。

第一，在观念上转变临时应变、侥幸取胜的想法，树立全方位、全流程危机管理的理念。社区应招募具备应对经验和素质的志愿者，成立社区服务队，对其进行系统培训，使其掌握应急技巧，在紧急状态下迅速做出反应，参与应急救援工作，维护社区安全。同时，社区服务队可以为社区居民开展突发事件应对措施的宣讲和简单培训。

第二，在平时训练中提高应对突发事件的能力，包括信息能力、政策能

力、人员能力和保障能力四方面。信息能力即社区工作人员全面收集、正确处理社区中存在的风险信息的能力，大到自然灾害，小到家庭矛盾，都是信息收集的范围。政策能力是深入学习、解读、应用政府颁布的突发事件应对要求、方案、措施等政策文件的能力，在领会精神的基础上，严格按照要求进行学习和部署。人员能力即工作人员自身的理解力、计划能力和执行力。在突发事件发生之际，任何细小的偏差都会导致巨大的损失，因此工作人员自身的应急素质应在平时加强培训。保障能力是指应急物资、人员等方面的保障。

第三，强化实战训练，做到排查、演习、测评三位一体。日常排查是为了发现异常情况，早发现、早处理，做到防患于未然；演习是通过模拟突发事件提高应对能力，在演习过程中发现现有应急方案的不足，以及工作人员的能力短板；根据日常排查和演习结果，对当前的突发事件应对能力进行测评，从而提高应急预案质量。

（二）爆发期：及时干预

突发事件处于爆发期时表现为事件极速发展和严峻态势的出现。在强度上事态逐渐升级，从不为人知到引起广泛关注。突发事件发生时，要以减轻伤害、降低损失为工作重心。社区要第一时间做出反应，充分发挥人熟、地熟、情况熟的优势，及时干预。

突发事件的干预模式不能一概而论，对于自然灾害、暴力事件等发展速度极快的事件，尤其强调事件发生时的即时干预，必须当下做出“速战速决”的应对反应，否则会带来不可逆转的伤害。“速战速决”即发现问题快、调查事件快、控制事态发展快、通报情况反馈快。以 2008 年四川汶川大地震的应对为例，地震发生后，地震局和有关救援部门迅速测定地震中心和范围，并研制展开救援的最佳方案，做到发现问题和调查事件快；迅速组织专业救援队伍，各救援部门和地区组织相互协调，从抢救、安置、救济、救助、恢复和心理救助等方面多管齐下，提高了救援效率，做到控制事态发展快；政府通过地震局、民政部、国防部、公安部等各种渠道对外通报抗震救灾工作的真实情况，各电视台连续播出抗震救灾现场的情况，网站开设抗震救灾专栏，24 小时更新实时情况，做到了通报情况反馈快。由于对汶川大地震的反应迅速，减少了不必要的社会恐慌，灾区的重建工作进展顺利，灾区经济实现快速的恢复与增长。

（三）高潮期：应急处理

突发事件的高潮期是指人们可感知事件造成的损失到事件无法继续造成明显损失的阶段。在这个阶段，救援人员应把握好应急处理的时机，其工作原则是尽快治疗居民的身体损伤、心理创伤。

医疗小组是突发事件救援组织中必不可少的一部分，负责对居民的身体损伤及时救治。近年来，人们越来越关注突发事件发生后的心理救助，心理服务小组也被纳入救援组织。心理工作者应把握干预时间，提高救援效率。最好在事件发生后 24~48 小时内进行心理干预，一般情况下不超过 14 天。首先，心理干预要有重点地进行。快速遴选需要救助的人员，尤其重点受害人员以及在一线组织救援的人员，将高危群体和普通居民区分开，开展针对性的心理疏导。其次，根据不同突发事件所产生的群众心理状态，确定干预的关键点，如情绪问题或睡眠障碍等。随后，根据救助人员的具体情况，选取适当的心理干预的方式，包括团体合作、情感宣泄和经验分享等；或者让居民学会自我鼓励、保持平和，当感到自己有心理危机压力时多与朋友或咨询师沟通交流，以积极的方式寻求解决策略。此外，需要特别注意的是，心理干预过程要避免由于急于求成而给居民带来更大的心理伤害，例如，过于频繁地询问事件发生时的情景和个人感受，强制性地要求受灾者在公众场合暴露自己的经历等。

（四）缓解期：保持警惕

突发事件处于缓解期时，造成的损失有所下降。但这个阶段仍然要保持警惕，不能松懈。因为一些突发事件可能不止一个高潮期，如果在缓解期没有把控好，可能引来第二个高潮期，造成更为严重的损失。

在这个阶段，社区要做好监控并保持警惕，在工作上不可松懈。突发事件在这时已经得到初步控制，但并没有彻底解决。例如，暴发于2020年1月的新冠肺炎疫情，经过全国上下的持续努力，截至当年8月，国内已过高发期，疫情基本得到控制，但全国上下仍然保持高度警惕，媒体持续通报疫情现状，社区继续做好疫情防控工作，高校普遍实行封闭式管理。这个阶段要做到首报要快，续报要准，终报要全。对于自然灾害等无责任主体的突发事件，应做到实时监控并通过各种渠道使群众知情，让人民群众放心，稳定社会秩序。对于存在责任主体，并造成较恶劣社会影响的突发事件，则需要在采取及时干预和应急处理后，由责任主体向公众承认错误，挽回群众的信任。

（五）消退期：救助重建

突发事件结束后，社区和救援组织的重点任务是为受害居民重建家园。这种恢复和重建不仅包括物质层面的，更包括精神和组织层面的。救助重建工作的主要步骤如下：第一，成立重建小组，负责指导重建工作。第二，确定重建目标。通过调查突发事件危害程度，对损失进行分门别类的整理，进而确定重建目标。第三，制订重建计划，确定救援对象，规定工作进度。第四，寻求外界援助，开展重建工作。根据不同的突发事件类型，重建小组的组成人员、重建目标、重建计划等内容也不同。对于破坏性较大的灾害，重建内容更广泛、难度更大，包括房屋等基础设施修建和恢复，医疗、心理服务等；对于微观的突发事件，可能只需要居委会和心理服务小组帮助受害居民缓解心理创伤。

重建工作可能是长期而艰难的，以心理服务为例。汶川大地震后3~6个月，部分居民心理应激状态逐渐加重。因此心理服务小组要对居民进行跟踪性筛查，对高危人群给予更多关注和有效的心理疏导；对已经确诊的病患，在医院治疗的基础上，力所能及地给予帮助并关心其家属的心理健康。此外，社区还可以开展居民心理互助小组，让有相似问题的居民们坐在一起相互倾诉，相互给予社会支持，缓解心理创伤。即使如此，时至今日仍有很多经历过汶川大地震的居民会在梦中被地震的场景吓醒，提及当时的遭遇忍不住胆战心惊、掩面哭泣。

突发事件的发生必然会带来伤害，无论重建工作多么完善，仍然无法恢复最初的状态。因此，在开展重建工作的同时，我们对于有责任主体的突发事件应反思如何避免其发生，对于无责任主体的自然灾害等事件应进一步完善应急预警机制。社区只有不断完善应急制度，持续提高预防和应对突发事件的能力，才能为居民提供最安全的保障，使居民安心。

二、不同社区类型突发事件的应对预案

社区突发事件除了不同发展阶段有不同的应对措施外，不同社区类型突发事件的应对预案也不一致。与发达国家相比，我国突发事件应对体系起步较晚，应急体系仍不完善，不同的社区类型在应对突发事件时的预案还不够充分，表现为城市社区突发事件应对预案较为完善，农村社区突发事件应急制度较为缺乏，虚拟社区存在较强风险性。了解不同社区类型突发事件的应对预案对援助不同社区类型的受害者更具针对性和指向性。

（一）城市社区突发事件的应对预案

城市社区突发事件是指发生在城市社区之内，或者在社区外发生但已经蔓延到社区之内的对社区居民生命、财产及心理造成较大威胁与危害的紧急性事件（张永理，2018）。城市社区中的应急管理和心理援助体系相对完整，人力、物力、财力相对充足。

1. 城市社区应急管理预案

城市社区突发事件的应急管理预案强调“充分准备，协同合作”。首先，依照城市社区突发事件应急管理工作要求，做好应急物资储备，加强突发事件的应急设施建设。应急物资储备是社区预防和应对突发事件的有效保障，是社区应急能力的重要构成要素。要建立健全以应急处置装备、能源物资、救灾物资、生活必需品、医药物资为主体的应急物资储备体系，实现政府储备、社会组织储备和家庭储备有机结合。其次，建立危机协同治理模式，打造多元主体协同治理机制。现代城市社区突发事件管理主体应是多元化的，管理模式应向协同方向发展，即形成政府、企业、社区、非政府组织、公众

等多主体共同参与的危机协同治理模式，参与主体各负其责，各司其职，相互合作。

2. 城市社区心理援助预案

心理援助更强调人力的作用，包括心理学专业机构和心理工作者。由于我国目前尚未对社区应急管理中的心理援助进行明确规定，所以在社区突发事件处理中很少见到心理学专业人士的身影。因此，社区应最大限度地调动专业机构与社会组织的力量。随着社会的发展进步，心理服务机构也如雨后春笋般在各地纷纷成立，它们拥有大批的心理咨询人员，与科研院校或专家学者建立了良好的合作关系。但是，我国居民对心理服务仍缺乏认识，亲身体验过的人更是少之又少，所以心理服务机构当前的发展陷入了困境，亟待加强与政府和社区合作，利用自身专业优势进一步拓展服务范围，使更多人从中受益。专业的心理服务机构和心理工作者的加入，不仅可以在平时普及心理知识、提高居民幸福感，在突发事件发生时提供专业的心理援助，更能帮助社区培训更多的心理服务志愿者，在社区中更快速、更方便地为居民提供服务，形成相对完整的心理援助体系。

（二）农村社区突发事件的应对预案

农村社区突发事件是指发生在农村地区，伴有突然性并且可能造成重大人员伤亡、财产损失、生态环境破坏和严重社会危害的紧急事件。相比城市而言，农村的应急管理和心理援助体系都比较落后，亟须进一步完善。农村应急管理预案的提出和改进需要从基层政府、应急保障和处理方式等方面入手。

1. 农村社区应急管理预案

第一，加快基层政府的职能转变。一方面，要推进管理层级扁平化，提高行政效能，提升行政命令的运行速度和基层反应速度；另一方面，要通过事权下放，加强社会公共服务和社会管理等方面的职能建设。第二，提高农村交通通信基础设施的应急保障能力。当前的农村交通通信基础设施只是基本解决了有无问题，起点低，质量差，应急保障能力严重不足。为此，必须继续加大农村交通通信基础设施建设的力度，从有到优，由重建到建管结合，不断提高农村交通通信基础设施的应急保障能力。第三，提升突发事件的信息透明度，加快信息公开速度，提高信息公开程度。对于农村社区突发事件而言，耽误时间就意味着丧失处理危机的最佳机会，致使危机事态恶化。

2. 农村社区心理援助预案

农村社区突发事件的心理援助中同样强调专业的心理服务工作者的作用，但同时也需要进一步改进组织结构，加大资金投入力度。首先，构建农村社区突发事件心理援助的组织管理系统。一直以来，大部分农村社区心理援助体系处于无人管理、无人过问的状况，致使一些遭遇了突发事件的村民由于得不到及时的心理疏导而出现不同程度的心理问题。因此，要努力构建农村社区突发事件心理援助管理机构，统一协调社区各方支持因素和力量，以保障机构正常运转。其次，加大对于农村社区应急管理心理援助的资金投入力度。一方面，加强农村社区文化建设，为村民提供文娱活动的场所和设施，例如小公园、图书馆、电影院等，通过村民精神生活改善其心理状态；另一方面，经常聘请专业的心理服务机构或心理工作者，为突发事件后产生心理危机的村民开展心理咨询服务。

（三）虚拟社区突发事件的应对预案

虚拟社区突发事件是指发生在网络上，依托网络技术而产生的使网民产生恐惧和不安心理的舆情突发事件，具有不可预测性。随着互联网事业的快速发展，虚拟社区（QQ 群、微信群、各种论坛等）成为人们生活的重要组成部分。虚拟社区带来了交往的便利性，同时也带来了很多风险。近年来，虚拟社区中的突发事件比比皆是，如网络诈骗、网络暴力等。网络谣言总是来源于现实生活，又与社会现实不断融合，对现实群体事件的发生起着推波助澜的作用，给正常的社会秩序带来危害，甚至左右现实事件的发展。

1. 虚拟社区应急管理预案

第一，要加强对于网络舆论的引导。当虚拟社区突发事件发生时，可以寻找一些拥有威望、话语权的意见领袖来满足公众对于权威意见的依赖感。

在网络舆论爆发之时，利用好意见领袖进行舆论引导，会对舆论控制起到事半功倍的效果。第二，建设健康的网络环境。打造安全而相对宽松的网络环境，将有助于对网络舆论的监督和引导。对网络上一些恶意揣测或明显的不真实信息等，要进行有效的监管和屏蔽，并注意处理时机和手法，避免引起网民的抵触情绪。第三，完善网络舆论控制体系。政府要完善网络舆论控制体系，包括出台相关政策、成立信息审核小组、建立明确的信息审核制度等。第四，网民要自觉增强网络自律意识。面对虚拟社区突发事件，网民需要冷静、理性地评价和处理。相关部门要宣传规范的网络道德秩序，培养良好的网络文明气氛，从而净化上网环境，提高网民辨别是非的能力，让负面舆论无处遁形。

2. 虚拟社区心理援助预案

虚拟社区突发事件大多是网络信息对网民的影响，不同于自然灾害、传染病毒、打砸抢暴力事件等带来的真实伤害。虚拟社区突发事件更多的是影响网民的心理健康，甚至由于网络暴力出现抑郁、自杀等严重心理问题。因此，虚拟社区中的心理援助显得尤为重要。一方面，许多心理咨询机构都推出在线心理咨询服务，可以缓解虚拟社区突发事件给网民造成的心理痛苦。另一方面，虚拟社区可以利用舆论的力量，在应急管理心理援助中，充分发挥媒体作为信息传递者、宣传教育者和政府代言人的角色。创造良好的舆论环境有助于居民了解心理危机并促进信息传递，增强居民间的信任与支持，吸纳更多人加入到心理援助的队伍中来。

三、构建安全—智慧—幸福的新时代和谐社区

随着时代发展和科技进步，我国居民的物质文化生活水平不断提高，生活方式也发生了一定变化（例如，虚拟社区已经成为年轻人实现人际交往的主战场，智能家居正在逐步代替传统家居），传统的社区模式已不能更好地满足新时代居民日益多样化的需求。这一背景对社区突发事件的应对方式提出了新的要求。社区突发事件的应对工作不应仅仅局限于解决问题，头疼医头、

脚痛医脚，而应着眼于大局，致力于构建安全—智慧—幸福的新时代和谐社区，从而实现源头治理，防患于未然。

（一）安全社区：应急管理

安全是和谐社区的根基，构建安全社区可以为居民提供一个安全稳定的生活环境，降低人为突发事件的发生概率。安全社区的建设包括完善社区安全基础设施，改造社区环境和公共设施，保证安全社区创建工作统筹协调、整体推进，强化社区安全基础工作等。具体而言，建设安全社区可以分为两个阶段：第一，开展调研，控制伤害。安全社区建设的根本目的是有效控制风险因素，最大限度地降低日常生活中的各种突发事件带来的伤害。因此要对社区安全和各类突发事件情况进行调研，掌握社区安全管理中存在的风险和隐患，有针对性地重点建设应急设施。第二，注重宣传，营造氛围。由于个体经历威胁人身安全的严重社区突发事件的概率较小，很多人会忽视安全意识和安全知识的重要性，因此宣传引导是推进安全社区建设的重要途径。一方面，通过社区橱窗展示、安全讲座、消防演习等方式宣传社区中可能存在的各类突发事件及其预防和应对知识，经常开展安全社区交流活动；另一方面，坚持“安全第一，预防为主，综合治理”的方针，提高居民安全意识和应对紧急情况的能力。

（二）智慧社区：智能风控

智慧社区中的智慧主要是指以人本关怀为根基的“智能”（林春婷，蒋柯，2020；申悦等，2014），包含互联网、5G、人工智能等新兴技术。在智慧社区建设的过程中，我们可以利用各类新兴技术，通过智慧物业、智慧养老、智慧家居、智慧医疗、智慧办公等服务，更高效地满足居民的心理需求。针对社区突发事件，智慧社区建设的意义主要在于智能风控，其优势主要有三点：第一，智慧社区降低城市社区治理的成本。智慧社区借助大数据、互联网等技术对安全进行管理，化解了机构臃肿的问题，节约社区人力成本；智慧社区促进和扩大政务信息共享范围，有助于降低行政管理成本。第二，智慧社区改善社区服务。完善的信息网可以减轻社区组织的工作负担，改善社区组织的工作条件，优化社区自治环境，提升社区服务和管理能力，建立多元化、多层次的社区服务体系。第三，智慧社区确保社区居民安全。智慧安防系统、智能停车系统、智能门禁系统，以及一键报警和紧急救助服务能确保社区居民的用火用电安全、车辆安全、人身安全。

（三）幸福社区：心理援助

幸福是社区居民永恒的追求，是社区建设的应有之义。幸福社区建设有助于提升居民生活品质，满足群众需求，推动社会协调发展。针对社区突发事件的幸福社区建设，需要依托心理援助体系，培育居民的幸福进取精神，提高居民应对社区突发事件的心理能力。在社区层面，至少可以从以下三个方面着手：第一，以人为本，提供优质的社区服务。结合社区网格化管理模式，拓宽社区服务领域，提高居民生活质量，采用互助服务、志愿服务、网络服务等方式，全力推进社区服务体系建设。第二，开展心理服务，促进睦邻友好关系。和谐融洽、互助友爱的邻里关系是建设幸福社区的基本条件。心理工作者和社区志愿者可以定期为有心理服务需要的居民提供心理疏导，同时通过开展团体心理辅导等心理活动，培养居民的互助合作意识，增进居民间的联系。第三，丰富社区文化活动，加强社区精神文明建设。建设幸福社区需要优质社区文化的引领和支持。具体的措施包括：完善社区文化设施，整合、共享社区文化资源，开展多种类、多形式文化活动，宣传在幸福社区建设中涌现出的先进人物事迹，弘扬共建家园、奉献社会的社区精神，增强社区居民的文化认同感。

总之，构建安全—智慧—幸福的新时代和谐社区，有助于我们更高效地预防和应对社区突发事件。

[专栏 17–2]“有准备的社区”和“有弹性的社区”

“有准备的社区”是澳大利亚提出的，认为在应对灾难等紧急事态时，社区外的援助未必总会及时到达，个人和社区的自救往往是更快速更有效的手段。政府承担主要的领导责任，而有准备的社区在组织紧急救援中起到极其重要的作用。

“有弹性的社区”是美国提出的，认为这样的社区可能在极端自然灾害的重压下屈服，但不会垮掉。社区强大而有弹性，这意味着社区的公用事业可以持续运转，意味着社区处于安全地区。

建设有中国特色的新型社区，也应包含有准备和有弹性这两个特点。也就是说，当社区突发事件，甚至大规模灾害发生时，社区居民具备一定应对突发事件的能力要比等待政府和社会机构的救援有效得多。同时，与注重实施灾后救助相比，灾前预防和提升社区居民应变能力能更大程度减少伤害的发生。

（资料来源：Fleming & Ledogar，2008）

概要

社区突发事件是指对社区居民的生命、财产、安全、心理造成或可能造成威胁与危害的突发事件，包括社会性突发事件、社区性突发事件和家庭突发事件，具有突发性、变化性、危机性、扩散性、连锁性、状态失衡性等特点。人们面对社区突发事件时会出现心理应激，应建立健全社区突发事件心理应激的援助机制，提升心理应对能力。社区突发事件不同的发展阶段和不同社区类型的突发事件具有不同的应对措施，构建安全—智慧—幸福的新时代和谐社区是应对社区突发事件的必然要求。

扩展阅读书目

刘伯奎.（2011）. *突发事件社区化解*. 北京：中共中央党校出版社.

时勘等.（2010）. *灾难心理学*. 北京：科学出版社.

王丽莉.（2009）. *突发事件心理援助体系的建设*. 北京：中国社会出版社.

思考题

1. 社区突发事件与其他突发事件有什么异同点？
2. 面对社区突发事件产生的心理应激，社区居民可以采取哪些措施进行自助？
3. 社区突发事件不同发展阶段的工作重点是什么？
4. 城市社区、农村社区、虚拟社区突发事件的心理援助预案有何不同？
5. 你对建设中国社区突发事件应对体系有何建议？

第十八章 面向未来的社区心理学

未来一段时间，应尽快建成中国特色社区心理学体系，以切实服务中国社区建设和发展。党的十八大以来，习近平总书记提出了一系列关于城乡社区治理的重要论述。例如，2018年他在武汉考察时提出，把社区建设好，把幼有所育、学有所教、劳有所得、病有所医、老有所养、住有所居、弱有所扶等目标实现好。这些论述阐明了新时代社区工作在党和国家战略全局中的重要地位，为社区心理学的发展指明了方向。

一、社区心理学发展的机遇和主要任务

（一）学科制度支撑日益完善，社区心理学的发展机遇凸显

伴随中国特色社会主义事业的发展，社区心理学发展的制度保障正日益完善。党和国家高度重视社区治理工作，制定出台了一系列社区建设和发展政策，譬如社区建设工作规范、社区治理工作要求、特定社区的建设指导意见，以及与社区心理服务有关的指导意见、工作方案等等。

社会需求和学科使命构成了社区心理学前所未有的发展机遇。在实现第二个百年奋斗目标和中华民族伟大复兴的进程中，经济社会发展为社区心理学的学科建设提供了前所未有的机遇。这个进程也正是我国由农业社会向工业社会、信息社会转型发展的进程，中国人的生活方式、文化价值观、社会角色、人际纽带、思维方式、沟通方式等正经历深刻的变革，人民群众对美好生活的需要日益增长。社区心理学在保障民众身心健康，提升安全感、获得感和幸福感，以及促进社区和谐方面，必然有所担当。在这样的时代背景下，社区心理学需要在学科发展目标、研究领域、研究方法等方面，时刻抱有开放的态度，继往开来，与时俱进，承担学科使命。概括来说，既需要在基础研究中完善本学科的理论体系和方法体系，夯实学科发展的基础，又需

要在应用研究中提出解决社会实践问题的对策建议，承担起对社区中人的心理与行为的描述、解释、分类、预测和控制的学科任务。

（二）社区心理学近期发展的主要任务

社区心理学肩负着人才培养、科学研究和服务社会的使命，而人才培养又需紧紧围绕科学研究和服务社会展开。从科学研究和服务社会的角度，社区心理学近期发展的主要任务包含三个层次。

1. 稳步推进一系列迫切需要解决的理论和实践命题

譬如：加强社区氛围建设，形成对各种类型社区氛围的解释；整合社区的仁爱观、正义观、文明观、和谐观、诚信观，在理论上构建社区价值观传承与发展的统一体系；改进面向社区各类人群的实务工作，创新社区心理工作模式。提高这类研究任务的核心价值，是通过知识创新，以及实践方法的改进，获取多样而有效的社区心理服务、社区心理建设的模式与方法。

2. 关注社区层面涌现的新现象，以及经典命题的新发展

关注社区层面涌现的新现象，如社区公共空间软硬件更新带来的心理与行为适应，社区归属感伴随虚拟现实、增强现实的扩展等等，以及经典命题的新发展，如传统的社区协商模式在新型社区中的再定义和塑造、居住流动与婚育观念变迁带来的社区价值观变化、新建社区人际纽带的建立与延续等等。关注这类研究课题的核心意义，是让社区心理学时刻保持活力和生命力，能够对社区发展中的各种新旧问题给出自己的观点和见解，并在此过程中提出新的学科问题以及新的社区心理工作模式。

3. 在新时代新发展理念和新技术应用背景下，对某些领域给予重点关注

做好重点领域的理论探索和实践改进，不但会对社区心理学诸多的理论和实践问题探讨产生引领和带动作用，促进社区心理学的知识与方法的迭代更新，还会产生切实的社会效益。这类研究问题的核心特征是，既需要社区心理学做出独特的贡献，又需要学科交叉，多方联合攻关，创新理论体系和研究方法，以解决实践中涌现的复杂多样的问题，为现代化、国际化贡献力量。我们认为，当前需要社区心理学重点关注的发展领域主要是和谐社区和

智慧社区，下面分别阐述。

二、和谐社区心理的研究和实践

社区是社会治理的基本单元，是人民群众安居乐业的基石。和谐是一个好社区的首要属性。和谐社区建设是中华优秀传统文化传承和时代发展趋向的有机结合。在构建社会主义和谐社会的过程中，加强社会治理的重心在社区，改善民生的依托在社区，维护稳定的根基在社区。充分发挥社区在构建社会主义和谐社会中的重要基础性作用，将更加有助于形成共建共治共享的社会治理格局。围绕和谐社区开展研究，具有重要的理论和应用价值。

（一）围绕学科知识创新，引领社区心理学的发展

创新发展既是社区心理学的着力点，也是社区心理服务的重要支撑点，是实现社区心理学支撑和谐社区、和谐社会建设的必经之路。社区心理服务的对象并不是孤立的存在，而是密切置身于家庭、邻里、社区、社会等生态系统当中。要准确把握其特点，运用恰当的方法，达到最佳效果，就必须以系统和人文的观点，深刻理解社区心理的复杂性，发现和解决和谐社会建设中社区层面的理论和方法问题，通过实践创新做出独特的贡献。从和谐社区建设的角度来看，社区心理学的创新发展应重点推进以下几个方面的探索。

1. 大力弘扬中华优秀传统文化，探索和谐社区建设的理念和方法

绵延而独特的中华文明，是社区心理学创新发展的重要源泉。在和谐社区建设中，我们不但要继续对中华优秀传统文化中的和谐思想进行创造性转化，还要进一步运用新思想、新智慧，增进对和谐社区建设中复杂心理与行为的理解。重点关注在社区层面推进共建共治共享，构建人类命运共同体理念的心理基础，包括价值观、社区氛围、社区纽带等，适时开展有关社区类型、群体差异的研究，探索和谐社区建设的适应性方法。

2. 以现实需求和学科发展为导向，创新社区心理学的研究方法

社区心理学的研究和方法体系变革是相互促进的。中国的社区心理学研

究，既不能套用西方的理论，也不能照搬西方的方法。我们需要突破传统的量化与质性研究的对立观，根据现实问题选择、创新研究的方式方法，让方法服务于问题，服务于和谐社区心理工作的实际。

3. 围绕和谐社区建设，探寻社区中常见典型行为背后的心理机制

在人口流动迁移、社会经济结构和人际纽带变化的背景下，探索社区中常见典型行为发生、发展和消解的心理机制，将为解决社会矛盾、促进社会和谐发展，提供系统的知识支撑。

（二）大力推进社区心理服务，提升社区心理工作实践

社区心理服务在和谐社会建设中具有不可替代的地位。伴随经济社会发展所出现的各种问题和挑战，很多都可以通过发展社区心理服务得到解决。发展社区心理服务的切入点多样。从和谐社区角度来看，有以下几类问题需要持续关注。

1. 发展兼具服务性和引领性的社区心理服务平台

因地制宜，建设社区心理服务平台，通过合理配置社区心理服务人才、社区资源，满足社区心理服务的基本需求，并探索能引领社区形成积极氛围的途径，以及促进社区和谐的心理条件和机制。

2. 精准筛查社区重点服务人群的心理心态，遏制社会恶性事件发生

建立系统的筛查追踪机制，做好社区矫正与社区戒毒康复的相关工作，针对社区中的邻里纠纷、家庭矛盾、老龄化等问题，做好矛盾突出、生活失意、心态失衡、行为失常及性格偏执人群的心理疏导、危机预警及干预措施。预防和管控社区冲突，遏制恶性事件发生，有效应对社区突发事件。

3. 开展日常心理服务，满足民众追求美好生活的需要

系统评估民众日常心理服务需求，针对居民婚姻与家庭、老年失能和健康促进、社区监管人群改造和犯罪预防等问题，有效开展心理素养提升、心理健康问题筛查、心理咨询与辅导等多样化服务，积极发挥社区心理学在个体成长、家庭和谐、社区和谐、社会和谐中的独特功能。

在和谐社区建设视野下，大力发展社区心理服务、加强社区心理学的创

新发展，需要以基层社区为主体，以先进社区为示范，以学术研究为依托，加大应用心理学专业设置的力度，以人才培养和服务能力为抓手，在社区心理学的学术研究、人才培养及社区服务实践之间形成更有效的互动。为达成这些发展任务，我们必须坚持走到社区中，构建中国化的社区心理学理论体系，探索社区心理学中国化的方法，发现社区中切实存在的研究问题，找出相应的解决方法。

三、智慧社区心理的研究和实践

在网络强国、数字中国、智慧社会建设背景下，物联网、云计算、大数据等信息技术广泛应用。智慧社区建设在创新社区治理模式，推进智能家居、智慧教育、智慧医疗等领域的优势日益凸显，在增进民生福祉，增强民众的获得感、幸福感、安全感，服务群众、造福群众等方面具有重要作用。在智慧社会视野下，社区心理学研究重心由个体向外部环境拓展，与智慧社区相关的心理学研究主题日益凸显。

（一）探索范式变革，促进社区心理学的创新

1. 社区心理学研究内容的扩展

智慧社会的发展在某种程度上改变着人类的生产生活方式、价值判断、沟通交往方式和学习思维方式，为心理学研究带来了新场域、新领域和新内容。传统的研究主题，如社区文化、社区氛围、社区价值观、社区认同等，亟须纳入虚拟社区、社区中智能工具的应用等“智慧”要素；社区人际关系、社区合作与竞争、社区亲社会行为和反社会行为等，也要将智慧社会的特点作为社会信念系统转变的出发点，考虑群际互动中的平等性、竞争性、开放性，众筹、众包、众智等群际合作的特点；人生发展与社会化等，亦不能回避由于网络使用的自我教育获益或自我失控受损所带来的影响。这些研究主题在智慧社会发展中，产生了新的向度和探讨空间。

与虚拟社区相关的心理学问题，则构成了社区心理学相对独立的新研究领域。虚拟社区的心理学研究，除了将传统社区的价值观、群体心理等纳入

虚拟社区空间之外，将更多涵盖一些独特问题：（1）虚拟社区在个体的自我及社会化发展中的作用，如虚拟社区的理想主义、人际纽带、趣味维系等功能对个体的自我和社会化的作用；（2）虚拟社区中群体心理现象的形成及消减机制，如网络众筹、网络声援、网络正能量、网络色情、网络谣言等背后的心理机制。

另外，心理与行为的线上线下交互作用，介于传统研究主题和虚拟社区独立研究主题之间，在智慧社区研究中，也应给予一定的关注。

2. 社区心理学研究方法的变革

研究者（Hey et al.，2009）总结认为，在科学研究上人类先后历经了实验、理论、计算、数据探索四种范式。伴随着数据探索范式兴起的计算社会科学（computational social science），基于特定社会需求，在特定社会理论的指导下，收集、整理和分析数据轨迹，进行社会解释、监控、预测与规划（Lazer et al.，2009），为社区心理学研究方法的发展提供了机遇。

大数据研究通过分析生活中的海量数据，揭示发展规律，发现新的原理，进行科学决策。社区心理学所关注的几乎所有问题，都可以在传统研究基础上，通过大数据的方法开展补充性、拓展性研究，获得诸多人们既无法感受又无法表达的事物间关系，揭示超越个体的社区层面知识。大数据拓展了认识社区心理的途径，为创新社区心理学方法提供了新思路，但相关方法在学科方法体系中的地位，在各研究领域和研究问题上的适用和协同等问题，均需具体探索。

与智慧社区有关的研究内容扩展和研究方法变革，必然带来理论创新的需求。在智慧社会建设中，变革和创新的重要性比以往任何时代都更为突出。例如，智能社区管理系统与隐私、诚信、自我控制的潜在冲突，不但需要创新社区管理机制，还需要创新认知。而当新的社会问题出现，已有信念系统失效时，就需要范式的更迭（库恩，2003）。但范式变革所涉及的概念和解决社会问题的信念系统，不可能在短期内发生颠覆性变化。这意味着社区心理学的创新研究会遇到范式之间的潜在冲突。为此，社区心理学应该从个人、社区到社会，做出富有想象力的探索，对智慧社会、智慧社区建设贡献独特的知识和方法。当然，从经验到知识，到产生出新的概念和理论体系，乃至于范式变革，必然充满荆棘，需要长期不懈的努力。

（二）围绕智慧社区发展，服务智慧生活的需求

智慧社会建设使社会、城市、社区变得更加“聪明”，在更好地满足了人民对美好生活的期待和需求的同时，也使得各种社区心理问题进一步复杂化。为此，在与智慧生活相关的社区心理学研究与实务方面，需要重点关注和推进以下主题。

1. 深度介入老年人智能产品的开发和应用

着眼解决老龄化程度加深与生活品质提升之间的矛盾，深度介入老年人家庭辅助医疗和家庭养老过程中智能产品的开发和使用。采用理论探讨和实践应用的双路径，充分探讨老年人智能产品应用中的关键社区心理因素，系统跟进和干预智能产品应用中可能出现的人际冲突、心理健康问题等。

2. 充分发挥智慧社区在青少年发展中的积极作用

立足生态系统观，在家—校—社区合作框架中，因地制宜地探索智能产品嵌入青少年成长环境的心理机制，探索具有适应性的智慧发展策略。同时，重点关注因智能产品使用不当导致的成瘾行为、学习障碍和越轨行为，以及对应的评估、引导和矫正等。

3. 依托虚拟社区创新开展社区心理服务

智能化虚拟社区心理服务是新兴的心理学理论和实践领域，要充分发挥新技术和智能化驱动的理念，实现智慧社区建设与智慧社区心理服务。要加快探讨和完善依托虚拟社区的心理服务体系，充分界定服务原则、服务对象、服务内容，深度开发服务模式和服务技术，不断完善服务资质、服务效果的评估和保障等等。

4. 形成智慧社区、智慧生活和智慧人生的良性互动氛围

智慧社区的落脚点是和谐社会中人的健全发展，以人工智慧服务于智慧生活，实现智慧人生。社区心理学的研究和实践要有效回应一系列智慧社

区、智慧生活及智慧人生的良性互动问题，如：如何界定智慧社区的建构与运行原则，以避免助长个体的愚蠢；中华传统智慧理念（如中庸之道、以柔克刚）、智慧行为（如博观而约取，厚积而薄发）与人工智能在社区层面的有效协调；智慧社区环境、社区内生能力建设与发展（如社区成员的创新创业）的心理机制和实践策略。

未来我国社区心理学应重点关注上述研究领域和研究问题，但不局限于此。中国的社区心理学应遵循新时代中国特色社会主义发展的战略安排，植根于中华优秀传统文化，立足于中国社区实际，坚定文化自信，强化理论自觉，走中国特色发展之路。费孝通（2004）在谈到文化自觉时指出，无论个人、群体还是国家，首先要自信，然后才能自觉、自强。自信的基础是形成自身的理论体系，既要掌握中华传统文化的精髓，又要熟谙西方文化的来龙去脉，通过寻找一条连接东方与西方、传统与现代的纽带，认识中国社会发生的巨大变化，形成自身的研究成果，提出中国化的倡议。文化自觉和理论自觉能促使社区心理学研究者不断反思、不断探索，结合中国视角和全球意识，走平等、包容、多元、和谐的学科发展之路，使我们的研究对心理学研究的国际化、现代化做出应有的贡献。

概要

社会变迁、民众诉求和制度支持共同构成了现阶段我国社区心理学发展的主要驱动因素。未来中国社区心理学将继续贯彻系统和人文的观点，扎实推进社区心理学的理论研究和方法创新，提升社区心理服务的实效，创新社区心理工作的模式。在此基础上，融入符合时代发展需求的社区发展理念，在和谐社会、智慧社会视野下，丰富社区心理学的理论和方法，适时开展系统多样的探索。总之，中国社区心理学要形成完备的理论体系与方法系统，走特色发展之路。

扩展阅读书目

习近平.（2014）. *习近平谈治国理政*（第一卷）. 北京：外文出版社.

习近平.（2017）. *习近平谈治国理政*（第二卷）. 北京：外文出版社.

习近平.（2020）. *习近平谈治国理政*（第三卷）. 北京：外文出版社.

中华文化学院.（2012）. *中华文化与构建和谐社会*. 北京：知识产权出版社.

思考题

1. 结合事例阐述中国社区心理学当前的发展机遇。
2. 举例说明和谐社会视野下未来社区心理学的研究问题。
3. 举例说明智慧社会视野下智能技术应用中可能出现的社区心理学问题。
4. 试论中国社区心理学建设如何着眼当下，放眼未来。

参考文献

[中文部分]

安美娟，黄煊.（2014）. 社区失能老年人居家排药服务的探索与评价. *上海医药*，*35*（10），14–16.

白云飞.（2013）. *公众认同危机之应对：逻辑正义观与直觉正义观的契合*. 第三届京津沪渝法治论坛.

毕重增.（2017）. *自信与社会适应*. 北京：科学出版社.

蔡禾.（2005）. *社区概论*. 北京：高等教育出版社.

蔡禾，贺霞旭.（2014）. 城市社区异质性与社区凝聚力——以社区邻里关系为研究对象. *中山大学学报（社会科学版）*，*54*（2），133–151.

蔡林海.（2012）. *老化预防、老年康复与居家养老*. 上海：上海科技教育出版社.

曹红蓓，许燕，辛霞.（2012）. 幸灾乐祸：人性"底部"的邪恶快感. *心理科学进展*，*20*（3），443–466.

曹培叶，万巧琴.（2019）. 失能老年人运动干预的研究进展. *护理学杂志*，*34*（22），101–104.

曹文雯，吴继霞.（2015）. 微表情对男女青年谎言识别能力的影响. *青年研究*，（4），57–65.

曹允猛，刘邦惠.（2013）. *犯罪危险性评估问卷 LSI-R 的修订及信效度检验*. 中国心理学会人格心理学专业委员会 2013 年学术年会.

陈斌斌，施泽艺.（2017）. 二胎家庭的父母养育. *心理科学进展*，*25*（7），1172–1181.

陈鼓应.（1984）. *老子注译及评介*. 北京：中华书局.

陈浩彬.（2019）. *中国人的人际和谐心理*. 北京：北京师范大学出版社.

陈浩彬，汪凤炎.（2013）. 智慧：结构、类型、测量及与相关变量的关系. *心理科学进展*，*21*（1），108–117.

陈纪.（2018）. 京津冀地区民族互嵌式社区建设与公共资源支持保障研究. *中国行政管理*，（10），62–67.

陈江华.（2014）. 学习型组织理论研究综述与评价. *北京交通大学学报（社会科学版）*，*13*（2），65–71.

陈劲，张大均.（2007）. 中国传统诚信观的演变及其特征. *道德与文明*，（3），28–30.

陈来.（2015）. *中华文明的核心价值：国学流变与传统价值观*. 北京：生活·读书·新知三联书店.

陈俐燕，胡辉.（2013）. 虚拟社区研究综述. *未来与发展*，*36*（9），6–9.

陈苗苗.（2015）. *中国企业背景下团队建言氛围的研究*. 博士学位论文. 重庆：西南大学.

陈树公，陈俐俐.（2012）. 基于系统观的虚拟社区研究. *科技和产业*，*12*（8），149–152.

陈伟东.（2013）. 论社区建设的中国道路. *学习与实践*，（2），40–49.

陈纬，王龙，张兴利，施建农.（2010）. 汶川地震后青少年幸存者 PTSD 症状的特点及其发展. *中国临床心理学杂志*，*18*（1），85–87.

陈文，黄卫平.（2009）. 城市社区业主维权：现状、成因与对策. *中州学刊*，（3），116–120.

陈侠，黄希庭，白纲.（2003）. 关于网络成瘾的心理学研究. *心理科学进展*，*11*（3），355–359.

陈向明.（2000）. *质的研究方法与社会科学研究*. 北京：教育科学出版社.

陈小鲁.（2013）. 虚拟社区诚信现状及法制建设分析. *人民论坛*，（29），122–125.

陈晓曦，陈凤玲，李斌，刘耀中.（2019）. 好奇影响灵感产生的现象与机制：认知与情绪双加工路径. *心理科学进展*，*27*（1），1–10.

陈珝，傅宏，张晓文.（2011）. 通过共情训练改善大学生人际关系. *南京理工大学学报（社会科学版）*，*24*（6），79–84.

陈颖，马丽霞，裴慧丽，刘灵灵.（2016）. 不同失能程度老年人居家养老照护服务项目需求调查. *中国实用神经疾病杂志*，*19*（1），38–40.

程婕婷.（2018）. 交换资源特征对医患信任的影响：社会交换理论的视角. *中国社会心理学评论*，*14*，37–51.

崔佳慧. (2018). 当前国内外对社区冲突的研究述评. *学理论*, (6), 75-76.

戴木才. (2015). *中国人的美德与核心价值观*. 北京: 中国人民大学出版社.

邓恩远, 赵学昌. (2006). *社区建设政策与法规*. 北京: 中国轻工业出版社.

邓伟志, 徐榕. (2004). 简论家庭的起源和演化. *上海交通大学学报(哲学社会科学版)*, *6*(4), 20-26.

邓小平. (1995). *邓小平文选*(第二卷). 北京: 人民出版社.

丁道群. (2003). *网络空间的人际互动: 理论与实证研究*. 博士学位论文. 南京: 南京师范大学.

丁道群, 沈模卫. (2005). 人格特质、网络社会支持与网络人际信任的关系. *心理科学*, *28*(2), 300-303.

丁凤琴, 纳雯. (2015). 真实急病情境下共情对大学生慈善捐助的影响: 有调节的中介效应. *心理发展与教育*, *31*(6), 694-702.

丁华, 严洁. (2018). 中国老年人失能率测算及变化趋势研究. *中国人口科学*, *186*(3), 99-110.

董强利, 叶兰仙, 张玉堂. (2012). 创伤后应激障碍的影响因素及心理危机干预. *精神医学杂志*, *25*(1), 72-74.

董蕊, 彭凯平, 喻丰. (2013). 积极情绪之敬畏. *心理科学进展*, *21*(11), 1996-2005.

董淑霞, 聂琦露. (2019). 旅游虚拟社区氛围对在线口碑推荐意愿的影响. *国土资源科技管理*, *36*(5), 97-116.

杜刚, 黄希庭, 吕厚超, 岳童, 陈红. (2021). 开放式主题访谈: 一种中国社区心理学研究范式载体. *西南大学学报(社会科学版)*, *47*(2), 143-152.

杜鹏, 武超. (2006). 中国老年人的生活自理能力状况与变化. *人口研究*, *30*(1), 50-56.

杜妍, 张峰, 夏嫣雨, 刘宁, 杨波. (2017). *边缘型人格障碍与犯罪*. 第二十届全国心理学学术会议.

段锦云, 卢志巍, 沈彦晗. (2015). 组织中的权力: 概念、理论和效应. *心理科学进展*, *23*(6), 1070-1078.

范逢春. (2013). *管理心理学*. 北京: 中国人民大学出版社.

范逢春.（2015）. 地方政府社会治理：正式制度与非正式制度. *甘肃社会科学*,（3）, 178–181.

范艳香.（2019）. 新媒体视域下学校展开家风建设教育的关键点. *教育教学论坛*,（12）, 52–53.

方俐洛，白利刚，凌文辁.（1996）. Holland 式中国职业兴趣量表的建构. *心理学报*, *28*（2）, 113–119.

方亚琴.（2015）. 网络、认同与规范：社区信任的形成机制——以三个不同类型的社区为例. *学术论坛*, *3*, 89–96.

费孝通.（1997）. 简述我的民族研究经历和思考. *北京大学学报（哲学社会科学版）*,（2）, 4–12.

费孝通.（1999a）. *费孝通文集*（第十五卷）. 北京：群言出版社.

费孝通.（1999b）. *费孝通文集*（第十二卷）. 北京：群言出版社.

费孝通.（1999c）. 中华民族多元一体格局. 北京：中央民族大学出版社.

费孝通.（2002）. 居民自治：中国城市社区建设的新目标. *江海学刊*,（3）, 14–17.

费孝通.（2004）. *论人类学与文化自觉*. 北京：华夏出版社.

费孝通.（2008）. *乡土中国*. 北京：人民出版社.

冯友兰.（2014）. *贞元六书*（全二册）. 北京：中华书局.

冯友兰.（2018）. *哲学的精神*. 西安：陕西师范大学出版社.

符明秋，校嘉柠.（2014）. 未成年人手机成瘾的原因、危害与预防研究. *成都理工大学学报（社会科学版）*, *22*（2）, 74–78.

傅安国，张再生，郑剑虹，岳童，林肇宏，吴娜，黄希庭.（2020）. 脱贫内生动力机制的质性探究. *心理学报*, *52*（1）, 66–80.

傅绪荣，汪凤炎，陈浩彬.（2019）. 智慧测量三十年：两种测量范式及新发展. *心理学探新*, *39*（1）, 9–14.

甘永成.（2005）. 虚拟学习社区多重内涵之解析与研究. *现代远程教育研究*,（5）, 10–15.

高承海，安洁，万明钢.（2011）. 多民族大学生的民族认同、文化适应与心理健康的关系. *当代教育与文化*, *3*（5）, 231–242.

高鉴国.（2013）. *社区工作*. 济南：山东人民出版社.

高瑞翔，胡景悦，杨洁，范尹晴，莫雷.（2019）. 中小学生校园阅读推进的主要问题与对策研究——以广州市越秀区小学为例. *心理学探新*，*39*（2），140–145.

高寅巳，于卫华，罗在琼，朱以敏.（2016）. 互联网＋四元联动延续护理整合照护模式的实践探索. *护理实践与研究*，*13*（23），145–147.

郭永玉.（2016）. *人格研究*. 上海：华东师范大学出版社.

韩布新，李娟.（2013）. 老年人心理健康促进的理论与方法. *老龄科学研究*，*1*（4），8–17.

何明，木薇.（2013）. 城市族群流动与族群边界的建构——以昆明市布依巷为例. *民族研究*，（5），75–85.

何友晖，彭泗清，赵志裕.（2007）. *世道人心——对中国人心理的探索*. 北京：北京大学出版社.

贺恋词，高静，向玉萍，柏丁兮，吴晨曦.（2018）. 健脾益肾药膳雌鸡粥对社区老年衰弱患者衰弱状态及营养状况的干预效果研究. *中国全科医学*，*21*（31），86–91.

胡剑.（2018）. 习近平家风观及其制度实现. *学术探索*，（8），31–35.

胡蓉，邓小昭.（2005）. 网络人际交互中的信任问题研究. *图书情报知识*，（4），98–101.

胡盛寿，高润霖，刘力生，朱曼璐，王文，王拥军，等.（2019）.《中国心血管病报告2018》概要. *中国循环杂志*，*34*（3），209–220.

胡竹菁，胡笑羽.（2014）. *社会心理学*. 北京：中国人民大学出版社.

黄金兰，林以正，杨中芳.（2012）. 中庸信念—价值量表之修订. *本土心理学研究*，（38），3–41.

黄曬莉.（1996）. 中国人的和谐观 / 冲突观：和谐化辩证观之研究取径. *本土心理学研究*，（5），47–71.

黄曬莉.（2007）. *华人人际和谐与冲突：本土化的理论与研究*. 重庆：重庆大学出版社.

黄敏儿，唐淦琦，易晓敏，孙莎莎.（2014）. 中庸致和：情绪调节灵活性的作用. *中国社会心理学评论*，*8*，88–112.

黄怒波，雷颐，陆建华，王维德，张召忠，吉狄马加，陶斯亮.（2005）. 谁的囚徒困境——新世纪社区文化冲突探讨. *新远见*，（3），82–84.

黄少华，刘赛，袁梦遥.（2011）. 国外网络道德行为研究述评. *兰州大学学报（社会科学版）*，*39*（4），72–79.

黄希庭.（2006）. *时间与人格心理学探索*. 北京：北京师范大学出版社.

黄希庭.（2010）. *心理学研究方法*. 北京：高等教育出版社.

黄希庭.（2014）. *探究人格奥秘*. 北京：商务印书馆.

黄希庭.（2015）. 心理学如何为社区发展服务. 见黄希庭（主编），*社区心理学研究*（第一卷，pp. 2–9）. 广州：暨南大学出版社.

黄希庭.（2016）. 社区心理学研究的三个问题. 见黄希庭（主编），*社区心理学研究*（第二卷，pp. 3–11）. 北京：社会科学文献出版社.

黄希庭，陈传锋，余华.（1998）. 老年人自我概念与心理健康水平的相关研究. *中国临床心理学杂志*，*6*（4），222–225.

黄希庭，杨雄.（1998）. 青少年学生自我价值感量表的编制. *心理科学*，*21*（4），289–292.

黄希庭，尹天子.（2016）. *做幸福进取者*. 南京：江苏人民出版社.

黄希庭，张蜀林.（1992）. 562个人格特质形容词的好恶度、意义度和熟悉度的测定. *心理科学*，*15*（5），17–22.

黄希庭，郑涌.（2015）. *心理学导论*. 北京：人民教育出版社.

黄玺，梁宏宇，李放，陈世民，王巍欣，林妙莲，郑雪.（2018）. 道德提升感：一种提升道德情操的积极道德情绪. *心理科学进展*，*26*（7），1253–1263.

黄义英.（2006）. 中国传统文化中的贫富观及其评价. *社科纵横*，*21*（2），111–113.

黄永红.（2011）. *社区建设政策与法规*. 北京：机械工业出版社.

黄梓航，敬一鸣，喻丰，古若雷，周欣悦，张建新，蔡华俭.（2018）. 个人主义上升，集体主义式微？——全球文化变迁与民众心理变化. *心理科学进展*，*26*（11），2068–2080.

季玉群，邹玲燕，吴秋怡.（2017）. 文化治理视角下的社区关系与信任构建——基于南京B社区戏剧工作坊的实验研究. *东南大学学报（哲学社会科学版）*，*19*（2），36–42.

贾春增.（2000）. *外国社会学史*. 北京：中国人民大学出版社.

贾二鹏，陈建新，（2011）. 国内外虚拟社区研究. *新世纪图书馆*，（12），32–36.

贾赫.（2009）.老年人常见心理问题及护理对策. *护理实践与研究*，*6*（6），85-87.

姜涛.（2016）.破窗理论与犯罪模式的重构. *国家检察官学院学报*，*24*（1），85-100.

姜天骄.（2018-06-26）.我国禁毒工作取得显著成效. *经济日报*.

姜涌.（2003）.公民的主体意识. *山东大学学报（哲学社会科学版）*，（3），91-94.

焦丽颖，杨颖，许燕，高树青，张和云.（2019）.中国人的善与恶：人格结构与内涵. *心理学报*，*50*（10），1128-1142.

靳高风，朱双洋，林晞楠.（2018）.中国犯罪形势分析与预测（2017—2018）. *中国人民公安大学学报（社会科学版）*，*34*（2），29-38.

荆惠民.（2006）. *伟大的民族精神——中华民族的精神脊梁*. 北京：党建读物出版社.

寇彧，洪慧芳，谭晨，李磊.（2007）.青少年亲社会倾向量表的修订. *心理发展与教育*，（1），112-117.

来仪，马晓玲.（2016）.我国城市民族互嵌式社区建设研究——以成都市为例. *西南民族大学学报（人文社会科学版）*，*37*（11），63-68.

赖凯声，林志伟，杨浩燊，何凌南.（2017）.网民医患关注与态度研究：基于中国95城市微博证据. *中国社会心理学评论*，*13*，152-166.

雷雳.（2016）. *互联网心理学：新心理与行为研究的兴起*. 北京：北京师范大学出版社.

冷洁，吴继霞.（2016）.从汉字、成语隐喻看诚信概念隐含的结构维度. *苏州大学学报（教育科学版）*，*4*（1），36-49.

冷洁，吴继霞.（2018-08-04）.诚信道德受具身认知机制约束. *中国社会科学报*.

黎红雷.（1999）."和谐观"中西合论. *中国哲学史*，（4），116-124.

李超平，时勘.（2003）.分配公平与程序公平对工作倦怠的影响. *心理学报*，*35*（5），677-684.

李迪.（2019）.大学生社交焦虑的团体认知行为干预方案设计. *职教通讯*，（2），58-62.

李凤娟.（2018）."家庭增能"传递家的温暖. *中国社会工作*，（21），30-31.

李贺，莫雷，罗秋玲，莫然，俞梦霞，黎沛昕，衷禾.（2014）.签名对个体诚实度和道德感的影响. *心理学报*，*46*（9），1347-1354.

李洪曾.（2000）.家庭教育指导工作的对象、内容与形式. *上海教育科研*，（6），36-39.

李娟，吴振云，韩布新.（2009）. 老年心理健康量表（城市版）的编制. *中国心理卫生杂志*，*23*（9），656-660.

李明，李敏维，李文俏，高定国.（2018）. 敬畏对道德冒险行为的影响. *应用心理学*，*25*（1），48-58.

李明晖，饶俪琳.（2017）. 解释水平视角下的道德判断. *心理科学进展*，*25*（8），1423-1430.

李纾，刘欢，白新文，仁孝鹏，郑蕊，李金珍，等.（2009）. 汶川"5·12"地震中的"心理台风眼"效应. *科技导报*，*27*（3），87-89.

李鑫，刘振会，金童林.（2020）. 外倾性对成人生活满意度的影响：敬畏与自我控制的链式中介效应. *心理与行为研究*，*18*（3），398-404.

李旭，杜新，陈天勇.（2014）. 促进老年人认知健康的主要途径（综述）. *中国心理卫生杂志*，*28*（2），125-132.

李亚娟，陈田，王开泳，王婧.（2013）. 国内外民族社区研究综述. *地理科学进展*，*32*（10），1520-1534.

李莹.（2020）. 我国居民再分配偏好的城乡差异——基于社会地位与公平感的实证研究. *中国经济问题*，（1），92-105.

李志勇，廖军和.（2010）. 和谐社会构建中的心理和谐问题探析. *心理学探新*，*30*（4），3-7.

梁建.（2014）. 道德领导与员工建言：一个调节——中介模型的构建与检验. *心理学报*，*46*（2），252-264.

梁茂春.（2004）. 金秀大瑶山瑶族族际交往态度的调查. *广西民族研究*，（3），43-48.

梁启超.（2010）. *儒家哲学*. 长沙：岳麓书社.

梁晓燕，刘华山.（2010）. 青少年网络社会支持的结构探索. *教育研究与实验*，（2），83-87.

梁晓燕，魏岚.（2008）. 大学生网络社会支持测评初探. *心理科学*，*31*（3），689-691.

梁毅，陈红，王泉川，钱铭怡，黄希庭.（2009）. 中国心理健康服务从业者的督导现状及相关因素. *中国心理卫生杂志*，*23*（10），685-689.

林崇德.（2007）."心理和谐"是心理学研究中国化的催化剂. *心理发展与教育*，*23*（1），1-5.

林春婷，蒋柯．（2020）．智慧社区与社区心理服务的智慧机制．见黄希庭（主编），*社区心理学研究*（第九卷，pp. 3−16）．北京：社会科学文献出版社．

林红，张拓红，杨辉，王成彪，刘娜，张晓萍，龚广才．（2002）．老年人日常生活活动能力的影响因素分析．*中国卫生事业管理*，*18*（8），495−497．

林玮芳，黄金兰，林以正．（2014）．来得早不如来得巧：中庸与阴阳转折的时机．*中国社会心理学评论*，*7*，89−107．

林秀芳，蒋佼佼，杨茗，罗理，郝秋奎，董碧蓉．（2017）．老年失能评估量表简明版本的编制．*中国循证医学杂志*，*17*（8），48−52．

刘伯奎．（2011）．*突发事件社区化解*．北京：中共中央党校出版社．

刘昌．（2019）．中庸之可能与不可能：兼论中庸心理实证研究之困境．*南京师大学报（社会科学版）*，*4*（5），65−74．

刘丹福，李芳．（2015）．*社区矫正人员心理矫正*．北京：中国政法大学出版社．

刘杰，李继波，黄希庭．（2012）．城市幸福指数问卷的编制．*西南大学学报（社会科学版）*，*38*（5），92−99．

刘敏，李小平．（2007）．中学生诚信研究．*中国健康心理学杂志*，*15*（6），549−551．

刘强．（2007）．*社区矫正制度研究*．北京：法律出版社．

刘强．（2011）．*社区矫正评论*（第一卷）．北京：中国法制出版社．

刘强，姜爱东．（2014）．*社区矫正评论*（第四卷）．北京：中国人民公安大学出版社．

刘瑞明，杨冰岩，焦豪．（2018）．短视认知偏差、公共产品提供与社会道德救助——应该如何重建我们的社会秩序？*管理世界*，*34*（11），36−51．

刘守英，熊雪锋．（2018）．中国乡村治理的制度与秩序演变——一个国家治理视角的回顾与评论．*农业经济问题*，（9），10−23．

刘亚，龙立荣，李晔．（2003）．组织公平感对组织效果变量的影响．*管理世界*，（3），126−132．

刘芸，董永海，李晓云，毛向群，彭广萍，刘磊．（2014）．中国60岁以上老年人睡眠障碍患病率的meta分析．*现代预防医学*，*41*（8），1442−1445．

刘子曦．（2010）．激励与扩展：B市业主维权运动中的法律与社会关系．*社会学研究*，

（5），83–110.

卢家银.（2018）. 新时代中国青年的网络安全感研究. *中国青年研究*，（5），60–67.

鲁刚，张禹青.（2014）. 我国族际通婚的历史轨迹. *云南师范大学学报（哲学社会科学版）*，*46*（2），15–22.

鲁光楠.（2019）. 家长从"编外"到"编内"：家校教育平台的反思与重建. *教育理论与实践*，*39*（8），12–14.

鲁兴虎.（2003）. 科技创新的社会认同：来自四城市的调查分析. *科技与经济*，*16*（1），20–23.

路俊卫，秦志希.（2011）. 网络群体性事件的新趋向及其社会功能. *理论参考*，*4*（2），52–54.

路琳.（2007）. 和谐二元矩阵模型及其在冲突管理中的应用. *心理科学*，*30*（5），1172–1174.

罗伏生，张珊明，沈丹，罗匡.（2011）. 大学生网络偏差行为与人格特征及应对方式的关系. *中国临床心理学杂志*，*19*（4），492–493.

罗竹风.（2008）. *汉语大词典*（第三卷）. 上海：上海辞书出版社.

吕国香.（2002）. *医学心理学*. 北京：中国科学技术出版社.

吕玲，周宗奎，平凡.（2010）. 大学生网络安全感问卷编制及特点研究. *中国临床心理学杂志*，*18*（6），714–716.

吕小康，付鑫鹏，武迪.（2018）. 消费不平等对社会信任的影响：社会地位的中介作用. *中国社会心理学评论*，*14*，129–138.

吕小康，王丛.（2017）. 空气污染对认知功能与心理健康的损害. *心理科学进展*，*25*（1），111–120.

孟昭兰.（2005）. *情绪心理学*. 北京：北京大学出版社.

闵学勤.（2010）. 社区冲突：公民性建构的路径依赖——以五大城市为例. *社会科学*，（11），61–67.

缪琴.（2013）. 应用营养咨询开展慢性病社区综合干预的效果评价. *浙江预防医学*，*25*（8），82–83.

沐守宽.（2007）. *美德形容词评定量表的建立及其应用研究*. 博士学位论文. 上海：上海师范大学.

聂磊，傅翠晓，程丹.（2013）. 微信朋友圈：社会网络视角下的虚拟社区. *新闻记者*,（5），71−75.

宁维卫.（2011）. *灾难心理学*. 成都：西南交通大学出版社.

欧阳雁玲，尹尚菁.（2019）. 我国老年痴呆流行现状及防治策略研究. *中国软科学*,（6），50−58.

潘春阳，何立新.（2011）. 独善其身还是兼济天下？——中国居民再分配偏好的实证研究. *经济评论*,（5），20−29.

潘金洪，帅有良，孙康水，张吟鹤，薛明华，周长青.（2012）. 中国老年人口失能率及失能规模分析——基于第六次全国人口普查数据. *南京人口管理干部学院学报*, *28*（4），3−6.

潘乃谷.（2000）. 潘光旦释“位育”. *西北民族研究*,（1），3−15.

潘孝富，秦启文.（2007）. 中学组织气氛测量及其与教师心理健康的相关分析. *心理科学*，*30*（4），982−986.

庞跃辉.（2003）. 诚信观与社会认同意识. *江海学刊*,（3），31−35.

彭华茂，尹述飞.（2010）. 城乡空巢老人的亲子支持及其与抑郁的关系. *心理发展与教育*，*26*（6），627−633.

彭凯平，喻丰.（2012）. 道德的心理物理学：现象、机制与意义. *中国社会科学*,（12），28−45.

彭兰.（2009）. 网络社区对网民的影响及其作用机制研究. *湘潭大学学报（哲学社会科学版）*，*33*（4），21−27.

彭乔，陈红，刘海琴.（2020）. 城市社区氛围心理结构的初步探索. *心理研究*，*13*（4），321−327.

彭文会，黄希庭.（2015）. 基于中庸—和谐的人际幸福感. *西南大学学报（社会科学版）*，*41*（2），73−79.

戚鸣.（2011）. 网络暴力与道德“普世主义”. *当代传播*,（5），11−13.

秦安兰.（2018）. *人际信任修复理论与实证研究*. 北京：中国财政经济出版社.

秦峰，许芳.（2013）. 黑暗人格三合一研究述评. *心理科学进展*，*21*（7），1248–1261.

秦瀚波.（2015）. 论新市民社区冲突及化解路径. *中国管理信息化*，*18*（16），230–232.

秦启文.（2008）. *突发事件的预防与应对*. 北京：新华出版社.

秦向荣，佐斌.（2007）. 心理视角下的民族认同研究. *社会心理研究*，（2），65–71

邱国良.（2014）. 多元与权威：农村社区转型与居民信任. *国家行政学院学报*，（6），45-49.

冉文伟.（2007）. 论和谐视角下的公民正义感和正义感能力培养. *经济与社会发展*，*5*（11），8–11.

饶印莎，周江，田兆斌，杨宜音.（2013）. 城市居民社会信任状况调查报告. *民主与科学*，（3），47–52.

任真，杨安博，王登峰.（2010）. 领导—部属交换关系的本土化分析. *心理科学进展*，*18*（6），142–148.

佘廉，沈照磊.（2011）. 非常规突发事件下基于SIR模型的群体行为分析. *情报杂志*，*30*（5），14–17.

申寻兵，隋华杰，傅小兰.（2017）. 微表情在欺骗检测中的应用. *心理科学进展*，*25*（2），211–220.

申悦，柴彦威，马修军.（2014）. 人本导向的智慧社区的概念，模式与架构. *现代城市研究*，（10），13–17.

沈熙，吴依泠，苏彦捷.（2019）. 父母对网络使用的干预与儿童遭受网络欺凌的关系：自我表露的调节作用. 见黄希庭（主编），*社区心理学研究*（第八卷，pp. 3–17）. 北京：社会科学文献出版社.

石国兴，王紫微.（2013）. 心理和谐概念辨析. *心理科学*，*36*（1），234–238.

时勘等.（2010）. *灾难心理学*. 北京：科学出版社.

史慧颖，张庆林，范丰慧.（2007）. 西南地区少数民族大学生民族认同心理研究. *民族教育研究*，*18*（2），32–36.

宋建钢，饶彦久.（2013–11–24）. "好干部标准"是选好用准干部的根本标准. *光明日报*.

宋希仁.（1988）. 西方伦理学史上的正义观. *道德与文明*，（5），20–22.

苏雪芹，李琼.（2013）. *多元共存和谐共生——青藏地区民族文化多样性研究*. 北京：中国社会科学出版社.

苏彦捷.（2016）. *环境心理学*. 北京：高等教育出版社.

苏彦捷，覃婷立.（2010）. 亲子谈话和儿童心理理论获得与发展的关系. *西南大学学报（社会科学版）*，*36*（3），1-6.

隋玉杰.（2008）. *个案工作*. 北京：中国人民大学出版社.

孙柏瑛.（2016）. 城市社区居委会“去行政化”何以可能？*南京社会科学*，（7），51-58.

孙宏伟等.（2018）. *心理危机干预*. 北京：人民卫生出版社.

孙健敏，张晶.（2010）. 基层党政领导干部胜任特征模型研究. *领导科学*，（17），7-10.

孙颖，贾东丽，蒋奖，刘子双.（2020）. 敬畏对亲环境行为意向的影响. *心理与行为研究*，*18*（3），383-389.

汤舒俊，郭永玉.（2015）. 中国人厚黑人格的结构及其问卷编制. *心理学探新*，*35*（1），72-77.

唐斌尧.（2013）. 城市社区工作者队伍建设的现状与发展趋势. *南通大学学报（社会科学版）*，*29*（5），84-90.

唐鸣，赵鲲鹏，刘志鹏.（2011）. 中国古代乡村治理的基本模式及其历史变迁. *江汉论坛*，（3），68-72.

唐志红，于卫华，饶晓岚，罗在琼，王莉.（2017）. 医养结合—四元联动整合照护模型的实践. *中华护理杂志*，*52*（1），40-43.

佟瑞鹏，翟存利.（2018）. 社区安全氛围与居民参与、归属感的关系研究. *中国安全科学学报*，*28*（5），56-61.

汪凤炎.（2008）. *中国心理学思想史*. 上海：上海教育出版社.

汪凤炎.（2015）. *中国养生心理学思想史*. 上海：上海教育出版社.

汪凤炎.（2019）. *中国文化心理学新论*（上）. 上海：上海教育出版社.

汪凤炎，郑红.（2014）. *智慧心理学的理论探索与应用研究*. 上海：上海教育出版社.

汪伟全，陶东.（2018）. 我国安全社区建设新审视——以社区治理现代化为视角. *长白学刊*，（6），121-127.

汪向东，赵丞智，新福尚隆，张富，范启亮，吕秋云.（1999）. 地震后创伤性应激障碍的发生率及影响因素. *中国心理卫生杂志*，*13*（1），28–30.

汪新建.（2017）. 医患信任建设的社会心理学分析框架. *中国社会心理学评论*，*13*，1–10.

汪新建，王丛.（2016）. 医患信任关系的特征、现状与研究展望. *南京师大学报（社会科学版）*，*1*（2），102–109.

汪宇翔，吴继霞.（2017–03–13）. 不诚信行为与恶意创造力. *中国社会科学报*.

王财玉，雷雳.（2015）. 社会责任消费的结构、形成机制及企业响应. *心理科学进展*，*23*（7），1245–1257.

王登峰，崔红.（2005）. *解读中国人的人格*. 北京：社会科学文献出版社.

王登峰，崔红.（2006）. 中国基层党政领导干部的胜任特征与跨文化比较. *北京大学学报（哲学社会科学版）*，*43*（6），138–146.

王东.（2008）. 诚信观培养：诚信教育的有效途径. *教育科学*，*24*（1），82–85.

王欢，郭玉锦.（2003）. 网络社区及其交往特点. *北京邮电大学学报（社会科学版）*，*5*（4），19–21.

王金营，李天然.（2020）. 中国老年失能年龄模式及未来失能人口预测. *人口学刊*，*42*（5），57–72.

王君平，刘琛.（2017–12–22）. 心理健康服务还需抓紧补短板. *人民日报*.

王俊秀.（2019–01–18）. 从心理健康到幸福社会. *光明日报*.

王丽莉.（2009）. *突发事件心理援助体系的建设*. 北京：中国社会出版社.

王茂美.（2018）.“三治”社区治理体系建构的民族制度伦理基础——基于云南少数民族村落社区的实证调查. *西北民族大学学报（哲学社会科学版）*，（5），95–103.

王孟成，戴晓阳，姚树桥.（2011）. 中国大五人格问卷的初步编制Ⅲ：简式版的制定及信效度检验. *中国临床心理学杂志*，*18*（4），454–459.

王沛，梁雅君，李宇，刘雍鹤.（2016）. 特质认知和关系认知对人际信任的影响. *心理科学进展*，*24*（5），815–823.

王萍萍.（2011）. *基于动词的人格结构模型探索*. 博士学位论文. 北京：北京师范大学.

王赛男，滕玉成，吴玲.（2019）. 基层干部治理能力结构探索及问卷编制. *心理学探新*，

39（5），474–480.

王婷.（2008）. *中华传统美德丛书·仁爱卷*. 南京：南京大学出版社.

王文超，伍新春.（2020）. 共情对灾后青少年亲社会行为的影响：感恩、社会支持和创伤后成长的中介作用. *心理学报*，*52*（3），307–316.

王新月，雷雳.（2018）. 虚拟社区中知识共享行为的特点及影响因素. 见黄希庭（主编），*社区心理学研究*（第五卷，pp. 93–115）. 北京：社会科学文献出版社.

王雪，蔡颀，孙嘉卿，吴嵩，封子奇，金盛华.（2014）. 社会心理学视角下权力理论的发展与比较. *心理科学进展*，*22*（1），139–149.

王琰，陈浩.（2017）. 人以天地之气生：气象对人类心理与行为的影响. *心理科学进展*，*25*（6），1077–1092.

王予灵，黄希庭.（2021）. 当代社区和谐观的质性探索. *心理学探新*，*41*（1），51–57.

王予灵，汪凤炎.（2018）. 老者智否？成人智慧与年龄的关系. *心理科学进展*，*26*（1），107–117.

王钟的.（2014–04–16）. 别让"邻避运动"变成"邻避冲突". *中国青年报*.

韦庆旺，孙健敏.（2013）. 对环保行为的心理学解读——规范焦点理论述评. *心理科学进展*，*21*（4），751–760.

韦庆旺，俞国良.（2009）. 权力的社会认知研究述评. *心理科学进展*，*17*（6），230–237.

韦森.（2001）. *社会制序的经济分析导论*. 上海：上海三联书店.

魏礼群.（2017–08–07）. 党的十八大以来社会治理的新进展. *光明日报*.

魏淑华.（2013）. 社区心理健康服务的现状与发展策略——以山东省济南市为例. *济南大学学报（社会科学版）*，*23*（4），76–80.

魏新东，许文涛，汪凤炎.（2019）. 智慧推理：概念、测量、影响因素及展望. *心理科学*，*42*（2），343–349.

温芳芳，马书瀚，叶含雪，齐玥，佐斌.（2020）."涟漪效应"与"心理台风眼效应"：不同程度 COVID-19 疫情地区民众风险认知与焦虑的双视角检验. *心理学报*，*52*（9），1087–1104.

邬欣言.（2017）. 中庸理性与现代性困境：民间纠纷解决场域中实践逻辑的传统与转型.

理论与改革，（2），160–167.

巫江丽，李占星，倪晓莉，伊心阳.（2020）.大学生的共情、道德认同和利他倾向的关联.*中国心理卫生杂志*，*34*（3），219–233.

吴波，李东进，王财玉.（2016）.基于道德认同理论的绿色消费心理机制.*心理科学进展*，*24*（12），1829–1843.

吴继霞.（2009）.*诚信品格的养成*.合肥：安徽教育出版社.

吴继霞.（2021）.*日常生活中诚信价值观的培育与践行研究*.北京：中国社会科学出版社.

吴继霞，曹文雯，丁怡彤.（2017）.从信用知识到信用生活——江苏公民个人信用意识调查及启示.*江苏社会科学*，（1），75–81.

吴继霞，黄希庭.（2010）.诚信心理学研究的理论思考.*西南大学学报（社会科学版）*，*36*（6），7–12.

吴继霞，黄希庭.（2012）.诚信结构初探.*心理学报*，*44*（3），354–368.

吴继霞，任蕴哲.（2016–09–05）.基于他控力知觉评估陌生人信用.*中国社会科学报*.

吴金晏.（2012）.*"老年漂"：现状、问题与对策研究*.博士学位论文.上海：上海社会科学院.

吴肃然，李名荟.（2020）.扎根理论的历史与逻辑.*社会学研究*，（2）.75–98，243.

吴晓林.（2020）.从本位主义到体系研究：十八大以来城乡社区治理的研究走向.*江苏社会科学*，（4），79–88.

吴宗宪.（2011a）.*社区矫正比较研究*（上）.北京：中国人民大学出版社.

吴宗宪.（2011b）.*社区矫正导论*.北京：中国人民大学出版社.

伍志臻.（2005）.心理应激和应对.*诊断学理论与实践*，*4*（2），106–109.

习近平.（2013）.*之江新语*.杭州：浙江人民出版社.

习近平.（2014）.*习近平谈治国理政*（第一卷）.北京：外文出版社.

习近平.（2017a）.*决胜全面建成小康社会　夺取新时代中国特色社会主义伟大胜利——在中国共产党第十九次全国代表大会上的报告*.北京：人民出版社.

习近平.（2017b）.*习近平谈治国理政*（第二卷）.北京：外文出版社.

习近平.（2018）.*论坚持推动构建人类命运共同体*.北京：中央文献出版社.

习近平. (2020). *习近平谈治国理政*(第三卷). 北京:外文出版社.

相鹏,耿柳娜,周可新,程粲. (2017). 空气污染的不良效应及理论模型:环境心理学的视角. *心理科学进展*, *25*(4), 691–700.

向德平,华汛子. (2019). 中国社区建设的历程、演进与展望. *中共中央党校(国家行政学院)学报*, *23*(3), 106–113.

向敏,毕重增. (2017). 大学生对社区基层工作人员的刻板印象研究. 见黄希庭(主编), *社区心理学研究*(第三卷, pp. 115–131). 北京:社会科学文献出版社.

肖玉琴,杨波. (2014). 循证矫正的理论基础——RNR模型解读. *犯罪与改造研究*, (3), 14–18.

肖玉琴,张卓,宋平,杨波. (2014). 冷酷无情特质:一种易于暴力犯罪的人格倾向. *心理科学进展*, *22*(9), 1456–1466.

谢川豫. (2013). 新时期我国戒毒模式的发展及挑战. *中国人民公安大学学报(社会科学版)*, *29*(2), 38–46.

解登峰,葛明贵,谢章明. (2011). 老年人心理健康状态的影响因素. *中国老年学*, *31*(2), 299–301.

心理和谐研究项目组. (2008). 我国民众心理和谐状况研究. *中国科学院院刊*, *23*(2), 168–174.

辛素飞,辛自强,林崇德. (2017). 潜规则认同及其与信任的关系. *中国社会心理学评论*, *13*, 31–43.

辛自强,凌喜欢. (2015). 城市居民的社区认同:概念、测量及相关因素. *心理研究*, *8*(5), 64–72.

辛自强,徐啸尘. (2013). 温暖环境的人更信任吗?温度与人际信任的关系. *心理与行为研究*, *11*(5), 685–689.

熊永翔. (2014). *中国普米族宗教研究*. 北京:中国社会科学出版社.

徐碧波,谢涵,林崇德,吴鹏. (2018). 中国青少年互联网心理与行为研究及展望. *心理发展与教育*, *34*(3), 124–131.

徐辉. (2014). 社会主义核心价值观内容解读之"文明". *思想政治教育研究*, *30*(5),

55–57.

徐建平，张雪岩，胡潼．(2019)．量化和质性研究的超越：混合方法研究类型及应用．*苏州大学学报（教育科学版）*，*7*(1)，50–59.

徐小凤，陈茜，赵艺璞，胡秀英．(2018)．我国西部地区居家老年人生活自理能力调查分析．*北京大学学报（医学版）*，*50*(3)，77–82.

徐小龙，王方华．(2007)．虚拟社区研究前沿探析．*外国经济与管理*，*29*(9)，10–16.

徐言民，祝静，李瑞祥，翟海英，鲍勇．(2017)．家庭病床干预对社区失能老人日常活动能力及幸福感的影响．*实用老年医学*，*31*(6)，529–531.

徐勇，陈伟东．(2002)．*中国城市社区自治*．武汉：武汉出版社.

杨波．(2005)．古代中国人人格结构的因素探析．*心理科学*，*28*(3)，668–672.

杨波，戴建海，张卓，赵辉．(2015)．*毒品成瘾与心理康复*．北京：中国政法大学出版社.

杨波，肖玉琴，赖琳，吴明霞．(2018)．未成年暴力犯的循证矫正．*预防青少年犯罪研究*，(1)，32–42.

杨超，陈红，胡小勇，王艳丽．(2019)．中国居民社区责任感问卷的编制及信效度检验．*中国临床心理学杂志*，*27*(2)，242–245.

杨超，陈红，罗念，尹明．(2018)．西方社区心理学研究新进展：理论、方法、研究领域及其启示．*西南大学学报（社会科学版）*，*44*(1)，103–112.

杨帆，夏之晨，陈贝贝，吴继霞．(2015)．中国人诚实—谦虚人格的特点及其内隐外显关系．*心理科学*，*38*(5)，521–528.

杨凤池，高新义．(2008)．我国社区心理卫生工作的可行模式探讨．*中国全科医学*，*11*(3)，234–235.

杨付英，郝晓宁，薄涛，孙继艳．(2016)．我国老年人失能现状及其影响因素分析——基于 CHARLS 数据的实证分析．*卫生经济研究*，(11)，7–10.

杨国枢，黄光国，杨中芳．(2008)．*华人本土心理学*（下）．重庆：重庆大学出版社.

杨国枢，彭迈克．(1984)．*中国人描述性格所采用的基本向度——一项心理学研究中国化的实例*．台北：桂冠图书公司.

杨继平，王兴超，杨力．(2014)．观点采择对大学生网络偏差行为的影响：道德推脱的中介作用. *心理科学*, *37*（3）, 633−638.

杨金侠, 马青连.（2011）. 我国社区慢性病综合防控战略框架构建. *中国卫生经济*, *30*（7）, 55−58.

杨莉萍.（2015）. 社区心理学研究的几个基本理论问题. *江苏师范大学学报（哲学社会科学版）*, *41*（4）, 158−160.

杨莉萍, 珀金斯.（2012）. 中国大陆社区心理学发展的现状、困难与机遇. *华东师范大学学报（教育科学版）*, *30*（2）, 48−56.

杨敏, 杨玉宏.（2013）. "服务—治理—管理"新型关系与社区治理新探索. *思想战线*, *39*（3）, 1−7.

杨茗, 罗理, 蒋皎皎, 郝秋奎, 蒲虹杉, 丁香, 董碧蓉.（2014）. 老年失能评估量表的编制（二）: 正式量表的建立. *中国康复医学杂志*, *29*（3）, 212−217.

杨树海.（2019）. *正党风·清政风·淳民风——奉节县创新社会治理巩固执政基础的调查研究*. 未发表的内部稿件.

杨艳杰, 褚海云.（2018）. 基于PAC人际交互作用理论的医患关系优化模式构建. *中国社会心理学评论*, *14*, 16−24.

杨宜音.（2008）. 关系化还是类别化: 中国人"我们"概念形成的社会心理机制探讨. *中国社会科学*,（4）, 148−159.

杨永学, 汪子琪, 沈静, 黄晓芳.（2015）. 康复病房老年失能现状调查及相关因素分析. *中国康复医学杂志*, *30*（8）, 815−819.

杨中芳.（2009）. 中国人的世界观: 中庸实践思维初探. 见杨中芳（编著）, *如何理解中国人*（pp. 239−255）. 重庆: 重庆大学出版社.

杨中芳.（2010a）. 中庸实践思维体系探研的初步进展. *本土心理学研究*,（34）, 3−96.

杨中芳.（2010b）. 一个中庸、各自表述. *本土心理学研究*,（34）, 159−165.

姚广宜.（2016）. *新媒体环境下突发事件的危机管理与应对*. 北京: 北京大学出版社.

姚玉红, 郝清华, 刘格林.（2007）. 青少年网络成瘾的危害性及防治对策. *中国学校卫生*, *28*（5）, 475−477.

叶浩生.（2011）. 有关具身认知思潮的理论心理学思考. *心理学报*, *43*（5）, 121−130.

易婧，卢东，吕婵，屈锡华．（2016）．个体行为视角下社区信任对社区养老服务选择意愿的影响研究．*重庆大学学报（社会科学版）*，*22*（4），188−195.

尹可丽．（2005）．傣族村寨的组织管理模式及社会取向．*云南民族大学学报（哲学社会科学版）*，*22*（4），33−35.

尹可丽，李光裕，罗茜．（2015）．村寨傣族传统建筑价值观的调查研究．见黄希庭（主编），*社区心理学研究*（第一卷，pp. 63−71）．广州：暨南大学出版社.

尹可丽，尹绍清，龙肖毅．（2018）．*云南青少年民族团结心理与教育*．北京：中国社会科学出版社.

应对突发事件课题研究组．（2012）．*各级领导者应对和处置突发事件必备手册*．北京：中国商业出版社.

于晓琳，陈有国，曲孝原，黄希庭．（2016）．影响老年人主观幸福感的相关因素．*中国心理卫生杂志*，*30*（6），427−433.

俞国良．（2007）．浅释“心理和谐”．*前线*，（3），63−64.

喻丰，许丽颖．（2018）．中国人的道德结构：道德差序圈．*南京师大学报（社会科学版）*，*3*（6），65−74.

原珂．（2015）．中国城市社区冲突及化解路径探析．*中国行政管理*，（11），125−130.

原珂．（2017a）．城市社区冲突的扩散与升级过程探究．*理论探索*，（2），42−51.

原珂．（2017b）．中国城市社区冲突化解与治理机制探究．*行政论坛*，（2），80−86.

乐国安，薛婷，陈浩．（2010）．网络集群行为的定义和分类框架初探．*中国人民公安大学学报（社会科学版）*，（6），99−104.

乐章，刘二鹏．（2016）．医疗服务对农村老人失能状况的影响机制研究——基于CLHLS数据的经验分析．*中国农业大学学报（社会科学版）*，*33*（6），124−132.

岳晓东，刘义林．（2017）．*社区心理咨询*．北京：清华大学出版社.

曾垂峰．（2019）．动机式晤谈法在禁毒帮教服务中的运用．*中国社会工作*，（18），35−36.

翟振武．（2019−07−29）．关注“新一代”老年人口的新特点．*北京日报*.

张岱年，程宜山．（2006）．*中国文化论争*．北京：中国人民大学出版社.

张岱年，方克立．（2004）．*中国文化概论*．北京：北京师范大学出版社.

张丹丹，路茗涵，王卫红.（2019）. 社区矫正人员的心理需求理论——基于扎根理论. *心理科学*，*42*（1），237–244.

张道理.（2005）. 小康社会，诚信为本——发挥社区优势，搞好公民诚信道德建设. *西南民族大学学报（人文社科版）*，*26*（12），282–285.

张帆，钟年.（2017）. 中国人的信任与生命史策略. *中国社会心理学评论*，*13*，44–61.

张锋，张杉.（2020）. 公众共赢观的结构探索. 见黄希庭（主编），*社区心理学研究*（第十卷，pp. 123–134）. 北京：社会科学文献出版社.

张和云，赵欢欢，许燕.（2016）. 青少年善良人性感知、影响因素及后效作用. *青年研究*，（2），21–29.

张和云，赵欢欢，许燕.（2018）. 中国人善良人格的结构研究. *心理学探新*，*38*（3），221–227.

张积家，等.（2019）. *民族心理学*（上册）. 上海：华东师范大学出版社.

张金武.（2011）. 广州市未成年人社区矫正工作的创新与试点——需求评估、介入措施与实际效果. *中国司法*，（3），82–85.

张军华.（2018）. 基于大数据的流动儿童社会适应促进策略研究. *教育教学论坛*，（42），90–92.

张康顺.（2012）. 社区心理咨询的方向与任务——百名来访者分析与启示. *社会心理科学*，*27*（6），49–54.

张立文.（2016）. *和合学：21世纪文化战略的构想*（上下卷）. 北京：中国人民大学出版社.

张曼华，赵崇偲，张婉奇，郭颖，杨凤池.（2018）. 北京城市社区心理健康服务需求及类型分析. *中华全科医学*，*16*（3），333–336.

张平，雷洁琼.（2017）. 社区服务、社区建设、社区管理、社区治理的概念辨析. *管理与经济研究*，*16*（1），84–88.

张仁和.（2010）. 聚焦中庸实践思维体系于心理空间与大我系统. *本土心理学研究*，（34），145–157.

张仁和，林以正，黄金兰.（2014）. 西方智慧研究新动态与中庸思维的关系. *中国社会心理学评论*，*8*，212–215.

张淑敏.（2018）. 宽容与信任之社会心态的双向建构："认同—渲染"模型构想. *中国社会心理学评论*，*14*，85–95.

张卫，刘艳敏.（2013）. 社区冲突视角下的城市社区治理. *唯实*，（8），62–64.

张贤明，薛佳.（2016）. 合作共赢：改革发展成果共享的核心理念. *理论探讨*，（5），5–9.

张小媚.（2006）. 论正义的基本性质. *学习与实践*，（2），137–140.

张雄.（1988）. *个案社会工作*. 上海：华东理工大学出版社.

张秀敏，杨莉萍.（2017）. 基督徒祷告过程中人神依恋关系的质性探索. *心理学报*，*50*（1），115–129.

张艳国，朱士涛.（2017）. 互联网＋社区服务：智慧社区服务新趋势. *江汉论坛*，（11），139–144.

张莹瑞，徐海波，阳毅.（2009）. 民族认同在民族间态度中的积极作用. *心理科学进展*，*17*（6），1344–1348.

张永理.（2018）. 中国城市社区突发事件及其应对问题研究——基于网易新闻社区报道的统计分析. *北京航空航天大学学报（社会科学版）*，*31*（6），37–45.

张志学，姚晶晶，黄鸣鹏.（2013）. 和谐动机与整合性谈判结果. *心理学报*，*45*（9），1026–1038.

赵丹，余林.（2016）. 社会交往对老年人认知功能的影响. *心理科学进展*，*24*（1），46–54.

赵福菓，何壮，袁淑丽，黄希庭.（2021）. 校园霸凌行为问卷的编制. *心理学探新*，*41*（1）. 64–68.

赵国祥.（2002）. 185 名处级领导干部的个性特质的研究. *心理科学*，*25*（2），231–232.

赵欢欢，张和云，刘勤学，王福兴，周宗奎.（2012）. 大学生特质移情与网络利他行为：网络社会支持的中介效应. *心理发展与教育*，*28*（5），478–486.

赵竞，孙晓军，周宗奎，魏华，牛更枫.（2013）. 网络交往中的人际信任. *心理科学进展*，*21*（8），1493–1501.

赵陵波，赖丽足，林羽中，赵春晓，任志洪.（2018）. 校园反欺凌项目干预效果及影响因素：元分析和 GRADE 证据质量. *心理科学进展*，*26*（12），2113–2128.

赵捧未，马琳，秦春秀.（2013）. 虚拟社区研究综述. *情报理论与实践*，*36*（7），119–123.

郑杭生.（2007）. 社会公平正义与和谐社区建设——对社区建设的一种社会学分析. *中国特色社会主义研究*，(6)，36–42.

郑剑虹，林荣裕.（2018）. 社区上进心问卷的初步编制. 见黄希庭（主编），*社区心理学研究*（第六卷，pp. 27–34）. 北京：社会科学文献出版社.

郑晓瑛，孙喜斌，刘民等.（2008）. *中国残疾预防对策研究*. 北京：华夏出版社.

郑也夫，杨玉明，皮子林.（2003）. *信任：合作关系的建立与破坏*. 北京：中国城市出版社.

中共中央马克思恩格斯列宁斯大林著作编译局.（1995）. *马克思恩格斯选集*（第三卷）. 北京：人民出版社.

中共中央马克思恩格斯列宁斯大林著作编译局.（2017）. *列宁全集*（第二十五卷）. 北京：人民出版社.

中华文化学院.（2012）. *中华文化与构建和谐社会*. 北京：知识产权出版社.

周飞舟.（2017）. 从"志在富民"到"文化自觉"：费孝通先生晚年的思想转向. *社会*，*37*（4），143–187.

周飞舟.（2018）. 行动伦理与"关系社会"——社会学中国化的路径. *社会学研究*，(1)，41–62.

周相群，严璘璘，王哲，胡信奎，许跃进.（2018）. 他人注视对不诚实行为的影响. *心理学探新*，*38*（4），333–338.

周宗奎.（2017）. *网络心理学*. 上海：华东师范大学出版社.

朱眉华.（2006）. *社会工作实务手册*. 北京：社会科学文献出版社.

朱启臻.（2018）. 村落价值与乡村治理关系的探讨. *国家行政学院学报*，(3)，32–40.

朱雅萍，许婷婷，杨小谨，方均华，王君俏.（2016）. 跟踪式家庭访视对改善居家失能老人生活自理能力的影响. *护理学报*，*23*（18），74–76.

朱艳丽.（2017）. 角色认知与人际互动对医患信任的影响：基于社会资本理论. *中国社会心理学评论*，*13*，130–139.

祝卓宏.（2019）. 增强服务基层干部心理健康的能力. *中国党政干部论坛*，(1)，25–29.

阿尔弗雷德·格罗塞.（2010）. *身份认同的困境*（王琨 译）. 北京：社会科学文献出版社.

贝弗里奇.（1979）. *科学研究的艺术*（陈捷 译）. 北京：科学出版社.

狄恩·普鲁特，金盛熙.（2013）. *社会冲突：升级、僵局及解决*（第三版）（王凡姝 译）. 北京：人民邮电出版社.

费尔德曼.（2017）. *发展心理学——探索人生发展轨迹*（苏彦捷等 译）. 北京：机械工业出版社.

戈登堡.（2005）. *家庭治疗概论*（李正云 译）. 西安：陕西师范大学出版社.

哈里·T.赖斯，查尔斯·M.贾德.（2011）. *社会与人格心理学研究方法手册*（张建新 译）. 北京：中国人民大学出版社.

海伦娜·A.马鲁若，路易斯·M.内托.（2020）. *积极的国家和社区——积极心理学中的跨文化视角及质性研究取向*（吴继霞等 译）. 重庆：西南师范大学出版社.

杰克·汉密尔顿，伊丽莎白·西曼，夏琳娜·吉.（2018）. *关系突围——如何高效化解人际冲突*（沈洁 译）. 成都：天地出版社.

克里希那穆提.（2006）. *爱的觉醒*（胡因梦等 译）. 深圳：深圳报业集团出版社.

K. W. 夏埃，S. L. 威里斯著.（2003）. *成人发展与老龄化*（第五版）（乐国安等 译）. 上海：华东师范大学出版社.

肯尼思·J.格根.（2017）. *关系性存在：超越自我与共同体*（杨莉萍 译）. 上海：上海教育出版社.

肯尼思·J.格根，玛丽·格根.（2019）. *社会建构：进入对话*（张学而 译）. 上海：上海教育出版社.

马诺哈尔·帕瓦尔.（2017）. *社会与社区发展实践*（李丹，尹华站 译）. 重庆：西南师范大学出版社.

默里·莱文，道格拉斯·D.珀金斯，戴维·V.珀金斯.（2018）. *社区心理学原理：观点与应用*（第三版）（杨莉萍 译）. 上海：上海教育出版社.

托马斯·库恩.（2003）. *科学革命的结构*（金吾伦，胡新和 译）. 北京：北京大学出版社.

约翰·罗尔斯.（1988）. *正义论*（何怀宏等 译）. 北京：中国社会科学出版社.

约翰·W.克雷斯威尔.（2007）. *研究设计与写作指导：定性、定量与混合研究的路径*（崔延强 译）. 重庆：重庆大学出版社.

［英文部分］

Alcantara, S. C., González-Carrasco, M., Montserrat, C., Viñas, F., Casas, F., & Abreu, D. P. (2017). Peer violence in the school environment and its relationship with subjective well-being and perceived social support among children and adolescents in Northeastern Brazil. *Journal of Happiness Studies*, *18*(5), 1507−1532.

Algoe, S.B., & Haidt, J. (2009). Witnessing excellence in action: The "other-praising" emotions of elevation, gratitude, and admiration. *The Journal of Positive Psychology*, *4*(2), 105−127.

Andrews, D. A., & Bonta, J. (2010). *The psychology of criminal conduct* (5th ed.). New York: Routledge.

Andrews, D. A., Bonta, J., & Wormith, J. S. (2006). The recent past and near future of risk and/or need assessment. *Crime & Delinquency*, *52*(1), 7−27.

Armstrong, L. (2001). How to beat addiction to cyberspace. *Vibrant Life*, *17*(4), 14−17.

Ashktorab, Z., Haber, E., Golbeck, J., & Vitak, J. (2017, June). *Beyond cyberbullying: Self-disclosure, harm and social support on ASKfm.* Paper presented at the Proceedings of the 2017 Association for Computing Machinery on Web Science Conference, Troy, New York, USA.

Attili, G., Vermigli, P., & Roazzi, A. (2010). Children's social competence, peer status, and the quality of mother-child and father-child relationships: A multidimensional scaling approach. *European Psychologist*, *15*(1), 23−33.

Avison, W. R., McLeod, J. D., & Pescosolido, B. A. (Eds.). (2007). *Mental health, social mirror.* New York: Springer.

Balasubramanian, S., & Mahajan, V. (2001). The economic leverage of the virtual community. *International Journal of Electronic Commerce*, *5*(3), 103−138.

Bandura, A. (1990). Mechanisms of moral disengagement. In W. Reich(Ed.), *Origins of terrorism: Psychologies, ideologies, theologies, and states of mind* (pp.161−191). Cambridge, England: Cambridge University Press.

Barrera, M., Jr. (1986). Distinctions between social support concepts, measures, and models. *American Journal of Community Psychology, 14*(4), 413−445.

Bateson, M., Nettle, D., & Roberts, G. (2006). Cues of being watched enhance cooperation in a real-world setting. *Biology Letters, 2*(3), 412−414.

Bath, P. A., & Deeg, D. (2005). Social engagement and health outcomes among older people: Introduction to a special section. *European Journal of Ageing, 2*(1), 24−30.

Batson, C. D. (1987). Prosocial motivation: Is it ever truly altruistic? *Advances in Experimental Social Psychology, 20*, 65−122.

Baumeister, R. F., & Exline, J. J. (1999). Virtue, personality, and social relations: Self-control as the moral muscle. *Journal of Personality, 67*(6), 1165−1194.

Baumgartner, T., Knoch, D., Hotz, P., Eisenegger, C., & Fehr, E. (2011). Dorsolateral and ventromedial prefrontal cortex orchestrate normative choice. *Nature Neuroscience, 14*(11), 1468−1474.

Beck, A. T. (1970). Cognitive therapy: Nature and relation to behavior therapy. *Behavior Therapy, 1*(2), 184−200.

Becker, T. E. (1998). Integrity in organizations: Beyond honesty and conscientiousness. *Academy of Management Review, 23*(1), 154−161.

Blasko, I., Jungwirth, S., Kemmler, G., Weissgram, S., Tragl, K. H., & Fischer, P. (2014). Leisure time activities and cognitive functioning in middle European population-based study. *European Geriatric Medicine, 5*(3), 200−207.

Bond, M. A., Serrano-García, I., & Keys C. B. (2017). *APA handbook of community psychology*. Washington, DC: American Psychological Association.

Botchkovar, E., Marshall, I. H., Rocque, M., & Posick, C. (2015). The importance of parenting in the development of self-control in boys and girls: Results from a multinational study of youth. *Journal of Criminal Justice, 43*(2), 133−141.

Boyle, G., Saklofske, D., & Matthews., G. (2014). *Measures of personality and social psychological constructs*. New York: Academic Press.

Bradford, D., & Payne, J. (2012). Illicit drug use and property offending among police detainees. *Crime and Justice Bulletins*, *157*, 1–11.

Brienza, J. P., Kung, F. Y., Santos, H. C., Bobocel, D. R., & Grossmann, I. (2018). Wisdom, bias, and balance: Toward a process-sensitive measurement of wisdom-related cognition. *Journal of Personality and Social Psychology*, *115*(6), 1093–1126.

Bronfenbrenner, U. (1998). *Interacting Systems in human development*. Cambridge: Cambridge University Press.

Brown, S. C., Mason, C. A., Spokane, A. R., Cruza-Guet, M. C., Lopez, B., & Szapocznik, J. (2009). The relationship of neighborhood climate to perceived social support and mental health in older Hispanic immigrants in Miami, Florida. *Journal of Aging & Health*, *21*(3), 431–459.

Bryan, C. J., Adams, G. S., & Monin, B. (2013). When cheating would make you a cheater: Implicating the self prevents unethical behavior. *Journal of Experimental Psychology: General*, *142*(4), 1001–1005.

Buckels, E. E., Jones, D. N., & Paulhus, D. L. (2013). Behavioral confirmation of everyday sadism. *Psychological Science*, *24*(11), 2201–2209.

Buist, K. L., & Vermande, M. (2014). Sibling relationship patterns and their associations with child competence and problem behavior. *Journal of Family Psychology*, *28*(4), 529–537.

Buist, K. L., Dekovié, M., & Prinzie, P. (2013). Sibling relationship quality and psychopathology of children and adolescents: A meta-analysis. *Clinical Psychology Review*, *33*(1), 97–106.

Buote, V. M., Wood, E., & Pratt, M. (2009). Exploring similarities and differences between online and offline friendships: The role of attachment style. *Computers in Human Behavior*, *25*(2), 560–567.

Burnstein, K. L., Maiorino, C. A., Dai, J. L., & Cameron, D. J. (1995). Androgen and glucocorticoid regulation of androgen receptor cDNA expression. *Molecular & Cellular Endocrinology*, *115*(2), 177–186.

Caspi, A., Lynam, D., Moffitt, T. E., & Silva, P. A. (1993). Unraveling girls' delinquency:

Biological, dispositional, and contextual contributions to adolescent misbehavior. *Developmental Psychology*, *29*(1), 19–30.

Cawley, M. J., Martin, J. E., & Johnson, J. A. (2000). A virtues approach to personality. *Personality and Individual Differences*, *28*(5), 997–1013.

Chen, D., Yang, X., & Aagard, S. D. (2012). The empty nest syndrome: Ways to enhance quality of life. *Educational Gerontology*, *38*(8), 520–529.

Cheng, S.-T., Lee, C. K. L, Chan, A. C. M., Leung, E. M. F., & Lee, J.-J. (2009). Social network types and subjective well-being in Chinese older adults. *The Journals of Gerontology Series B: Psychological Sciences and Social Sciences*, *64*(6), 713–722.

Cheung, F. M., Leung, K., Fan, R., Song, W. Z., Zhang, J. X., & Zhang, J. P. (1996). Development of the Chinese Personality Assessment Inventory. *Journal of Cross-Cultural Psychology*, *27*(2), 181–199.

Cohen, C. Y, & Spector, P. E. (2001). The role of justice in organizations: A meta-analysis. *Organizational. Behavior and Human Decision Processes*, *86*(2), 278–321.

Coleman, J. S. (1957). *Community conflict*. New York: The Free Press.

Colquitt, J. A. (2001). On the dimensionality of organizational justice: A construct valid ation of a measure. *Journal of Applied Psychology*, *86*(3), 386–400.

Copello, A., Orford, J., Velleman, R., Templeton, L., & Krishnan, M. (2000). Methods for reducing alcohol and drug related family harm in non-specialist settings. *Journal of Mental Health*, *9*(3), 329–343.

Costa, P. T., Jr., & McCrae, R. R. (1992). *NEO PI-R professional manual*. Odessa, FL: Psychological Assessment Resources.

Côté, S., House, J., & Willer, R. (2015). High economic inequality leads higher-income individuals to be less generous. *Proceedings of the National Academy of Sciences of the United States of America*, *112*(52), 15838–15843.

Crooks, V. C., Lubben, J., Petitti, D. B., Little, D., & Chiu, V. (2008). Social network, cognitive function, and dementia incidence among elderly women. *American Journal of Public Health*,

98(7), 1221–1227.

Cropanzano, R., Byrne, Z. S., Bobocel, D. R., & Rupp, D. E. (2001). Moral virtues, fairness heuristics, social entities, and other denizens of organizational justice. *Journal of Vocational Behavior*, *58*(2), 164–209.

Darley, J. M., & Latané, B. (1968). Bystander intervention in emergencies: Diffusion of responsibility. *Journal of Personality and Social Psychology*, *8*(4), 377–383.

Depp, C. A., Schkade, D. A., Thompson, W. K., & Jeste, D. V. (2010). Age, affective experience, and television use. *American Journal of Preventive Medicine*, *39*(2), 173–178.

Dholakia, U. M., Bagozzi, R. P., & Pearo, L. K. (2004). A social influence model of consumer participation in network- and small-group-based virtual communities. *International Journal of Research in Marketing*, *21*(3), 241–263.

Diazgranados, S., Selman, R. L., & Dionne, M. (2016). Acts of social perspective taking: A functional construct and the validation of a performance measure for early adolescents. *Social Development*, *25*(3), 572–601.

Dickinson, W. J., Potter, G. G., Hybels, C. F., McQuoid, D. R., & Steffens, D. C. (2011). Change in stress and social support as predictors of cognitive decline in older adults with and without depression. *International Journal of Geriatric Psychiatry*, *26*(12), 1267–1274.

Donohew, L., Helm, D. M., Lawrence, P., & Shatzer, M. J. (1990). Sensation seeking, marijuana use, and responses to prevention messages. In R. R. Watson (Ed.), *Drug and alcohol abuse prevention* (pp. 73–93). Totowa, NJ: Humana Press.

Donovan, D. M., & Marlatt, G. A. (Eds.). (2005). *Assessment of addictive behaviors* (2nd ed.). New York: The Guilford Press.

Ernestjones, M., Nettle, D., & Bateson, M. (2011). Effects of eye images on everyday cooperative behavior: A field experiment. *Evolution and Human Behavior*, *32*(3), 172–178.

Ertel, K. A., Glymour, M. M., & Berkman, L. F. (2008). Effects of social integration on preserving memory function in a nationally representative US elderly population. *American Journal of Public Health*, *98*(7), 1215–1220.

Fagan, J., & Wilkinson, D. L. (1998). Social contexts and functions of adolescent violence. In D. Elliott, B. Hamburg, & K. Williams (Eds.), *Violence in American schools* (pp. 55−93). New York: Cambridge University Press.

Farr, R. H., & Patterson, C. J. (2013). Coparenting among lesbian, gay, and heterosexual couples: Associations with adopted children's outcomes. *Child Development*, *84*(4), 1226−1240.

Fergusson, D. M., & Horwood, L. J. (1998). Early conduct problems and later life opportunities. *Journal of Child Psychology and Psychiatry*, *39*(8), 1097−1108.

Fernback, J., & Thompson, B. (1995, May). *Virtual communities: Abort, retry, failure?* Paper presented at the annual convention of the International Communication Association.

Fiske, S. T. (2010). Interpersonal stratification: Status, power, and subordination. In S. T. Fiske, D. T. Gilbert & G. Lindzey (Eds.), *Handbook of social psychology* (pp. 941−982). Hoboken, NJ: Wiley.

Fleming, J., & Ledogar, R. J. (2008). Resilience, an evolving concept: A review of literature relevant to Aboriginal research. *Pimatisiwin*, *6*(2), 7−23.

Forehand, G. A., & Von Haller, G. (1964). Environmental variation in studies of organizational behavior. *Psychological Bulletin*, *62*(6), 361−382.

Fowler, J. H., & Christakis, N. A. (2008). Dynamic spread of happiness in a large social network: Longitudinal analysis over 20 years in the Framingham Heart Study. *British Medical Journal*, *337*, Article 2338.

Frick, P. J., Cornell, A. H., Bodin, S. D., Dane, H. E., Barry, C. T., & Loney, B. R. (2003). Callous-unemotional traits and developmental pathways to severe conduct problems. *Developmental Psychology*, *39*(2), 246−260.

Gaffney, A., Jones, W., Sweeney, J., & Payne, J. (2010). *Drug use monitoring in Australia: 2008 annual report on drug use among police detainees*. Canberra: Australian Institute of Criminology.

Garcia, R. L., Kenny, D. A., & Ledermann, T. (2015). Moderation in the actor-partner interdependence model. *Personal Relationships*, *22*(1), 8−29.

Gogineni, A., Stein, M. D., & Friedmann, P. D. (2001). Social relationships and intravenous drug use among methadone maintenance patients. *Drug and Alcohol Dependence*, *64*(1), 47–53.

Gossop, M. R., & Eysenck, S. B. (1980). A further investigation into the personality of drug addicts in treatment. *Addiction*, *75*(3), 305–311.

Gowin, J. L., Mackey, S., & Paulus, M. P. (2013). Altered risk-related processing in substance users: Imbalance of pain and gain. *Drug and Alcohol Dependence*, *132* (1–2), 13–21.

Green, A. F., Rebok, G., & Lyketsos, C. G. (2008). Influence of social network characteristics on cognition and functional status with aging. *International Journal of Geriatric Psychiatry*, *23*(9), 972–978.

Griffiths, M. (1996). Nicotine, tobacco and addiction. *Nature*, *384*(6604), 18–19.

Griffiths, M. (1999). Internet addiction: Fact or fiction? *Psychologist*, *12*(5), 246–250.

Griskevicius, V., Delton, A. W., Robertson, T. E., Tybur, J. M. (2011). Environmental contingency in life history strategies: The influence of mortality and socioeconomic status on reproductive timing. *Journal of Personality and Social Psychology*, *100*(2), 241–254.

Gröne, O., & Garcia-Barbero, M. (2001). Integrated care: A position paper of the WHO European Office for Integrated Health Care Services. *International Journal of Integrated Care*, *1*, 1–15.

Grossmann, I., Weststrate, N. M., Ardelt, M., Brienza, J. P., Dong, M., Ferrari, M., Fournier, M., Hu, C. S., Nusbaum, H. C., & Vervaeke, J. (2020). The science of wisdom in a polarized world: Knowns and unknowns. *Psychological Inquiry*, *31*(2), 103–133.

Hadley, J. A., Holloway, E. L., & Mallinckrodt, B. (1993). Common aspects of object relations and self-representations in offspring from disparate dysfunctional families. *Journal of Counseling Psychology*, *40*(3), 348–356.

Hagel, J. & Armstrong, A. (1997). *Net gain: Expanding markets through virtual communities*. Boston: Harvard Business School Press.

Haley, K. J., & Fessler, D. M. T. (2005). Nobody's watching? Subtle cues affect generosity in an anonymous economic game. *Evolution and Human Behavior*, *26*(3), 245–256.

Hamlin, J. K., Wynn, K., & Bloom, P. (2007). Social evaluation by preverbal infants. *Nature*,

450(7169), 557–559.

Haslam, C., Cruwys, T., & Haslam, S. A. (2014). "The we's have it": Evidence for the distinctive benefits of group engagement in enhancing cognitive health in aging. *Social Science & Medicine*, *120*, 57–66.

Hershfield, E. (2011). Future self-continuity: how conceptions of the future self transform intertemporal choice. *Annals of The New York Academy of Sciences*, *1235*(1), 30–43.

Hey, T., Tansley, S., & Tolle, K. (2009). *The fourth paradigm: Data-intensive scientific discovery*. Redmond, VA: Microsoft Research.

House, J. S. (1987). Social support and social structure. *Sociological Forum*, *2*(1), 135–146.

Hughes, T. F., Andel, R., Small, B. J., Borenstein, A. R., & Mortimer, J. A. (2008). The association between social resources and cognitive change in older adults: Evidence from the charlotte county healthy aging study. *The Journals of Gerontology Series B: Psychological Sciences and Social Sciences*, *63*(4), 241–244.

Inzlicht, M., Schmeichel, B. J., & Macrae, C. N. (2014). Why self-control seems (but may not be) limited. *Trends in Cognitive Sciences*, *18*(3), 127–133.

Jagger, C., Arthur, A. J., Spiers, N. A., & Clarke, M. (2001). Patterns of onset of disability in activities of daily living with age. *Journal of the American Geriatrics Society*, *49*(4), 404–409.

James, B. D., Wilson, R. S., Barnes, L. L., & Bennett, D. A. (2011). Late-life social activity and cognitive decline in old age. *Journal of the International Neuropsychological Society*, *17*(6), 998–1005.

James, L. A., & James, L. R. (1989). Integrating work environment perceptions: Explorations into the measurement of meaning. *Journal of Applied Psychology*, *74*(5), 739–751.

James, L. R., & Jones, A. P. (1974). Organizational climate: A review of theory and research. *Psychological Bulletin*, *81*(12), 1096–1112.

Jensen, A. C., & Whiteman, S. D. (2014). Parents' differential treatment and adolescents' delinquent behaviors: Direct and indirect effects of difference-score and perception-based measures. *Journal of Family Psychology*, *28*(4), 549–559.

Jeste, D. V., & Lee, E. E. (2019). The emerging empirical science of wisdom: Definition, measurement, neurobiology, longevity, and interventions. *Harvard Review of Psychiatry*, *27*(3), 127–140.

Johnston, K. A., & Lane, A. B. (2018). Building relational capital: The contribution of episodic and relational community engagement. *Public Relations Review*, *44*(5), 633–644.

Jones, A. P., & James, L. R. (1979). Psychological climate: Dimensions and relationships of individual and aggregated work environment perceptions. *Organizational Behavior and Human Performance*, *23*(2), 201–250.

Kasperson, R. E., Renn, O., Slovic, P., Brown, H. S., Emel, J., Goble, R., Kasperson, J. X., & Ratick, S. (1988). The social amplification of risk: A conceptual framework. *Risk Analysis*, *8*(2), 177–187.

Keizer, K., Lindenberg, S., & Steg, L. (2008). The spreading of disorder. *Science*, *322*(5908), 1681–1685.

Keltner, D., & Haidt, J. (2003). Approaching awe, a moral, spiritual, and aesthetic emotion. *Cognition and Emotion*, *17*(2), 297–314.

Kodner, D., & Kyriacou, C. K. (2000). Fully integrated care for frail elderly: Two American models. *International Journal of Integrated Care*, *1*(1), 1–19.

Konovsky, M. A., & Cropanzano, R. (1991). Perceived fairness of employee drug testing as a predictor of employee attitudes and job performance. *Journal of Applied Psychology*, *76*(5), 698–707.

Kounenou, K. (2010). Exploration of the relationship among drug use & alcohol drinking, entertainment activities and self-esteem in Greek University students. *Procedia Social and Behavioral Sciences*, *2*(2), 1906–1910.

Kross, E., & Grossmann, I. (2012). Boosting wisdom: Distance from the self enhances wise reasoning, attitudes, and behavior. *Journal of Experimental Psychology: General*, *141*(1), 43–48.

Lamela, D., Figueiredo, B., & Bastos, A. (2017). A moderated cumulative model of personality adjustment in divorced adults: Implications for counselling. *British Journal of Guidance & Counselling*, *14*(2), 1−15.

Lapsley, D. K., & Narvaez, D. (2004). A social-cognitive view of moral character. In D. K. Lapsley & D. Narvaez (Eds.), *Moral development: Self and identity* (pp. 189−212). Mahwah, NJ: Erlbaum.

Larsen, R. J., & Buss, D. M. (2013). *Personality Psychology: Domains of knowledge about human nature*. United States: McGraw Hill.

Larson, R. W., Branscomb, K. R., & Wiley, A. R. (2006). Forms and functions of family mealtimes: Multidisciplinary perspectives. *New Directions for Child and Adolescent Development*, *111*, 1−15.

Latessa, E., & Allen, H. (2003). *Corrections in the community*. Cincinnati, OH: Anderson Publishing.

Lazer, D., Pentland, A. Adamic, L., Aral, S., Barabasi, A.-L., Brewer, D., et al. (2009). Life in the network: The coming age of computational social science. *Science*, *323*(5915), 721−723.

Leung, K. (1997). Negotiation and reward allocations across cultures. In P. C. Earley & M. Erez (Eds.), *New perspectives on international industrial organizational psychology* (pp.640−675). San Francisco: Jossey-Bass.

Leung, K., Koch, P. T., & Lu, L. (2002). A dualistic model of harmony and its implications for conflict management in Asia. *Asia Pacific Journal of Management*, *19*(2), 201−220.

Leung. K. (2007). Social axioms and values: A cross-cultural examination. *European Journal of Personality*, *21*(2), 91−111.

Liljenquist, K., Zhong, C. B., & Galinsky, A. D. (2010). The smell of virtue: Clean scents promote reciprocity and charity, *Psychological Science*, *21*(3), 381−383.

Linehan, M. M. (1993). *Skills training manual for treating borderline personality disorder*. New York: Guilford Press.

Liu, Y., Wang, Y., Luo, R., & Su, Y. (2016). From the external to the internal: Behavior clarifications facilitate theory of mind (ToM) development in Chinese children. *International Journal of Behavioral Development*, *40*(1), 2563−2567.

Livingstone, A. G., Manstead, A. S., Spears, R., & Bowen, D. (2011). The language barrier? Context, identity, and support for political goals in minority ethnolinguistic groups. *British Journal of Social Psychology*, *50*(4), 747−768.

Lo, B. K., Morgan, E. H., Folta, S. C., Graham, M. L., Paul, L. C., & Nelson, M. E., et al. (2017). Environmental influences on physical activity among rural adults in Montana, United States: Views from built environment audits, resident focus groups, and key informant interviews. *International Journal of Environmental Research & Public Health*, *14*(10), 1173−1185.

Maass, A., Salvi, D., Arcuri, L., & Semin, G. (1989). Language use in intergroup contexts: The linguistic intergroup bias. *Journal of Personality and Social Psychology*, *57*(6), 981−993.

Marcus, D. K., Zeigler-Hill, V., Mercer, S. H., & Norris, A. L. (2014). The psychology of spite and the measurement of spitefulness. *Psychological Assessment*, *26*(2), 563−574.

McMillan, D. W., & Chavis, D. M. (1986). Sense of community: A definition and theory. *Journal of Community Psychology*, *14*(1), 6−23.

Moeller, F. G., Barratt, E. S., Dougherty, D. M., Schmitz, J. M., & Swann, A. C. (2001). Psychiatric aspects of impulsivity. *American Journal of Psychiatry*, *158*(11), 1783−1793.

Moffitt, T. E. (1993). Adolescence-limited and life-course-persistent antisocial behavior: A developmental taxonomy. *Psychological Review*, *100*(4), 674−701.

Monfils, M., Cowansage, K. K., Klann, E., & Ledoux, J. E. (2009). Extinction-reconsolidation boundaries: Key to persistent attenuation of fear memories. *Science*, *324*(5929), 951−955.

Moritsugu, J., Vera, E., Wong, F. Y., & Duffy, K. G. (2013). *Community psychology*. New York: Psychology Press.

Mousavi-Nasab, S.-M.-H., Kormi-Nouri, R., & Nilsson, L.-G. (2014). Examination of the bidirectional influences of leisure activity and memory in old people: A dissociative effect on episodic memory. *British Journal of Psychology*, *105*(3), 382−398.

Munoz, L. C., & Frick, P. J. (2012). Callous-unemotional traits and their implication for understanding and treating aggressive and violent youths. *Criminal Justice and Behavior*, *39*(6), 794–813.

Nishi, A., Shirado, H., Rand, D. G., & Christakis, N. A. (2015). Inequality and visibility of wealth in experimental social networks. *Nature*, *526*(7573), 426–429.

Noddings, N. (1984). *Caring: A feminine approach to ethics and moral education*. Berkley, CA: University of California Press.

Nykiforuk, C. I. J., Vallianatos, H., & Nieuwendyk, L. M. (2011). Photovoice as a method for revealing community perceptions of the built and social environment. *International Journal of Qualitative Methods*, *10*(2), 103–124.

Ogolsky, B. G., Monk, J. K., Rice, T. M., & Oswald, R. F. (2019). Personal well-being across the transition to marriage equality: A longitudinal analysis. *Journal of Family Psychology*, *33*(4), 422–432.

Oishi, S., & Kesebir, S. (2015). Income inequality explains why economic growth does not always translate to an increase in happiness. *Psychological Science*, *26*(10), 1630–1638

Oishi, S., & Talhelm, T. (2012). Residential mobility: What psychological research reveals. *Current Directions in Psychological Science*, *21*(6), 425–430.

Oswald, R. F., Cuthbertson, C., Lazarevic, V., & Goldberg, A. E. (2010). New developments in the field: Measuring community climate. *Journal of GLBT Family Studies*, *6*(2), 214–228.

Paceley, M. S., Goffnett, J., & Gandy-Guedes, M. (2017). Impact of victimization, community climate, and community size on the mental health of sexual and gender minority youth. *Journal of Community Psychology*, *45*(5), 658–671.

Paillard-Borg, S., Wang, H.-X., Winblad, B., & Fratiglioni, L. (2009). Pattern of participation in leisure activities among older people in relation to their health conditions and contextual factors: A survey in a Swedish urban area. *Ageing & Society*, *29*(5), 803–821.

Pancer, S. M. (2015). *The psychology of citizenship and civic engagement*. Oxford: Oxford University Press.

Paulhus, D. L., Williams, K. M. (2002). The Dark Triad of personality: Narcissism,

Machiavellianism and psychopathy. *Journal of Research in Personality*, *36*(6), 556–563.

Peng, K. P., & Nisbett, R. E. (1999). Culture, dialectics and reasoning about contradiction. *American Psychologist*, *54*(9), 741–754.

Peterson, C. & Seligman, M. (2004). *Character strengths and virtues: A handbook of classification*. New York: American Psychological Association & Oxford University Press.

Pietraszewski, D., & Schwartz, A. (2014). Evidence that accent is a dedicated dimension of social categorization, not a byproduct of coalitional categorization. *Evolution & Human Behavior*, *35*(1), 51–57.

Pruckner, G. J., & Sausgruber, R. (2013). Honesty on the streets: A field study on newspaper purchasing. *Journal of the European Economic Association*, *11*(3), 661–679.

Rand, D. G., Greene, J. D., & Nowak, M. A. (2012). Spontaneous giving and calculated greed. *Nature*, *489*(7416), 427–430.

Rheingold, H. (1993). *The virtual community: Homesteading on the electronic frontier*. Reading, MA: Addison-Wesley.

Righetti-Veltema, M., Elisabeth Conne-Perréard, Bousquet, A., & Manzano, J. (1998). Risk factors and predictive signs of postpartum depression. *Journal of Affective Disorders*, *49*(3), 167–180.

Roberts, W., Strayer, J., & Denham, S. A. (2014). Empathy, anger, guilt: Emotions and prosocial behaviour. *Canadian Journal of Behavioural Science*, *46*(4), 465–474.

Ross, R., & Fabiano, E. (1985). *Time to think: A cognitive model of delinquency prevention and offender rehabilitation*. Ottawa: Air Training and Publications.

Rudd, M., Vohs, K. D., & Aaker, J. (2012). Awe expands people's perception of time, alters decision making, and enhances well-being. *Psychological Science*, *23*(10), 1130–1136.

Rudman, L. A., & Mescher, K. (2013). Penalizing men who request a family leave: Is flexibility stigma a femininity stigma? *Journal of Social Issues*, *69*(2), 322–340.

Rushton, J. P., Chrisjohn, R. D., & Fekken, G. C. (1981). The altruistic personality and the self-report altruism scale. *Personality and Individual Differences*, *2*(4), 293–302.

Ruud, H., Schutter, D. J., & Beatrice, D. G. (2016). Personal distress and the influence of bystanders on responding to an emergency. *Cognitive Affective & Behavioral Neuroscience, 16*(4), 672–688.

Sanfey, A. G., Rilling, J. K., Aronson, J. A., Nystrom, L. E., & Cohen, J. D. (2003). The neural basis of economic decision-making in the ultimatum game. *Science, 300*(5626), 1755–1758.

Sarason, S. B. (1974). *The psychological sense of community: Prospects for a community psychology*. San Francisco: Jossey-Bass.

Schneider, B. (1990). *Organizational climate and culture*. San Francisco: Jossey-Bass.

Schneider, B., & Bartlett, C. J. (1968). Individual differences and organizational climate: I. the research plan and questionnaire development. *Personnel Psychology, 21*(3), 323–333.

Schultz, P. W., Nolan, J., Cialdini, R., Goldstein, N., & Griskevicius, V. (2007). The constructive, destructive, and reconstructive power of social norms. *Psychological Science, 18*(5), 429–434.

Schwartz, S. H. (1992). Universals in the content and structure of values: Theoretical advances and empirical tests in 20 countries. *Advances in Experimental Social Psychology, 25*(2), 1–65.

Seeman, T. E., Lusignolo, T. M., Albert, M., & Berkman, L. (2001). Social relationships, social support, and patterns of cognitive aging in healthy, high-functioning older adults: MacArthur studies of successful aging. *Health Psychology, 20*(4), 243–255.

Shermer, M. (1997). *Why people believe weird things: Pseudoscience, superstition, and other confusions of our time*. New York: Freeman.

Shiota, M. N., Keltner, D., & Mossman, A. (2007). The nature of awe: Elicitors, appraisals, and effects on self-concept. *Cognition and Emotion, 21*(5), 944–963.

Shulman, J. L., Collins, K. A., & Clément, R. (2011). In consideration of social context: Re-examining the linguistic intergroup bias paradigm. *Journal of International and Intercultural Communication, 4*(4), 310–332.

Siegel, R. B. (2017). Community in conflict: Same-sex marriage and backlash. *UCLA Law*

Review, *64*(6), 1728−1769.

Sims, R. C., Levy, S. -A., Mwendwa, D. T., Callender, C. O. & Campbell, A. L., Jr. (2011). The influence of functional social support on executive functioning in middle-aged African Americans. *Aging, Neuropsychology, and Cognition*, *18*(4), 414−431.

Slaby, R. G., & Guerra, N. G. (1988). Cognitive mediators of aggression in adolescent offenders: I. Assessment. *Developmental Psychology*, *24*(4), 580−588.

Small, B. J., Dixon, R. A., McArdle, J. J., & Grimm, K. J. (2012). Do changes in lifestyle engagement moderate cognitive decline in normal aging? Evidence from the Victoria Longitudinal Study. *Neuropsychology*, *26*(2), 144−155.

Smirnova, A., & Iliev, R. (2016). Political and linguistic identities in an ethnic conflict. *Journal of Language and Social Psychology*, *36*(2), 211−225.

Smith-Spark, J. H., Bartimus, J., & Wilcock, R. (2017). Mental time travel ability and the mental reinstatement of context for crime witnesses. *Consciousness & Cognition*, *48*, 1−10.

Sosic-Vasic Z, Kröner, J., Schneider, S., Vasic, N., Spitzer, M., & Streb, J. (2017). The association between parenting behavior and executive functioning in children and young adolescents. *Frontiers in Psychology*, *8*, Article 472.

Soysal, F. S. Ö. (2016). A study on sibling relationships, life satisfaction and loneliness level of adolescents. *Journal of Education & Training Studies*, *4*(4), 58−67.

Spencer, L. M., & Spencer, S. M. (1993). *Competence at work: Models for superior performance*. New York: Wiley.

Sternberg, R. J. (1998). A balance theory of wisdom. *Review of General Psychology*, *2*(4), 347−365.

Teuber, Z., Wang, Q., Su, Y., Lohaus, A., & Nussbeck, F. W. (2020). Human resources in Chinese youngsters: A Chinese adaptation of the QARCA. *Psychological Test Adaptation and Development*. doi: 10. 1027/2698-1866/a000003.

Torok, M., Darke, S., & Kaye, S. (2012). Predisposed violent drug users versus drug users who commit violence: does the order of onset translate to differences in the severity of violent offending? *Drug and Alcohol Review*, *31*(4), 558−565.

Torok, M., Darke, S., Shand, F., & Kaye, S. (2014). Violent offending severity among injecting drug users: Examining risk factors and issues around classification. *Addictive behaviors*, *39*(12), 1773−1778.

Trautman, T. R., & Kabelac, K. S. (1994). The Library of Lewis Henry Morgan and Mary Elizabeth Morgan. *Transactions of the American Philosophical Society*, *84*(6−7), 1−336.

Twerski, A. J. (2009). *Addictive thinking: Understanding self-deception*. New York: HarperCollins Publishers.

Tyler-MacKey, C., Monroe, P. A., Dyk, P. H., Welborn, R., & Worthy, S. L. (2016). Turning the tide on poverty: Community climate in economically distressed rural communities. *Community Development*, *47*(3), 1−18.

Valor, C., Carrero, I., & Redondo, R. (2014). The influence of knowledge and motivation on sustainable label use. *Journal of Agricultural and Environmental Ethics*, *27*(4), 591−607.

Vauclair, C. M., Borges, R. R., Marques, S., Esteves, C. S., Cunha, F., & Gerardo, F. (2018). Doddering but dear…even in the eyes of young children? Age stereotyping and prejudice in childhood and adolescence. *International Journal of Psychology*, *53*(S1), 63−70.

Walters G. D. (2002). The Psychological Inventory of Criminal Thinking Styles(PICTS): A review and meta-analysis. *Assessment*, *9*(3), 278−291.

Wang, C., & Burris, M. A. (1994). Empowerment through photo novella: Portraits of participation. *Health Education Quarterly*, *21*(2), 171−181.

Wang, C., & Burris, M. A. (1997). Photovoice: Concept, methodology, and use for participatory needs assessment. *Health Education & Behavior*, *24*(3), 369−387.

White, H. R., Labouvie, E. W., & Bates, M. E. (1985). The relationship between sensation seeking and delinquency: A longitudinal analysis. *Journal of Research in Crime and Delinquency*, *22*(3), 197−211.

Wilk, P., Clark, A. F., Maltby, A., Tucker, P., & Gilliland, J. A. (2018). Exploring the effect of parental influence on children's physical activity: The mediating role of children's perceptions of parental support. *Preventive Medicine*, *106*, 79−85.

Wilson, J. Q., & Kelling, G. L. (1982). Broken windows. *The Atlantic Monthly*, *249*(3), 29−38.

Wispe, L. G. (1972). Positive forms of social behavior: An overview. *Journal of Social Issues*, *28*(3), 1−19.

Wu, Y. T., Prina, A. M., & Brayne, C. (2015). The association between community environment and cognitive function: A systematic review. *Social Psychiatry & Psychiatric Epidemiology*, *50*(3), 351−362.

Xu, Y., Wang, L., He, J., Bi, Y., Li, M., Wang, T., et al. (2013). Prevalence and control of diabetes in Chinese adults. *JAMA*, *310*(9), 948−959.

Yang, K. S., & Bond, M. H. (1990). Exploring implicit personality theories with indigenous or imported constructs: The Chinese case. *Journal of Personality and Social Psychology*, *58*(6), 1087−1095.

Yochelson, S., & Samenow, S. E. (1976). *The criminal personality: A profile for change*. New York: Jason Aronson.

Youniss, J., & Yates, M. (1997). *Community service and social responsibility in youth*. Chicago: University of Chicago Press.

Zaki, J., & Mitchell, J. P. (2013). Intuitive prosociality. *Current Directions in Psychological Science*, *22*(6), 466−470.

Zelli, A., Dodge, K. A., Lochman, J. E., & Laird, R. D. (1999). The distinction between beliefs legitimizing aggression and deviant processing of social cues: Testing measurement validity and the hypothesis that biased processing mediates the effects of beliefs on aggression. *Journal of Personality and Social Psychology*, *77*(1), 150−166.

Zhang, S., Zang, X., & Zhang, F. (2021). Development and validation of the win-win scale. *Frontiers in Psychology*, *12*, Article 657015.

Zhang, Y., Xu, J., Jiang, Z. X., & Huang, S. C. (2011). Been there, done that: The impact of effort investment on goal value and consumer motivation. *Journal of Consumer Research*, *38*(1), 78−93.

Zhong, C. B., Bohns, V. K. & Gino, F. (2010). Good lamps are the best police: Darkness increases dishonesty and self-interested behavior. *Psychological Science*, *21*(3), 311−314.

Zhong, N., Jiang, H., Du, J., Zhao, Y., Sun, H., Xu, D., et al. (2016). The cognitive impairments and psychological wellbeing of methamphetamine dependent patients compared with health controls. *Progress in Neuro-Psychopharmacology and Biological Psychiatry*, *69*, 31−37.

Zhu, S., Hu, J., & Efird, J. T. (2012). Role of social support in cognitive function among elders. *Journal of Clinical Nursing*, *21*(15−16), 2118−2125.

Zuckerman, M., & Kuhlman, D. M. (2000). Personality and risk-taking: Common bisocial factors. *Journal of Personality*, *68*(6), 999−1029.

Zuo, S., Wang, F., Xu, Y., Wang, F., & Zhao, X. (2016). The fragile but bright facet in the dark gem: Narcissism positively predicts personal morality when individuals self-esteem is at low level. *Personality and Individual Differences*, *97*, 272−276.

